全国普通高等院校
信息管理与信息系统专业规划教材

管理信息系统

刘军 牟世超 主编
马青 副主编

清华大学出版社
北京

内 容 简 介

本书内容分为四篇：第一篇是数字经济概念篇，包括信息、系统、管理、信息系统、管理信息系统的基本概念等；第二篇是信息技术基础篇，介绍管理信息系统软件运行相关的信息技术知识，包括网络、通信的基础知识以及数据库管理、信息管理的基本知识；第三篇是信息系统应用篇，介绍管理信息系统的应用，主要包括企业应用(ERP)系统、供应链管理(SCM)系统和客户关系管理(CRM)系统和数字化市场与数字化商品；第四篇为信息系统开发篇，以结构化生命周期法为主线介绍了管理信息系统开发的整个过程。每章结构采用学习目标、导入案例、材料阅读、项目实践、思考题的形式，便于学生掌握内容，将理论与实际结合，从而提高学生分析问题和解决问题的能力，符合应用型人才培养的要求。

本书既可作为高等学校经管类专业的教材，也可作为企事业单位的管理人员及计算机应用软件开发人员的参考用书。

图书在版编目（CIP）数据

管理信息系统/刘军，牟世超主编. —北京：清华大学出版社，2015(2024.2重印)
全国普通高等院校信息管理与信息系统专业规划教材
ISBN 978-7-302-39035-0

Ⅰ. ①管… Ⅱ. ①刘… ②牟… Ⅲ. ①管理信息系统—高等学校—教材 Ⅳ. ①C931.6

中国版本图书馆 CIP 数据核字(2015)第 017149 号

责任编辑：白立军　王冰飞
封面设计：常雪影
责任校对：梁　毅
责任印制：杨　艳

出版发行：清华大学出版社
　　　　网　　　址：https://www.tup.com.cn，https://www.wqxuetang.com
　　　　地　　　址：北京清华大学学研大厦 A 座　　　　　　邮　　编：100084
　　　　社 总 机：010-83470000　　　　　　　　　　　　邮　　购：010-62786544
　　　　投稿与读者服务：010-62776969，c-service@tup.tsinghua.edu.cn
　　　　质量反馈：010-62772015，zhiliang@tup.tsinghua.edu.cn
　　　　课件下载：https://www.tup.com.cn，010-83470236
印 装 者：三河市龙大印装有限公司
经　　销：全国新华书店
开　　本：185mm×260mm　　　　印　张：24.25　　　　字　　数：603 千字
版　　次：2015 年 6 月第 1 版　　　　　　　　　　印　　次：2024 年 2 月第 10 次印刷
定　　价：69.00 元

产品编号：062493-03

前　言

　　21世纪是知识经济时代,信息已经成为重要的资源,信息技术的飞速发展正改变着人们的工作、学习和生活方式。信息技术在社会各个领域的应用,实际上就是管理信息系统在各个领域的具体应用。

　　"管理信息系统"是高等学校经济管理类专业的一门重要课程。它是一门综合管理科学、系统科学、信息科学、行为科学、计算机科学等多学科的、有鲜明特色的、边缘性学科。它运用经济管理理论、信息理论、系统理论、计算机科学等学科的理论和方法,融合提炼组成一套新的体系,既具有较深和较宽的理论基础,又是一门实践性很强的学科。本课程旨在培养学生应用信息技术进行信息处理、系统开发及组织实施的能力。本书是在多年教学经验的基础上,参考、借鉴国内外较多的相关教材、专著编写的。

　　本书分为四篇共12章,按照学习的基本规律编写,首先介绍与该课程学习相关的基本概念,其次介绍与信息系统应用相关的技术,接着介绍信息系统在企业中的具体应用,最后介绍如何开发信息系统。前三篇系统讲解了信息系统是什么、如何用,最后一篇介绍信息系统是如何开发出来的,由浅入深地介绍了学习该门课程应该掌握的知识点。在结构安排上,每章结构采用学习目标、导入案例、材料阅读、项目实践、思考题的形式,便于学生掌握内容,将理论与实际结合,从而提高学生分析问题和解决问题的能力,符合应用型人才培养的要求。

　　本书由刘军、牟世超担任主编,马青担任副主编。刘军编写了教材的第5～12章,牟世超编写了第1、2章并负责审稿,马青编写了第3、4章。

　　由于编者水平和经验有限,加之企业管理理论、竞争环境、信息技术和管理信息系统理论与方法等发展十分迅速,书中难免有欠妥之处,恳请读者批评指正。

编者

2015年3月

目 录

第一篇 数字经济概念篇

第二篇 信息技术基础篇

第三篇 信息系统应用篇

第四篇 信息系统开发篇

第一篇
数字经济概念篇

- 信息与信息系统
- 信息系统、组织与战略

第1章　信息与信息系统

【学习目标】

通过本章的学习,学生应掌握信息、管理、管理信息、系统和信息系统等基本概念,熟悉管理信息系统的概念、分类、结构等相关内容,熟悉管理信息系统建设中常用的管理方法,了解管理信息系统在管理中的作用及发展趋势。

【导入案例】

李庆一天的工作

某公司销售主管李庆,经过两天的休息后,周一精神抖擞地准备去上班。他的住所与公司只有20分钟的步行路程,李庆一般喜欢步行上班,临出门前,他打开手机,立刻出现了定制的气象预报,说今天中午以后可能会下雨,于是李庆决定开汽车去公司。

进入公司大门时,李庆习惯性地将自己的公司身份卡在门禁打卡机上刷了一下,李庆进入公司的时间立刻被人力资源管理系统记录在案。

进入办公室后,李庆立刻打开办公桌上的计算机。由于是周一,上午要召开公司业务汇报会,李庆首先进入销售管理系统,要求系统立刻将上一周的销售报表打印出来。然后查看计算机桌面上等待处理的电子邮件,其中两份是外地代理商要求增加发货的信函,李庆立刻将它们转发给成品库主管,并同时利用系统的短信发送功能通知成品库主管有邮件给他。此时上周的销售报表已经打印出来,李庆立刻发现销售量比上一周下降了10%,李庆让系统列出了上周销售下降的代理商名单,看到销售量下降最多的就是要求增加发货的两个代理商,李庆在去开会之前要求秘书拟订一份应对销售下降的报告。

公司业务汇报会议后,公司生产经营副总经理召集了生产部、销售部和信息部等部门主管会议,讨论如何实现生产计划系统、销售系统、库房管理系统与采购系统的信息沟通问题。由于目前公司的销售系统便于销售人员在任何地方输入、查询客户资料和库存资料,可以很快汇总销售数据,已经能够满足销售部门的需要,因此李庆对将销售系统与其他系统的集成并不感兴趣。

李庆回到办公室后,秘书已经将报告拟订好。李庆修改后,要求秘书再将销售系统中的一些代理商资料及代理成本的分析添加进计划,并将报告制成明天公司专门讨论销售情况会议的幻灯片。

下午,李庆与销售部中的几个业务骨干接待了某管理咨询公司的专家,他向大家演示了一套营销管理决策支持软件,该软件提供了一些可以支持广告决策的营销模式,选择新产品市场开发方法的模式及各种对销售情况进行分析的程序。大家对此很感兴趣,但是10万元的售价使他们不能立刻做出决定。李庆询问是否可以将软件留在公司试用,专家说可以,但是只能试用3个月。

专家走后,李庆上网搜索了与公司产品有关的市场及竞争对手情况,将一些重要的信息摘录下来,准备在明天的讨论会上使用。接着又看了一下当天的一些重要新闻和已经收盘的股市情况。下班后,在回家的路上,李庆到超市去购买了一些食品和日常用品。结账时,POS 机直接从商品的条形码上读取了价格数据,汇总后,李庆用长城卡结了账。

(资料来源:陈京明. 管理信息系统[M]. 北京:清华大学出版社,2006.)

随着社会与科学技术的不断发展、社会的组织化程度以及企业生产的社会化程度越来越高,信息已经作为一种资源和材料、能源并称为现代社会发展的三大基础。如果说工业革命使人类在生产过程中利用材料和能源这两种资源上取得了巨大成功,那么可以说,现代电子计算机技术和通信技术的结合,使得信息资源的开发利用进入了高效率、多样化的阶段。信息资源已成为生产力中最重要的因素,成为社会发展的战略资源。管理信息系统是融计算机技术、通信技术、信息科学、管理科学和系统工程学等为一体的一门新兴的边缘学科,通过信息资源的开发和利用,从而加快科技文化的进步,促进物质和能源的高效利用,使各行各业取得更高的效率和效益,是国民经济信息化的本质所在。

1.1　信息与管理

1.1.1　数据与信息

1. 数据

数据是用来描述客观事物的属性,是为反映客观世界而记录下来可以鉴别的物理符号。数据的含义包含了两个方面。一方面是它的客观性,即它是对客观事物的描述,反映了某一客观实体的属性,这种属性是通过属性名和属性值来表达的。例如,学号是 20100302001 的学生,这是用文字、数字记录下来的数据,其中学号是这个数据的属性名,20100302001 则是这个数据的属性值。另一方面是它的可鉴别性。数据是对客观事实的记录,这种记录是通过一些特定的符号来表现的,而且这些特定的符号是可以鉴别的,尤其是可以由计算机识别,这是进行数据处理工作的基本前提。因此,凡是计算机能识别和处理的符号,如文字、数字、字母、图形、图表和图像等都称为数据。

2. 信息

信息是普遍存在于人类社会的现象,它无时不有,无处不在。现代社会,信息似乎已成为人所共知的流行词,人们每时每刻都在信息的海洋里工作和生活,然而人们对信息的定义还没有统一的认识。关于信息的定义已不下上百个,它们都从不同的侧面反映了信息的某些特征,但也都有这样或那样的局限性。可以说,在信息及其相关领域,信息定义仍是一个研究热点。而且,随着信息的地位和作用的不断增强,以及人们对信息认识的不断加深,信息的含义也在不断发展。

信息论的创始人 C. E. 香农的贡献是把信息作为科学概念确定下来。香农认为,信息是"用来消除未来的某种不确定性的东西"。

控制论的创始人 N. 维纳认为,信息是人们在适应客观世界的过程中与客观世界进行交换内容的名称。在这里，维纳把人与外界环境交换信息的过程看成是一种广义的通信过程。信息是人与外部世界的中介。没有信息，没有这种中介，人类将与外部世界隔绝，就无法认识世界，更谈不上去改造世界。

根据近年来人们对信息的研究成果，信息的概念被定义为：信息是客观世界中各种事物的运动和变化的反映，是客观事物之间相互联系和相互作用的表征，表现的是客观事物运动和变化的实质内容。在理解信息概念的时候，要注意两点：首先，信息是客观世界中各种事物的特征或运动状态在人脑中的反映，它体现出了人们对事物的认识和理解程度；其次，信息是人们从事某项工作或行动所需要的客观依据，人们可以通过获取有用的相关信息来认识事物、做出决策、改造世界。

从用户观点来看，信息还应该为人们所感知、所识别、所理解。因此信息也是关于事物运动状态和方式的广义知识。这里的"广义知识"，包括一般意义的知识，即对于事物运动的状态和方式的一种规律性的描述，它属于人类思维加工的结果，是人们对数据有目的的加工处理的结果。同样的信息对于不同的使用者可能有不同的价值。信息必须服务于使用者的目的。由于社会分工的不同，人们所从事的工作目的不尽相同，这就要求提供信息服务时必须与使用者的目的联系起来，才能发挥信息的价值和效用。

总之，信息能帮助人们提高对事物的认识，减少活动的盲目性。这是信息最基本的作用，是由信息的本质所决定的。人们从事何种活动，都必须了解和掌握与这种活动有关的各种情况和知识，也就是信息，人们在掌握信息的基础上进行分析判断，才能做出正确的决策，安排好工作计划并监督、控制计划的执行，从而保证各项活动取得较好的效果；否则，就是盲目活动。盲目性来源于人们对事物了解不详和认识不清，也就是存在某种不确定性，而信息奉献给人们的是知识，是事物属性的反映，这种知识和反映能消除人们对事物了解、认识上的不确定性。

3. 数据与信息的转换

数据和信息这两个词在实际应用中经常容易混淆，为此必须清楚二者之间的区别与关系。数据和信息的区别在于数据是客观的，它来源于客观的现实世界，它是对某一事物属性的描述；信息是人们对数据加工后的结果，它取决于人们的主观需求，要对人们的决策行动产生影响。人们将数据和信息的关系形象地解释为是原材料与产品之间的关系。将数据看作是原材料，将信息看作是产品。由于原材料和产品是相对而言的，一个部门的原材料也是另一个部门的产品，因此相同的一组数据对一部分人来讲可能就是信息，相同的一组信息对另一部分人来讲可能就是数据。因此，可以认为对接收者有用的数据就是信息。

总之，数据来源于现实世界，经过加工处理形成了信息，对决策过程产生影响再推动于现实世界。数据与信息是在人们认识现实世界、改造现实世界的过程中不断地实现转换。

1.1.2　信息的分类

按照不同的分类方式，可以把信息分成不同的类型。不同类型的信息有不同的特点和应用领域。

按照信息的目标和需要来分，可以把信息分为社会信息、政治信息、自然信息、经济信息、市场信息和管理信息等。社会信息主要是用于社会、人口或婚姻等研究领域，自然信息主要用于地理、天气和自然灾害等研究领域，管理信息主要用于各种组织内部管理、组织、指挥和控制等领域的研究。这种分类方式确定了信息的目的。本书侧重于研究管理信息。

按照信息的来源，信息可以划分为内部信息和外部信息、国内信息和国际信息等。该分类方式确定了系统模型中的变量和参数，表现了信息的有效性。本书侧重于研究组织的内部信息，但是并不排除所涉及的外部信息。

按照信息的处理方式，可以把信息划分为原始信息和综合信息。原始信息是直接从信息源收集到的信息，综合信息则是指把原始信息经过各种处理后的信息。该分类方式反映了信息在采集、处理和传输过程中的状态。这些信息反映了信息的时间性和准确性。不同的信息有不同的利用价值。管理信息系统中涉及的信息包括原始信息和信息处理过程中的各种状态的综合信息。

按照信息的作用来分，可以把信息划分为决策信息、常规信息、战略性信息和战术性信息等。这种分类方式用于区分信息的服务对象。如果信息的服务对象是高层管理和决策机构，那么使用决策信息或战略性信息；如果信息的服务对象是低层的管理机构，那么使用常规信息或战术性信息。该分类方式反映了信息的层次性和联系性。

按照信息的应用范围来分，可以把信息划分为宏观信息、微观信息等。宏观信息可以用于一个国家或一个地区，而微观信息可以用于一个组织或一个部门等。

1.1.3 信息的特性

信息与日常生活、经济活动和社会活动息息相关，也与众多的学科紧密相联，所以信息呈现出多种属性。

1. 普遍性

信息是事物运动的状态和方式，只要有事物运动就会有信息。无论自然界、人类社会，还是思维领域里的一切事物，都处在不断的运动和变化之中。事物的运动是绝对的，并表现出多种多样的运动状态和方式，从而产生了大量信息。在思维领域，人们的思想、方法、情绪以及人们之间的相互交流等，都会以不同的方式传递信息。事物运动的普遍性决定了信息无时不有、无处不在，这就是信息的普遍性。

2. 事实性

信息描述了事物运动和状态的改变，因此它具有事实性，这是信息重要的基本性质之一。事实使信息具有价值，不符合事实的信息不仅没有价值，而且可能为负值，既害别人也害自己。破坏信息的事实性在管理中普遍存在，有的谎报产量，有的谎报利润和成本，有的造假账等，这些都有可能造成错误的管理决策。

3. 价值性

信息本身不是物质生产领域的物化资源，但它一经生成并被使用者所感知，就是一种具有可采纳性,或称之为有用性的资源。能够满足人们某些方面的需求,被人们用来为社会服务。也就是说,信息本身是有价值的,一方面它体现在获得这种信息所付出的代价;另一方面体现在信息有使用价值,它是通过运用此信息后在决策中的影响程度来转换得到的。

4. 可加工性

客观世界存在的信息是大量的、多种多样的,而人们对信息的需求往往具有一定的选择性,为了更好地开发和利用信息,就需要通过一定的手段对大量的信息进行筛选、分类、排序、归纳、存储等操作,选取自己所需要的信息。加工的方法和目的反映信息的接收者获取和利用信息的特定需求。需要注意的是,信息的可加工性并不能改变信息的客观内容,而只是改变它的表现形式和存在方式。

5. 可增值性

信息不仅是事物运动的状态和方式,而且还是关于这种状态和方式的广义知识。由于客观事物的复杂性和事物之间的相互关联性的特点,对于同一信息,人们会因为观察目的、观察视角和观察层次的不同,从事物的内部结构和外部联系中分析出的结果也不同,从而又得到不同的有价值的信息。人类社会的发展,每一步都离不开对信息资源的开发和利用。人们的素质越高,信息获取手段越科学,信息增值的可能性越大,以至成为取之不尽、用之不竭的源泉。

6. 传递性

人们之所以能够接收、理解和运用信息,是因为信息由信息源发出后可以借助于载体进行传递。信息传递与物质产品的传递是不同的。它不是“实体”在位置上的变动,而是“实体”特征或属性在不同空间或不同时间上的显现或描述。信息的传输手段和方式多种多样,信息传输的快慢,对信息的效用和价值至关重要。

7. 非消耗性

众所周知,一般的物质资源在使用过程中或是被消耗,或是被磨损。例如,原材料在生产过程中被消耗,而设备在生产过程中被部分磨损。这是物质资源的一种属性。然而对于信息来说,同一信息可以同时被多人所使用,一般情况下增加使用者不会使原有的使用者丢失部分或全部信息。这是信息资源所具有的特性。例如,天气预报的信息,既可以为农业生产经营者所使用,也可以为工业生产经营者所利用,还可以为商业经营管理者所运用,而这一条信息依然存在。由于信息本身具有非消耗性的特点而为众多的人所共享,但有些信息涉及商业的、军事或其他方面的秘密;或买卖双方有约定,只能在有限的范围内使用,这时增加对这类信息的使用者可能影响某些使用者对这类信息的利用,这并不否定信息的非消耗性,因为信息本身并没有改变。信息的非消耗性是广泛传播信息和利用信息的理论依据。信息的生产者总是希望有更多的用户,以提高信息的利用率。

8. 再生性

随着时间的推移、环境的变化、应用目的的变化，同一信息可能失去原有的价值，产生新的价值。例如，天气预报信息，在预报期内对指导普通人的生产和生活有重要价值，预报期一过就丧失其价值。但对气象部门来说，却可以用于总结不同时期的大气变化规律，提高未来预报的准确性。而对于安排室外运动会时间的组织者而言，历史上同期的天气信息也具有重要价值。再生性告诉我们，不能以短期功利主义观念对待信息，应注意保存历史上的信息，善于从过去的信息中提炼有用的信息、发掘其新的价值。

9. 等级性

管理一般分为高、中、基3层，不同等级的管理需要不同的信息。相对应的信息分为战略级、战术级和执行级。不同等级的信息其性质不相同。战略级信息是关系到企业长远命运和全局的信息，如企业长远规划，开拓新市场，企业并、转产的信息等。战术级信息是管理控制信息，如月度计划与完成情况的比较、产品质量和产量情况等。执行级信息是企业业务运作的信息，如职工考勤信息、领料信息等。

1.1.4 管理和管理系统

1. 管理

管理的实践活动自古有之，当人们组成集体去达到共同目标的时候就必须进行管理，以协调集体中每个成员的活动。概括地讲，管理就是管理者或管理机构，通过计划、组织、领导和控制等活动，对组织的资源进行合理配置和有效利用，以实现组织特定目标的过程。

一般认为，管理过程包括计划、组织、领导和控制等关键活动。这些活动都是围绕着实现组织的目标展开的。

计划包括3个方面的含义，首先定义组织目标，其次建立一个总体战略以实现定义的目标，最后制订一个易于理解的多层计划来整合并协调组织的各项活动，如目标管理、战略管理和决策管理等都是计划活动的内容。

组织工作的主要内容包括决定要执行的任务、完成人、任务分配方式、汇报方式以及制定决策的地点等，如组织设计、组织文化、人力资源管理以及变革与创新管理等都是组织活动的重要内容。

领导工作的主要内容包括激励员工、指挥其他人员的工作、选择有效的沟通渠道或解决员工之间的冲突等，如行为研究、工作团队管理、激励和奖励员工、领导与信任以及沟通与人际交往等都是领导活动的重要内容。

控制也是管理者经常执行的一项活动。在确立目标、制订计划、安排机构、聘用员工、培训及激励等活动都已完成之后，可能会发生一些差错。为了保证组织所进行的活动能够按照其既定的方向进行，管理者必须监督组织的绩效。实际的绩效必须与其以往设定的目标相比较，如果比较的结果存在明显的偏差，那么管理者就有责任使组织回到正轨上来。这种监督、比较和纠错的方法即为控制过程。

在组织的各个管理职能中,无论是计划、组织,还是领导、控制,都离不开对大量的管理信息的有效采集、加工、存储、检索和使用等,都离不开管理信息系统的支持。

2. 企业管理系统

为了对企业的各种资源进行合理安排、有效利用,以实现企业预期的经济效益目标,需要构成一个可控制的管理系统。它一般有 3 个组成部分:一是管理的客体,即管理对象(生产和服务过程);二是管理的主体,即管理者和管理机构;三是联系两者的信息系统。三者之间的关系如图 1-1 所示。

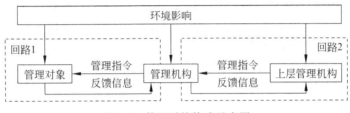

图 1-1　管理系统构成示意图

在图 1-1 中,每一个回路都是根据上一层管理者或管理机构的管理指令,外部环境的影响和被控对象当前状况的反馈信息,对管理对象实行的计划、组织、领导和控制。管理系统的成功取决于与环境之间的协调,能适应环境(如市场、供应商、金融机构、政府政策等)的变化。管理者必须理解其所处的环境和环境对其经营的作用与限制,根据环境变化和过去计划执行情况的反馈信息,制定新的计划目标,组织各种资源。通过下达管理指令,协调组织的各个部分,以实现企业的目标。管理系统的 3 个组成部分中,管理对象如同企业的躯体,管理机构是企业的大脑,信息系统是企业的神经中枢,每一条信息系统的分支(信息流)是神经脉络。

1.1.5　管理信息在企业管理中的作用

那些对人们所从事的社会经济活动有用的、可影响和控制生产、服务或经营活动的信息统称为管理信息。管理信息是对实际社会经济活动中的物资、人员、业务、资金、组织实体、变动关系等变动状态的真实反映,对现代企业管理发挥着重要作用,其主要表现在以下几个方面。

1. 管理信息是现代企业宝贵的资源

随着社会的进步与科学技术的发展,现代企业的生产经营活动已不仅仅取决于人、厂房设备、原材料和能源技术等传统的资源,而更取决于信息的占有程度和处理能力。信息是知识、是财富已经成为人们的共识。

2. 管理信息是现代企业决策的基础

企业管理工作的关键与核心就是决策,正确的决策来自于对未来行动及其后果的正确判断,这个正确的判断就必须以掌握全面、及时、准确的信息为依据。尤其在市场经济条件下的现代企业中,影响决策的不确定性因素越来越多,信息提供的不及时、不准确就会导致决策的失误。信息是提高企业管理决策的科学性和正确性的基础,是决定企业在市场经济竞争中兴衰存亡的关键所在。

3. 管理信息是实施管理控制的依据

从控制论的观点看,管理过程就是信息的收集、传递、加工、判断、决策的过程。无论是整个国民经济系统,还是其组成部分的企业系统,它们的全部活动可概括为两大类:一类是企业生产活动,输入物质资源,经过加工处理输出制成品(或服务);另一类是管理活动,围绕和伴随着一系列生产活动,执行着计划、控制和领导职能,以维护生产秩序有效运行。生产活动中流动的是物,从输入、转换到输出形成系统的物流;而管理活动中流动的是信息,从输入、转换到输出形成系统的信息流。因此说现代企业的管理工作是以物流和信息流为主要管理对象,而物流又必须在信息的引导下进行,同时又经过信息反馈得到调整与控制。

4. 信息管理的现代化是企业管理现代化的重要组成部分

现代化的企业必须要有现代化的管理与之相适应。企业管理的现代化涉及的内容十分广泛,可以归纳为由管理思想的现代化、管理组织的现代化、管理方法的现代化和管理手段的现代化四大要素组成。其中,管理手段的现代化最重要的就是信息管理的现代化。信息管理的现代化水平已成为国家、地区以及行业、企业等的科学技术水平与经济实力的重要标志之一。

1.2 系统与信息系统

1.2.1 系统

1. 系统的概念

系统是一组相互关联、相互作用、相互配合的若干要素为完成特定的目标、按一定的结构组成的整体。

从上述对系统定义的解释可以看出,系统必须具备以下 3 个条件:首先,系统必须由两个或两个以上的要素所组成,要素是构成系统的最基本的单位,是系统存在的基础和实际载体。如果系统离开了要素,就不能成为系统;其次,要素与要素之间,存在着一定的有机联系,从而在系统的内部和外部形成了一定的结构或秩序。任何一个系统又是它所从属的一个更大系统的组成部分或要素。因此,系统整体与要素、要素与要素、整体与环境之间,存在着相互作用和相互联系的机制;最后,任何系统都有特定的功能,这是整体所具有的不同于各个组成要素的新功能。这种新功能是由系统内部的有机联系和结构所决定的。

2. 系统的特性

系统具有整体性、目的性、相关性和环境适应性等特征。

1）整体性

单个元素不能构成系统，系统就意味着一个以上的元素及其相互关系构成的一个集合、一个整体。系统元素之间的关系是相对稳定的，不是随意拼凑或偶然的。元素间的复合联系使得系统有了共同的模式和规则，成为一个有机的整体。元素组成系统之后会呈现出新的功能，这些功能是孤立的元素所无法具备的，这就是"整体大于部分之和"。例如，由手机外壳和各种电子部件组装在一起的手机，会成为一种通信工具，具备了通信功能；如果各电子部件不能装配到手机中，它们或许只是无用的物品。

2）目的性

目的就是其基本宗旨，是系统追求的一种状态，目标是目的的具体化。系统必须有目标，但是目标不一定是单一的，如企业系统要以比较经济的方式利用资源，满足产品生产、销售和利润目标。系统是具有自我调节功能的整体，可以根据系统的目的，调整自己的行为，修补和改善元素之间的关系，以完成系统目标。可以思考一下这个问题：车为什么要有刹车功能？在某些情况下（如下陡坡），行车速度和安全要求这两个具体目标产生了矛盾，就得通过刹车来减速，进行协调，从而保证车辆更好地到达目的地。

3）相关性

在考察一个系统时，不能孤立地考察组成系统的各个要素，还应该考察它们相互作用、相互依存的关系。系统中各要素不是孤立地存在着，每个要素在系统中起着特定的作用。要素之间相互关联，构成一个不可分割的整体。比如手机壳和各电子部件如果随意地堆积在一起，并不能成为手机。元素间的关系形成了系统的结构，系统可以向下分层，由下层元素构成的整体被称为子系统。

4）环境适应性

系统的环境是复杂多变的。外部环境的变化必然会引起系统内部各要素之间的变化，一个系统必须适应环境的变化才不会消失。不能适应环境变化的系统是没有生命力的，而能够经常与外部环境保持最优适应状态的系统，才是理想的系统。例如，在企业系统中，产品消费市场是企业的外部环境，企业需要根据市场导向及时调整其产品的生产和销售策略；否则就无法生存下去。

3. 系统的结构

结构是指系统各组成要素之间的相互联系、相互作用的方式或秩序，即各要素之间在时间或空间上排列组合的具体形式。结构是系统的普遍属性，不存在无结构的系统或离开系统的结构。无论是宏观世界还是微观世界，一切物质系统都是以一定的结构形式存在、运动和变化的。系统的结构具有稳定性、层次性、开放性和相对性的特征。

从系统的结构来看，可以把系统分成 5 个基本要素，即输入、输出、处理、反馈和控制等。这些基本要素之间的关系示意图如图 1-2 所示。对于管理信息系统而言，系统的结构要素都有着特殊的含义和作用。

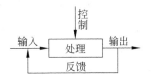

图 1-2　系统结构关系示意图

1.2.2 信息系统

1. 信息系统的概念

从对信息的处理过程来看,信息系统是不断地输入和输出信息的开放式系统。输入数据,经过加工处理后,输出信息的系统,称为信息系统,如图 1-3 所示。

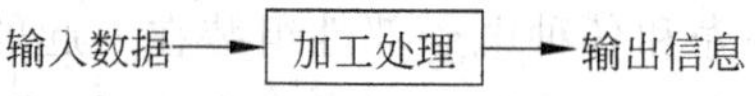

$$输入数据 \longrightarrow \boxed{加工处理} \longrightarrow 输出信息$$

图 1-3　信息系统的基本模式

一个信息系统由输入(数据)部分、信息处理部分和输出(信息)部分组成。

- 输入:捕获或收集来自企业内部或外部环境的原始数据。
- 处理:将原始输入的数据转换成更有意义、更有用的形式。
- 输出:将经过处理的信息传递给有关人员或用于生产活动中。

广义理解的信息系统包括的范围很广泛,各种处理信息的系统都可算作信息系统。狭义理解的信息系统仅指基于计算机的数据处理系统。

有许多人认为有了计算机才有信息系统,或者说没有计算机就没有信息系统,显然,这种观点是不对的。从概念上说,任何一个组织都有信息系统的存在,它可以是建立在手工基础上的。早期的信息系统有几千年的历史,这些信息系统称为基于人的信息系统,简称人基信息系统。

从概念上讲,组织中的信息系统可以不依赖电子计算机而存在,但事实上正是计算机所具有的功能才使信息系统得以实现。而且,正是计算机信息系统的形成与发展最终导致了信息资源管理思想的产生。所以,这里重点讨论的是以计算机为基础的信息系统,简称基于计算机的信息系统或机基信息系统。

虽然计算机信息系统利用计算机技术把原始数据加工处理成为有意义的信息,但从某种意义上讲,计算机与信息系统之间仍有着明显的区别。计算机只提供了现代管理信息系统的技术功能,但信息系统的许多工作,如输入数据或使用系统的输出结果等还需要作为用户的人来完成。也就是说,计算机仅仅是信息系统中的一部分。用户和计算机共同构成了一个组合系统。如果一个系统只有计算机,而不能和人配合进行运作,这样的系统无疑是失败的。计算机系统必须为人服务,能够辅助管理人员进行决策。所以,准确地说,信息系统是以计算机为基础的人机系统。

应该注意到的是,由于一个组织中的信息处理往往都是分布式的,把分布在不同地理位置的信息按其本来面目由分布在不同位置的计算机进行处理,并通过计算机网络把分布式信息集成起来,是目前信息系统运行的主要方式。新一代管理信息系统是基于网络环境下的信息处理系统,计算机网络是管理信息系统的基础。尤其是在 20 世纪末,一方面,信息技术突飞猛进地发展,特别是网络技术的发展和"信息高速公路"的建设,使计算机化了的信息系统快速地朝网络化方向迈进;另一方面,世界经济也发生了巨大变化,具体表现为市场全球化、需求多样化、竞争激烈化等,企业对内通过企业内联网进行业务流程重组,对外通过企业外联网和国际互联网进行供应链管理和电子商务。这个阶段网络对信息系统的重要性不言而喻,所以有人干脆将这一阶段称为基于网络的信息系统,简称网基信息系统。

现代信息系统概念多指狭义的基于计算机、通信技术等现代化信息技术手段且服务于管理领域的信息系统，即管理信息系统。严格地说，信息系统比管理信息系统有更宽的概念范围，用于管理方面的信息系统就是管理信息系统。

2. 信息系统的基本功能

信息系统以支持或反映管理活动的内容为目标，完成特定信息的收集、处理、存储、分析和传递活动，具有将输入信息（数据、指令、文字等）转变成输出信息（报表、计算结果、消息等）的功能，具体如下。

1）信息收集和输入功能

把分散在各地的数据进行收集并记录下来整理成信息系统要求的格式和形式，在大多数情况下，这项工作由人工进行（也有直接通过仪器自动输入数据的）。整理好的数据可直接通过键盘输入系统进行处理，也可以先录入后保存在磁盘上，待需要时再统一输入系统处理。

2）信息存储功能

系统要有根据用户需求，存储各种信息资料和数据的能力。能够对所有的数据进行组织，完好保存、有效维护并方便提取，满足用户不同的使用要求。

3）信息处理功能

加工处理功能是信息系统中一项重要功能，原始数据只有经过适当的方法进行加工处理，才能成为可供各层管理者使用的信息资源，起到辅助决策的作用。信息处理的基本方式大致可分为核对、变换、分类、合并、更新、检索、抽出、分配、生成和计算等。

4）信息输出功能

以文档、报告、消息等方式将信息提供给需要的用户，可包括信息的传输、展现和发布等多项工作。有些信息有相对固定的渠道，需要及时向特定的用户传递，如企业报表和文件；还有些信息共享范围很广或潜在用户群较大（如预警信息），要迅速选择覆盖相关用户的传输渠道，并以可靠的形式展现信息内容。

5）信息的控制

对构成人机系统的各个方面和信息系统活动的各个环节要能够进行管理和控制，防止信息处理设备、处理活动和用户行为受到干扰和破坏，而使系统行为偏离原有目标，如利用邮件系统发垃圾邮件等。

6）统计分析与预测决策功能

各信息系统一般都具有运用统计理论和概率理论对大量数据进行统计分析的功能。根据统计分析的结果和历史数据，应用数学模型对业务活动进行预测，并建立决策支持系统（DSS），对某一问题提供一个或多个方案供使用者参考。

3. 信息系统的发展历程

信息系统的发展与管理科学和计算机的发展密切相关，其发展大致经历了 3 个阶段，即单项事务处理阶段、综合数据处理阶段和系统数据处理阶段。从信息使用的角度看，每个阶段的信息系统解决了不同的信息管理问题。正确理解信息系统的发展历程是正确评价信息系统作用的基础,从而更好地推动信息系统的发展。

1) 20 世纪 50～60 年代的电子数据处理阶段

电子数据处理(EDP)阶段的主要特征是用计算机代替以往人工进行事务性数据处理的系统,所以也有人称其为事务处理系统(TPS)。TPS 是信息系统最初级的形式,也是最基本的形式,面对的是高度结构化的管理问题,实现基本业务处理环节的自动化和规范化。TPS 是与人们日常工作和生活接触最多的系统。例如,商业银行的柜台储蓄业务处理系统、邮局的快件处理系统、医院的挂号系统、超市的收付款系统等,这些都是 TPS。

电子数据处理主要目标是提高管理人员处理日常例行事务工作的效率,但它很快便不能满足现代管理对信息处理的需要了。一个重要的原因是它将各项管理信息分开处理,但现代企业的各种管理活动是一个统一的整体,因此,企业必须从整体目标出发,系统地、综合地处理各种管理信息。

2) 20 世纪 70 年代后发展起来的信息处理阶段

如果说事务处理系统是面向数据,以数据处理为核心,那么信息管理系统则是面向信息,以生成有用信息为核心。如果说事务处理系统是针对某一种职能,那么信息管理系统涉及各个职能部门,具有综合职能。这个时期有代表性的信息系统有管理信息系统(MIS)、决策支持系统(DSS)、基于人工智能原理的专家管理系统(ES)、支持主管高效率工作与决策的经理信息系统(EIS)、办公自动化系统(OAS)和战略信息系统(SIS)。

这个时期的主要特点是:管理信息系统的研究发生了很大变化。一是研究范围逐步扩展,研究内容包括组织特征、目标、结构、文化等对管理信息系统的作用与影响;二是研究方法由早期的纯技术方法转变为社会技术方法,强调对信息系统进行综合管理;三是管理信息系统面向的对象由信息系统开发人员转变为组织各级管理人员,特别是面向组织高级管理人员,侧重研究如何利用管理信息系统对组织战略的支持,探索战略信息系统对组织获得竞争优势的作用;四是管理信息系统的研究者转而研究信息资源管理,国外主流信息资源管理的研究者多来自于信息系统领域。

3) 20 世纪 90 年代后进入了企业间信息系统阶段

随着企业面临市场环境的变化,为了谋求生存和发展,企业必须具有快速响应市场变化的能力,即要能及时提供适应市场需要的且质量高、价格低、服务好的产品和服务。为了能快速响应市场,一方面从管理角度来看,企业必须加强与其合作伙伴之间的协作;另一方面从信息角度来看,必须及时、准确、完整地收集、分析、处理和传递大量的企业内部和外部信息。因此,信息系统技术在企业中的应用不仅要解决企业内部各部门之间的信息快速、准确传递和信息资源共享问题,更为重要的是实现企业和其合作伙伴之间的信息快速、准确传递和资源共享。在这种企业内部需求的拉动下,在迅猛发展的计算机网络技术的推动下,20世纪 90 年代初出现了一种新型的计算机信息系统,即企业间信息系统。

一个组织的管理信息系统的建设是一个从局部到全局、从初级到高级的发展过程。一个组织在发展过程中,按不同的发展阶段和管理与业务工作的实际需要,其信息系统在某个时期可能侧重于支持某一两个层次的管理决策或业务运作。事务处理系统、管理信息系统、决策支持系统和高层支持系统解决的是企业和组织内部的信息收集、分析、处理、传递和信息资源共享问题。这些系统的建立为企业和组织内部的各级管理和决策人员提供信息和决策支持,提高企业的经营管理水平,发挥了极其重要的作用。这些系统的应用极大地提高了企业的工作效率和经济效益。

前述的 EDP/TPS、MIS 和 DSS 都是分别针对企业的不同的管理层的需求独立开发的或相对独立开发的,20 世纪 90 年代以后,随着网络技术的发展和应用,整合企业内部 3 个层面信息系统以及企业与外界信息的条件逐渐成熟,为此企业资源计划(ERP)应运而生。ERP 对企业业务的支持也是全方位的。ERP 系统不仅实现了企业各职能领域的集成管理,而且实现了全流程的动态作业管理。也就是说,一方面,ERP 从纵向上整合了企业的 EDP/TPS、MIS 和 DSS,缩短了企业决策层和操作层的距离,促进了企业组织的"扁平化"变革;另一方面,从横向上整合了企业的生产控制、物流管理、财务管理和人力资源管理等功能模块,带动了企业业务流程重组,从而实现了职能部门内部的信息资源集成管理和消除了传统管理信息系统造成的"信息孤岛"。而且,通过与供应链管理(SCM)和客户关系管理(CRM)系统的整合,ERP 还能够集成企业上游的供应商和下游的分销商与消费者的信息资源。这三者的集成,加上电子商贸系统就可以开展真正的电子商务(EC)了。后面将对这些内容进行详细讨论。

总的来说,信息系统作为现代社会组织的一部分,其目的是为了实现组织的整体目标,对与管理活动有关的信息进行系统、综合管理,以支持组织中各级管理决策活动。它既是一个组织的信息资源的有序组合,又是开发利用信息资源以支持组织目标的战略手段。

1.3 管理信息系统

管理信息系统(MIS)涉及经济学、管理学、运筹学、统计学、计算机科学等很多学科,是各学科紧密相连综合交叉的一门新学科。作为一门新学科,它的理论和方法正在不断发展与完善。我们对管理信息系统的认识,可以从概念、功能、特点、结构等不同的角度来进行。

1.3.1 管理信息系统的概念

目前,对管理信息系统的解释和定义有许多,但还没有形成一个公认统一的定义,其中最具代表性的定义有以下几种。

(1) 管理信息系统的创始人——明尼苏达大学卡尔森管理学院的著名教授 Gordon B. Davis 给出了 MIS 一个较为完整的定义,即 MIS 是一个利用计算机硬件和软件,手工作业、分析、计划、控制和决策模型,以及数据库的用户—机器系统。它能提供信息,支持企业或组织的运行、管理和决策功能。

(2) 在"中国企业管理百科全书"中管理信息系统的定义是: MIS 是一个由人、计算机等组成的能进行信息的收集、传递、存储、加工、维护和使用的系统。它能实测企业的各种运行情况,利用过去数据预测未来,从企业全局出发辅助企业进行决策;利用信息控制企业的行为;帮助企业实现其规划目标。

(3) MIS 是以口头或书面的形式,在合适的时间向经理、职员以及外界人员提供过去的、现在的、预测未来的有关企业内部及其环境的信息,以帮助他们进行决策。

(4) MIS 是能够提供过去、现在和将来预期信息的一种有条理的方法,这些信息涉及内部业务和外部情报。它按适当的时间间隔供给格式相同的信息，支持一个组织的计划、控制和操作功能，以便辅助决策过程。

（5）MIS 是一个具有高度复杂性、多元性和综合性的人机系统，它全面使用现代计算机技术、网络通信技术、数据库技术及管理科学、运筹学、统计学、模型论和各种最优化技术，为经营管理和决策服务。

（6）到了 20 世纪 90 年代，有的学者提出了信息系统的定义："支持组织中决策和控制而进行信息收集、处理、存储和分配的相互关联部件的一个集合"。从这个定义中可以很明显地看出，这里所说的信息系统其实指的就是管理信息系统，它更倾向于强调管理信息系统在管理方面的作用。

（7）本书给出的管理信息系统的定义为：管理信息系统是一个以人为主导的，以计算机硬件、软件、通信网络以及其他办公设备为基本信息处理手段和传输工具，进行信息的收集、传递、加工、存储、使用、更新和维护，为企业高层决策、中层控制、基层运作提供信息服务的人机系统。

这个定义说明，管理信息系统充分地结合了人与机器，通过对信息的处理来支持管理决策活动。此定义较全面地覆盖了管理信息系统所涉及的学科范围。图 1-4 描述了 MIS 的总体概念。

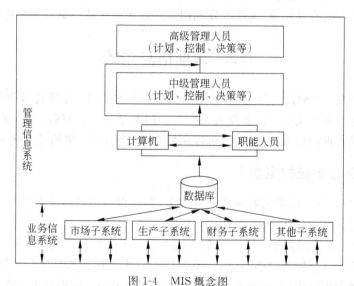

图 1-4　MIS 概念图

由图 1-4 可知，管理信息系统是一个人机系统，机器包括计算机硬件及软件（软件包括业务信息系统、知识工作系统、决策支持系统和经理支持系统）、各种办公机械及通信设备；人员包括高层决策人员、中层职能人员和基层业务人员，由这些人和机器组成一个和谐的、配合默契的人机系统。所以，有人说管理信息系统是一个技术系统，也有人说管理信息系统是一个社会系统，这两种看法都比较偏颇。我们认为管理信息系统主要是一个社会系统，然后是一个社会和技术综合系统。系统设计者应当先分析清楚把什么工作交给计算机做比较合适，什么工作交给人做比较合适，人和机器如何联系，从而充分发挥人和机器各自的特长。为了设计好人机系统，系统设计者不仅要懂得计算机，而且能够对系统中人的因素进行分析。

1.3.2　管理信息系统的功能

根据以上给出的管理信息系统的定义,可以总结出管理信息系统主要有以下一些基本的功能。

(1) 数据处理功能。即数据的收集、输入、传输、存储、加工处理和输出。

(2) 预测功能。运用数学、统计或模拟等方法,根据过去的数据预测未来的情况。

(3) 计划功能。合理安排各职能部门计划,并按照不同的管理层提供相应的计划报告。

(4) 控制功能。对计划的执行情况进行监测、检查,比较执行与计划的差异,并分析其原因,辅助管理人员及时用各种方法加以控制。

(5) 辅助决策功能。运用数学模型,广泛地采用运筹学的方法和技术,及时推导出有关问题的最优解,辅助各级管理人员进行决策,从而能够合理地利用企业的各项资源,提高企业的经济效益。

1.3.3　管理信息系统的特点

1. 面向管理决策

管理信息系统是继管理学的思想方法、管理与决策的行为理论之后的一个重要发展,它是一个为管理决策服务的信息系统,它必须能够根据管理的需要,及时提供所需要的信息,帮助决策者做出决策。

2. 管理信息系统是一个人机系统

管理信息系统的目的在于辅助决策,而决策只能由人来做,因而管理信息系统必然是一个人机结合的系统。在管理信息系统中,各级管理人员既是系统的使用者,又是系统的组成部分。因此,在管理信息系统开发过程中,要根据这一特点,充分发挥人和计算机各自的长处,使系统整体达到最优。

3. 管理信息系统是一个一体化的集成系统

管理信息系统的设计和建立是以系统思想为指导,从企业的总体出发进行全面考虑,保证各种职能部门共享数据,减少数据的冗余度,实现整个系统各个组成部分之间的相互协调,使系统中的数据具有一致性和兼容性。

4. 数据库的应用

具有集中统一规划的数据库是管理信息系统的一个重要特点。数据库中分门别类地存储了各种各样的信息,同时它还具有功能完善的数据库管理系统,对数据的组织、数据的输入和数据的存取等操作进行管理,使数据更好地为多种用户服务。数据库的应用象征着管理信息系统是经过周密设计的,系统中的信息能够真正成为各种用户共享的资源。

5. 数学模型的应用

通过数学模型来分析数据,进行预测和辅助决策,是管理信息系统的另一个显著特点。对于不同的职能,系统提供了不同的模型,如用于分析资源消耗的投资决策模型、帮助进行生产调度的调度模型以及用于分析销售策略的销售模型等。将这些数学模型配合运筹学的相关知识,就可以对问题进行全面的分析,从中找出可行解、一般解和最优解。在实际应用中,管理者根据和系统对话的结果,组合不同的模型进行分析,为各种决策提供辅助信息。

6. 多学科交叉的边缘科学

管理信息系统作为一门新的学科,产生较晚,其理论体系尚处于发展和完善的过程中。早期的研究者从计算机科学与技术、应用数学、管理理论、决策理论和运筹学等相关学科中抽取相应的理论,构成管理信息系统的理论基础,从而形成一个有着鲜明特色的边缘科学。

1.3.4 管理信息系统的分类

管理信息系统的分类方式有多种,这里仅列两种。

1. 从计算机技术发展程度上分类

(1) 人工的管理信息系统。
(2) 单机的管理信息系统。
(3) 基于网络的管理信息系统。

2. 从管理信息系统的功能适用性分类

(1) 用于商业销售和经营的管理信息系统。
(2) 用于生产制造和管理的管理信息系统。
(3) 用于辅助设计和科研的管理信息系统。
(4) 用于财务管理的管理信息系统。
(5) 用于事务管理的管理信息系统。
(6) 用于决策支持的智能化管理信息系统。

1.3.5 管理信息系统的结构

管理信息系统的结构是指系统中各个组成部分之间相互关系的总和。由于人们对管理信息系统的部件存在着不同的理解,所以就构成了管理信息系统不同的结构方式,其中最重要的结构方式是基本结构、层次结构和职能结构。

1. 管理信息系统的基本结构

从概念上来看,管理信息系统的基本组成部件有 4 个,即信息源、信息处理器、信息使用者和信息管理者,如图 1-5 所示。信息源是指原始数据的产生地。信息处理器的功能是对原始数据进行收集、加工、整理和存储,把它转化为有用的信息,再将信息传输给信息使用者。信息使用者是信息的用户,不同层次的信息使用者依据收到的信息进行决策。信息管理者负责管理信息系统的设计和维护工作,在管理信息系统实现以后,他还要负责协调信息

图 1-5　管理信息系统基本组成部件

系统的各个组成部分,保证信息系统的正常运行和使用。信息系统越复杂,信息管理者的作用就越重要。

还可以将这些部件进一步细化。例如,根据原始数据的产生地不同,可以把信息源分为内信息源和外信息源。内信息源主要是指企业内部生产经营活动所产生的数据,包括生产、财务、销售和人事等方面;而外信息源则是指来自企业外部环境的数据,如国家的政策、经济形势等。信息处理器也可以细分为数据采集、数据变换、数据传输和数据存储等装置。在实际的管理信息系统中,由于各个企业具有不同的组织形式和信息处理规律,因此结构也不尽相同,但是最终都可以归并为图 1-6 所示的基本结构模型。

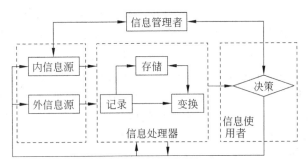

图 1-6　管理信息系统基本结构模型

2. 管理信息系统的层次结构

有些管理信息系统的规模比较大,必然会显现出某种层次结构,每个层次具备一种信息处理的功能。层次结构的出现给管理信息系统带来了两个新的问题。

首先,要解决的问题就是应该怎样合理划分层次。由管理学中的相关内容可知,有两种极端的层次结构都不利于组织的管理工作:一种是层次结构过于“扁平”,即管理幅度过宽,这种情况势必会给高层的管理工作带来极大的不便,高层管理者无法对下层进行有效的控制,导致各下层机构各自为政;另一种是层次结构过于“陡峭”,即管理幅度过窄,层次过多,在这种情况下,信息在各个层次之间的传递往往比较缓慢,大大降低了管理的效率,结果使机构僵化、反应迟钝。因此,在对企业的管理信息系统进行层次划分时,需要分析系统的实际业务状况,从而确定管理幅度与层次。一般来说,如果系统强调的是严格的控制,则每一层次的管理幅度不宜太大;如果系统需要充分发挥下层自主性,则可适当放宽管理幅度。

其次,还要考虑各个层次之间怎样进行功能分配。功能分配主要是指在各层次上,按照其服务对象的需要,存储某种特定的、必要的信息配备加工和显示这种信息的功能。在分配

各层次的功能时,要遵循的总原则就是"一事一地"。"一事一地"是指系统的哪个层次需要用哪种信息,就把这种信息存放在这个层次里。另外还要注意的是,如果系统需要的是汇总的信息或加工的结果,就不要传递原始信息。加工信息时,能在一个地方一次加工好的,就不要分散到多处去重复同样的加工。

在实际应用中,一般根据处理的内容及决策的层次把企业管理活动分为 3 个不同的层次:战略计划层、管理控制层和运行控制层。一般来说,下层系统的处理量比较大,上层系统的处理量相对较小,所以就形成了一个金字塔式的结构,如图 1-7 所示。

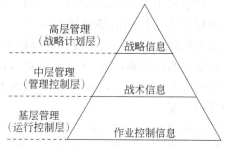

图 1-7　管理信息系统的金字塔结构

不同的管理层次需要不同的信息服务,为它们提供服务的管理信息系统就可以按这些管理层次来相应进行划分。为不同管理层次所设计的管理信息系统在数据来源和所提供的信息方面都是完全不同的。

1) 战略计划级管理信息系统

战略计划级的管理活动所涉及的是企业的总体目标和长远发展规划,如企业长期开发战略的制定、组织机构和人事政策的确定等。因此,为战略计划级管理活动服务的信息系统需要比较广泛的数据来源。其中,除了内部数据,还包括相当数量的外部数据。例如,当前社会的政治形势、经济发展趋势和国家的政策,企业自身在国内外市场上所处的位置和竞争能力,以及新的投资机会和投资方案等。此外,由于战略计划级管理信息系统所提供的信息是为企业制定战略计划服务的,所以要有高度的概括性和综合性。例如,对企业当前能力的评价和对未来能力的预测,对市场需求和竞争对手的分析等。这些信息对企业制定战略计划都有很大的参考价值。

2) 管理控制级管理信息系统

管理控制级的管理活动属于企业的中层管理,它的主要工作是根据高层管理所确定的总目标,对组织内所拥有的各种资源,制定出资源分配计划及实施进度表,并组织基层单位来实现总目标。这个层次的管理活动包括各个部门工作计划的制定、监控和各项计划完成情况的评价等。因此,可以说管理控制级管理信息系统主要是面向各个部门的负责人,为他们提供所需要的信息服务,以支持他们在管理控制活动中能正确地制定各项计划和了解计划的完成情况。它所需要的数据来源可以有 3 个渠道:一是控制企业活动的预算、标准和计划等;二是作业处理所提供的数据;三是其他数据。管理控制级管理信息系统所提供的信息主要包括决策所需要的模型,对各部门的工作计划和预测,对计划执行情况的定期和不定期的偏差报告,对问题的分析评价,以及对各项查询的响应等。

3) 运行控制级管理信息系统

运行控制级的管理活动是为有效利用现有资源和设备所展开的各项活动,属于企业的基层管理,基层管理活动包括作业控制和业务处理。它按照中层管理活动所制定的计划与进度表,具体组织人力、物力去完成上级指定的任务。因此,运行控制级管理信息系统处理过程都是比较稳定的,可以按预先设计好的程序和规则进行相应的信息处理。在这一级别上的管理信息系统一般由 3 种处理方式组成：事务处理、报告处理和查询处理。这 3 种处理方式的工作过程十分相似。首先将处理请求输入处理系统中，系统自动从文件中搜寻相关的信息，进行分析处理，最后输出处理结果或报告。

3. 管理信息系统的职能结构

通常可以按照一定的职能将企业的管理组织机构划分成若干个部门，按这些部门的不同职能建立的管理信息系统的结构就是管理信息系统的职能结构。

管理信息系统的职能结构通常可以用职能系统/管理层次矩阵来表示，如图 1-8 所示。

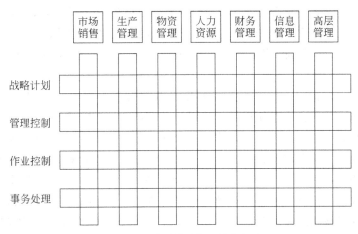

图 1-8　职能系统/管理层次矩阵

图 1-8 中每一列代表一个子系统，对应着一种管理功能。其实这种功能没有标准划分，因组织不同而异。显而易见，图 1-8 所示的企业管理信息系统按照职能的不同分成 7 个子系统，而每一行就代表着战略计划、管理控制、运行控制和事务处理等不同的管理层次。因此，图 1-8 中行与列相交的地方就代表适用于不同管理层次的职能子系统。各个职能子系统的主要职能分别如下。

（1）市场销售子系统。市场销售子系统包括企业进行销售和推销的全部管理活动。战略计划的功能是根据人口、购买力和技术发展等因素，使用顾客分析、竞争者分析、顾客评价、收入预测、人口预测和技术预测等方法获取信息，从而对开发新市场和新市场销售的战略进行分析和研究。在管理控制方面，根据顾客、竞争者、竞争产品和销售能力要求等信息，对总的销售成果、销售市场和竞争对手等方面的情况进行分析和评价，确保销售计划的完成。在运行控制方面，包括雇用和训练销售人员、日常销售和推销活动的调度和安排，还要按区域、产品、顾客对销售数量情况进行定期分析。业务处理则主要是指对销售订单的处理。

（2）生产管理子系统。它包括产品的设计、生产设备计划、生产设备的调度和运行、生产人员的雇用与训练、质量控制和检查等。生产管理子系统中，典型的事务处理是生产指令、装配单、成品单、废品单和工时单等的处理。作业控制要求，将实际进度和计划相比较，找出薄弱环节。管理控制方面包括进行总调度以及单位成本和单位工时消耗的计划相比较。战略计划要考虑加工方法和自动化的方法。

（3）物资管理子系统。它包括采购、收货、库存管理和发放等管理活动。事务处理主要包括库存水平报告、库存缺货报告、库存积压报告等。管理控制包括计划库存与实际库存水平的比较、采购成本、库存缺货分析、库存周转率分析等。战略计划包括新的物资供应战略，对供应商的新政策以及"自制与外购"的比较分析，新技术信息、分配方案等。

（4）人力资源管理子系统。它包括人员的雇用、培训、考核、工资和解聘等。事务处理主要产生有关聘用需求，工作岗位责任，培训计划，职员基本情况，工资变化，工作小时和终止聘用的文件及说明。作业控制要完成聘用、培训、终止聘用、工资调整和发放津贴等。管理控制主要包括进行实际情况与计划比较，产生各种报告和分析结果，说明雇工职员数量、招聘费用、技术构成、培训费用、支付工资和工资率的分配和计划要求符合的情况。战略计划包括聘用计划和方案评价、职工培训方式、就业制度、地区工资率的变化及聘用留用人员的分析等。

（5）财务会计子系统。从原理上来说，财务和会计有着本质的区别，二者的目标不同。财务的目标是保证企业在资金使用方面的财务要求，并尽可能地减少其花费；会计的目标则是把财务方面的业务进行分类、总结，然后填入标准的财务报告，并制定预算、对成本数据进行核算分析与分类等。在战略计划方面，人们关心的是财务保证的长远计划、资金筹措计划、减少税收影响的长期计划以及成本会计和预算系统的计划，并且还要制定财会政策。管理控制主要是对预算和成本数据的计划执行情况进行分析和比较，处理会计数据的成本和差错率等。运行控制和业务处理主要是分类、汇总每天的单据，提出差错和异常情况的报告，以及延迟处理的报告和未处理业务的报告等。

（6）信息管理子系统。该系统的作用是保证其他功能有必要的信息资源和信息服务。事务处理有工作请求、收集数据、校正或变更数据和程序的请求、软硬件情况的报告以及规划和设计建议等。作业控制包括日常任务调度、统计差错率和设备故障信息等。管理控制包括计划和实际的比较，如设备费用、程序员情况、项目的进度和计划的比较等。战略计划包括整个信息系统计划、硬件和软件的总体结构、功能组织是分散还是集中等。

（7）高层管理子系统。高层管理子系统主要是为每个组织的最高领导层（如公司总经理和各职能区域的副总经理等）提供服务。它的战略计划层主要关心的是公司的发展方向和长远规划，并且为其他职能部门的战略计划制定总的目标。因此，高层战略计划的决策必须依靠来源广泛的、综合性高的内部和外部信息的支持。管理控制层主要是将各功能子系统的执行情况和计划进行比较，并做出分析和评价。运行控制层的内容主要包括提供会议时间表、控制会议进展及管理各类文件等。典型的业务处理是为决策提供信息咨询、编写文件以及向公司其他部门的子系统发送指令等。

此外，有些书上还提到管理信息系统的软件结构和硬件结构，这里不再详述。

1.4 管理信息系统与现代管理方法

管理信息系统是现代管理方法与手段相结合的系统，尤其是在企业管理信息系统中，计算机系统与现代管理方法的结合才能使系统在管理中发挥作用。20世纪50年代中期，由于受计算机发展水平的限制,当时的应用只是考虑企业的哪些工作可以用计算机来代替人的劳动。究其原因,主要在于系统开发中没有融合现代化的管理思想和方法,使管理信息系统的开发只是简单地用计算机系统去模拟原手工操作系统,这样最大限度也只是减轻管理人员的手工劳动。实际上,管理信息系统的目的是要使各级管理人员在计算机系统支持下,从各种烦琐的日常事务中解脱出来,以便更好地投入到决策工作中去。改进管理系统,使企业管理在先进的技术手段和准确及时的信息支持下,达到一个新层次。

现代管理方法很多,任何一种方法都不仅要进行科学管理,还要做定量分析。不同企业应根据自身状况选择相应的管理方法。现代管理活动都离不开数据和信息,而且要采用数学方法对决策问题进行求解,为此,还必须进行大量的数据处理。如果只有方法而没有相应的手段,仅依靠人工是难以实现的。因此,现代管理方法必须以计算机应用为基础,二者相辅相成、缺一不可。下面对管理信息系统建设中常用的管理方法作简要介绍。

1. MRP Ⅱ

制造资源计划(Manufacturing Resource Planning,MRP Ⅱ)是 20 世纪 70 年代在发达国家制造企业中开始采用的先进现代管理技术,是一种在对一个企业所有资源进行有效的计划安排的基础上,以达到最大的客户服务、最小的库存投资和高效率的工厂作业目的的先进的管理思想和方法。其管理目标是:通过反馈库存和车间在制品信息,制订生产计划,在保证按期供货的前提下,减少在制品和库存的资金占用。MRP Ⅱ适用于小批量、多品种制造企业管理,在解决制造企业物料供应与生产计划的矛盾、计划相对稳定与用户需求多变的矛盾、库存增加与流动资金减少的矛盾以及产品品种多样化与生产活动的条理化的矛盾等过程中发挥了重要的作用。

2. ERP

企业资源规划(Enterprise Resource Planning,ERP)是在现代管理技术、计算机技术进步的新技术条件下对 MRP Ⅱ 的发展。ERP 突破了 MRP Ⅱ 的局限,把供需链内的供应商等外部资源也看成是受控对象集成进来,并且把时间作为一项关键的资源来考虑。同时,在ERP 中,DSS 不仅提供对结构化问题的支持,而且能够辅助管理人员进行半结构化和非结构化决策。

3. JIT

准时制生产(Just In Time,JIT)是以日本丰田公司的看板管理(KANBAN)为代表的企业管理方法。追求的目标是零库存,实现"准时制"生产,即在刚好需要该零部件时,刚好把它生产出来并送到需要的地点。表 1-1 描述了看板管理和制造资源规划在管理原则上存在的重大差别。

从两者的比较可见,实行 JIT 生产需要以下条件。

(1)它适用于以流水线生产方式的企业管理,不适合单件、小批量生产。

(2)企业生产秩序稳定,生产均衡,全面按科学的方法指导生产。实行工序质量控制,保证不合格的零件不向下道工序传递。

表 1-1　KANBAN 与 MRPⅡ的比较

比较项目	KANBAN	MRPⅡ
库存	库存是一种不利因素,应尽量减少	库存是一种资源,是预防未来一些不确定因素所必需的
批量	生产需要的数量	用某种公式计算批量
生产准备时间	尽可能少	要求不严格
在制品库存	取消等待加工队列	是一种需要
供应商	合作者	有矛盾的甲乙双方
质量	废品为零	允许有废品
设备维修	预计计划内维修	设备维修是必要的
提前期	越短越好	尽可能长
工人	素质要求高	按法规办事

（3）企业内部制造、检验及运输的合理化。

（4）设备、工装精度良好,保证加工质量的稳定、良好。

（5）建立以生产工人为主体的管理体系,保证一线工人百分之百的时间在从事生产。

4. OPT

最优化生产技术（Optimized Production Technology,OPT）是近几年提出的一种新的管理思想。OPT 提出了一种新的均衡编制与排产方法,与传统的强调生产作业优先级的确定、能力计划的编制等管理方法不同,OPT 强调物流的优化。OPT 方法正确认识到影响制造系统产出率的"瓶颈"环节,通过优化"瓶颈"环节的物流,提高制造效率,并对所有支持"瓶颈"环节的排序计划的工作环节排序。OPT 思想主要有以下几点。

（1）追求物流平衡,而不是能力平衡。

（2）非"瓶颈"资源的利用水平不仅取决于自己的潜力,还由系统中其他一些约束来确定。

（3）进行生产,并不总是等于有效地利用了资源。

（4）在"瓶颈"资源上损失 1 小时,就等于整个系统损失了 1 小时。

（5）在非"瓶颈"资源上节约 1 小时,并没有多大的意义。

（6）"瓶颈"环节决定了系统的产出和库存。

（7）传输批量并不总是等于加工批量。

（8）加工批量应当是可变的,不是固定的。

（9）同时考虑系统的所有约束条件,才能确定优先级。

OPT 方法的运用可大幅度减少在制品的数量。

5. 敏捷制造

敏捷（Agile）制造是 20 世纪 90 年代兴起的先进制造技术和管理思想。这种方法面向现代企业集团化、虚拟化的需求,能够极大地提高企业对市场反应的敏捷性和适应能力。敏捷制造目的是提高企业生产和经营上的敏捷性,及时满足市场多样化的需求;作为一种管理思想,其核心在于通过虚拟企业的形式,最大限度地提高资源利用率,充分利用转瞬即逝的市场机遇。创新能力较强的企业可以通过敏捷制造,作为动态联盟的盟主,专攻附加值较高的部分,其他企业也可通过参加动态联盟,发挥自身优势,形成规模效益。敏捷企业的目的在于提高资源利用率,不同的企业有不同的做法,但都具有以下特点。

1) 设备柔性

由于敏捷企业面临的是不可预知的市场环境,为了提高企业的生存能力,必须具备高度柔性的设备以满足不同产品的生产加工要求。

2) 组织上的敏捷性

组织上的敏捷性是企业参加敏捷制造的基础。为此,企业必须改变传统以车间、部门为基础的组织形式,而采用以项目组、独立制造为基础的组织形式。

3) 高素质综合型人才

敏捷企业对人员素质提出了更高的要求。敏捷企业面向不可预知的环境,要求人员素质能适应不同生产任务的需要。人员的敏捷性要求高素质的综合型人才,以便以此为基础进行虚拟企业的建立与解体,满足不同任务对人才资源的需求。

4) 企业的虚拟化

企业的虚拟化是敏捷制造的基本要求,其特点是企业功能上的虚拟化、地域的虚拟化和组织的虚拟化。要实现功能上的虚拟性,就必须通过各企业管理信息系统的互联,实现企业之间的远程生产调度和协作设计等功能。

企业的管理方法多种多样,各有其不同的特点和应用环境,在管理信息系统建设中,最重要的一点就是要在对企业管理状况进行认真分析的基础上,选择适合企业管理需要的管理方法,这是系统分析的主要任务之一,也是管理信息系统成功应用的先决条件。

1.5 管理信息系统的发展趋势

根据管理信息系统的演变过程,可以探索和研究管理信息系统的演变规律。下面从深度、功能、广度、环境和作用等多个不同视角,来分析和探讨管理信息系统演变规律的特点和发展趋势。

从深度来看,管理信息系统从简单的事务记录向复杂的决策支持演变。一般来说,可以按照业务层次将组织中的组织结构分为基层、中层和高层 3 个层次。基层业务人员主要是执行具体的业务操作和数据采集工作,中层管理人员的主要工作是计划、协调和控制,高层决策人员的主要工作是监控和决策。管理信息系统的应用是从满足基层业务人员的结构化、规范化业务开始的,并且逐渐向满足中层管理人员和高层决策人员的半结构化、非结构化工作需要方向发展。从这种发展趋势可以看出,管理信息系统在管理领域中的应用越来越深入。

从功能来看,管理信息系统从局部业务的自动化处理向系统级的信息系统方向发展。信息生命期有多个不同的阶段,数据采集、加工处理、使用和反馈都是其主要的阶段。局部业务的自动化处理是指这时的管理信息系统只能满足某个阶段的需要。例如，销售领域中合同数据的采集是手工完成的，但是合同统计信息可以借助计算机来执行。系统级的信息系统是指计算机应用到该领域中信息生命期的整个阶段中。从这种趋势来看，管理信息系统在信息生命期领域由局部阶段向整个系统方向发展，功能逐渐完善和强大。

从广度来看，管理信息系统正在从单个业务部门或部分业务部门的独立应用向整个组织的集成应用方向发展。在许多组织中，管理信息系统的应用通常起始于某个部门或某几个主要的业务部门。例如，或者起始于财务部门的工资核算，或者起始于人事档案的管理，或者起始于库存管理等。但是，由于组织中各个部门之间的业务数据和管理信息互相交织在一起，信息孤岛正是这种单个业务部门或部分业务部门应用管理信息系统形成的后果。例如，财务管理不只是财务部门的事情，其管理业务涉及组织中的所有部门。当前，以集成组织中所有独立的管理信息系统和其他计算机应用为目标的企业应用集成管理信息系统的热点和难点，也是管理信息系统发展过程中必须要解决的问题。

随着 Internet、电子商务、电子政务和全球信息系统的发展，管理信息系统正在由局限于组织内部的应用向组织之间和组织外部扩展，这是从环境视角看到的结果。随着 Internet/Web 技术的飞速发展和传播，在技术方面和成本方面，管理信息系统已经具备了由封闭环境向开放环境发展变化的特点。但这种开放式的发展变化在分布式信息处理和协同、业务流程创新和设计、安全管理和控制等方面有待进一步研究和完善。

从作用来看，管理信息系统正在从一个单纯的业务工具向战略手段演变。最初，管理信息系统只是支持管理人员工作的简单工具，如帮助管理人员进行快速计算、报表统计或绘制图形等。随着管理信息系统在组织中的应用范围和深度的变化，其作用也由量变走向质变。当前，已经有许多组织把管理信息系统的应用看成是影响组织生存的重大事件和决定组织经营行为的关键因素。从这个趋势可以看出，管理信息系统已经逐渐成为组织的战略手段。

【材料阅读】

波音 787 虚拟制造

在位于美国西雅图北郊的波音制造工厂里，一场史无前例的庆典正在隆重举行，这就是波音公司的划时代产品——787"梦想飞机"的下线仪式。就如同 10 年前的波音 777 飞机一样，波音 787 所引起的期待和兴奋早已超出了波音制造工厂。尽管它要在一年之后才有可能制造完成，但全球 37 家客户已经下了 461 架飞机的订单。其中，中国订购的 60 架 787 中有 12 架将在北京奥运会开幕前交付使用。

787 梦想飞机的设计工作早已完成，年底前即可开始组装生产。当人们看到 787 飞机时，也许会说："它不过是又一架飞机而已。"但实际上，它绝不仅仅那么简单。科罗拉多州的航空业分析家迈克尔·博伊德认为，787 飞机能够载入史册得益于前沿科技的应用，而虚拟设计技术就是其中的代表。

在 787"梦想飞机"的下线仪式上，并没有出现真正的飞机。这是一场虚拟的下线仪式，它以虚拟的方式标志着 787 的成功研制。"我们的设计师和工程师们已经在计算机屏幕上创造出飞机模型,并解决了计算机设计程序的所有漏洞。"波音公司的设计工程师西蒙·库克(Simon Cook)说:"即使没有真正的机翼和轮子,我们也可以完成制造过程。"波音 787 下线仪式上所展示的并不是实际存在的机器部件,而这恰恰是虚拟设计软件的神奇之处——西蒙·库克说:"它可以在我们实际制造机器之前就完成对整个飞机的生产。也就是说,当我们生产成品之前,我们就一直在'制造'它了。"

波音公司过去就曾用动画的方式设计过飞机结构,但直到工人在工厂中生产出部件,并把它们组装到一起时,才发现许多令人烦恼的问题:要么是部件大小不合适,要么是维修工没有足够的空间完成安装。"到了全部部件制造出来的时候才发现问题,对我们来说已经太晚了。我们不得不进行大规模的返工,生产速度也因此而迟滞,这严重影响了交付客户使用的承诺日期。"

波音 787 飞机的首席工程师汤姆·科根(Tom Cogan)表示,新一代 3D 动画技术的出现彻底改变了现实。"这是所有技术的集大成者,它和我们以往所做的有着根本不同。"科根说,"想想我们以往的做法,那的确太陈旧了。"

法国 Dassault Systemes(达索)公司制作的 3D 模型让科根属下的工程师们在全部部件生产出来之前,就能准确地看到它们对于波音 787 飞机是否合适,以及有没有足够的空间让工人安装。例如,工程师们发现了计划中的货舱门并不适合组装,他们还看到电子仪器架也存在同样的问题;否则,波音公司将要付出很高昂的代价。因为如果事先不知道要做调整,公司不仅要重新设计仪器架,而且要重新调整架子周围的结构,或者重新设计组装工具。这些工作的成本是非常高的,仅是修理部件就得花上一星期。

3D 仿真技术代表着未来的制造趋势,而且这不仅仅限于飞机制造业。达索公司 CEO 伯纳德·查尔斯说:"想想你每天接触到的电话、汽车、咖啡机……不管是什么东西,如今的制造业都已经变得越来越虚拟化了,这是一场革命。对影像技术的发展而言,3D 仿真的确是一个前景广阔、充满活力的平台。"

(资料来源:http://cio.it168.com)

【项目实践】

(1) 请利用课外时间,收集 5 个典型的管理信息系统示例,如图书管理信息系统、学籍管理系统、POS 系统等,分析这些管理信息系统的功能和作用。同时结合自身的体验,讨论管理信息系统对自己学习、工作和生活的影响体现在哪些方面。

(2) 请利用课外时间阅读我国《2006—2020 年信息化发展战略》全文,思考管理信息系统这门课程在我国国民经济发展过程中的作用。

思 考 题

1. 什么是信息? 信息的特点是什么?
2. 信息和数据有何联系和区别?
3. 如何理解系统的概念? 系统包括哪些组成部分?
4. 什么是信息系统? 信息系统的组成包括哪些部分?
5. 什么是管理信息系统? 其主要特征是什么?

6. 什么是管理信息系统的结构？

7. 什么是 JIT？实行 JIT 生产需要什么条件？

8. 敏捷制造的特点是什么？

9. 试述管理信息系统的发展趋势。

10. 你认为哪些主要学科有助于理解管理信息系统？

第2章 信息系统、组织与战略

【学习目标】

通过本章的学习,掌握信息系统对组织结构、管理理论、传统经济理论的影响,掌握基于信息系统的组织战略,熟悉组织战略的层次及竞争压力模型、价值链模型,了解信息系统应用中管理挑战的5个方面及企业中信息系统管理部门的组建。

【导入案例】

海尔信息化历程

1. 案例简介

在信息化时代,海尔(Haier)被发掘出另外一层含义:

- H代表海尔的一句口号"越来越高(High)"。
- a是电子邮件@符号,代表海尔在网络时代产品发展的一个趋势。
- i代表海尔的基础内部网与外部网(Internet & Intranet)平台,利用这种平台,海尔才能继续发展。
- e是海尔的e平台,通过这个平台,海尔与用户以及合作伙伴进行广泛的交流和合作。
- r是特色商标的一个标志,表明海尔成为世界名牌的决心。

1984年创立的青岛海尔集团,现已成为举世瞩目的大型国际化企业集团。产品从1984年的单一冰箱发展到拥有白色家电、黑色家电、米色家电在内的86大门类13 000多种规格的产品群,并出口到世界160多个国家和地区。2001年,海尔实现全球营业额602亿元人民币,出口创汇4.2亿美元。目前,海尔已建立起全球设计网络、制造网络、营销与服务网络。现有设计中心18个,工业园10个,营销网点58 800个,服务网点11 976个。在国内市场,海尔冰箱、冷柜、空调、洗衣机四大主导产品的市场份额均达到30%左右;在海外市场,海尔产品已进入欧洲15家大连锁店的12家、美国10家大连锁店的8家。1998年,海尔开始实施以市场链为纽带的业务流程再造,以订单信息流为中心带动物流、资金流的运动,加快了与用户零距离、产品零库存和零营运成本"3个零"目标的实现。1999年、2001年,海尔分别在青岛高科技园和经济技术开发区建立了亚洲最大规模的现代化物流中心,把仓库变成流动的配送中心,以过站式物流大大提高对用户个性化需求的响应速度,以增强企业的市场竞争力。作为国家重点推广的全国企业信息化典型,海尔信息化的地位举足轻重。在当地政府和海尔自身看来,信息化是海尔最重要、最成功的经验之一,是信息化帮助了海尔在行业竞争日趋激烈的今天赢得机会、赢得发展,并成功实现了从传统企业向现代企业的转变,造就了今日庞大的海尔帝国。然而,在中国,具有海尔规模与实力的企业屈指可数,其经验具有难以复制性。因此,信息化有没有必要学海尔?学什么?如何学?诸多疑虑萦绕在人们的心头。当我们走近海尔,并深入触摸海尔信息化的内核时却发现,"生于忧患"的朴素哲理牢牢地根植于海尔信息化的初始——在海尔向全体员工灌输的"全员SBU(策略实施干预)理念"上清晰地写道:生于忧患,死于安乐。如果你想等待无序竞争的消亡,其结果只能是你与无序竞争一起消亡。

这表明,海尔是自发走上信息化道路的。在1998年,信息化远非今日这样受人追捧。实际上,直到今天,海尔的许多人都不认为当时的所作所为是信息化,他们更愿意说,和从前某些阶段所经历的一样,那是一场改革,只不过采用了新式武器。1998年9月,青岛海尔集团总部。这个季节的青岛凉风习习,气候宜人,但海尔的许多人却感到燥热。他们每个人的心中都开始升腾些许莫可名状的忧虑。传说海尔要有大事发生,但是,谁也无法证实。有时候,人们想交头接耳地探听虚实,但那种好奇心迅速被压制了——上面传出话来,不许议论与手头工作无关的事情,更不许妖言惑众。事情缘起于海尔首席执行官张瑞敏的一个后来被称为"革命"的想法。1998年9月8日,张瑞敏在海尔的一个会议上提出了构造海尔"市场链"以及BPR(企业流程重组)的想法,这些想法后来被总结为"市场链理念"。在海尔12条"市场链理念"中,张瑞敏特别强调了"订单"的概念,他认为,订单是现代企业运作的驱动力,没有订单的销售本质上是处理库存,因为找不到买主,唯一的手段便是降价,打价格战。因此,海尔必须"通过同步流程的速度和SST的强度,以市场链工资激励员工将其价值取向与用户需求相一致,创新并完成有价值的订单,不断创造寻求,创造市场"。依照当时张瑞敏的设想,需要有一种手段有效地将数量庞大的供应商、生产厂、分销渠道、营销网点和用户群整合起来,协同作业,以适应瞬息万变的市场形势。为了达到这个目的,有必要在企业内部实施有限变革,重新规划组织架构。鉴于近80%的失败率,对于海尔的BPR,张瑞敏并没有太大把握,因此,他可以一改平日言出即行的作风,默认了某些谨慎的做法。而在另外一些重要的场合,员工们明确地听到了张首席的指示:不能太慢!张瑞敏的想法交给了能够一贯贯彻其意图的海尔总裁杨绵绵来实施。

1)"冰棍"理论

海尔提出"零管理层"多少有些被逼迫的无奈。1998年,家电产业明显进入微利时代,摆在海尔面前的只有一条路:挑战管理极限,即"零管理层"。张瑞敏断定,只有实现零管理层的目标,才能在微利时代创造高效益和市场竞争力。海尔是一个企业,企业最关心的首先是生存与发展,其次才是生存与发展的手段。海尔高层在多次与信息化相关的场合都表达过一个信息:海尔信息化很大程度上是为企业未来寻找出路的一个管理、业务层面上的解决方案。在这些场合,杨绵绵喜欢举一个例子:人们要吃冰棍,于是就有人琢磨如何制造冰棍,随后大量生产冰棍。假如这个过程一长,或者中间信息沟通有问题,等到冰棍堆满仓库后,销售的旺季就过去了,人们也不再需要冰棍了,然后仓库停电,冰棍也融化了。但是在生产者的账面上,只要不去盘点,那么,仓库里已经消融的冰棍就会永远出现在账上。而在很多企业,这个结果通常需要很长时间才能获悉。视为"冰棍理论"。杨绵绵想通过"冰棍理论"表达一个现实:如果无法把握用户的需求,或者说缺乏为用户生产产品的效率和速度,产品就会在仓库一天天贬值,如同冰棍的消融。冰棍的消融容易理解,但是很多产品,例如家电、IT产品、服装的"消融"却常常被忽视,以至于到了最后,"白送人都不要"。类似这样的尴尬,过去的海尔经历过不少,现在依然在各式各样的企业不断地上演着。杨绵绵慨叹:串联的流程是没有出路的,是缺乏竞争力的。海尔若想继续昔日的辉煌,除了变革别无选择。海尔变革主要体现在流程的改造上，在海尔高层人士的嘴边挂得最多的词汇便是"物流"、"信息流"、"资金流"、"供应链"。在张瑞敏提出"市场链"及BPR的想法后，一种管理模式的设想被提出来。这个设想主要针对传统企业串联的流程管理方式。"如果信息进来以后，所有相关的人能够同时收到并参与管理，这会产生一个什么样的结果呢？例如某个用户需要一台冰箱，有一些个性化的需求，并且确定了交货期。这个订单一进入企业信息系统，企业的制造、财务、设计部门及供应商就会同时得到，大家就会按照交货期安排工作，各就各位，分头实现。供应商应该在什么时间准备原材料，装集装箱、发运，设计部门开始依据用户需求进行设计，制造部门开始安排计划，财务部门开始实施结算和财务监控程序，这些工作都是迅速、同时到位，围绕订单的这个流程必须是同步、及时的流程，要求一步到位就必须做到一步到位，非常精确。"

流程同步至少能解决眼下的问题。杨绵绵回忆，1998年的时候，几乎所有的家电企业都不得不面对这样的窘况：一个订单信息传到供应商端可能需要20天之久，等到订单变成产品甚至需要数月之久。据说有的空调用户直到深秋才拿到夏天定制的产品。其时，大多数企业的感觉是无奈。事实上，就传统的业务模式与手段而言，一些勤奋的品牌家电企业"已经发挥到极致"，但"极致"并没有改变它们在市场上捉襟见肘、生存危在旦夕的命运。因此，海尔"思变"以及"变"的过程都不可能是张瑞敏一拍脑袋，杨绵绵轻而易举能够实现的。杨绵绵坦言，流程同步的前提是做好基础性工作，如果缺乏基础性工作，就容易产生混乱，变革就会有极大的风险。

2）拆碉堡工程

现在回过头来看看，是扎实的"基础工作"改变了海尔。海尔信息化"基础工作"的目标被概括为一个中心——以订单信息流为中心。杨绵绵甚至认为企业以订单信息流为中心的经营方式是市场经济不同于计划经济的重要表现形式。"市场和计划是完全不同的运营模式。计划经济是企业按照计划进行生产，然后按照计划将产品调出去，属于先生产后销售；市场经济是企业依靠订单到市场中参与竞争，订单是竞争的核心，如果没有订单，生产出来的产品很可能与市场需求不一致，就有可能产出品价值100元，市场价只有80元，有时候还不够采购原材料的本钱——产品。并非市场需求的唯一出路是降价，降价导致的唯一结果是企业亏损，经营难以为继。"杨绵绵得出结论：现在，家电企业、上市公司大部分亏损，主要原因是计划经济的习惯还没有彻底改过来，许多陈旧的思维方式还没有彻底改过来。杨绵绵所描述的在计划经济下遭遇的情景，海尔人并非没有体验过，因此，这些说法也成为海尔高层说服各业务块接受市场链与BPR最有说服力的理由。"基础工作"的实现过程被形象地称为"拆碉堡工程"，其主要任务是通过BPR改变海尔过去行政色彩浓厚的"金字塔"管理结构。根据杨绵绵的解释，"金字塔"是指"长官一对长官二，长官二对长官三"，一级领导对上一级领导负责，所有的工作都是领导下达命令，一级一级传达到底层，所有的人都认为海尔"拆碉堡"的目的就是打破"金字塔"，再造新体制，迫使每个人不再对上级负责，而要投入地对市场负责。1999年8月12日，海尔"拆碉堡"工程从空调事业部开始，并迅速扩大到所有事业部。依照海尔高层的规划，原来分属各事业部的采购、销售、财务和进出口业务被剥离出来进行资源整合，形成独立经营的集团物流本部、商流本部、资金流本部以及海外推广本部，分别负责海尔统一物流、销售、财务结算以及进出口业务。此后不久，海尔又进行第二次拆分,将所有支持业务资源,如研发、人力资源、技术质量管理、信息管理、设备管理等部门从各个事业部分离,成为独立经营的服务公司。这些公司可以独立开展业务,并与核心业务流程公司存在结算关系。海尔非常彻底的"基础工作"致使原先职能型的流程结构变成了流程型网络结构,垂直业务变成了水平业务流程,市场规则把各业务块紧密地联系在一起。至此,海尔被分解成10个核心流程和6个支持流程。作为张瑞敏思维的坚决拥护者、执行者、实现者,杨绵绵构绘了一幅在新体系下运营的完美图景:物流本部负责整个集团原材料的集中采购、原材料和成品的仓储和配送;产品本部是创造订单机构,负责整个集团的生产,各事业部分别创造不同的产品;商流和海外推广部分别负责国内和国外的产品销售。因为用户不清楚具体需要什么样的产品,销售人员需要帮助用户从数以万计的样品中挑选满意的产品,如果都没有,可以创造。订单出来后经过商流同时进入各个核心流程。资金流负责整个集团的财务;规划中心负责集团发展战略(包括IT)的规划以及集团项目的审批。杨绵绵所构绘的图景使得所有的海尔人都必须对命运做出选择:要么离开,要么努力去适应。在无声无息中,人们都选择了后者,"拆碉堡"工作竟然没有遇到太大的阻力。那种预计的反弹力究竟被何种力量消解,至今仍是一个谜。海尔内部人说,这可能与张瑞敏极高的个人威望有关——在许多海尔人看来,是张瑞敏的超强意志力造就了今天海尔的光荣与辉煌。后来的实践也证明了带有浓厚张瑞敏特色的变革所产生的效果。海尔的一份宣传材料说,"碉堡"拆除后,海尔基本保证了物流JIT(Just-In-Time),即时采购和配送,工厂原料和成品库存以及供应链上资金占有大幅降低,在降低运营成本、提高运营效率以及及时响应市场变化方面效果显著。

3) −7℃体验

对于"拆碉堡"后海尔值得称道的营销战例,是杨绵绵经常提起的一款在中间放了−7℃格子的冰箱。这款被称为007的冰箱,创意来自于海尔在市场上攫取的"以用户为中心"的需求信息。通常,在−7℃以下的时候,食物都会冻得很厉害,从冰箱拿出来化冻需要半天,不行还得用水泡或者微波炉烘热。如果放在海尔这款冰箱的−7℃度格子里,既可以达到保鲜的目的,又可以轻松切割,甚至可以切得很薄。这款冰箱在市场上获得了极大的成功。杨绵绵记得有一位大师说过一句话,伟大的设计产生在实验室,而非设计室,但是伟大的产品一定产生在设计室中。杨绵绵颇以为然,她认为,产品设计人员最忌讳在实验室里空想,他们必须要了解市场需求,获取种种激发创造灵感的资源。到哪里找? 到卖场找,到用户家里找,哪里有不满意,哪里就有机会,就有新产品。企业所有内部资源都以设计人员为中心,支持设计人员把用户的不满意转化成满意的产品,然后再进行市场运作,迅速满足需求,赢得市场,这就是成功。杨绵绵常常在内部会议上宣扬,海尔要以订单信息流为中心,同时还要明确一个投入与产出的关系。杨绵绵解释,这个投入产出不是一般意义上的投入原材料,产出产品,而是信息过程的投入、产出。"我们投入的是用户的需求,也就是用户的不满意、抱怨、希望,综合成用户的需求,产出的是问题的解决,即用户的满意。用户需要一种产品,但是我们没有,这就给我们明确了任务,完成了这个任务,把用户的不满意变成了满意,让他们喜出望外,这就是我们所提供的附加价值。用户的满意将不断转化为企业的生存,变成用户对企业的忠诚度。"杨绵绵要求,海尔所有的员工都必须明白这种特殊投入与产出关系的内涵,他们所做的一切工作都是在把用户的不满意、需求变成对企业的满意与忠诚度。

在海尔看来,用户的需求还有另外一层含义——速度。"一个用户需要某种产品,他的心情一定非常焦急,不能等着我们慢慢悠悠,一步一步地做,做到最后他们一定会失去兴趣,而且到那时候,别人早就满足他们的要求了,他们凭什么等待我们? 一个用户丢了,紧接着一大群用户也丢了,这是巨大的失败。"过去很长一段时间内,杨绵绵都无法容忍因为慢半拍而丢了单子的事情发生,但是真要追究起来,却发现,大家其实已经尽力了。"过去来了订单后先给销售计划处,销售计划处再给生产处,生产处做了计划后再给原料处,原料处再给采购处,采购处再通知供应商,供应商再按照要求组织原材料……粗略测算一下,这个流程大概需要36天,实际上是36天加上 N 天,这个 N 是无穷大的。这样,生产出来的产品已经不再是用户所需要的产品,只好放入仓库,等待贬值。那时候明摆着,如果谁能以最快的速度把用户需要的产品交给用户,谁在市场上就有竞争力。但是以当时的手段,做到这一点非常困难。所以,除了信息化改造,我们别无选择。"

海尔信息化主要解决这些问题。海尔规划中心的技术人员介绍,海尔现在的做法是,根据市场上用户的需求来开发产品,并在用户下订单后依据订单组织生产。采购物资也要依据订单,采购进来的物资不需进仓库停留,只需一个配送站直接送入生产车间,变成成品后迅速通过物流配送送交用户。如今,在海尔工业园,人们可以看到类似仓库的地方,但是海尔人会指着那些地方说,那不再叫仓库,而叫配送中心,按照订单流动的物件在这里只是集中逗留片刻(通常是 7 天,有的是 3 天),就必须上生产线,从生产线直接装车进入卖场。这套流程系统是面向全球的,以海尔全球市场之大,用户之广,需求之庞杂,且需要对订单具有极快的响应速度,没有庞大的 IT 应用系统作为支撑根本无法想象。这也是海尔信息化最深层的原动力。

4) 人人做老板

海尔下重手打破沿袭多年的"金字塔"结构被杨绵绵描述为组织关系的流变。杨绵绵认为,"金字塔"放倒之后,企业的组织关系就会变成相互咬合的关系,这种关系使得每一个部门、每一个人都面对同一个市场。而面对同一个市场则意味着,必须做到企业内部一堵墙,企业之间拆了墙才能满足市场的需求,并真正成为全球化的企业。这就需要信息的同步传递,需要中间环节的扁平化。

这种咬合关系实际上使得海尔与用户的关系成为标准的服务与被服务关系。这种关系要求每一个部门与个人同时面对用户的需求,考核的标准则是问题是否得到解决,用户是否满意。对于咬合关系,杨绵绵特别提及 SBU(策略实施干预)——被杨绵绵通俗地解释为"人人做老板"。她要求海尔的每一个人都代表海尔做一个 SBU,每一个人都是市场,每一个人都要抢订单,每一个人都要为自身的资源升值。有了每个人具体的 SBU,无论外部环境如何变化,海尔都有胜算。在杨绵绵等人眼中,大企业只有 3 张表:一张是资产负债表,一张是损益表,还有一张是最重要,也最容易被忽略的现金流量表。"物件一进入流程就流动了,但是现金没有进来,就变成了应收账,开了发票还缴了税,就变成了收账款。别人没有付钱,最后如果退货,企业就会遭受损失。所以健康的现金流非常重要。"杨绵绵解释,企业的 3 张表属于每一个人,在海尔,人人都要经营自己,经营的结果要体现在 3 张表上。这是海尔进行流程改造的前提,流程再造首先要再造人。信息化并不是每个部门,每个人都会操作计算机,从中拿到不同的数据就行了,计算机也是听人指挥的。杨绵绵曾经非常直观地向前往海尔参观学习的人解释信息化的本质。例如,进、销、存数据,这些数据如果没有输入计算机,计算机不会记录下来,过去,这些数据都是由人随便造,报表随便填,现在必须用计算机来记录,进的货都需要扫描,录入代码,随后监控其流向并形成销售收入。这些数据都很容易得到,但是数据没有分析,评价就不能称为信息。

信息化管理不同于数据化管理,假如管理者通过数据分析还可以知道海尔在北京需要建设的店面有多少,实际建设了多少,差距是怎么回事;北京和上海相比,上海店多还是北京店多,差异是如何形成的……这些就变成了信息。杨绵绵认为,有了使数据变成信息的过程,才会产生正确的结果。因此,表面上看起来复杂的海尔信息化可以从3个维度来解析:数据、对数据的分析及(有价值的)信息。

杨绵绵透露,作为决策、行动依据的信息是下一步海尔信息化关注的重点。然而,信息来自于数据,数据来自于基础工作——在海尔看来,计算机管理、数据化管理及信息化管理其实殊途同归,都需要人来操控、评价,将数据进行何种分析取决于市场的即时状态,取决于人们所设定的目标,例如,想在北京市场拿第一和拿第二,在数据分析的操作上完全不一样。"所以,信息化管理必须和目标,也就是订单结合在一起,你的观念改变了说明经营目标改变了,经营目标改变了你才会设计你的数据采集系统,才会有数据处理、监控的自动化以及管理信息化。因为数据量太大,你必须使用计算机系统,你会自发地感受到,采用过去人工的办法,永远采集不到每时每刻全国所有的网点动态及其销售状况。记录的数据不加工信息也是没有价值的,你说你做了什么,我们也不知道,不知道就等于没有信息,没有信息就无法做出准确的判断、合理的决策,这是我们最深刻的体会。"杨绵绵认为,如果没有计划、预算、比较、监控,信息化就失去了意义。海尔高层所理解的信息化在传达的过程中被通俗地浓缩为:用最快的速度来实现订单,以最快的速度来满足用户需求。两个"最快"好比在高速公路上,跑拖拉机肯定不行,得有先进的工具,这个工具在应用目标上体现为3个零:零库存、零距离、零运营成本。杨绵绵总结,3个零是信息化的理想目标,也是海尔应对新的市场形势必须做出的选择。尽管参观海尔的人会说,海尔信息化现在并没有完全做到所传说的那样,但是,杨绵绵敢说,海尔可以在市场竞争激烈的时候不参与价格战。底气就是海尔正在运营的信息化管理体系及流程系统。

5) 海尔"一流三网"实现四大目标

物流是海尔信息化的重中之重,因此,以海尔物流为例来表达海尔信息化的实际效果。实施和完善后的海尔物流管理系统,可以用"一流三网"来概括。"一流"是指以订单信息流为中心;"三网"分别是全球供应链资源网络、全球用户资源网络和计算机信息网络。围绕订单信息流这一中心,将海尔遍布全球的分支机构整合之后的物流平台使得供应商和客户、企业内部信息网络这"三网"同时开始执行,同步运行,为订单信息流的增值提供支持。通过实施 ERP 和 BPR 项目,海尔物流的"一流三网"的同步模式实现了以下 4 个目标。

第一,为订单而采购,消灭库存。在海尔,仓库不再是储存物资的水库,而是一条流动的河,河中流动的是按单采购来生产必需的物资,也就是按订单来进行采购、制造等活动,这样,从根本上消除了呆滞物资,消灭了库存。目前,海尔集团每个月平均接到 60 000 多个销售订单,这些订单的定制产品品种达 7000 多个,需要采购的物料品种达 26 万余种。在这种复杂的情况下,海尔物流整合以来,呆滞物资降低 90%,仓库面积减少 88%,库存资金减少

63％。海尔国际物流中心货区面积 7200 平方米,但它的吞吐量却相当于普通平面仓库的 30 万平方米,同样的工作,海尔物流中心只有 10 个叉车司机,而一般仓库完成这样的工作量至少需要上百人。

第二,全球供应链资源网的整合使海尔获得了快速满足用户需求的能力。海尔通过整合内部资源优化外部资源,使供应商由原来的 2200 多家优化至不到 800 家,而国际化供应商的比例达到 82.5％,从而建立了强大的全球供应链网络。GE、爱默生、巴斯夫、DOW 等世界 500 强企业都已成为海尔的供应商,有力地保障了海尔产品的质量和交货期。不仅如此,海尔通过实施并行工程,更有一批国际化大公司已经以其高科技和新技术参与到海尔产品的前端设计中,不但保证了海尔产品技术的领先性,增加了产品的技术含量,同时开发的速度也大大加快,如海尔集团美高美彩电,从设计到批量销售仅用了 2～5 个月的时间,而原有的周期至少为 4～6 个月! 美高美彩电一上市,销量持续上升,成为彩电低迷市场上一道亮丽的风景线。对外实施日付款制度,对供货商付款及时率 100％,这在国内很少企业能够做到,杜绝了“三角债”的出现,获得了良好的信誉,与供货商实现“双赢”。建成了开发区国际工业园与胶州工业园,这两个工业园中的企业均是与海尔形成战略合作伙伴关系的国际化供货商在中国所建的工厂,这些企业在海尔周边建厂,不但实现了零部件与原材料 JIT 采购与配送,也将最先进的技术带给了海尔,提升了海尔的竞争力,同时也实现了为当地政府的招商引资,目前已为政府招商 40 多亿元,繁荣了当地的经济,增加了就业机会。

第三,JIT 的速度实现同步流程。由于物流技术和计算机信息管理的支持,海尔物流通过 3 个 JIT,即 JIT 采购、JIT 原材料配送和 JIT 分拨物流,来实现同步流程。目前通过海尔的 BBP 采购平台,所有的供应商均在网上接受订单,使下达订单的周期从原来的 7 天以上缩短为 1 小时内,而且准确率 100％;除下达订单外,供应商还能通过网上查询库存、配额、价格等信息,实现及时补货,实现 JIT 采购的货物入库后,物流部门可根据次日的生产计划利用 ERP 信息系统进行配料,同时根据看板管理 4 小时送料到工位。为实现“以时间消灭空间”的物流管理目的,海尔从最基本的物流容器单元化、集装化、标准化、通用化到物料搬运机械化开始实施,逐步深入到车间工位的五定送料管理系统,日清管理系统进行全面改革,加快了库存资金的周转速度,减少呆滞物资,库存资金周转天数由原来的 30 天以上减少到 10 天,实现 JIT 过站式物流管理;而看板拉动式管理实现柔性生产,每天一条生产线可以生产上百种规格的产品,大大提高了订单的响应速度,实现了以速度制胜的目标。生产部门按照 B2B、B2C 订单的需求完成订单以后,满足用户个性化需求的定制产品通过海尔全球配送网络送达用户手中。海尔整合全球配送网络,配送网络已从城市扩展到农村,从沿海扩展到内地,从国内扩展到国际,全国可调配车辆达 1.6 万辆。目前可以做到物流中心城市 6～8 个小时配送到位,区域配送 24 小时到达,全国主干线分拨配送平均 4.5 天,形成全国最大的分拨物流体系。

第四,计算机网络连接新经济速度。21 世纪是信息网络化、经济全球化的时代。物流信息不仅对物流活动具有支持保证的功能,而且具有连接整合整个供应链和使整个供应链活动效率化的功能,所以物流信息化在现代企业经营战略中占有越来越重要的地位。在企业外部,海尔 CRM(客户关系管理)和 BBP 电子商务平台的应用架起了与全球用户资源网、全球供应链资源网沟通的桥梁,实现了与用户的零距离。目前,海尔 100％的采购订单由网上下达,使采购周期由原来的平均 10 天降低到 3 天;网上支付已达到总支付额的 80%。在企业内部,计算机自动控制的各种先进物流设备不但降低了人工成本、提高了劳动效率,还直接提升了物流过程的精细化水平,达到质量零缺陷的目的。计算机管理系统搭建了海尔集团内部的信息高速公路,能将电子商务平台上获得的信息迅速转化为企业内部的信息,以信息代替库存,达到零营运资本的目的。

2. 海尔可以学习

由于发展的不均衡,企业与企业之间存在着极大的差异,所谓众口难调,每当讲述信息化的时候,总感到无从下手。海尔案例真的无法学习、借鉴吗?仅就技术应用的规模与先进性而言,或许海尔是无法效仿的,但是,就信息化需求的共性与本质,海尔与其他企业在市场上的遭遇并无天壤之别。在行业竞争十分激烈的今天,海尔能赢得机会与其信息化密不可分,而依照海尔的解释,其信息化初衷首先是建设现代企业制度和管理方法,提高市场竞争力,其次才选择工具,因此,海尔的信息化有着鲜明的管理、业务烙印。在一次海尔信息化经验推广会上,青岛市经贸委副主任向阳青提出,海尔的经验不仅有办法学习,而且还一定能学好。学习什么?怎么学习?向阳青认为要抓住 3 点:一要从本企业最重要的问题着手,针对突出问题抓关键环节;二要坚持先进性与实用性相结合的原则,处理好当前与长远、局部与全局的关系;三要发挥企业现有人才和装备的作用。

目前,众所周知的是企业的问题很突出,管理仍然是企业工作中的薄弱环节,具体表现在基础薄弱、管理观念陈旧、手段和方式都很落后,依照向阳青的概括,非常突出的有 3 个问题:一是财务账目不实;二是购销环节暗箱操作严重;三是生产经营中跑、冒、滴、漏问题普遍存在。

如果企业能够认识到,推进信息化的目的是有效解决这些问题,那么,海尔信息化就不会是能否学习的问题,而是该不该学习,有没有勇气学习的问题。

(资料来源:中国企业家网)

2.1 组织与信息系统

2.1.1 组织的概念

"组织"一词在中文里有两个词性:名词和动词。这里讨论的是作为名词的"组织"(Organization)。从字面上理解,当把不同事物整合在一起时,称之为"组";当使事物与事物之间发生关联时,才称之为"织"。例如,把很多线放到一起,只能是"组";当运用经纬交叉方法把线与线之间连接起来才称之为"织",于是就有了布的出现,而布的功能已经完全超脱了线的概念。

那么什么是组织?不同学科的学者都曾经给"组织"一词下过定义。下面就从技术和行为两个角度来介绍组织的概念。

1. 技术观点(微观经济理论)定义

组织是一个稳定的、正规的社会结构,它从环境中汲取资源,然后对资源进行加工而生产出产品。这一技术性定义强调组织的 3 个要素,如图 2-1 所示。资本和劳力是环境提供的基本生产要素;生产是把资本和劳力转化为产品的加工过程,组织(企业)把输入的资本和劳力在生产中转化为产品和服务;环境消费了产品和服务又向组织提供输入。技术性定义视组织为一种变换功能或处理过程,输出结果由环境的输入和变换功能决定。

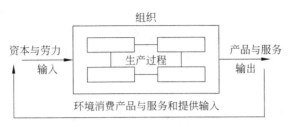

图 2-1　组织的技术定义

从某种程度上来说,组织是一个处理信息的实体。然而,只从这种局限的角度去看待组织和为其工作的人也许会犯错误。为了对环境提供输出(产品和服务),组织处理信息和使用信息。然而,大多数组织的设计不主要是为了处理信息。报纸向顾客提供的是新闻和观点而不仅仅是数据和信息。甚至于大宗信息的用户,如税务局这样的政府机构也把主要目标定为税务服务。从技术的角度对组织进行定义是既简单又明确,但它对我们所处的现实中的组织却缺乏描述性和预测性。

2. 行为学观点定义

行为学观点认为:组织是权力、特权、责任和义务的集合,通过冲突和冲突的解决而在一段时期形成的微妙平衡状态,如图 2-2 所示。

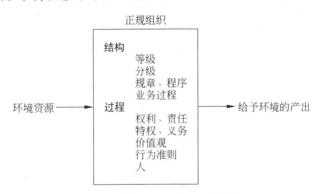

图 2-2　行为理论对组织的描述

根据行为学对组织的看法,可以认为在组织中工作的人们建立了习惯性的工作方式;人们依附于现有的关系;人们同下属和上级商定和安排如何工作、做多少工作、工作条件是什么。

那么,如何看待组织与信息系统之间的关系呢? 组织的技术性定义认为,当技术变化时,投入要素如何变化以创造产出。即引进新技术会改变输入和输出之间的结合方式或处理过程,就像改变发动机上的火花塞一样。通过资本和劳力之间的简单互换,企业被看做是永远可塑的,新技术可以不受限制地得到应用。

然而,更为现实的行为学的组织定义认为,建立新信息系统或改建旧系统绝不是对机器或工人的技术性再安排。技术变化需要在信息的所有和控制权、谁有权使用和修改信息、谁做决策等方面做出改变。例如,加拿大的泛加(Pan Canadian)石油公司的信息系统使地质专家和工程师能在野外决定钻井位置,前提是组织体制赋予了他们决策权,从而能在勘探现场利用公司信息系统提供的信息进行钻井选址,而不是像原来一样由公司总部进行决策。新的信息系统会打破组织原有的平衡,会产生新的冲突和组织阻力,管理者要主动地管理组织的动态平衡过程。行为学理论这一复杂的观点促使我们关注工作本身和关注为了结果而采用的过程。

技术学派和行为学派对组织的定义不是矛盾的。这些定义实际上是互相补充的:技术性定义重视组织如何将资本、劳力以及新信息技术结合在一起。而行为定义强调:信息技术应用的情况下组织如何使用资本和劳动力去进行生产。

信息系统可以显著地改变组织中的生活。有些信息系统改变了长期以来权力、特权、义务、责任和情感之间建立的均衡状态。这意味着管理人员不了解组织,就不能设计新系统和了解现行系统。

2.1.2 组织和信息系统之间的关系——间接的双向关系

信息系统能减少组织的层次而使组织"扁平化"吗?信息系统能让组织以更少量的中层管理人员和职员来运作吗?信息系统能减少案头书面工作吗?它能否"再造"组织使其变得精悍、高效?组织能否采用信息技术把权力下放到基层员工手中,从而使众多员工的创造才能得以发挥?这些是当今诸多重要的管理问题中的一部分。

上述由当代信息系统引发的问题,即关于效率、创造性、管理层峰、就业和工作环境质量,是工业社会的老生常谈,是计算机诞生前就存在的管理话题。信息系统对效率和效用的贡献是不能被否认的。然而,社会和行为科学家通过对组织的长期研究,认为除了个别情况外组织并未发生任何根本性转变。那么信息系统到底能为组织做些什么呢?只有借助组织理论才能从本质上做出解释。

对研究人员和管理人员来说,用海洋中船舶与冰山相撞的现象来比喻"计算机对组织的作用"是相当形象的。但实际的作用是十分复杂的。如图2-3所示,组织符号代表组织的整体概念,另外列举了许多中介因素,它们影响着信息技术与组织之间的相互作用。这些中介因素包括组织所处的环境、组织文化、组织结构、组织的标准业务规程、组织政治、管理决策及机遇。总之,是管理人员来决定将研制什么系统,决定系统将做什么用,决定如何实施系统等。在很大程度上,管理人员和组织选择他们所需要的"计算机作用"(或者说,他们至少接受其应有的作用)。有时候,组织中计算机应用的结果纯粹是碰运气,可能是好结果,也可能是坏结果。

因为存在着不同类型的组织,所以可以推断信息技术对不同的组织将产生不同的作用,不存在所谓计算机作用。因此不能下这样的结论:计算机能使一切组织结构层次"扁平化"。而应当认为,同一种技术对处于不同情况下不同的组织的影响是不同的。在论述中介因素是如何作用于信息系统之前,有必要先了解一下组织的明显特征。

图 2-3 组织与信息技术的双向关系

2.1.3 组织的特征

如图 2-3 所示,组织特征是影响组织与信息技术之间关系的中介因素。有些组织特征是一切组织所共有的,如标准工作程序、组织政治、组织文化等。另外,还有一些特征因组织的不同而不同,如组织环境和组织结构等。

1. 组织的共有特征

你也许不会认为清华大学、联想计算机公司或青岛市公安局有许多共同之处,但它们的确是如此。从某些方面来看,所有的现代组织是相似的,因为它们都有表 2-1 所列出的特点。德国社会学家、组织理论的先驱马克斯·韦伯早在 1911 年就描述了组织的这些"理想而典型"的特点。他把组织称为具备某种结构化特征的层峰体制。

表 2-1 一切组织的结构特征

序号	特　　征	序号	特　　征
1	明确的工作分工	5	岗位的技术资格
2	等级制度	6	文字记录的文档
3	公开的规章制度和程序	7	最高的组织效率
4	公正、客观的行为		

根据韦伯的理论,一切现代层峰体制具有明确的工作分工,责、权分明;组织根据专长与技能聘用和培训员工,员工的聘用和提升是根据其技术能力和职业素质(不靠个人关系);组织把专业人员安置在权力等级中,在等级制中每个岗位都有上级,权力只限于特定的职务活动;权力和活动又受到抽象的规则和程序(标准工作程序)的指导和约束,规则和程序在特定的情况下有相应的解释和应用。这些规则造就了公正、通用的决策系统;每个人受到平等对待;组织保存关于决策、业务活动和规章的文件。组织本身遵从效率原则,用有限的输入产生最大的输出。

根据韦伯的理论,层峰体制是有优势的,因为它是最有效率的、理性的组织模式。它比多变的、具有感召力的帮会组织或正规的世袭体制要稳定和强大得多。其他学者又对韦伯的理论做了补充,列出了组织的另外一些特征。但是,无论何种组织都要建立标准工作程序、组织政治和组织文化。

1）标准工作程序

组织的标准工作程序是组织维持正常运行要遵循的基本原则，是针对所有预期情况而创建的一套较为详尽的规章制度、工作步骤和实际操作方法。标准工作程序是非人治的管理控制制度，它指导组织的业务活动以可预见的、惯例的方式进行。标准工作程序的文本化程度高意味着管理控制的正式化程度高。有些规则和工作方法被明文定为正式的工作程序，但大多数则作为经验之谈而用在不同的场合。

现代组织取得的效率与标准化工作程序紧密相关。以一辆轿车的组装为例，为产出一个成品，必须精确地计划和执行大量的工艺动作和过程。可以试想一下，如果工人必须决定如何装配每个车辆，或者管理人员必须决定每天的产品如何制造，那么效率将大幅下降。而实际上，工人装配车辆都是遵循标准工作程序进行的。

对标准工作程序的任何改变都需要组织付出巨大的努力，如美国、日本的汽车制造厂商都有自己的标准工作程序。在学习日本企业的制造模式时，改变标准工作程序的困难性就成为美国底特律汽车制造商迟迟不愿采用日本式大规模生产方法的一个理由。原来美国汽车生产厂商认为：制造汽车最便宜的方法是让工人重复地执行简单的任务来生产大批量的汽车，而日本汽车制造厂商一直强调"精良制造"的方法，即每个工人完成多种任务，从而以较少的工人和较少的库存、资金及错误来生产汽车。日本工人负有多种任务的责任，他们被鼓励去发现生产中每个异常事件，如果需要，还有权停止生产来纠正错误。

2）组织政治

组织中的人具有不同的地位、不同的专业、不同的利益和不同的看法，从而导致他们对组织中资源的分配、奖惩的看法、见解和观点也不相同。正是由于存在着这些不同之处，在每个组织内部都会有竞争、矛盾及为获得资源而发生的冲突。此时，组织政治便成了组织生活的主要内容。组织政治是个人或群体为获得、维护或扩大自身利益在组织中道德地运用权力。组织中很少有把有限资源平均分配的情形。那些掌握较多资源的下属单位或个人，往往是组织政治游戏的胜利者。组织政治的行为要克服反对派，没有对立，也就不需要政治活动。对组织来说，政治活动不一定对组织全局利益有副作用，代表部门利益的政治行动可以维护组织的利益。

政治阻力是组织变革的最大困难之一，尤其在信息系统开发和应用方面更是如此。任何重大的信息系统投资必然会带来企业的重大变化，如企业目标、企业战略、办事规程、工作效率和人员安排等。所以组织政治的阻力是管理者必须认真面对和解决的问题之一。

3）组织文化

组织文化就是关于组织应该生产什么、如何生产、在哪里生产、为谁生产的一组最基本的、无须非议和争辩的前提。这些基本前提是制定企业战略的基本指导思想。组织文化出自于对其运作的特定环境的反应和对其员工需要的响应。可以通过观察所处的大学校园来看看组织文化。通常情况下，大学的基本前提是教授比学生懂得多，学生入大学的原因是要学习，大学的主要目的是创建新知识和向学生传播知识，课程按照课程表开设，图书馆是以书籍、期刊和电子书的形式储藏知识的。在校园内可以感受到一种共享的标准和传统：有时就可听到有相当一部分人脱口而出：教师是人类灵魂的工程师，教师的主要任务就是教书育人,学生的任务自然是学好学校规定的科目。在组织内若有智者对此思索,定会有人大惑不解。

形成和维持组织文化的因素有 4 个方面:一是文化的继承、连续性,一般来说,人们做事情是按以往一贯的做事方法来做,经验一直在强化组织中的价值观,人们不愿意变化的倾向也帮助维持了现状,员工对组织历史的了解意味着文化的建立;二是组织的求生本能,当组织的环境变化时,组织必须改变其文化;三是组织成员的顺从性,组织愿意吸纳、保留、提升认同组织价值观的人;四是行为的强化性:对新成员进行教导,并用激励、考评、提拔制度强化组织文化。

组织文化具有凝聚作用、导向作用、激励作用。组织文化能抑制政治冲突,倡导共同信念,促进遵守规矩和风气。如果人们信奉同样的文化前提,那么在其他问题上则比较容易达成共识。同时组织文化对于变化是一种强大的制约力,特别是对技术的变化。任何威胁众人信奉的文化前提的技术变化将会遇到巨大的阻力。美国汽车制造厂商迟迟不愿转向“精良生产”方法的一个原因是其根深蒂固的文化,即管理层是至高无上的,具有绝对权威的,他们不需要听取工人的观点。美国公司不仅要改变标准工作程序,还必须找出让工人参与改进公司的方式。这对美国汽车制造商来说不是件易事,因为美国汽车制造商传统上是等级和权威至上的。一般可以认为,组织文化比信息技术强大得多。

新技术的应用如果与现存的组织文化相抵触,那么,技术常常被束之高阁,或被推迟采用以等待文化慢慢地调整。因此,大多数组织尽一切可能避免改变组织文化,新的技术最初总是以支持现行文化的方式被采用。

2. 组织独有特征

有些特征因组织的不同而有差别。尽管一切组织具有某些共有特点,两个完全相同的组织是不存在的。组织有不同的结构、不同的目标、不同的服务对象、不同的领导风格、不同的任务和周围环境等。下面主要从组织环境和组织结构两个方面来阐述组织独有特征。

1) 组织环境

组织处于环境之中,它从环境中获取资源,又向环境供应产品和服务。组织和环境存在互动关系,一方面,组织依赖于内外部环境,如人力资源、财务、营销等内部环境支撑组织的日常运行,同时组织必须按照政府法律法规运营,并也要考虑顾客和竞争者的行动;另一方面,组织可能影响它所处的环境,如企业形成联盟去影响政府政策、企业利用广告宣传影响顾客接受他们的产品。

环境的变化往往快于组织的变化。新技术、新产品、消费者偏好、价值观的变化加重了组织文化、组织政治和员工的负担。大多数组织部门随着环境的变化而变化。建立于组织中的标准工作程序的惯性、改变现存秩序的政治矛盾,以及固守文化价值的威胁通常妨碍组织作出重大变革。技术对组织的影响值得特别关注,因为它已经成为一种破坏力量。有时一种新技术的出现犹如海啸一般,可以摧毁沿途的任何东西。某些公司能创造海啸,并乘机获利。另一些公司学得很快,能在现实运营中游刃有余。还有一些公司则面临倒闭,因为它们的产品、服务和企业模式已经过时。例如,PC 字处理软件的出现使 PC 和软件制造商成为赢家,而打字机行业消失;PageRank 算法的出现使百度成为赢家,而传统的关键字搜索遭到淘汰。

2）组织结构

组织的结构与形态是组织之间差别的重要表现之一。不同的组织结构反映了决策权威的集中或分散程度、管理幅度、组织的复杂程度。组织结构实质上是协调机制的一种较为形式化的反映。明茨伯格将组织结构划分为 5 种类型，如表 2-2 所示。

表 2-2　组织结构类型

组织结构类型	说　　明	举　　例
创业型组织	该组织类型处于动态变化的环境中。结构简单，一般由最高的首席执行官进行管理	小的创业企业
职能型组织	该组织类型处于稳定的环境中，生产标准化的产品，由于集中式管理团队和集中式制定决策而占据优势	中型制造企业
事业部型组织	一个公司分为若干事业部，每个事业部生产不同的产品或提供不同的服务	通用汽车
专业型组织	以知识为基础的组织，其产品和服务依赖于专家的专业和知识，在集中化较弱的组织中该类型占有优势	事务所、学校、医院
任务小组型组织	该组织必须对环境变化快速作出反应，由大批的专家组成项目小组，项目小组的存续时间较短，并且集中式管理较弱	咨询公司

（1）创业型组织。它是具有简单结构的组织，往往是创立不久的小型公司，处于快速变化的环境之中，由一个老板（业主）主宰和一个经理管理。信息系统是未经规划的，滞后于快速的业务拓展。随着规模的扩大，成功的创业型组织通常会向职能型组织转变。

（2）职能型组织。其核心是标准化。它对职务进行专门化划分，制定大量规章制度，以职能部门划分工作任务，实行集权式决策，控制跨度狭窄，通过命令链进行决策。这种结构的优势主要在于它能够高效地进行标准化工作。信息系统通常是正式的，以面向事务处理的系统应用为主。信息系统经过周密规划，但通常只用于会计、财务、简单的计划和行政管理。

（3）事业部型组织。其有时被称为分权化结构，可以被看作是特殊的职能控制结构。在这种结构中，组织的战略决策和日常运营决策职能分离，分别由总部和事业部承担。事业部作为利润中心，在组织的整体战略框架下谋求发展。这类组织的信息系统常常是全面而复杂的，一方面要能够支持总部的财务计划和报告的要求，另一方面要支持事业部的运作要求。在总部的信息系统部门和事业部的信息系统部门之间有许多摩擦和冲突是不足为怪的（总部方面以效率和成本控制为名要扩张势力范围，事业部方面以对经营提供更有效服务为名想扩张势力范围）。目前看来，事业部的信息系统部门的作用更为显著，而总部的信息系统部门开始萎缩。

（4）专业型组织。这类结构的典型例子如律师事务所、会计师事务所、学校、医院等组织。这种组织依赖于知识和专业人员的技能，适合相对缓慢变化的环境。这种结构受部门领导左右，集权程度较弱，组织内的成员拥有足够的信息和权利来创造产品和服务。这种组织具有最基本的集中式信息系统。用于专业服务的收费和会计等工作，而且常设立复杂的知识工作支持系统为专业人员所用。

（5）任务小组型组织。它是一种相对较新的组织结构，一般见于研究机构、航天公司、生物医药和其他高技术公司。任务小组型组织比职能型组织更能创新，比专业型组织更为灵活，并且比简单的创业型组织更具有持久、有效的动力。它是基于项目设置部门，由很多专家组成短期、多学科的任务小组，致力于新型产品，对环境和市场的反应迅速，突破了控制统一性的限制。任务小组中的信息系统极为先进，小组中的专家们建立了他们的专业信息系统，相比之下中央层的信息系统较为逊色。

总之，组织的共同特征和独有特征对组织中能如何使用和将如何使用信息技术具有极大的影响力。由于组织的千差万别，做出这样的结论也许是错误的：信息系统对一切组织具有确定的某种作用。有众多的非技术性因素起着作用，在建立或提出新信息系统方案时，应尽量把这些因素考虑在内。

2.2　信息系统对组织的影响

信息系统与组织内在的增值过程密不可分，信息系统在增值过程中直接发挥作用。例如，超级市场或大商场中的 POS 系统已经成为组织中不可缺少的部分，它对这类组织效率的提高，保证组织快速、正确运行所起的作用已得到大家的一致认可。同时也说明在考虑组织如何增值时，应该充分考虑到信息系统在组织内部的潜在作用。组织对信息系统作用的认识将会直接影响组织的增值过程。

2.2.1　对组织结构的影响

信息系统对组织结构的影响是广泛的。这些影响包括扁平化组织、重新组织工作流程、工作位置的分散化、提高组织的灵活性和重新定义组织的边界等。下面主要描述扁平化组织和工作位置分散化。

1. 扁平化组织

计算机技术、网络技术正在把传统的组织变成一个网络化的组织。当前，特别是许多大型的企业，管理层次越来越多，这已经成为企业发展的最大障碍之一。通过大量使用各种信息系统，组织的高层管理人员可以及时地了解到基层操作人员的工作状况，把各种指令信息传递到操作人员处，因此可以减少管理的中间阶层，降低中层管理人员的数量。扁平化组织的示意图如图 2-4 所示。

未扁平化的组织中，有 4 个组织层次，有 39 个中层管理人员。在扁平化之后的组织中，只有 3 个组织层次，3 个中层管理人员。

2. 工作位置的分散化

通过使用各种信息系统，包括管理信息系统、计算机辅助设计、计算机辅助制造、Internet 技术、可视化会议系统和电子邮件等，一个公司的工作人员不必集中在一个地方工作，而是根据公司的具体情况分散在多个不同的位置。这时便形成了一种虚拟的公司。虚拟公司的结构示意图如图 2-5 所示。

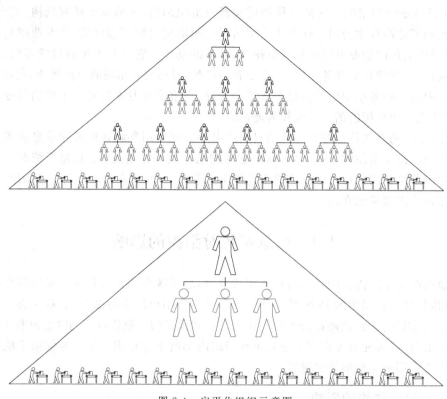

图 2-4　扁平化组织示意图

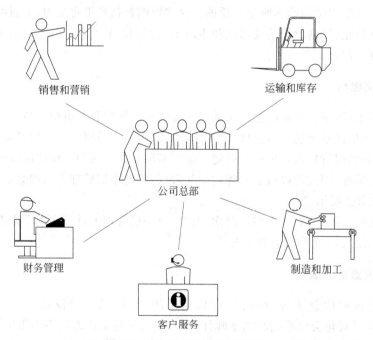

图 2-5　虚拟公司的结构示意图

在图 2-5 所示的虚拟公司中,公司之间的协调工作通过通信网络来完成,大多数员工的工作通过使用各种计算机系统来执行。

2.2.2 对组织传统管理理论的影响

信息系统对传统的管理方式和管理理论有很大的影响。在管理界有 3 种典型的管理理论学派,即技术理性学派、行为学派和认知学派。这些学派的特点和主要思想如表 2-3 所示。

表 2-3 管理理论学派的主要思想

学派名称	描 述
技术理性学派	强调准确地完成各项工作、各项工作的组织方式、整个生产系统的组织方式,包括传统的科学管理、行政管理以及全面质量管理、企业流程再造等思想和理论
行为学派	强调的是组织如何更好地适应组织外部和内部各种环境的影响,包括行为理论、战略信息系统、网络化组织和虚拟企业等思想和理论
认知学派	强调组织如何更好地学习和总结、如何更好地应用所掌握的知识,包括学习型组织、数据挖掘技术和知识型企业等思想和理论

从技术理性学派的角度来看,信息系统对管理的影响如表 2-4 所示。这里主要介绍信息系统在工作分析和行政管理等方面的影响。

表 2-4 管理信息系统对技术理性学派的影响

研究对象	传 统 思 想	现 代 思 想	信息系统的作用
工作分析	时间研究、动作研究,目的是提高每个人的工作效率	分析一群人的工作和整个业务流程	使用信息技术再造传统的业务流程,极大地提高生产效率
行政管理	研究递阶式的组织结构	分析组织中的信息流	使用工作流软件,自动化公文流转等工作,提高服务效率

从行为学派的角度来看,信息系统对管理的影响如表 2-5 所示。这里主要描述信息系统在计划、组织、领导和控制等多个方面的影响。

表 2-5 管理信息系统对行为学派的影响

研究对象	传 统 思 想	现 代 思 想	信息系统的作用
计划	由高层管理人员制订的集中式计划,自顶向下	分散式的计划,涉及多个组织单元	使用 Internet 等技术协调多个地方、多个人之间的计划
组织	非常稳定的工作部门	允许雇员自己定义工作小组	在工作小组之间使用网络、协同系统
领导	管理者促使雇员执行各项工作	允许雇员自己安排工作,创建网络式的领导,每个雇员都可能是领导	使用网络系统
控制	研究和使用微观领域的控制方式和手段	把控制职能降低到工作小组,使用计算机系统作为辅助工具	使用各种信息技术开发实时的监视和控制系统
革新	集中式、专家式的产品研究和开发方式	强调革新来自多个方面,包括客户、雇员和管理人员等	使用电子会议系统产生新思想,使用各种软件技术和决策支持工具

从认知学派的角度来看,管理信息系统对管理的影响如表 2-6 所示。这里主要介绍了管理信息系统在认知、学习和创建知识库等方面的影响。

表 2-6　管理信息系统对认知学派的影响

研究对象	传统思想	现代思想	信息系统的作用
认识和理解	单个管理人员依靠自己的认识和理解来管理企业	使用正式的信息系统,影响到一群人的认识和理解活动	使用各种温控、光控及声控等信息系统,发现单个人或多个人很难发现的知识
组织的学习	组织的知识可以按照公司的日常管理流程来获取	组织的知识可以通过信息系统来获取	使用数据挖掘技术、多媒体技术、Internet 技术等创建、发现、存储、分散组织的知识
知识库	资金和物质财产是公司的基础	核心竞争力、知识和知识工人是企业的关键资产	使用信息技术增强核心竞争力,使用信息技术协调和增强知识工人的工作

2.2.3　对组织传统经济理论的影响

信息技术和信息系统的广泛应用,对传统的经济理论产生了巨大的影响,甚至使某些经济理论的基础发生了动摇。当然,信息技术和信息系统对经济理论的影响还有待于实践的检验。下面主要讨论信息系统等信息技术对组织经济模型的影响。

1. 传统微观经济理论

微观经济模型理论是微观经济学的基础理论,它用于解释特定企业的产出取决于该企业的资本和劳动力的数量。实际上,微观经济模型理论描述了企业各组成元素之间的有机联系,衡量企业的技术水平。对于企业来说,如果应用了信息技术和信息系统,那么该企业原有的技术水平就发生了变化。

在图 2-6 所示的微观经济模型理论中,横坐标表示劳动力的数量,纵坐标表示资本的数量,曲线表示企业的产出。如果企业采用了信息技术和管理信息系统,那么表示企业产出的曲线向原点方向发生了偏移。这种偏移表示,企业可以降低劳动力和资本的数量,但是企业的产出保持不变。

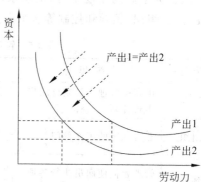

图 2-6　MIS 对微观经济模型理论的影响

2. 交易成本理论

信息系统还有助于缩小企业的规模,这是因为广泛地应用信息技术和信息系统可以降低企业的交易成本。交易成本是企业在从事交易过程中的所有耗费。采用信息系统之后,可以降低企业寻求客户的成本、采集各种有关信息的成本、企业之间的协作成本。这时候,企业可以使用更少的工作人员,在信息系统的辅助下完成更多的交易。

在图 2-7 所示的交易成本理论中,横坐标表示企业的规模(企业的规模可以使用雇员的数量表示),纵坐标表示交易成本,曲线表示企业所完成的交易量。如果企业采用了信息技术和管理信息系统,那么表示企业交易数量的曲线向原点方向发生了偏移。这种偏移表示企业可以降低规模(减少雇员数量)和交易成本,但是可以完成的交易数量保持不变。

3. 代理成本理论

信息技术和信息系统的应用还可以降低企业内部的管理成本。根据代理理论,可以把企业看成是由一个个雇员通过签订合同组成的单位。其中,每个人都希望获取最大的收益。例如,企业的所有者需要聘用一些雇员替他完成一些他自己无力完成的工作。但是为了保证所聘的雇员可以更好地工作,企业的所有者必须耗费金钱和时间监视和控制所聘人员的工作,这些费用就是代理成本。

使用信息技术和信息系统,可以降低相互获取信息和分析信息的成本,企业的所有者可以非常容易地监视和控制雇员的工作。在图 2-8 所示的 MIS 对代理成本理论影响示意图中,横坐标表示企业的规模(使用雇员数量表示),纵坐标表示代理成本的数量,曲线表示企业可以获取的利润。一般地说,当某个企业的结构稳定下来之后,如果使用了信息技术和信息系统,那么利润曲线向右发生了移动。由此说明,如果希望提高企业利润,那么使用同样的企业规模,可以大大降低所需要的代理成本。

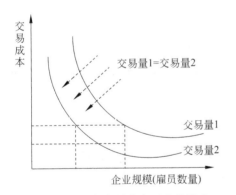

图 2-7 MIS 对交易成本理论的影响

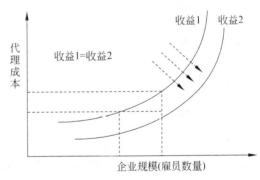

图 2-8 MIS 对代理成本理论的影响

2.3 信息系统与组织战略

信息系统战略指的是组织在信息系统应用于管理方面的长期目标,为达成这样的目标,组织同样需要完成一系列的任务并分配资源。信息技术的发展改变了组织的战略环境,从而为组织战略的制订与管理带来了新的挑战。同时信息技术与信息系统自身在组织中已经占据了重要的战略性地位,对信息技术和信息系统的合理利用和管理已经成为组织的一项战略性任务。从这种意义上说,可以认为信息系统战略已经渗透到组织战略之中,成为现代组织战略不可分割的一部分。

2.3.1 组织战略

在管理领域,组织战略的意义具有多维的视角,它不仅涉及组织的所有关键活动,覆盖组织的未来方向和使命,而且需要根据环境的变化加以调整,从而有助于管理变革的实现。哈佛大学的战略管理教授迈克尔·波特认为,竞争性战略不是经营效率,也不仅仅是战略定位,战略就是要做到"差异化",即有意识地选择或创造一系列与众不同的经营活动或方式来传递一整套独特的价值理念,即独特性和难以模仿性。从这个意义上来说,战略是组织为了建立或扩大竞争优势,针对其生存和持续发展的全局性、长期性重大问题所制定的目标、策略和计划。战略概念包括 5 个要点:目的性、全局性、长期性、关键性和针对性。

一般来说,组织战略分为公司战略、竞争战略和职能战略 3 个层次。

1. 公司战略

公司战略的对象是由一些相对独立的业务或事业单位组合成的企业整体。公司战略是企业的整体战略总纲,是企业最高管理层指导和控制企业的一切行为的最高行动纲领。公司战略主要强调两个方面的问题:一是确定企业的使命与任务以及产品和市场领域;二是在企业不同的战略事业单位之间如何分配资源以及采取何种经营手段等。对于从事多元化投资经营的企业,公司战略中还包括并购与重组战略。对于跨国发展的企业,还存在着国际化战略。

2. 竞争战略

竞争战略也称事业部战略,或分公司战略,是在企业公司战略指导下,各个战略事业单位制定的部门战略,是公司战略之下的子战略。竞争战略主要研究的是产品和服务在市场上的竞争问题。

3. 职能战略

职能战略也称为业务层战略,是为贯彻、实施和支持公司战略与竞争战略而在企业特定的职能管理领域制定的战略。职能战略的重点是提高企业资源的利用效率,使企业资源的利用效率最大化。职能战略一般可分为营销战略、人力资源战略、财务战略、生产战略、研究与开发战略及公关战略等。

公司战略、竞争战略和职能战略一起构成了企业战略体系。在企业内部,企业战略的各个层次之间是相互联系、相互配合的。企业每一层次的战略都构成下一层次的战略环境,同时,低一级的战略又为上一级战略目标的实现提供保障和支持。所以,一个企业要想实现其总体战略目标,必须把 3 个层次的战略结合起来。

2.3.2 面对竞争

为了将信息系统用作竞争武器,必须了解企业的战略机会在哪里。描述企业和企业环境的两个模型已被用于识别信息系统能够提供竞争优势的经营领域。这两个模型是外部竞争压力模型和价值链模型。

战略决定了组织的发展方向,管理者应识别何种技术能最好地支持企业实现战略目标。要识别在哪些方面信息系统能提供竞争优势,必须了解企业的行业环境——竞争压力模型。迈克·波特指出,一个行业的竞争环境由5种外部竞争压力所决定,即购买者的议价能力、供应商的议价能力、替代性产品和服务的威胁、新入市者的威胁、行业内的竞争。利用竞争压力模型(见图2-9),管理者可以识别企业竞争的优势和劣势以及面临的外部压力和机会。

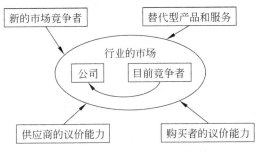

图 2-9　竞争压力模型

1. 购买者的议价能力

企业的获利很大程度上取决于其吸引和留住顾客及索要高价的能力。如果购买者很容易选择竞争者的产品和服务,或者企业和竞争者的产品差异很小,所有价格均能及时地在透明市场竞争,则买方势力较强;反之则较弱。企业可以构建一种竞争优势,使其更加吸引顾客购买商品而不是从竞争者那里购买。通过信息技术来减少买方议价能力的一个做法就是许多企业提供的忠诚计划。忠诚计划是在客户与一个特定企业之间的业务量基础上对客户提供回馈。只有跟踪许多客户,同时有信息系统的支持,这项计划才可能实施。因此,忠诚计划通过信息技术来减少买方能力,这在传统行业中很常见。

2. 供应商的议价能力

在传统的供应链中,企业可能既是供应商(对客户而言)又是客户(对其他供应商而言),作为其他供应商的客户,企业希望能够增加自己的买方势力。供应商的市场权利对企业的利润有重大影响,企业的供应商越多,它在价格、质量、供货时间上就能更大地控制供应商,其买方势力就越强。

3. 替代产品或服务的威胁

对于一种产品或服务存在多种选择时,替代产品或服务的威胁就高;反之则低。理想状态下,对于企业提供的产品和服务,市场中存在少量的替代品时,企业会很愿意成为供应商。当然,这种情况在市场中是非常少见的。企业可以通过增加转换成本来建立竞争优势。转换成本就是指使消费者不愿转而使用另一种产品或服务的成本。转换成本并不一定是真实的货币成本,如顾客在亚马逊网站购物时,亚马逊网站会通过协作过滤等技术建立顾客购物习惯的档案。当顾客登录亚马逊网站时,在档案中会显示为顾客定制的产品。如果选择顾客去其他网站购物,由于其他网站没有关于顾客过去购买记录的档案,此时就产生了转换成本。因此,在具有许多替代商品的市场中,亚马逊网站通过提供定制产品,增加顾客转向其他在线零售商的转换成本,从而减少了替代产品和服务的威胁。

4. 新入市者的威胁

当新的竞争者很容易进入市场时,新进入者的威胁就大,而当进入市场的行业壁垒很高时,进入威胁就小。进入壁垒是指特定行业内客户期望的公司产品或服务所应具有的功能。新进入公司为了竞争并取得立足之地必须提供这种功能,建立起这种壁垒,然后被克服,接着又会建立新的壁垒。

不同类型行业的进入壁垒差别很大,如快餐行业的进入门槛很低,而计算机芯片行业就很难进入。以银行业为例,银行提供基于 IT 的服务,包括使用 ATM、网络银行、手机银行等。在竞争者进入银行行业时,银行必须免费提供 IT 服务,因此就存在许多与 IT 相关的行业壁垒。第一家提供这类服务的银行就赢得了竞争优势,建立了行业壁垒。当其他银行业的竞争者也具备了提供 IT 服务的能力并克服行业壁垒时,这种竞争优势就不存在了。

5. 行业内的竞争

所有的企业和其他行业内的竞争者分享市场份额,竞争者们连续以更新、更高效率生产,引入新产品、新服务,开发品牌吸引顾客,减少顾客转移成本。例如,零售行业中存在激烈竞争,商家通过收集有关顾客购买习惯的信息,制定价格、广告策略和忠诚计划,来应对行业内的竞争。

2.3.3 基于信息系统的组织战略

当企业面对外部环境竞争压力时,如何应用信息系统来防止替代品、阻止新的市场竞争者,从而增强企业处理威胁和机会的能力,使企业获得竞争优势,并且可以从企业利益出发来改变企业和行业中竞争者之间的实力平衡。企业可以用 4 个基本竞争策略对付这些外部竞争压力。

1. 产品差别化策略

产品差别化策略通过创造独特的新产品和服务,使顾客的感知是独一无二的。新产品和服务应该更容易区别于竞争对手的产品和服务,且不易被当前的竞争者和潜在的新竞争者复制。许多企业正在利用信息系统创造产品和服务,以满足顾客的个性化需求。具体实例如下。

例如,金融机构在利用信息系统创造新产品和服务方面已做出了范例。1977 年,花旗银行(Citibank)开发了自动柜员机(ATM)和银行信用卡。为了开拓美国个人存款市场,花旗银行把自动柜员机装遍了纽约市区,存款人在任何地方都有机会用自动柜员机存款或取款。作为该领域的先驱,花旗银行曾一度成为美国最大的银行。花旗银行的自动柜员机如此成功,以至于它的竞争者们——大大小小的银行用其叫做纽约现金交换系统(NYCE)的技术成果奋起反击。

建立新颖的基于信息系统的产品和服务不一定需要最先进的或复杂的信息系统技术。

在 1978 年,美国最大的证券经纪公司——美林集团开发了叫做现金管理账户的金融产品,该账户允许客户的资金在股票市场基金、债券市场基金及货币市场基金之间自由流动,并且还允许客户从这些基金中取支票而无须手续费。一个金融产品的如此灵活性把美林集团带进了银行且拓展了它的大众市场吸引力。这一创造也迫使其他主要经纪公司提供类似的服务,也迫使像花旗银行这样的大银行机构用它们自己灵活的现金管理系统进行对抗。

在零售界里,制造商们开始用信息系统创造顾客订制的产品以满足顾客的细微要求。利维公司(Levi Strauss)在它的零售店里装备个人裤型服务系统(Personal Pair),该服务允许顾客按照自己的规格设计牛仔裤。顾客将自己的身体尺寸输入到微型计算机内,微型计算机再将顾客的规格传输到利维公司的工厂。利维公司能够在生产标准产品的生产线上生产特殊订制的牛仔裤。无独有偶,美国安德森制窗公司(Anderson Windows)创造了"智慧门窗"系统,该系统允许五金商店和零售门市的顾客设计门窗。微型计算机把顾客的窗户规格传输到安德森公司制造厂。该系统使安德森公司的生意猛增,以至于竞争者们试图仿制这个系统。在上述的两个公司中,信息系统技术创造着按顾客要求订制的产品和服务,同时也保持了规模生产技术的成本效率,此生产方式称为客户化制造技术(Custom Manufacturing)。

2. 定位差别化策略

定位差别化策略通过识别能以优异方式提供产品和服务的目标市场,企业能建立新的定位市场,企业能在小范围的目标市场中提供专门的产品和服务,从而胜竞争者一筹,并使新竞争者望而却步。信息系统通过加工数据、提供数据来提高公司的销售与日常经营技术,从而能为公司带来竞争优势。这种系统将组织已有的信息作为资源,组织可在信息中"淘金"以增强盈利能力和市场渗入。

例如,美国零售业主要公司之一的 Sears 公司一直在其 40 000 万零售顾客(美国最大的零售顾客群)的资料中"淘金",目的是区分、瞄准各种消费群体,如家用电器购买者、工具购买者、园艺爱好者和怀孕的母亲们等。例如,当顾客用信用卡或现金从 Sears 商场购买了一台洗衣机,Sears 就会向此消费者寄出一份介绍年度维护服务合同的明信片。如果顾客没有购买维护合同,Sears 利用顾客在商品质量保证书上登记的信息,仍然能掌握是谁购买洗衣机的记录。每年 Sears 都将向顾客寄出延续年度维护合同的表格,或是给顾客打电话以保持公司的维护服务的生意兴隆。Sears 同时还向购机顾客例行地寄出有关洗衣机的特价销售品和其他商品(如肥皂或备用零件)的通知信函。类似地,其他商品的购买者也总是收到 Sears 发出的降价及商品传单。

Sears 还利用其顾客信息数据库追踪用信用卡的顾客购物记录。这一信息则被用于填写附在信用卡收费账单上的邮寄标签。此外,来源于最初信用卡申请和信用卡购物历史的信息可以被 Sears 的市场部用来定位具体细分的消费群体,比如居住在富人区的、成家的和年龄在 40~50 岁的男性顾客。

据估计,争取一个新顾客的成本是保持一个顾客成本的 5 倍。面对竞争者,公司通过仔细地分析顾客购买过程和行为,便能识别出对利润贡献大的顾客们,能赢得他们更多的消费,还能灵活地定价、灵活地提供商品和服务以捍卫公司的顾客基础。同样,公司还可以利用这些资料识别无利可图的顾客群。

在国内,如大连圣亚海洋世界用计算机信息系统存储和处理市区内小学生的信息。每当日期临近小学生的生日,公司便给这些小学生寄去生日免费票,条件是需要有一名家长陪同且家长享受优惠票价。圣亚海洋世界把市场细分化和定位的策略与信息技术手段结合起来,试图达到其战略目标,可以认为这个系统是战略系统的雏形。

3. 与客户和供应商建立紧密联系

通过建立与顾客和供应商的紧密联系,使顾客和企业的产品捆绑在一起,并把供应商纳入本企业的采购计划和价格结构中。这一战略的核心是通过提高下游顾客和上游供应商的转换成本(客户转向竞争者产品和服务而发生的成本)并且削弱他们的议价能力。

例如,美国联邦快递公司为其两万名最佳客户免费提供与公司总部相连的个人计算机。发件人利用 FEDEX 系统,能用计算机查询他们每日发出的包裹状态。对于那些因为业务规模小而不能得到免费计算机的客户也能收到免费的 FEDEX SHIP 软件,可以在他们自己的计算机上使用该软件来查询包裹状态。该软件把客户的计算机与 FEDEX 公司接通,产生发运标签并在客户的激光打印机上打出。该软件还能做车辆调度计划,追踪和确认包裹的运送。使用 FEDEX 公司的包裹跟踪系统所带来的方便打消了客户叛离(如投向联合包裹服务公司 UPS)的动机。

针对顾客的战略信息系统通常允许顾客降低甚至是保持“零库存”,而将所有的库存功能转移给供应商。“零库存”对于顾客有着强大的吸引力,从而带给供应商巨大的竞争优势,如国际巴克斯特医疗保健有限公司(Baxter Healthcare International Inc.)的“零库存”订货系统。巴克斯特公司系统下的医院不愿意另择供应商是因为该系统给它们带来的方便和低成本。巴克斯特公司供应整个美国医院所用产品的 2/3。巴克斯特公司利用信息系统成为有关医院全线产品的供应商,成为满足医院需求的商品总汇。做到这一点需要有 120 000 种以上的库存量。维持海量库存是十分昂贵的。但是缺少某种产品的库存也是昂贵的,因为医院会转向竞争者的供货。

连接到巴克斯特公司的计算机终端就安装在那些医院里。医院下达订单时不需要给销售人员打电话或寄送订单,只需使用医院里的巴克斯特公司的计算机终端,从巴克斯特的全线供货目录中订货。该订货系统会自动生成运单、收款单、发票和库存信息,另外医院里的终端还为客户提供预计的到货日期。在美国有 80 多个分销中心的巴克斯特公司经常在收到订单的几个小时内,把货物当天发给客户。

巴克斯特公司的送货人员不再把应放入医院库房的货箱卸在卸货场。他们把医院订购的物品直接送进医院的走廊、护理室、手术室和备品供应柜中。这种方式实际上创造了“零库存”,把巴克斯特公司当作了医院的仓库。零库存极大地削减了医院对仓储场地和人员的需要,还降低了存储成本和管理成本。

当然,这类信息系统也给供应商带来了好处。供应商能够连续地观察客户对产品的要求、客户工厂的生产计划和客户对供应商的接受程度,并通过对照自己的经营计划来确保足够的库存量。制造商和零售商是供应商的客户。这类系统一旦被建立且运行良好,则系统的方便和效率可能有助于打消某供应商的客户转向竞争者的做法。

4. 成为低成本的生产者

为了防止新的竞争者进入自己的市场,企业可以在不牺牲质量和服务水平的同时,以比竞争者更低的成本生产商品和提供服务。通过低成本领先策略获得竞争优势的例子很多。例如,通过保持商品的低价位和货架上不缺货,沃尔玛(Wal-Mart)已成为美国主要的零售业。沃尔玛公司采用由顾客购物过程驱动的、传奇般的库存补充系统,该系统被认为是业内最佳的。当顾客在为其购买的商品在收银台上付款时,"连续补充系统"就将新商品订单直接下给供货商。售货终端记录了通过收银台的每一件产品的条码,并把购物交易记录直接发送给沃尔玛总部的计算机中。总部的计算机收集来自所有沃尔玛连锁超市的订单,并把订单发送供货商。因为该系统能以闪电般的速度补充库存,沃尔玛公司不需要花费大量资金在自己的仓库里保存大量的商品。该系统还让沃尔玛公司能调整库存商品的采购品种以满足顾客的需要。而沃尔玛的竞争对手——Sears 花费近销售额的 30% 用于管理费(如工资、广告、仓储、物业管理等)。Kmart 花费销售额的 21% 用于管理费。然而,通过采用降低营运成本的系统,沃尔玛仅支付销售额的 15% 用于管理费。

美国的航空公司已经从战略角度利用信息系统降低成本,因此能对抗竞争对手的折扣票价。信息系统已经使收益管理技术自动化。收益管理技术让空运公司对任何折扣票价按售票情况做最经济、最高效的匹配,使机票的价格对公司的经济性最佳。收益管理是从每一个航班座位上获取最大利润的过程,是决定何时降价或提价或提供促销服务的过程。3 个月中的每个航班起飞之前,每个座位平均被预订 1.5 次,被取消 1.5 次。在此过程中,收益管理于任一时刻为任意座位订出现价。例如,星期日晚间从纽约至伦敦的航班在起飞前的一星期时有 70 个未订座位。收益管理不是给出折扣票价使座位尽早订满,而是研究该次航班的售票历史规律和决定留出多少座位给那些愿意在最后时刻付全价的公司总裁们。

以上基本竞争策略要求组织具有相应的专业能力、资源和组织特征。例如,组织的专业能力可以是制造工艺、产品设计、市场营销、基础研究、企业商誉、分销体系;组织的资源可以是资金或融资能力、高技能的员工或科学家;组织的特征可以是组织内的管理控制能力、部门间的协调能力、考核和激励机制。企业在选择和实施以上基本竞争战略时,要通过内部分析,明确自己的优势和劣势,然后考虑信息系统对组织核心竞争力的支持或提升。

本节所举的例子表明,信息系统对组织内部运作具有战略意义,而且信息系统能改变组织同外部环境因素(新产品、客户、供应商)之间的重要均衡局面。这些内部和外部的战略性变化共同地改变公司的竞争优势。通过迅速地改变竞争的基础,战略性地抵消了外部竞争压力。

波特的这些竞争策略并不是孤立的,企业通常在采用一种战略的同时,也会采用其他战略作为补充,从而实现企业的整体竞争优势。

2.3.4 技术在价值链上的杠杆作用

企业经营战略有效地指导其实际行动,不仅要指明什么是企业的竞争优势,而且还要指明它们表现在什么地方,并从战略角度将战略优势和企业的日常活动联系起来,通过更有效地进行这些活动以实现企业的战略目标。价值链模型把企业视为由许多基本活动形成的序列，像一个"链条"，企业创造的价值产生于自身一系列的基本活动中（如采购、生产、销售、服务和产品开发等），并为其产品和服务增添价值。根据企业从事的生产经营活动分析竞争优势所在的链条部分，是制定战略的有效方法之一，这一方法称为价值链分析法。企业自身一系列的基本活动可被分为主要活动和支持活动两类，如图 2-10 所示。

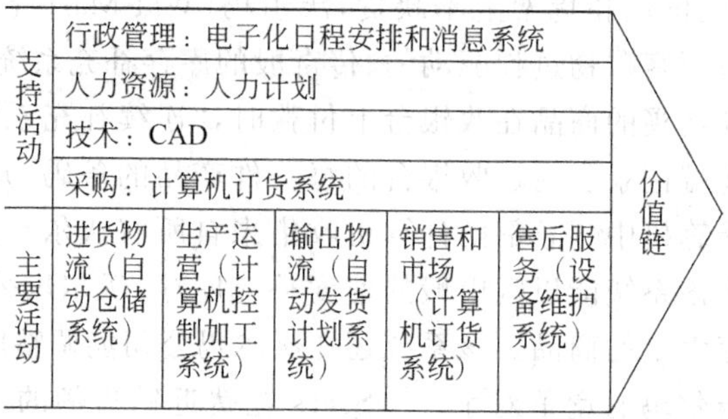

图 2-10　价值链上的活动

主要活动直接与公司的产品和服务的生产及分销有关，产品和服务为客户创造了价值，从而也可能为公司创造利润。主要活动包括内部物流管理、生产、外部物流管理、销售和市场开拓及服务。内部物流管理包括接收和存储用于生产的原材料。生产制造把输入的原材料转化为成品。外部物流管理承担产品的存储和调拨。市场开发和销售包括宣传促销和产品的出售。服务活动包括对公司产品的维护和修理。支持活动使主要活动的进行成为可能，支持活动的构成是组织的基础架构（行政设置和管理）、人力资源（聘用、解聘和培训）、技术（改进产品和工艺）和采购（购买原材料）。

价值链分析法使企业清楚地知道哪里是它的竞争优势，形成竞争优势的原因是什么。价值链分析法强调价值活动之间相互关系的重要性。活动之间应该是相互促进和配合的关系，共同产生的价值远远大于各价值活动自身价值之和，这是成功经营战略的关键——杠杆作用。价值链模型突出了最适合采用竞争策略的企业活动，突出了信息系统最有可能产生战略影响的活动。通过辨识公司里能有效地利用信息技术增强其竞争地位的具体关键支点，价值链模型能对竞争压力模型予以补充。对企业究竟在哪里能从战略性信息系统获得最大利益这一问题，可以理解为：用什么具体活动创造新产品和服务、增强市场渗透力、与客户和供应商建立紧密联系、降低运作成本？通过比较价值活动之间的关系，公司可以认识自身的生产经营过程中的价值活动之间的关系，各下属单位之间的价值关系以及公司与有关利益团体（如供应商、客户、竞争者）的价值关系，更加全面地确定自己的竞争优势和战略性信息系统方案的选择。

当组织能为顾客提供更多价值或当组织以更低的成本提供比竞争者更好的产品和服务时，组织便具有竞争优势。如果信息系统帮助企业以比竞争者更低成本提供产品或服务，或帮助企业以和竞争者相同的成本提供比竞争者更好的产品和服务，这样的信息系统则具有战略作用，如吉列公司的系统通过降低成本和提高吉列剃须刀和刀片的质量而创造价值。产品和制造工艺是吉列公司的竞争优势。能为产品和服务增值最大的价值活动因每一个特定的公司将有所不同。企业组织应当尽力为对公司增值最多的价值活动开发战略信息系统。例如,沃尔玛公司发现取得竞争优势的关键活动是物流管理。例如,让供应商每日向工厂送货来降低仓储和库存成本,企业便可在内部物流活动上节省资金。计算机辅助设计系统可以支持技术活动,从而帮助企业减少成本,也许还能帮助企业设计出比竞争者的产品质量更高的产品。吉列公司的计算机控制加工过程支持生产作业活动,结果是既降低成本又提高质量。像这样的系统对制造厂商会更有战略作用。

2.4 信息系统应用中的管理挑战

信息系统应用越来越多地引起企业经营目标的改变、与客户和供应商之间关系的改变,以及内部运作方式的改变。通过成功地应用信息系统来提升竞争优势对企业而言是一个极大的挑战,它要求信息技术、组织和管理的协调,其主要表现在以下5个方面。

1. 战略性经营挑战——如何利用信息技术设计具有竞争性的和有效的组织

技术的变化比组织的变化快得多,计算机硬件和软件能力的提高远远快于组织应用技术能力的提高。为了保持竞争性,许多组织需要进行重新设计。这些组织需要利用信息技术来简化沟通和协调、消除不必要的工作,摒弃过时的组织结构。如果组织仅仅是应用信息技术来对业务过程实现简单的自动化,那么信息技术的作用将得不到有效发挥。组织应重新考虑和设计现有的管理模式、生产流程及组织结构等,去适应新的信息技术发展的需求。

2. 全球化挑战——如何应对全球化经济环境的经营需求和系统需求

经济全球化和一体化趋势要求信息系统能够支持企业全球化生产和经营的需求。传统跨国公司的各个地区分公司只是解决自己的信息问题,在多个国家的语言、文化和政治差别的环境中,这种只注重局部的做法使得统一管理和控制相当困难。为了适应全球化发展的需要,企业需要开发集成化的信息系统,建立统一的软件、通信和信息标准。

3. 组织信息化体系的挑战——如何建立支持经营目标的组织信息化体系

信息技术的应用催生了许多新的生产和管理模式,但是不同企业的应用会有所差别。企业需要认清自身的经营目标,并分析信息系统支持目标实现的最佳方式。许多组织应用信息系统没有实现其预期目标,原因在于组织的信息化体系不够合理,组织被分散的、互不兼容的硬件、软件、通信网络和信息系统所影响,形成了许多"信息孤岛"。因此,建立一体化集成的组织信息化体系对于信息系统作用的发挥十分关键。

4. 信息系统投资的挑战——如何确定信息系统的投资价值

开发信息系统的主要问题不是技术问题,而是所涉及的组织和管理类问题。单独衡量建立信息系统的成本和所产生的投资收益已是相当困难,信息系统投资价值更多地体现为一种间接收益,而对其引起的组织信息化体系的变化、组织效率的影响难以判断。一般可以基于这样一个原则进行评估,首先确认组织的核心价值,企业的价值可以是知识产权、客户的信赖度、与商业伙伴的合作机会、信息体系结构、员工的创造潜力和技能;然后再评估信息、知识和信息系统提升企业价值的作用。

5. 责任和控制的挑战——如何设计人们能够控制和理解的系统、如何能保证信息系统的应用符合道德和社会责任规范

信息系统对现代组织的高效运行是相当必要的,由于大量的欺骗、错误、滥用和破坏等潜在威胁的存在,组织必须采取专门的措施确保信息系统的准确、可靠和安全。如果组织的信息系统不能按要求工作,或不能向人们提供可以正确解释和使用的信息,那么信息系统的作用将是负面的。设计信息系统必须保证系统能按要求运行、能被人类控制。在建立和使用信息系统时,应该像满足组织经营目标那样仔细考虑健康、安全、工作保障和社会利益。

【阅读材料】

IT 技术与企业信息化建设

IT 技术作为一种新型技术,不仅给人们生活带来了极大的便利,在工作和企业中也得到了良好的应用,发挥其显著的效果。不少企业纷纷看中其中的商机,借助 IT 技术的高效性、科学性和便捷性,力求企业更广阔的发展空间。

1. 研究现状

随着信息时代的到来,不少企业纷纷参与其中,相继引入了 IT 技术,以此来顺应社会的潮流,带动企业的发展。然而,当信息化作为企业的标志,向着广度和深度进行研发时,其中的弊端也不断显露出来。期间存在用户与企业之间的矛盾、企业与市场之间的矛盾以及企业与企业之间的矛盾等方面。矛盾的层次也从技术层面升级到了管理层面。是目前制约信息化企业发展的一大瓶颈。

为了将 IT 技术推广并应用于本企业,不少企业盲目地引入先进技术,以此来提升企业效益。然而,在实际操作过程中,却遇到了阻碍。缺乏相应管理机制的匹配是目前信息化企业的一大普遍现象,在众多的中、小型企业中更是司空见惯。信息产业源自西方国家,与我国企业相比较,在管理模式、经济实力及市场推广方面有着很大的差异。没有一套完整的机制作为依托,IT 技术失去了约束力,很难在企业中真正实现信息化,甚至还会产生负面的影响,对企业来说是一次动荡的革命。

2. 原因分析

1) 技术开发中忽视配套的流程和制度

重技术轻制度的现象在企业中较为常见,归根结底,还是企业考虑短期利益的结果。企业只强调技术层面的开发和设计,而相应的制度规范却没有同步。例如,ERP 系统,ERP 系统是指建立在信息技术基础上,以系统化的管理思想,为企业决策层及员工提供决策运行手段的管理平台。目前企业在 ERP 的工作中,在管理技术方面的配置较为严格。在信息化的进程中,企业在业务方面取得了可喜的成绩。然而,信息化中技术和管理出现了脱节的现象。导致相关流程无法正常进行,从而造成信息提升动力不足、信息传递受阻。IT 技术作为企业信息化的主纽带,没有发挥其应有的作用,从而导致 IT 技术处于消极被动的状态。一旦核心技术受阻,企业在前进的道路上也就遇到了很大的难题,机遇瞬间转变为挑战。如果企业无法规避风险,那么就意味着企业将在浪潮中被淹没。可见,良好的管理制度对于信息化企业而言是多么重要。

2) 信息系统深度研究与持续改进缺乏统筹安排

对于企业而言,实现信息化的目的在于提升企业业绩,促进企业效益的增加,真正实现数字化建设。在现有的企业中,从表面上看,企业引进了信息化的设备。然而,在实际应用中,企业缺乏对IT技术的深度研究。在信息化的建设中,企业缺乏长远的规划。IT部门作为信息化的核心动力,对于管理层的决策不甚了解,以至于技术和管理制度脱节。归根结底,还是由于信息企业缺乏统筹安排所引起。此外,由于企业在制定信息化战略的过程中,没有综合考虑各种因素,如经费、制度及对社会的影响等,从而导致IT部门处于被动状态,没有考虑与其他系统的互联与整合。这样做的结果就是各信息系统应用范围小、成本高、效率低、寿命短。企业战略和信息化战略互相脱节。

3) IT技术人员缺少对业务的学习

信息化的建设是企业引入的一个新概念。IT技术的发展能够为信息化企业注入新的活力,是企业发展的二次革新。同时,信息化的企业建设也面临着技术上的难题。所以,对于企业而言,既是机遇又是挑战。其中IT技术引入企业中的核心部分是系统的开发。在现阶段,由于系统开发人员缺乏对业务的学习和了解,以至于在实际的操作过程中出现错误,技术还没有达到信息化企业的要求。此外,部分技术人员为迎合管理层的需要,没有从创新的角度对系统跟进,从而导致技术停滞不前,在整体上缺乏创新和变革。

3. 企业信息化建设中利用IT技术的具体措施

1) 建立顾客数据库

信息技术可以帮助企业提升自身的信誉及竞争实力,在IT技术的帮助下,企业可以建立顾客数据库。通过顾客档案的建立,充分掌握顾客需求特点的变化,从而根据其需求及时制定出满足大众化的信息服务。此外,企业还可以利用IT技术,通过邮件及短信等方式向顾客发送新产品信息,保证客户能够掌握企业的最新动态,及时了解市场信息,对于顾客的反馈意见及时进行处理。在相互联系中,顾客能够体会到供应商对于自身的重视。极大地满足了顾客的心理需求,对于锁住顾客源、拓宽新客源具有良好的作用。此外,在IT技术的应用下,企业可以利用数据库,对顾客所购买产品在售前、售中和售后全程跟踪。这种个性化的服务能够诱导顾客对于企业的依赖性和忠诚度。从长远的角度出发,企业一旦拥有稳定的客户源,那么就相当于企业拥有了长久的市场,从而拥有广阔的开拓空间。

2) 精耕专业化市场

"拾遗补缺"战略在商海中可谓是屡战屡胜,在企业信息化的进程中也同样适用,尤其是对于中、小型企业而言。一般来说,中、小企业的市场分类更加精细。大企业开发的市场面积较广。而对于大企业无暇顾及的市场,不仅利润空间较大,而且竞争力相对也小。此外,从企业综合实力来说,精耕的小市场区域更加适合中、小型企业。所以,要想得到精耕市场份额,企业应该站在"人无我有"的角度,对市场进行有效细分,最终选择适合本企业发展的板块进行开拓和投资,从而充分发挥IT技术的先进水平。在信息化深入的前提下,企业对于IT服务的要求也会越来越高;在IT技术的开发下,企业更是实现了更上一层楼的水平。所以说,精耕市场化的信息建设和IT技术之间是相辅相成的关系,两者之间密不可分。

3）加强开发人员和用户之间的互动

在企业的开发中，正所谓有需求才会有市场，用户作为产品的需求者，是企业发展的原动力。所以，技术人员在开发产品和程序的过程中，应该注重和用户之间的统一和沟通，尽量满足用户的个性化需求，从而与客户共进、与时俱进。如 IT 技术的开发设计人员在学习 ISO 900 文件的过程中，企业可以面向客户，对其开展统计过程控制的相关培训，通过培训，在用户和开发人员之间建立起一座桥梁，从而有利于新产品的调研和设计，达到事半功倍的效果。进而有利于产品快速推向市场，占据一定的空间。此外，用户和开发人员之间的互动同样减轻了工作人员的工作量，工作效率显著增加。

4. 结语

在社会化的大浪潮下，企业不能将目光仅仅局限在眼前的利益，而是应该放眼未来。IT 技术的引入对于企业自身的建设以及长远发展有着积极的作用，是未来企业发展的核心力量，是企业得以创收价值的关键因素。此外，信息化建设中隐藏着大量的商机。在 IT 技术的正确引导下，在企业自身观念的更新下，在政府的支持下，相信信息化建设的企业会赢得更加广阔的发展空间。

（资料来源：万方数据）

2.5 企业中的信息系统管理部门的建立

管理信息系统是一个较为庞大的系统工程。其中有各种技术问题要熟悉、掌握和应用；有与企业各种各样的人打交道而带来的大量的组织协调工作和普及、培训工作要进行；由企业管理制度不规范、不完善、不标准而造成的困难和问题要解决；甚至还会有旧习惯势力的抵制要突破等。所以，下决心进行管理信息系统开发的企业首先要把组织形式落实下来，除了要组织管理信息系统领导小组外，还要建立管理信息系统的执行机构，以保证管理信息系统建设自始至终都有一个统一的领导、规划和标准，并保证标准的连贯性、持续性。IT 部门的组织机构如图 2-11 所示。

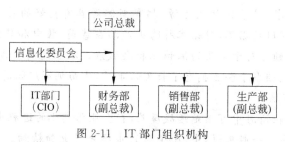

图 2-11　IT 部门组织机构

目前，国内外大公司流行的，也是比较理想的做法是这样的：单独成立一个称为"企业信息化委员会"之类的领导小组，由企业最高信息主管 CIO（Chief Information Officer）负责，其他部门（如财务部、销售部等）负责人均为此委员会成员。在此委员会下面再设 IT 部门，人员一般包括项目负责人、系统分析员、系统设计员、程序员和测试人员等。人员要分层次，下层人员要服从上层人员的领导。

IT 部门应该与财务部、销售部等部门平级。这样的 IT 部门组织机构，是与 IT 部门及

CIO 所承担的职能和角色分不开的。IT 部门需要从其他各业务、职能部门获得原始数据，并进行分析、处理，最终的结果又要为这些部门和企业领导的决策服务。因此，IT 部门既要独立于其他业务部门，又要与这些部门有充分的联络与沟通渠道。CIO 既要有充分的行政权力，同时又要与其他部门负责人有良好的协调配合关系。当然，实际操作过程中构造 IT 组织机构的最基本原则是：IT 部门能否胜任企业运作与发展的需要，能否为所有用户提供满意的信息服务，而不必拘泥一格，应根据企业的具体情况来考虑。

【项目实践】

假设你是一个信息系统设计人员，被指派去为公司的某个部门开发一个新的会计应收款系统，你应该考虑哪些组织因素？

思 考 题

1. 组织的含义是什么？
2. 信息系统对组织的影响包括哪些方面？
3. 信息系统是如何改变组织结构的？
4. 信息系统和组织文化之间的关系是什么？
5. 信息系统和组织政治之间的关系是什么？
6. 试描述竞争压力模型。
7. 试述组织战略的 3 个层次。
8. 信息系统是如何影响企业的组织结构的？
9. 描述管理信息系统对管理方面的影响。
10. 试述代理成本理论的特点和管理信息系统对代理成本的影响。
11. 企业为对付外部竞争压力可以用哪些竞争策略？试举例说明。
12. 价值链上的活动有哪些？
13. 试述我国信息化的发展战略。
14. 信息主管的主要职责是什么？
15. 有人认为：如果所有的企业都安装信息系统，那么所有企业都不可能获得竞争优势，你是否同意这样的观点？为什么？

第二篇
信息技术基础篇

- 通信、互联网与无线技术
- 商务智能基础：数据库与信息管理

第3章 通信、互联网与无线技术

【学习目标】

通过本章的学习,要求学生掌握网络及数据通信的基础知识和网络的主要功能,熟悉企业网络规划和建设过程,了解网络原理与技术,了解无线革命的意义,识别主要的无线技术。

【导入案例】

联邦快递将IT"投"得更准

浙江大学的小陈最近正在申请去美国留学,要向美国的十几所大学寄出申请材料。小陈叫上出租车前往位于杭州机场路的联邦快递公司(Federal Express)的杭州操作站,到了之后他才发现"犯了个愚蠢的错误"。原来,联邦快递公司对于个人客户也是可以上门收件的。虽然花了一些冤枉钱,而且195元的价格也让他觉得有些贵,但小陈还是有点意外惊喜。"听他们说,包裹下午2点发出,第二天就可以到美国,而且我可以根据收条上的12位包裹号码去联邦快递公司的网站随时追踪包裹的状态。"小陈说。

一个看似简单的在线查询业务使得小陈觉得更放心,但每天投递600万个包裹的联邦快递公司为此付出的却是上亿美元的IT投入,综合了无线手持设备、通用无线分组业务(General Packer Radio Service,GPRS)、蓝牙等创新技术。联邦快递公司在IT上的持续投入源于创始人、主席兼首席执行官(CEO)弗雷德里克·W·史密斯(Frederick W. Smith)一贯坚持的理念:一个包裹的信息和这个包裹的运输同样重要。

客户对服务的期望越来越高,但他们同时也要求投递成本越来越低。这对联邦快递公司的IT系统提出了很大挑战。在这种背景下,2003年,联邦快递公司首席信息官(CIO)罗布·卡特(Rob Carter)提出了一项名为"6x6"的IT计划。在保持每年投入10亿美元、不增加额外IT预算的情况下,在3年的时间内,完成6个跨业务与IT的项目。2006年是6x6计划的结束之年,在计划实施两年后的2005财年,联邦快递公司的快递业务增长了18%,达到195亿美元。就像自己的老本行一样,联邦快递公司正试图将自己庞大的IT预算更准确地"投递",以求用最少的钱办更多的事。

"我们坚持从产品角度来制订IT策略,"领导着中国区50多名IT人员的联邦快递公司亚太区副总裁兼首席资讯总监莲达·C·柏勤(Linda C. Brigance)说:"我们并不是单纯从IT角度来考虑而进行IT建设。"产品在联邦快递公司的IT战略中占据最优先的地位。

将需要进行的项目列出来进行重要性排序,是联邦快递公司化繁为简的方法,这对于避免IT力量的盲目无序投入十分有用。柏勤举了一个例子:人力资源部可能仅仅有一个项目,它需要5种资源并花费8个月的时间完成,而另一个改善客户服务的项目可能需要更长时间,但是它为客户提供更多的利益。6x6计划的目标之一就是使IT的花费能够提高客户满意度。

这样分析的前提是IT人员对业务要熟悉。联邦快递公司CIO卡特在董事会中占据一席之地,6x6 计划要求 IT 人员到公司不同的岗位去工作 6～12 个月,实现 IT 与业务的交叉。

从产品角度制订 IT 策略,也使得联邦快递公司的 IT 投入与客户的利益更紧密地结合起来。柏勤说:"我们从客户那里学到了很多东西,我们可以看到哪些服务非常受欢迎,然后利用 IT 这个重要工具进行改进。"通用汽车公司(GM)副总裁兼 CIO 拉尔夫·斯金达(Ralph Szygenda)说:"我也希望联邦快递公司的 6x6 计划能够成功,因为这对通用汽车公司有好处。"联邦快递公司已经成为通用汽车公司零部件供应链上的一个关键环节。"汽车工业有着世界上最精巧的供应链,"斯金达说,"我们在全世界都采用了即时生产(Just In Time,JIT)的生产方式,如果文件和零部件不能及时投递,会产生巨大的影响,我们花了上亿美元与联邦快递公司合作,如果没有一个好的 IT 保证,我们不会这么做。"

在中国上海,联邦快递公司的 IT 部门与在美国孟菲斯(Memphis)的总部执行全球统一信息系统标准。这些标准不仅包括统一的系统开发流程、应用软件标准,甚至连 PC 都是统一的。

因为核心业务的一致性,建立一个全球统一的高度标准化的 IT 系统对于联邦快递公司来说不仅节约了成本,而且效率更高。柏勤说:"同一种解决方案用在某一台计算机上很好,但是到另一台计算机、另一个操作系统上,结果可能就会不一样。联邦快递公司全球标准化的部署保证了不论在哪个地区,我们在使用或是测试某种软件时,环境是一致的,因此能得到同样的结果。"虽然灵活的本地化采购可能价格更低,但后续维护系统的成本却会更大。作为一个员工众多而且业务规模相当大的区域,柏勤认为联邦快递公司中国区"在标准化上给予了公司很大的支持"。

标准化的另一个好处是保证客户和内部用户能够拥有统一的信息来源。例如运货应用系统(Shipment Application)使用毕益辉系统公司(BEA,现已被 Oracle 公司收购)的WebLogic Server 8.1 中间件,运行在 Linux 服务器上,把联邦快递公司每个业务部门的运货系统都联系在一起。而 2005 年 10 月新部署的一个客户端的应用系统,也使用了同样的组件,使他们能够保持一致,在财务信息上,他们都使用统一的平台。"这使得资源的分配很明确,"J. P. 摩根大通公司前 CIO 丹尼斯·欧莱瑞(Denis O'Leary)说,"虽然不同的部门有不同的需求,但他们能使用共同的组件。"

2005 年,联邦快递公司在中国推出了基于 GPRS 技术的"掌上宝"——无线掌上快件信息处理系统,通过它来追踪包裹递送状态,缩短取件时间,中国成为联邦快递公司内部首个运用此项先进技术的国家。不仅如此,联邦快递公司的中国快递员们还与全球其他数万名快递员一样,使用着叫做 FedEx PowerPad 的手持设备,在取件过程中,他们可以通过蓝牙扫描器获得包裹信息,这比他们原来采用的手持机与数据槽相连的方式每件节省了约 10分钟。

物流作为无线等新技术应用的热门行业,如何不失时机地应用新兴技术提高服务水平已经成为竞争的关键,这也是卡特和柏勤不得不面对的问题。虽然卡特以新技术的拥趸而著称,1999 年,无线网络技术刚面世不久,联邦快递公司就进行了应用部署。但是对于哪些技术可以大规模引入,联邦快递公司仍然相当审慎。

"我们希望引入那些已经成熟而且商品化的新技术,"柏勤说,"例如刚刚在中国和中国香港成功实施的 GPRS 技术。"在有了这两地成功实施的经验,今年,GPRS 技术将被联邦快递公司推广到新加坡、澳大利亚、日本等国家。而对于一些尚有风险的项目,如无线射频识别(RFID)技术,即使在竞争对手 TNT 集团已经建成了全球第一条投入实际使用的 RFID 运输线路的情况下,联邦快递公司仍然持谨慎态度。虽然联邦快递公司在美国已经对一些集装箱的跟踪进行了小规模的 RFID 部署,但大规模部署尚未展开。

联邦快递公司目前重点推出的还是网上查询、电子邮件通知等看上去不那么新鲜刺激的服务。柏勤解释说:"我们一直试图从客户的角度去考虑他们希望以何种形式得到服务,而不是追求最新的技术。"

(资料来源:《信息周刊》,田强,Larry Greenemeier,2006-6-21)

随着经济一体化和全球化的发展,无数的知识和信息通过网络在全世界传输,计算机网络以其前所未有的深度和广度影响和改变着每一个企业。能不能及时、有效地获取信息、反馈信息及发布信息,是直接影响一个企业能否健康发展的关键。

计算机网络无论对企业管理、经济增长还是对企业提高竞争优势都有重要的作用。现在更多的企业通过采用网络化的方式获得信息、获得发展,促进成长,计算机网络正成为企业寻求合作、获取资源的主要途径之一。

3.1　当今商业世界的通信和网络

持续不断的信息技术创新,以及新的商业实践和高超的管理决策,正在改变经营企业的方式、创造收入的方式以及顾客获得产品和服务的方式。新的通信手段,如高速无线 Wi-Fi 网络、手机网络、针对家庭和小企业的高速电信服务;全新的硬件平台,如智能电话、个人数字助理以及功能强大可无线上网的笔记本电脑,正在改变人们工作的方式、工作的地点以及工作的内容。在这一过程中,一些老企业甚至某些行业倒闭了,而新企业不断涌现。

例如,淘宝网的出现——上千万的消费者从实体店购物转向使用网店购物——已经改变了人们的购物模式,从而影响了传统的商业模式。新的高速宽带业务的家庭接入支持了这种变化,另外,它还永久地改变了营销界和广告界——报纸广告锐减,同时网络广告激增。

同样,企业的管理也发生了变化:基于高速数字网络且功能强大的移动电话的出现,意味着即使身处异地,或正在路上奔波,销售人员照样可以随时回答经理的问题和接受其监督。计算机网络的发展为管理者提供了获取大量实时的客户资料、供应商资料和员工资料的渠道,这意味着管理者不再是在一片混乱中经营,而是可以在线,几乎实时地获得他们所需要的真正重要的信息,决策系统迅速地对大量的信息进行分析,帮助管理者进行准确及时的决策。

3.2　通　信　网　络

网络和通信技术的发展,改变了人们的信息交流途径,从语言、文字、印刷、电报、电话一直到今日的多姿多彩的现代通信。企业间的商务交流也由主要依靠邮政或者电话系统的电话和传真服务，到如今的可以使用电子邮件、即时通信工具、网络电话会议、手机和联入无线网络的移动终端来进行商务交流。如今现代通信网络正向数字化、智能化、综合化、宽带化、个人化迈进。

目前，网络在企业中的价值表现为企业不再被动地适应网络系统，而是积极、主动地去挖掘可利用的网络系统资源，并充分利用自身的资源和能力去构建网络、管理网络，将网络资源为己所用。因此，通信网络已成为当前信息社会不可缺少的工具和发展知识经济的重要社会基础，对全球经济的发展产生了很大的影响。

3.2.1 数据通信基础

数据通信是指数据从一个位置到另一个位置的信息传输。信息系统的有效性在一定程度上取决于其信息传输的效率，数据通信系统则能够使信息系统完成这项功能。另外，由于许多公司需要跨越很远的地理距离进行数据的收集和传输，因此建立有效的数据通信系统非常必要。数据通信系统还可以提高数据收集和传输的灵活性。例如，公司员工使用便携设备（智能手机、掌上电脑、其他移动终端等），可以随时随地与公司信息系统进行数据共享。

1. 数据通信的基本概念

通信就是信息的传输与交换，信息可以是语音、文字、符号、音乐、图像等。任何一个通信系统，都是从一个称为信源的起始点向另一个称为信宿的目的点传送信息。

不同的通信系统有着相同的模型，不同的是采取的具体输入编码技术、传输技术的不同，从而导致传输距离、速度及可靠性各不相同。通信系统的一般模型如图 3-1 所示。

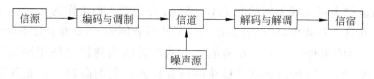

图 3-1　通信系统的一般模型

（1）信源。信源是发出信息的源头，其作用是把各种可能消息转换成原始电信号。信源可分为模拟信源和数据信源：模拟信源（如电话机、电视摄像机）输出连续幅度的模拟信号（如语音信号）；数字信源（如电传机、计算机等各种数字终端设备）输出离散的数字信号。信号在不同的计算机之间传送时，可采用模拟信号方式，也可以采用数字信号方式。

（2）编码与调制。因语音、图像等原始的消息不能以电磁波来传送，所以需要将原始的非电消息变换成电信号，再对这种电信号进一步转换，使其变换成适合某种具体信道传输的电信号。这种电信号同样载有原有的信息，如电话机的送话器，就是将语声变换成幅度连续变化的电话信号，再进一步转换后送到信道上去。

（3）信道。信道一般用来表示向某一方传送信息的线路。因此，一条通信线路至少包含一条发送信道和一条接收信道。信道可以是有线的，也可以是无线的，有线和无线均有多种传输介质。信道既给信号通路，也对信号产生各种干扰和噪声。传输介质的固有特性和干扰直接关系到通信的质量。

（4）解码与解调。解码与解调是完成编码与调制的逆变换，即进行解调、译码、解码等。它的任务是从带有干扰的接收信号中正确恢复出相应的原始信号。对于多路复用信号，接收设备还具有解除多路复用和实现正确分路的功能。

（5）信宿。信宿是传输信息的归宿，其作用是将复原的原始信号转换成相应的消息。

（6）噪声源。噪声源是信道中的噪声以及分散在通信系统其他各处的噪声的集中表示。一个通信系统不可避免地存在噪声干扰，为了研究问题方便，把它们等效于一个作用在信道上的噪声源。

2．数据通信方式

从通信双方信息交互的方式来看，数据通信方式有以下 3 种。

（1）单工通信。只能沿一个方向的通信而没有反方向的交互，如计算机与打印机之间的数据传输、无线广播等。

（2）半双工通信。通信双方都可以发送/接收信息，但不能同时双向发送。

（3）全双工通信。通信双方可同时发送和接收信息，全双工通信效率最高。

3．数据通信系统的主要技术指标

数据通信系统的技术指标主要从数据传输的质量和数量来体现。质量指信息传输的可靠性，一般用误码率来衡量。而数量指标包括两方面：一是信道的传输能力，用信道容量来衡量；另一方面指信道上传输信息的速度，相应的指标是数据传输速率。

1）信道带宽

信道带宽即信道可以不失真地传输信号的频率范围。传输模拟信号时，单位为赫兹（Hz），（如电话信号的标准带宽为 300Hz～3.4kHz），在模拟信道中，常用带宽表示信道传输信息的能力，带宽即传输信号的最高频率与最低频率之差。理论分析表明，模拟信道的带宽或信噪比越大，信道的极限传输速率就越高。这也是为什么总是努力提高通信信道带宽的原因。

2）数据传输速率

数据传输速率有两种度量单位：比特率和波特率。

（1）比特率。比特率是指数据通信系统中每秒传送的二进制位数，在数字信道中，比特率是数字信号的传输速率，它用单位时间内传输的二进制代码的有效位数来表示，其单位为每秒比特数 b/s（bps）、每秒千比特数（Kbps）或每秒兆比特数（Mbps）来表示。

（2）波特率。波特率指数据信号对载波的调制速率，是指数据通信系统中每秒传送的波形个数，其单位为波特（Baud）。

3）误码率

误码率指在数据传输中的错误率。它是二进制符号在传输系统中被传错的概率，近似等于被传错的二进制符号数与所传二进制符号总数的比值。计算机网络通信系统中，要求误码率低于 10^{-9}。

4）信道容量

信道容量是衡量一个信道传输数字信号的重要参数，信道容量是指单位时间内信道上所能传输数据的最大容量,单位是 bps。

信道容量和传输速率之间应满足以下关系:信道容量>传输速率;否则高的传输速率在低信道上传输,其传输速率受信道容量所限制,肯定难以达到原有的指标。

3.2.2 网络的基本概念

计算机网络是现代计算机技术与通信技术密切结合的产物,是随着社会对信息共享和信息传递的要求而发展起来的。应该如何定义计算机网络,没有一个统一的规定,各种资料上的说法也不完全一致。一种比较通用的定义是:将地理位置不同的具有独立功能的多台计算机及其外部设备,通过通信线路连接起来,在网络操作系统、网络管理软件及网络通信协议的管理和协调下,实现资源共享和信息传递的计算机系统。网络中的各个计算机系统具有独立的功能,它们在脱离网络时,仍可单机使用。

在计算机网络中,通常是以带宽(Bandwidth)来度量网络的速率。带宽的单位是比特每秒(b/s),而更常用的带宽单位是千比特每秒(Kb/s)、兆比特每秒(Mb/s)、吉比特每秒(Gb/s)等,如快速以太网的带宽为 100Mb/s。

3.2.3 网络的组成与功能

1. 网络的组成

由以上的定义可以看出,一个计算机网络系统应该包括以下几个主要的组成部分。

1)计算机系统

其主要完成数据信息的收集、存储、处理和输出任务,并提供各种网络资源。计算机系统根据在网络中的用途可分为两类:主计算机和终端。

主计算机(Host)负责数据处理和网络控制,并构成网络的主要资源。主计算机又称主机,它主要由大型机、中小型机和高档微机组成,网络软件和网络的应用服务程序主要安装在主机中,在局域网中主机称为服务器(Server)。

终端(Terminal)是网络中数量大、分布广的设备,是用户进行网络操作、实现人—机对话的工具。一台典型的终端看起来很像一台 PC,有显示器、键盘和一个串行接口。与 PC不同的是终端没有 CPU 和主存储器。在局域网中,以 PC 代替了终端,既能作为终端使用又可作为独立的计算机使用,被称为工作站(Workstation)。随着家用电器的智能化和网络化,越来越多的家用电器如手机、电视机顶盒(使电视机不仅可以收看数字电视,而且可以使电视机作为 Internet 的终端设备使用)、监控报警设备,甚至厨房卫生设备等也可以接入计算机网络,它们都统称为网络的终端设备。

2)通信链路

即传输信息的信道。用于数据传输的双绞线、同轴电缆、光缆以及为了有效而正确可靠地传输数据所必需的各种通信控制设备(如网卡、集线器、交换机、调制解调器、路由器等),它们构成了计算机与通信设备、计算机与计算机之间的数据通信链路。

3)网络协议

为了使网络中的计算机能正确地进行数据通信和资源共享,计算机和通信控制设备必须共同遵循一组规则和约定,这些规则、约定或标准就称为网络协议,简称协议。

为了帮助和指导各种计算机在世界范围内互联成网,国际标准化组织(ISO)于 1977 年提出了开放系统互联参考模型及一系列相关的协议。20 世纪 80 年代中期以来飞速发展的 Internet,它们采用的是美国国防部提出的 TCP/IP 协议系列。目前 TCP/IP 协议已经在各种类型的计算机网络中得到了普遍采用。

4) 网络操作系统和网络应用软件

连接在网络上的计算机,其操作系统必须遵循通信协议支持网络通信才能使计算机接入网络。因此,现在几乎所有操作系统都具有网路通信功能。特别是运行在服务器上的操作系统,它除了具有强大的网络通信和资源共享外,还负责网络的管理工作(如授权、日志、计费、安全等),这种操作系统称为服务器操作系统或网络操作系统。

目前使用的网络操作系统主要有三类。一是 Windows 系统服务器版,如 Windows NT Server、Windows Server 2003 及 Windows Server 2008 等,一般用在中低档服务器中;二是 UNIX 系统,如 AIX、HP-UX、Solaris 等,它们的稳定性和安全性好,可用于大型网站或大中型企、事业单位网络中;三是开放源码的自由软件 Linux,其最大的特点是源代码的开放,可以免费得到许多应用软件,目前也获得了很好的应用。

为了提供网络服务,开展各种网络应用,服务器和终端计算机还必须安装网络应用程序。例如,电子邮件程序、浏览器程序、即时通信软件、网络游戏软件等,它们为用户提供了各种各样的网络应用。

2. 网络的功能

随着计算机网络技术及产品的飞速发展,网络服务范围越来越广,网络功能越来越强。网络用户可以使用本地网络资源,也可以通过网络访问远程网络资源。计算机网络的功能可归纳为以下几点。

1) 数据通信

计算机网络为分布在各地的用户提供了强有力的通信手段。用户可以通过计算机网络来快速传送计算机与终端、计算机与计算机之间的各种信息,包括文字信件、新闻消息、咨询信息、图片资料、报纸版面等。利用这一特点,可实现将分散在各个地区的单位或部门用计算机网络联系起来,进行统一的调配、控制和管理。

2) 资源共享

凡是入网用户均能享受网络中各个计算机系统的全部或部分软件、硬件和数据资源。资源指的是网络中所有的软件、硬件和数据资源。"共享"指的是网络中的用户都能够部分或全部地享受这些资源。

硬件资源包括大型主机、大容量存储器、高档打印机、绘图仪等,如网络用户可以共享网络管理的高质量打印机。软件资源包括语言编译器、文本编辑器、工具软件及应用软件等。网络服务向用户提供各种文件的存储、访问及传输等功能。对于不同的文件,通过设置不同的访问权限来维护网络的安全。数据资源包括数据文件和数据库等。网上用户可以使用网络服务提供的公共数据库中的信息。网络数据库可以集中建立,也可以分散建立,供网上用户共用。

例如,某些地区或单位的数据库(如飞机机票、饭店客房等)可供全网使用;某些单位设计的软件可供需要的地方有偿调用或办理一定手续后调用;一些外部设备如打印机,可面向用户,使不具有这些设备的地方也能使用这些硬件设备。如果不能实现资源共享,各地区都需要有完整的一套软硬件及数据资源,则将大大增加全系统的投资费用。

3)提高计算机的可靠性和可用性

网络中的每台计算机都可通过网络相互成为后备机。一旦某台计算机出现故障,它的任务就可由其他的计算机代为完成,这样可以避免在单机情况下,一台计算机发生故障引起整个系统瘫痪的现象,从而提高系统的可靠性。而当网络中的某台计算机负担过重时,网络又可以将新的任务交给较空闲的计算机完成,均衡负载,从而提高了每台计算机的可用性。

4)分布式处理

通过算法将大型的综合性问题交给不同的计算机同时进行处理。用户可以根据需要合理选择网络资源,就近快速地进行处理。对大型综合性问题,可将问题各部分交给不同的计算机分头处理,充分利用网络资源,扩大计算机的处理能力。对解决复杂问题来讲,多台计算机联合使用并构成高性能的计算机体系,这种协同工作、并行处理要比单独购置高性能的大型计算机便宜得多。

借助计算机网络,在各种功能软件的支持下,人类可以进行高速的异地电子信息交换,并可获得多种服务,如新闻浏览和信息检索、传送电子邮件、多媒体电信服务、远程教育、网上营销、网上娱乐、远程医疗诊断等。

3.2.4 网络类型

计算机网络的分类方式很多,根据不同的划分标准,可以得到各种不同类型的计算机网络。这里主要介绍根据计算机网络的覆盖范围和通信终端之间相隔的距离不同将网络分为局域网、广域网和城域网,具体如表3-1所示。

表3-1 各类网络的特征参数

网络分类	缩写	分布距离	计算机分布范围	传输速率范围
局域网	LAN	10m 左右	房间	4Mb/s～1Gb/s
		100m 左右	楼寓	
		1000m 左右	校园	
城域网	MAN	10km	城市	50Kb/s～100Mb/s
广域网	WAN	100km 以上	国家或全球	9.6Kb/s～45Mb/s

1. 局域网

局域网 LAN(Local Area Network)是指传输距离有限,传输速度较高,以共享网络资源为目的的网络系统。局域网投资规模较小,网络实现简单。计算机局域网被广泛应用于连接企业、校园及机关的个人计算机,以利于个人计算机之间资源共享和数据通信。

2. 城域网

城域网 MAN(Metropolitan Area Network)是规模介于局域网和广域网之间的一种较大范围的高速网络,一般覆盖临近的多个单位和城市,从而为接入网络的企业、机关、公司及社会单位提供文字、声音和图像的集成服务,如城市银行储蓄所的通存通兑网。

3. 广域网

广域网 WAN(Wide Area Network)是指覆盖范围广、传输速率相对较低、以数据通信为主要目的的数据通信网。广域网又称远程网,它采用远程方式,如电话线、DDN 专线、卫星通信等进行网络连接。它的布局不规则,使得网络的通信控制比较复杂,尤其是使用公共传输网,要求连接到网上的任何用户都必须严格遵守各种标准和规程,设备的更新和新技术的引用难度较大。广域网可将一个集团公司、团体或一个行业的各部门和子公司连接起来。互联网是全球最大的广域网,每天有各种计算机网络正在源源不断地加入其中。

3.2.5 网络体系结构

计算机网络是相当复杂的系统,要想让两台计算机通过网络进行通信,使其能协同工作以实现信息交换和资源共享,它们之间必须具有共同的语言。交流什么、怎样交流及何时交流,都必须遵循某种互相都能接受的规则。这些为计算机网络中进行数据交换而建立的规则、标准或约定的集合就称为网络协议(Protocol)。网络体系结构是指计算机网络分层设计的层次及其各层所规定的协议的集合。

1. 层次结构

计算机网络体系结构可以定义为是网络协议的层次划分与各层协议的集合(见图 3-2),图中给出了网络体系结构中协议、层、服务与接口之间的关系。同一层中的协议根据该层所要实现的功能来确定。各对等层之间的协议功能由相应的底层提供服务完成。

层次化的网络体系的优点在于每层实现相对独立功能。每一层不必知道下面一层是如何实现的,只要知道下层通过层间接口提供的服务是什么及本层提供什么样的服务,就能独立设计。层与层之间通过接口来提供服务,每一层都对上层屏蔽如何实现协议的具体细节,使网络体系结构做到与具体物理实现无关。层次结构允许连接到网络的主机和终端型号、性能可以不同,但只要遵守相同的协议即可实现互操作。

系统经分层后,每一层次的功能相对来说简单且易于实现和维护。若某一层需要做改动或被替代时,只要不去改变它和上、下层的接口服务关系,则其他层次都不会受其影响。分层结构具有很大的灵活性,有利于标准化。

世界上第一个网络体系结构是 IBM 公司于 1974 年提出来的,命名为"系统网络体系结构 SNA"。在此之后,许多公司纷纷提出了各自的网络体系结构。这些网络体系结构共同之处在于它们都采用了分层技术,但层次的划分、功能与采用的技术术语各不相同。为了使不同体系结构的计算机网络都能互联,国际标准化组织 ISO 于 1983 年提出了一个能使各种计算机在世界范围内互联成网的标准框架,即开放系统互连基本参考模型(OSI/RM)

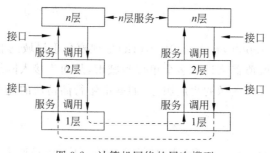

图 3-2　计算机网络的层次模型

(Open System Interconnection Reference Model),简称为 OSI 模型。

2. OSI 参考模型

OSI 参考模型定义了一个计算机网络功能的 7 层协议,它将网络结构从下至上划分为物理层、数据链路层、网络层、传输层、会话层、表示层和应用层(见图 3-3)。在 OSI 网络体系结构中,除了物理层外,网络中数据的实际传输方向是垂直的。数据由用户发送进程发送给应用层,向下经表示层、会话层等到达物理层,再经传输媒体传到接收端,由接收端物理层接收,向上经数据链路层等到达应用层,再由用户获取。数据在由发送进程交给应用层时,由应用层加上该层有关控制和识别信息,再向下传送,这一过程一直重复到物理层。在接收端信息向上传递时,各层的有关控制和识别信息被逐层剥去,最后数据送到接收进程。

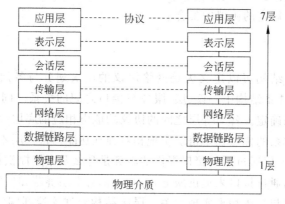

图 3-3　OSI 参考模型

OSI 中的第一层到第三层主要负责通信功能,一般称为通信子网层。从第五层到第七层属于资源子网的功能范畴,称为资源子网层。第四层传输层起着衔接上下 3 层的作用。各层的功能简述如下。

1) 物理层

物理层(Physical Layer)建立在物理通信介质的基础上,提供为建立、维护和释放物理链路所需的机械的、电气的、功能的和规程的特性,提供在物理链路上传输非结构的位流以及故障检测指示。作为系统和通信介质的接口,用来实现数据链路实体间透明的比特(bit)流传输。只有该层为真实物理通信,其他各层为虚拟通信。

2) 数据链路层

数据链路层(Data Link Layer)的主要作用是对物理层传输原始比特流功能的加强,它通过校验、确认和反馈重发等手段,将不可靠的物理链路改造成对网络层来说是无差错的数据链路。数据链路层还要协调收、发双方的数据传输速率,即进行流量控制,以防止接收方因来不及处理发送方传来的高速数据而导致缓冲器溢出及线路阻塞。数据链路层的任务是在相邻两个节点间实现透明的无差错的帧级信息的传送。

3) 网络层

广域网络一般都划分为通信子网和资源子网,物理层、数据链路层和网络层组成通信子网,网络层(Net Work Layer)是通信子网的最高层,完成对通信子网的运行控制。网络层解决如何使数据分组跨越通信子网传输到另一端的问题,体现了网络应用环境中资源子网访问通信子网的方式。

在计算机网络中进行通信的两个计算机之间可能会经过很多个数据链路,也可能还要经过很多通信子网。网络层的任务就是选择合适的网间路由和交换节点,确保数据及时传送。网络层将数据链路层提供的帧组成数据包,包中封装有网络层包头,其中包含源站点和目的站点地址的网络地址。

4) 传输层

传输层(Transport Layer)是 OSI 参考模型中最核心的一层,将实际使用的通信子网与高层应用分开。传输层提供端到端的透明数据传输服务,使高层用户不必关心通信子网的存在,由此用统一的传输原语书写的高层软件便可运行于任何通信子网上。传输层独立于所使用的物理网络,提供传输服务的建立、维护和连接拆除的功能。传输层接收会话层的数据,分成较小的信息单位,再送到网络层,实现两传输层间数据的无差错透明传送。

5) 会话层

会话层(Session Layer)是进程——进程的层次,负责在两个会话层实体之间进行对话连接的建立和拆除。会话是指两个用户进程之间的一次完整通信。会话层是用户连接到网络的接口。会话层的目的是提供一个面向应用的连接服务。建立连接时,将会话地址映射为传输地址。数据传送时,可以进行会话的常规数据、加速数据、特权数据和能力数据的传送。会话释放时,允许正常情况下的有序释放,异常情况下由用户发起的异常释放和服务提供者发起的异常释放。

6) 表示层

表示层(Presentation Layer)要处理的是通信双方之间的数据表示问题。由于不同厂家的计算机产品常使用不同的信息表示标准,如在字符编码、数值表示、字符等方面存在着差异。如果不解决信息表示上的差异,通信的用户之间就不能互相识别。因此,表示层要完成信息表示格式转换,转换可以在发送前,还可以在接收后,还可以要求双方都转换为某标准的数据表示格式。所以表示层的主要功能是完成被传输数据表示的解释工作,包括数据转换、数据加密和数据压缩等。

7) 应用层

应用层(Application Layer)作为用户访问网络的接口层,是直接面向用户的一层,给应用进程提供了访问 OSI 环境的手段,同时为应用进程提供服务。应用层的作用是在实现应用进程相互通信的同时,完成一系列业务处理所需的服务功能。当然这些服务功能与所处理的业务有关。

3. TCP/IP 参考模型

TCP/IP(Transmission Control Protocol/Internet Protocol)传输控制协议/互联网络协议,是 Internet 上使用的网络协议。Internet 网络体系结构以 TCP/IP 协议为核心。其中 IP 协议用于为各种不同的通信子网或局域网提供统一的互联平台,TCP 协议则用于为应用程序提供端到端的控制和通信功能。

Internet 的迅速发展和普及,使得 TCP/IP 协议成为当今世界上应用最广泛的网络互联协议体系结构,并成为事实上的工业标准。基于 TCP/IP 协议的网络体系结构与 OSI/RM 相比,TCP/IP 基本上是 OSI 的 7 层模型的简化,它只分为 4 层:网络接口层、网络层、传输层和应用层,其参考模型如图 3-4 所示。

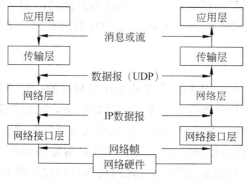

图 3-4   TCP/IP 参考模型

1) 网络接口层(SubNetwork Layer)

TCP/IP 协议的网络接口层与 OSI 模型的物理层、数据链路层及网络层的部分相对应。该层没有规定新的物理层和数据链路层协议,允许通信子网采用已有的或将来的各种协议,如以太网的 802.3 协议、分组交换网的 X.25 协议等。该层只定义了 TCP/IP 与各种通信子网之间的网络接口,其他通信网上的数据链路层和物理层与 TCP/IP 的网络接口层进行连接。网络接口层的功能是传输经网络层处理过的消息。

2) 网络层(Internet Layer)

该层与 OSI 网络层相对应,由于它是针对网际环境设计的,具有更强的网际通信能力。网络层协议为 IP 协议。它将传输层送来的消息组装成 IP 数据包,并且把 IP 数据包传递给网络接口层。IP 提供端到端分组发送功能,标识网络号及主机节点地址的功能,为使 IP 数据包长度与通信子网允许的数据包长度匹配,提供了数据分段和重新组装的功能。该层负责将分组独立地从信源传送到信宿,主要解决路由选择、阻塞控制级网际互联问题。这一层上定义了互联协议(IP)、地址转换协议(ARP)、反向地址转换协议(RARP)和互联控制报文协议(ICMP)等。

该层的另一个重要服务是在互相独立的局域网上建立互联网络,即互联网。网间的报文分组往来根据它的目的 IP 地址通过路由器传到另一网络。

3）传输层（Transport Layer）

该层与 OSI 传输层相对应，为应用程序提供端到端通信功能。传输层有 3 个主要协议，其分别为面向连接的传输控制协议（TCP）和无连接的用户数据报协议（UDP）及互联网控制消息协议（ICMP）。

TCP 协议负责将用户数据按规定长度组成数据包发送，在接收端对数据包按顺序进行分解重组以恢复用户数据。TCP 协议是以建立高可靠性信息传输为目的，为了可靠传输数据，该协议具有数据包的顺序控制、差错检测、检验及再发送控制等功能。

UDP 协议负责主机和网关以及 Internet 运行管理中心等的信息通信，控制管理网络的运行。

ICMP 协议负责当数据包传输有误时，发送出错信息给数据包发送端主机，另外还具有控制数据包流量的功能。

4）应用层（Application Layer）

TCP/IP 的层次模型分为 4 层，应用层相当于 OSI 的 5～7 层，该层包含了 OSI 会话层、表示层和应用层的功能，该层中包括了所有的高层协议，如常见的文件传输协议（FTP）、电子邮件（SMTP）、域名系统（DNS）、网络管理协议（SNMP）、访问 WWW 的超文本传输协议（HTTP）等，并为用户提供各类服务，如远程登录、文件传输、电子邮件和 Web 服务器等。

4. TCP/IP 协议集以及各层次与 OSI 各层次对应关系

TCP/IP 协议集及分层结构如表 3-2 所示。

表 3-2　TCP/IP 协议集及分层结构

OSI 层次	TCP/IP 层次	TCP/IP 协议簇				
5～7 层	应用层	TELNet	FTP	DNS	SMTP	其他
4 层	传输层	TCP				UDP
3 层	网络层	IP(ICMP、ARP、RARP)				
1～2 层	网络接口层	Ethernet	ARPANet	PDN	100Base-T	其他

3.2.6　网络互联技术

网络互联的目的是使一个网络上的用户能访问其他网络上的资源，可使不同网络上用户能互相通信和交换信息，在更大范围内共享网络资源。由于网络分为局域网（LAN）和广域网（WAN）两大类，网络互联主要指异构网络的互联，从拓扑结构来看互联主要有 4 种形式，即 LAN—LAN、LAN—WAN、LAN—WAN—LAN 和 WAN—WAN，不同的互联形式所采用的互联协议和互联设备是不同的。在网络互联时，一般需要通过一个中间设备实现连接，这个中间设备又称中继系统。

1. 中继系统

根据 OSI 参考模型，网络互联从通信协议的角度来看，分为 4 个层次的中继系统，分别是物理层、链路层、网络层和高层。

1) 物理层中继系统

物理层的互联要求所连接的子网必须具有相同的数据传输速率和数据链路协议,常采用中继器(Repeater)来连接各物理特性相同的局域网段,无物理或逻辑地址。中继器只能起到扩展网段距离的作用,所以使用中继器互联的网络在逻辑上仍属于同一网络。

2) 数据链路层中继系统

用于连接同一逻辑网络中物理层规范不同的段。常采用网桥、交换式集线器和交换机按帧接收或发送信息,互联多个同类的局域网段。网桥可以实现局域网之间帧的存储转发。网桥和交换机端口具有物理地址,无逻辑地址。

3) 网络层中继系统

网络层互联使用路由器,主要用于连接不同的逻辑网络。在广域网中,Internet 协议(IP)现已成为该层的一种标准协议,支持异种网络的互联。路由器可用于局域网间、局域网与广域网间或广域网之间的互联,解决路由选择问题。网络中每个端口均有唯一的物理和逻辑地址。

4) 高层中继系统

高层指网络层以上的层次,网络高层互联是指传输层及传输层以上的互联,一般使用网关(Gateway)来实现,网关作为协议转换器实现互联网上使用不同协议的应用程序之间的数据通信。

2. 网络互联形式

网络互联不仅有利于资源共享,也可以从整体上提高网络的可靠性,要实现网络互联,应该做到以下几点:在网络之间至少提供一条物理上连接的链路,并具有对这条链路的控制规程;在不同网络的进程之间提供合适的路由实现数据交换;有一个始终记录不同网络使用情况并维护该状态信息的统一的计费服务;有提供以上服务时,尽可能不对互联在一起的网络体系结构作任何修改。网络互联形式有以下几种。

1) LAN—LAN

如图 3-5 所示,LAN—LAN 互联需要使用网桥、交换式集线器或路由器等。图中 B 表示桥(Bridge),网桥提供数据链路层上的协议转换,在不同或相同的局域网之间存储和转发帧。

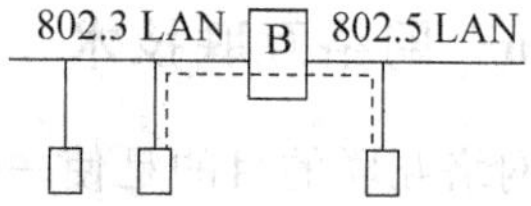

2) LAN—WAN—LAN、LAN—WAN

如图 3-6 所示,图中 R 表示路由器(Router)。路由器具有对网络中任何一个节点寻址的能力,提供网络层上的协议转换,在不同的网络之间存储和转发分组。路由器从一条输入线路上接收分组,然后再向另一条输出线路转发,这两条线路可能属于不同的网络,采用的协议也可能不同。

图 3-5 LAN—LAN 互联示意图

3) WAN—WAN

如图 3-7 所示,图中网间连接器 G 为网关,实现 WAN 之间的协议转换,网关又称协议转换器。

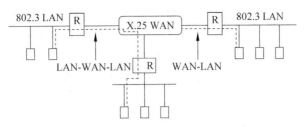

图 3-6　LAN—WAN—LAN 互联示意图

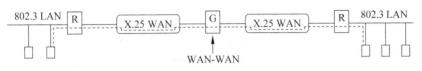

图 3-7　WAN—WAN 互联示意图

3.3　互　联　网

3.3.1　互联网的概念

互联网(Internet)即广域网、城域网、局域网及单机按照一定的通信协议组成的国际计算机网络。互联网是指将两台计算机或者是两台以上的计算机终端、客户端、服务端通过计算机信息技术的手段互相联系起来的结果,人们可以与远在千里之外的朋友相互发送邮件、共同完成一项工作、共同娱乐。

下面就从技术的角度给互联网一个定义。互联网是通过全球唯一的网络逻辑地址在网络介质基础之上逻辑地连接在一起,它可以通过“传输控制协议”和“互联网协议”(TCP/IP),或者今后其他接替的协议或兼容的协议来进行通信,进而为用户提供高水平、全方位服务的计算机网络。上述定义至少揭示了 3 个方面的内容:首先,互联网是全球性的;其次,互联网上的每一台主机都需要有地址(IP 地址);最后,这些主机必须按照共同的规则(协议)连接在一起。

3.3.2　互联网与因特网、万维网的关系

互联网、因特网、万维网三者的关系是:互联网包含因特网,因特网包含万维网。凡是能彼此通信的设备组成的网络就叫互联网。所以,即使仅有两台机器,不论用何种技术使其彼此通信,也叫互联网。国际标准的互联网写法是 internet,字母 i 一定要小写!

因特网是互联网的一种。因特网并不是仅有两台机器组成的互联网,它是由上千万台设备组成的互联网。因特网使用 TCP/IP 协议让不同的设备可以彼此通信。但使用 TCP/IP 协议的网络并不一定是因特网,一个局域网也可以使用 TCP/IP 协议。判断自己是否接入的是因特网,首先是看计算机是否安装了 TCP/IP 协议,其次看是否拥有一个公网地址(公网地址就是所有私网地址以外的地址)。国际标准的因特网写法是 Internet,字母 I 一定要大写!

因特网是基于 TCP/IP 协议实现的,TCP/IP 协议由很多协议组成,不同类型的协议又被放在不同的层。其中,位于应用层的协议就有很多,如 FTP、SMTP、HTTP。只要应用层使用的是 HTTP 协议,就称为万维网(World Wide Web)。之所以在浏览器里输入百度网址时,能看见百度网提供的网页,就是因为您的个人浏览器和百度网的服务器之间使用的是 HTTP 协议在交流。

3.3.3 互联网的关键技术

1. TCP/IP 技术

TCP/IP 是 Internet 的核心,利用 TCP/IP 协议可以方便地实现多个网络的无缝连接。通信协议是计算机之间用来交换信息所使用的一种公共语言的规范和约定,其中 TCP/IP 协议是针对 Internet 开发的体系结构和网络标准,其目的在于解决异构计算机网络的通信,为各类用户提供通用的、一致的通信服务。TCP/IP 协议的工作原理在上一节已经介绍。

2. 标识技术

1) 主机 IP 地址

为了确保通信时能相互识别,在 Internet 上的每台主机都必须有一个唯一的标识,即主机的 IP 地址。IP 地址是指接入互联网的节点计算机的地址,IP 协议就是根据 IP 地址实现信息传递的。

互联网采用一种全局通用的地址格式,为全网的每一网络和每一台主机都分配一个唯一的地址。IP 地址的一般格式为"网络标识,主机标识"。网络标识用于识别网络,主机标识用于识别网络中的计算机。

IP 地址由 32 位(即 4 字节)二进制数组成,为书写方便起见,常将每个字节作为一段并以十进制数来表示,每段间用"."分隔。例如,中国教育科研网网控中心的 IP 地址的二进制数据表示为 11001010.01110000.00000000.00100100,对应的十进制数表示为 202.112.0.36。常用的 IP 地址有 A、B、C 三类,每类均规定了网络标识和主机标识在 32 位中所占的位数。它们的表示范围分别为:

A 类地址:0.0.0.0～127.255.255.255

B 类地址:128.0.0.0～191.255.255.255

C 类地址:192.0.0.0～233.255.255.255

2) 域名系统和统一资源定位器

32 位二进制数的 IP 地址对计算机来说十分有效,但用户使用和记忆都很不方便。为此,按照与 IP 地址一一对应的关系,使用有一定意义的字符来确定一个主机在网络中的位置。这种有一定意义的字符即域名。域名采用层次结构的基于"域"的命名方案,每一层由一个子域名间用"."分隔,其格式为"机器名.网络名.机构名.最高域名",如域名地址 home.sina.com.cn。

Internet 上的域名由域名系统 DNS(Domain Name System)统一管理。DNS 是一个分布式数据库系统,由域名空间、域名服务器和地址转换请求程序三部分组成。有了 DNS,凡域名空间中有定义的域名均可以有效地转换为对应的 IP 地址,同样,IP 地址也可通过 DNS 转换成域名。

WWW 上的每一个网页(Home Page)都有一个独立的地址,这些地址称为统一资源定位器(URL),只要知道某网页的 URL,便可直接打开该网页。

3. 用户 E-mail 地址

用户 E-mail 地址的格式为"用户名@主机域名"。其中用户名是用户在邮件服务器上的信箱名,通常为用户的注册名、姓名或其他代号,主机域名则是邮件服务器的域名。用户名和主机域名之间用"@"分隔。

由于主机域名在 Internet 上的唯一性,所以,只要 E-mail 地址中用户名在该邮件服务器中是唯一的,则这个 E-mail 地址在整个 Internet 上也是唯一的。

4. 分组交换技术

分组交换技术也称包交换,是将用户传送的数据划分成一定的长度,每个部分叫做一个分组,通过传输分组的方式传输信息的一种技术。它是通过计算机和终端实现计算机与计算机之间的通信,在传输线路质量不高、网络技术手段还较单一的情况下,应运而生的一种交换技术。在计算机网络中,节点与节点之间的通信采用两种交换方式,即线路交换方式和存储转发交换方式。存储转发交换方式又分为报文转发交换和分组转发交换。

5. 客户机/服务器模式

客户机/服务器(Client/Server)系统由服务器和若干客户机构成。服务器是整个应用系统资源的存储和管理中心,各客户机则向服务器提出数据请求和服务请求,共同实现完整的应用。互联网正是利用客户机/服务器模式,向上网用户提供各种服务的,该模式是互联网最重要的应用技术之一。

3.3.4 互联网的其他资料

1. 发展规模

根据 2012 年 1 月 16 日中国互联网络信息中心(CNNIC)在京发布的《第 29 次中国互联网络发展状况统计报告》显示,截至 2011 年 12 月底,中国网民规模突破 5 亿,达到 5.13 亿,全年新增网民 5580 万,互联网普及率较上年底提升 4 个百分点,达到 38.3%,到 2016 年,全球互联网将会有 30 亿用户。

2. 虚拟世界

作为将来的网络系统,第二生命(Second life)得到了很多主流媒体的关注。但在最近一次 Sean AmmiratiⅠ参加的超新星小组(Supernova panel)会议中,讨论了一些涉及许多其他虚拟世界的机会。以韩国为例,随着"青年一代"的成长和基础设施(网络)建设,未来10 年,虚拟世界将会成为全世界范围内一个有活力的市场。它不仅涉及数字生活,也使得现实生活更加数字化。Alex 说，"一方面，我们已经在迅速发展第二生命及其他虚拟世界；另一方面，我们已开始通过技术用数字信息诠释地球，如 GOOGLE Earth。"

3. 移动网络

移动网络是一个发展前景巨大的网络应用，它在亚洲和欧洲的部分城市发展迅猛。目前已经推出的苹果 iPhone 是美国市场移动网络的一个标志事件。这仅仅是个开始。在未来的 10 年时间将有更多的定位感知服务可通过移动设备来实现。例如，当你逛当地商场时候，会收到很多你定制的购物优惠信息，或者当你在驾驶车的时候，收到地图信息，或者你周五晚上跟朋友在一起的时候收到玩乐信息。

4. 注意力经济

注意力经济是一个市场，在那里消费者同意接受服务，以换取他们的注意，如个性化新闻、个性化搜索及消费建议。注意力经济表示消费者拥有选择权，他们可以选择在什么地方"消费"他们的关注。另一个关键因素是注意力是有关联性的，只要消费者看到相关的内容，他/她会继续集中注意力关注，那样就会创造更多的机会来出售。

期望在未来 10 年看到这个概念在互联网经济中变得更加重要。现在已经看到像 Amazon 和 Netflix 这样的公司，但是还有很多机会有待新的创业者发掘。

5. 服务模式

随着互联网在全球范围内的扩展，中国互联网快速发展，近年来中国 ISP（Internet Service Provider）的数量不断增加，提供的业务也不断丰富。然而要实现中国互联网服务的繁荣，不仅需要越来越多的互联网服务提供商提供丰富的业务，还需要互联网服务提供商 ISP 不断开拓服务市场，采取灵活的运营模式，找到自身盈利的途径，不断提升自身的自主创新能力，增强核心竞争力。

6. 未来发展

在对 2020 年互联网的展望中，计算机学家们已经在开始着手研究，重新考虑每一件事：从 IP 地址到 DNS，再到路由表单和互联网安全的所有事情。他们正在思索着，在没有目前 ISP 和企业网络所具有的一些最基础特征的情况下，未来互联网将如何工作。他们的目标极其具有创新精神，那就是创建一个没有那么多的安全漏洞、具有更高信任度的互联网。随着美国联邦政府开始大力资助一小部分研究项目，以让这些构想能够走出实验室，能够进行测试，这种高风险、大规模的互联网研究已经在 2010 年进入高速发展时期。

【阅读材料】

互联网金融冲击波背后是消费信息化的大趋势

马年春节虽然少了点烟花爆竹，但是互联网金融却异常的火爆。早前有消息说，腾讯的"微信红包"在春节期间大行其道，微信"理财通"甚至达到了一天超亿元的进账。尽管腾讯新闻发言人对"理财通"的巨额交易予以否认，可互联网金融正在异军突起的现象却是不争的事实。

时下，"余额宝"、"现金宝"、"活期宝"、"百度百发"等已经成为最吸引眼球的理财产品，较早出现的"余额宝"在今年年初募资规模已经突破2500亿元，用户数超过4900万户。对于这股来势汹汹的互联网金融大潮，有媒体甚至联想到了当年数码相机取代胶片相机的案例，对于传统银行柜台业务存在的必要性也提出了质疑。

实际上，在这股互联网金融冲击波的背后，是消费信息化、货币虚拟化和银行网络化的大趋势。

消费信息化可以从两个层面来理解。一是中国人基于互联网的消费习惯逐渐养成，以阿里巴巴、淘宝等为代表的网络购物在整个消费领域中所占比例快速提升。2013年"双十一"购物节，支付宝交易额从零时累计突破10亿元仅用了不到7分钟，全天天猫和淘宝总成交额超过350亿元，是美国"网购星期一"121亿交易额的近3倍。二是中国信息类消费也在大踏步前进。中国在去年首发第四代移动通信运营商牌照，标志着正式迈入了4G时代。而此前，中国早已成为第一大互联网和移动通信市场，网民数更是已经累计达到了6亿之巨，并且还在以前所未有的高速度增长。如此庞大的信息消费群体，为互联网金融的发展提供了坚实的基础，也再次展示了科技创新摧枯拉朽的力量。

货币虚拟化在中国虽然起步较晚，但是从"比特币"在2013年的一次价格波动，就可以看出中国在货币虚拟化这一新的互联网金融模式上所占有的举足轻重位置。2013年年初，在中国投资客的大量入场参与下，互联网虚拟货币"比特币"从不到1美元的报价一路疯涨，甚至一度涨到1200多美元。而12月初，包括央行在内的中国金融监管机构采取了一系列比特币交易的限制性举措，造成比特币一度崩盘式的下挫。

据非官方的统计数据，比特币人民币交易量占其全部交易量的峰值达到78%，而在比特币大幅贬值后，这一数值则骤降至33%。虽然虚拟货币发源于美国，但是离开了中国这个巨大的市场，全球货币虚拟化显然会缺乏强劲的动力源泉，这也从一个特例反映了中国发展互联网金融的巨大潜力。

还要看到的是，互联网金融巨大的冲击，其源头实际上在于这次遭遇冲击的银行自身。互联网金融的发迹，与银行推进自身的网络化运营模式有着密切的联系。正是银行的网络化为今天的互联网金融培育了大家利用互联网来从事金融业务的习惯。而包括淘宝在内的电商之所以发展壮大，与银行开放网络化结算模式密切相关。所以，如果说银行柜台行业必然要落败于互联网金融的话，那也是银行业自己种下的孽果，而这显然也是行业演化更替的一条铁律。

消费信息化、货币虚拟化和银行网络化，作为科技创新引领下的大势所趋，必然会带来互联网金融的全面繁荣与传统银行业的衰落。这种由科技创新所带来的业态更迭，也就是熊彼特所说的"创造性毁灭"。

当然，科技创新在重塑金融业态、除旧布新的同时，无法消除金融业的本质特征。跟传统银行业一样，互联网金融同样具有高收益所掩盖下的高风险的特有性质。有数据显示，在互联网金融高利率与高便捷等因素的催动下，我国信托产品规模目前已经超过10万亿元，而到期兑付规模也已经达到1.3万亿元。与此同时，信托违约事件也开始增多，2013年就发生了近14起。

因此,在欢呼互联网金融大行其道的同时,对这种新的金融模式的监管以及相应的警示性教育,同样要引起高度的重视。尤其是互联网金融的投资对象大多是中小投资者,其风险爆发的危害程度也有可能是空前的。如果这些还不能引起监管层和投资者的警醒,任由信托理财等金融规模无序扩大,必将进一步累积金融风险,重蹈发达国家金融危机的覆辙。

(资料来源:《科技日报》)

3.4　企业网络

随着互联网使用越来越广泛,许多企业开始考虑"如何利用互联网为企业的业务服务",企业关注的焦点已经从最初只是利用 WWW 方式向用户提供公司的图片、产品及服务,转移到电子商务,对于那些基于传统信息系统的关键性商务应用及数据,更多的企业希望能通过无所不及的互联网来实现方便快捷的访问。建设企业网络系统是一个涉及多个部门、复杂且技术性很强的工作,需要有专门的系统设计人员结合组织目标,按照系统工程的方法进行统一规划和建设。

3.4.1　网络规划原则

为确保企业网络建成后能够提供最佳的网络,达到最高的性能,提供最优的服务,在短期内不会出现技术落后,网络建设的规划设计应遵循以下原则。

1. 实用为本原则

建设网络的目的是为了满足企业的应用需要,企业的实际需求是网络规划的基础。因此,应坚持实用为本的原则,充分利用现有资源,尽量发挥现在设备的效益。

2. 适度先进原则

规划网络不但要满足企业当前的需要,还应该有一定技术前瞻性和需求预见性,考虑到能够满足未来几年内企业对网络功能和带宽的需要。适度就是要实事求是地根据企业的投资实力,针对网络基础设施等不容易更新的构成部分,在规划中选择适度超前的技术方案和产品。

3. 标准化与开放性原则

选用的设备、软件和通信协议符合国际标准或工业标准。要使网络硬件环境、软件环境、通信环境、操作平台与高层应用系统之间的相互依赖性减至最小,便于发挥各自的优势。既能适应计算机硬、软件技术的迅速发展,硬件上简便的重新组合,又能够支撑新环境要求和适应新技术。底层应用系统支撑软件的版本升级对高层应用系统的影响应局限在可控制的范围内或无影响,成长型企业发展迅速,网络系统要求能在尽量少变动或不变动硬件体系结构的同时,能适应管理体制和组织结构的变化,针对新的需求,易于修改和扩展新功能。

4. 可靠性与安全性原则

采用划分虚拟网段、子网隔离、"防火墙"等安全控制措施。主设备能进行在线修复、更换和扩充。主设备专线为 UPS 供电,楼内供电线路有良好的地线。

5. 经济性与可扩充性原则

在达到总设计目标的前提下,争取高的性价比。网络应有良好的可扩充性,随着网络技术的不断发展和增加新的任务、扩充新的功能,系统应能方便升级且能最大限度地保护现有的投资。一旦新技术诞生后或企业出现新的需求,可以在保护原来投资的情况下,容易将新技术和新产品融合到现有网络中,以提供更高水平的服务。

3.4.2 企业网络规划的主要步骤

网络规划就是为将要建立实施的网络系统提出一套完整的设计方案,满足企业提出的建网目的。下面具体说明网络规划的主要步骤。

1. 需求分析

需求分析是从软件工程和管理信息系统引入的概念,是任何一个工程实施的第一个环节,也是关系到一个网络工程成功与否的最重要砝码。在方案设计前,需要多方面进行调查和需求分析,只有弄清真正的需求,才能设计出符合要求的网络。

需求分析阶段主要完成用户方网络系统调查,了解用户方建设网络的需求,或用户方对原有网络升级改造的要求。需求分析包括以下 6 个方面。

1)建网的目的和基本目标

了解用户需要通过组建网络解决什么样的问题,用户希望网络提供哪些应用和服务,包括电子邮件、共享数据及数据库、共享外设、WWW 应用及办公自动化等。

2)网络的物理布局

充分考虑用户的位置、距离、环境,并到现场进行实地查看。

3)用户的设备要求和现有的设备类型

了解用户数目、现有物理设备情况(包括个人计算机、服务器和外设)以及还需配置设备的类型、数量等。

4)通信类型和通信负载

根据数据、语音、视频及多媒体信号的流量等因素对通信负载进行估算。

5)网络安全程度

了解网络在安全性方面的要求有多高,以便根据需要选用不同类型的防火墙以及采取必要的安全措施。

6)网络总体设计

网络总体设计是网络设计的主要内容,关系到网络建设质量的关键,包括局域网技术选型、网络拓扑结构设计、地址规划、广域网接入设计、网络可靠性与容错设计、网络安全设计和网络管理设计等。

2. 网络方案设计

当一个网络系统的需求以及现有情况明确之后,便可以开始进行以下几方面工作。

1) 网络结构设计

网络设计的核心工作主要包括网络协议选择、网络互联模型设计、远程联网设计等一系列问题。

2) 网络综合布线系统设计

网络布线系统往往根据地理环境和用户分布情况进行,设计的目标是使电缆长度最短、施工容易、使用容易。采用结构化布线以后,一种网络布线系统可以适用多种网络结构。综合布线系统是网络工程的基础工程,它是一种模块化的、灵活性极高的建筑物内或建筑群之间的信息传输通道。综合布线符合楼宇管理自动化、办公自动化、通信自动化和计算机网络化等多种需要,能支持文本、语音、图形、图像、安全监控、传感等各种数据的传输,支持光纤、UTP、STP、同轴电缆等各种传输介质,支持多用户多类型产品的应用,支持高速网络的应用。

3) 网络产品选型

在完成需求分析、网络设计与规划之后,就可以结合网络的设计功能要求选择合适的传输介质、集线器、路由器、服务器、网卡、配套设备等各种硬件设施。根据设计的网络结构,选择符合要求的网络产品是一项烦琐的工作,包括网络厂商调查、网络产品性能调查、招标技术准备、技术谈判和商务谈判等一系列工作。硬件设备选型应遵从以下原则:必须综合考虑网络的先进合理性、可扩展性和可管理性等要素;设备要既具有先进性,又具有可扩展性和技术成熟性。

因此,对所选设备既要看其可扩充性和内核技术的成熟性,还要具备较高的性能价格比。同时,在设计方案中应对设备产品的主要技术性能指标做详细的分析解释。

4) 系统软件及应用系统

目前国内流行的网络操作系统有 Windows Server 2003/2008、Linux(Red Hat、Ubuntu)、UNIX 等,它们的应用层次各有不同。UNIX 主要应用于高端服务器环境,其操作系统的安全性能级别高于其他操作系统。UNIX 通常被用在系统集成的后台,用于管理数据服务。系统集成前台或者一般的局域网环境可采用 Linux 和 Windows Server 2003/2008 等网络操作系统,选用哪种操作系统,要根据用户的应用环境来确定。另外,还要根据网络操作系统及相关应用环境来选择数据库系统等系统软件。

一般网络系统的基本应用包括数据共享、门户网站、电子邮件和办公自动化系统等。不同性质的用户需求也不尽相同,如校园网的网络教学系统和数字化图书馆系统、企业的电子商务系统、政府的电子政务系统等。目前的应用系统都是基于服务器的,有 C/S(客户机/服务器模式)和 B/S(浏览器/服务器模式)两种模式。

5) 系统集成方案设计

将不同厂家的计算机硬件、网络设备、操作系统、数据库和应用软件等产品无缝结合。

3. 方案评审与投资预算

完成网络方案的设计后,需组织网络专家、行业专家和用户对方案进行评审,在此期间需对方案的不合理之处不断修改,最终达到建网目标。要考虑系统分析员所提出的技术方案的合理性、先进性、风险性、可扩充性和可维护性。

网络投资预算包括硬件设备、软件购置、网络工程材料、网络工程施工、安装调试、人员培训、网络运行维护等所需的费用。需要仔细分析预算成本,考虑如何满足应用需求,又要把成本降到最低。

4. 网络工程实施

根据用户的网络应用需求和用户投资情况,分期分批制定网络基础设施建设和应用系统开发的工作安排。

5. 培训方案

计算机网络是高新技术,建设单位不一定有足够的技术人员。为了让用户能够管理好、使用好计算机网络系统,在设计方案时,必须列出详细的网络管理与维护人员的技术培训计划。

6. 测试与验收

网络系统的测试与验收是保证工程质量的关键步骤。用户应对网络工程建设进行监理,按期分段对工程进行验收,以保证工程按期完成。测试与验收包括开工前的检查、施工过程中的测试与验收以及竣工测试与验收3个阶段。通过各个阶段的测试与验收,可以及时发现工程中存在的问题,并由施工方立即纠正。测试与验收一般由用户方、设计方、施工方和第三方人员组织。

3.4.3 网络管理

随着网络技术的发展,网络的组成日益复杂,对网络管理的要求也越来越高。但由于网络应用环境、管理制度和文化背景的不同,造成管理需求的差异很大。任何供应厂商都难以提供一个完整的解决方案,对于投入正常运转和服务的计算机网络,尤其是对于各种新的网络技术,网络的运营、维护与管理是由网络管理人员借助一些网络管理软件完成的。

1. 网络管理的目的

简单地说,网络管理就是为了保证网络系统能够持续、稳定、高效和可靠地运行,对组成网络的各种软硬件设施和人员进行的综合管理。网络管理的目的就是收集、分析和检测监控网络中各种设备和设施的工作参数和工作状态信息,将结果显示给网络管理员并进行处理,从而控制网络中的设备、设施的工作参数和工作状态,以实现对网络的管理。

2. 网络管理的功能

下面简单介绍网络故障管理、网络配置管理、网络性能管理、网络计费管理和网络安全管理5个方面网络管理功能。

1) 故障管理

故障管理（Fault Management）是网络管理中最基本的功能之一，是指对故障的检测、诊断、排除或恢复等操作进行管理。其目的是保证网络提供连续、可靠的服务。用户都希望有一个可靠的计算机网络。当网络中某个组成失效时，网络管理器必须迅速查找到故障并及时排除。通常不大可能迅速隔离某个故障，因为网络故障的产生原因往往相当复杂，特别是当故障是由多个网络组成共同引起的。在此情况下，一般先将网络修复，然后再分析网络故障的原因。分析故障原因对于防止类似故障的再发生相当重要。

2) 计费管理

计费管理（Accounting Management）记录网络资源的使用，目的是控制和监测网络操作的费用和代价。它对一些公共商业网络尤为重要。它可以估算出用户使用网络资源可能需要的费用和代价，以及已经使用的资源。网络管理员还可规定用户可使用的最大费用，从而控制用户过多占用和使用网络资源，这也从另一方面提高了网络的效率。

计费管理是自动记录用户使用网络资源和时间的情况，提供收缴费用的原始数据。用户使用网络资源的计费办法有多种，如主叫付费和被叫付费，或主叫和被叫分担费用。不同的资源收费标准也不一样，不同的用户对服务的要求也不同。要让用户根据自己的需要和费用选择适当的服务，这要有自动化管理系统的支持。

3) 配置管理

随着用户数的增加、设备的故障与维修等，计算机网络的配置经常发生变化，这些变化无论是暂时性的还是永久性的，网络管理系统必须有足够的技术支持这些变化。配置管理（Configuration Management）是一组对辨别、定义、控制和监视组成一个通信网络的对象所必要的相关功能，它初始化网络、并配置网络，以使其提供网络服务。目的是为了实现某个特定功能或使网络性能达到最优。具体内容如下：

（1）鉴别所有被管理对象，给每个被管理对象分配名字。

（2）定义新的被管理对象，删除不需要的被管理对象。

（3）设置被管理对象的初始值。

（4）处理被管理对象之间的关系。

（5）改变被管理对象的操作特性。

（6）报告被管理对象的状态变化。

4) 性能管理

性能管理（Performance Management）活动是持续地检测网络运行中的主要性能指标，以检验网络服务是否达到预定的水平，找出潜在的或已经发生的不利因素，报告网络性能的变化趋势，为网络管理决策提供依据。为了达到这些目的，网络性能管理功能需要维护性能数据库、网络模型，需要与性能管理功能域保持联系，并自动地完成网络管理。性能管理的具体内容包括：

（1）从被管理对象中收集网络性能数据，记录和维护历史数据。

（2）对当前数据进行统计分析，检测性能故障，产生性能告警和报告性能事件。

（3）将当前数据统计分析结果与历史模型进行比较，作趋势预测。

（4）形成和改进网络性能评价准则，以性能管理为目标，改进网络操作模式。

5）安全管理

安全性一直是网络的薄弱环节之一，而用户对网络安全的要求又相当高，因此网络安全管理非常重要。网络安全的目标是防止用户对网络资源的非法访问，确保网络资源和网络用户的安全。安全管理（Security Management）的主要内容如下：

（1）分发与安全措施有关的信息，如密钥的分发、访问优先权的设置等。

（2）发出与安全有关事件的通知，如网络有非法侵入、无权用户企图访问特定信息等。

（3）创建、控制和删除与安全有关的服务和设施。

（4）记录、维护和查阅安全日志，以便对安全进行追查等事后分析。

3.4.4　网络安全

随着企业网络和互联网互联，使得计算机的应用更加广泛与深入，同时网络的安全问题日益突出和复杂。据报道，美国每年因网络安全问题所造成的经济损失高达近百亿美元，而全球每 20 秒钟就发生一起互联网不安全事件。对于大多数企业而言，网络安全并不是他们的核心竞争力，但作为一个信息化的企业，网络安全却是不容忽视的。因为，对于每一个现代企业而言，一个安全稳定的网络已经成为他们业务成功的关键因素。

1. 网络安全的概念

"网络安全"可理解为"网络系统不存在任何威胁状态"。具体地说，网络安全是指通过采取各种技术和管理措施，使网络系统的硬件、软件及其系统中的数据资源受到保护，不因一些不利影响而使这些资源遭到破坏、更改、泄露，保证网络系统连续、可靠、正常地运行。

网络系统的安全主要涉及系统的可靠性、软件和数据的完整性、可用性和保密性几个方面的问题。

（1）网络系统的可靠性：是指保证网络系统不因各种因素的影响而中断正常工作。

（2）软件和数据的完整性：是指保护网络系统中存储和传输的信息不被非授权用户修改或破坏，即保证数据不被插入、替换和删除，数据分组不丢失、乱序，数据库中的数据或系统中的程序不被破坏等。

（3）软件和数据的可用性：是指避免拒绝授权访问或拒绝服务，也就是说，在保证软件和数据的完整的同时，还要能使其被正常利用和操作。

（4）软件和数据的保密性：是指保护信息不被泄露给非授权用户，主要是利用密码技术对软件和数据进行加密处理，保证在系统中存储和网络上传输的软件和数据不被无关人员识别。

2. 网络安全的威胁

目前大多数企业的网络系统都会面临下列几种安全方面的威胁。

1）计算机病毒

种类繁多的计算机病毒，利用自身的"传染"能力，严重破坏数据资源，影响计算机使用功能，甚至导致计算机系统瘫痪。随着计算机网络技术的发展，计算机病毒技术也在快速地发展变化,而且在一定程度上走在了计算机网络安全技术的前面。对数量继续暴增的计算机病毒来说,防护永远只能是一种被动措施,计算机一旦感染上病毒,轻则使系统工作效率下降,重则造成系统死机或毁坏,使部分文件或全部数据丢失,甚至造成计算机主板等部件的损坏,导致硬件系统完全瘫痪。

2)内部用户非恶意或恶意的非法操作

由于企业对内部威胁认识不足,所采取的安全防范措施不当,导致了内部网络安全事故逐年上升。如操作员安全配置不当造成的安全漏洞,用户安全意识不强,用户口令选择不慎,用户将自己的账号随意转借他人或与别人共享等都会对网络安全带来威胁。不论是有意的还是偶然的,内部威胁不容忽视。

3)网络外部的黑客

这种人为的恶意攻击是计算机网络所面临的最大威胁,黑客一旦非法入侵,盗用、暴露和篡改大量在网络中存储和传输的数据,其造成的损失是无法估量的。

4)系统漏洞

网络系统不可能是百分之百的无缺陷和无漏洞的,这些漏洞有可能是系统本身所固有的。如 Windows NT、UNIX 等都有数量不等的漏洞。另外,局域网内网络用户使用盗版软件,随处下载软件及网管的疏忽都容易造成网络系统漏洞。这不但影响了局域网的网络正常工作,也在很大程度上把局域网的安全性置于危险之中,黑客利用这些漏洞就能完成密码探测、系统入侵等攻击。

5)网络系统的"后门"

后门程序也称为系统陷阱,是一种由设计者或程序员装入计算机系统的例行程序,它能让设计者或程序员绕过系统保护设置,偷偷潜入系统访问文件夹或程序。系统的"后门"是设计者或程序员为了自便而设置的,一般不为外人所知,但一旦"后门"洞开,其造成的后果将不堪设想。

3. 企业网络安全措施

为防范如病毒的破坏、黑客的入侵、计算机犯罪、人为的主动或被动攻击等威胁,而采取一些措施则可保证网络系统的安全。计算机网络安全就是保证只有那些被授权的人才能使用其相应资源的机制。安全是一个相对的概念,不同的人有不同的理解。没有绝对意义上的安全网络存在,任何安全系统的第一步就是制定一个合理的安全措施,树立预防威胁的思想。

1)要加强人员安全培训

制定网络操作和系统维护规程,建立健全应急预案,规范安全管理,同时利用各种技术手段加大自动化管理力度。网络安全管理措施包括安全管理机构、人事管理和系统的安全管理等。

(1)安全管理机构。建立网络安全管理机构,确定网络安全管理负责人、安全管理人员、安全审计人员、保安人员和系统管理人员等,明确职责,制定有关的责任追究制度。

(2)人事管理。制定严格的人事管理、岗位分工、奖惩分明和责任追究等规章制度,使网络系统工作人员做到各司其职、各负其责、互相监督和制约,保证系统安全运行。

（3）系统的安全管理。确定系统中各类资源的安全等级及安全管理范围,制定严格的系统操作规程、完备的系统维护制度、信息场所的出入规则和紧急情况下的应急措施等,保证网络系统的安全。

2）保护计算机实体安全

网络实体安全保护就是指采取一定措施对网络的硬件系统、数据和软件系统等实体进行保护和对自然与人为灾害的防护。

（1）对网络硬件的安全保护包括对网络机房和环境的安全保护、网络设备设施(如通信电缆等)的安全保护、信息存储介质的安全保护和电磁辐射的安全保护等。

（2）对网络数据和软件的安全保护包括对网络操作系统、网络应用软件和网络数据库数据的安全保护。

（3）对自然与人为的防护包括对网络系统环境采取防火、防水、防尘、防震、防静电等措施保证计算机场地符合安全要求,全方位、多角度地保障实体设备正常工作。

3）保护计算机系统的安全

增强防病毒观念,对于不可预知的突发性计算机系统灾难,系统的备份与恢复也十分关键。网络安全措施最终通过企业的网络安全规则体现出来,员工在日常的工作中须严格遵守这些规则。当执行这些规则时,应选择恰当的安全技术来支持这些安全规则。另外,应建立审查和复审机制,安全规则维护是一个连续的过程,它需要根据组织的目标、资产、威胁及漏洞的变化做出调整,因此,必须经常进行审查以保证措施的有效性。

4）网络安全技术

使网络免受外界安全攻击的最好方法,就是使你的网络或计算机与外界完全不连接。但是在今天的商业环境中,这是不切实际的。这就需要采用一些网络安全技术提高网络的安全性。常见的网络安全技术有以下几种:

（1）防火墙技术。防火墙(Firewall)是建立在内外网络边界上的过滤封锁机制,它认为内部网络是安全和可信赖的,而外部网络被认为是不安全和不可信赖的。防火墙的作用是防止未经授权地访问被保护的内部网络,通过边界控制强化内部网络的安全策略。它的实现有多种形式,但原理很简单,可以把它想象成一对开关,其中一个用来阻止传输,另一个用来允许传输。防火墙作为网络安全体系的基础和核心控制设备管理,它贯穿于受控网络通信主干线,对通过受控干线的任何通信行为进行安全处理,如控制、报警、反应等。

（2）安全扫描技术。网络安全技术中,另一类重要技术为安全扫描技术。通过对网络的扫描,网络管理员可以了解网络的安全配置和运行的应用服务,及时发现安全漏洞,客观评估网络风险等级。网络管理员可以根据扫描的结果更正网络安全漏洞和系统中的错误配置,在黑客攻击前进行防范。如果说防火墙是一种被动的防御手段,那么安全扫描就是一种主动的防范措施,可以有效避免黑客攻击行为,做到防患于未然。

（3）认证和数字签名技术。认证技术主要解决网络通信过程中通信双方的身份认可,数字签名作为身份认证技术中的一种具体技术,同时数字签名还可用于通信过程中的不可抵赖要求的实现。该种认证方法安全程度很高,但是涉及比较繁重的证书管理任务。

（4）虚拟专用网技术(VPN)。虚拟网技术是指在公共网络(如互联网)中建立"专用网络",数据通过安全的"加密管道"在公共网络中传输。"加密管道"是指用户在互联网上的两端分别接入 VPN 路由器来搭建的私用逻辑隧道,用来保证信息只到达应该到达的地点。从而使得在不安全的互联网上传输私有数据得到安全保证。

3.5 无线革命

一个世纪以来,无线技术的发展为人类带来了无线电、电视、移动电话和通信卫星。现在,几乎所有类型的信息都可以发送到世界的各个角落。如果你正用手机下载音乐、发送短信或者你正在用你的笔记本电脑连接互联网,那么就是无线革命的参与者,是无线技术的使用者。

应用无线网络后,公司不再需要布线,因而可以省下办公室和会议室布线的成本,同时还能更加方便地进行设备的增加、移动和变更。在无线环境中,笔记本电脑能够使用小小的天线与在附近区域的无线电塔建立通信。近地轨道卫星能够接收到来自移动或便携式网络设备的低功率信号。无线通信行业里有许多生产企业,并且发展迅速。无线技术使得人们可以使用手机、手提设备完成过去只有在台式机上才能完成的任务。无线通信为人类社会带来了深刻的影响,而且这种影响还会继续。近年来,出现了许多无线技术,其中引人关注的有卫星通信、无线网络、蜂窝技术、WiFi 技术等。

3.5.1 蜂窝技术

1. 蜂窝革命

蜂窝革命直观地表现在移动电话市场罕见的增长上。在 1990 年,移动用户数大约是 1100 万。今天,这个数字是几十亿。移动电话仅是这场蜂窝革命中较为明显的一个方面。随着新型无线设备的引进,这些新型设备可以接入到 Internet 上。它们除具有可对个人信息进行组织管理及电话功能外,现在又有了 Web 接入、即时消息、E-mail 和其他在 Internet 上可获得的服务。汽车中的无线设备可以根据需要为用户下载地图和导向。不久的将来,无线设备能够在发生事故时呼唤帮助,可以提醒司机相邻地区哪里的油价最低。其他的便利不久也可获得,如电冰箱也许将来某一天可以在 Internet 上订购食品以补充用完的物品。

2. 蜂窝技术

蜂窝技术(Cellular)是一种无线通信技术,这种技术是把一个地理区域分成若干个小区,称为“蜂窝”(即 Cell),蜂窝技术因此而得名。将一个大的地理区域分割成多个“蜂窝”的目的,是充分利用有限的无线传输频率。每一组连接(对于无线电话而言就是每一组会话)都需要专门的频率,而可以使用的频率一共只有大约 1000 个。为了使更多的会话能同时进行,蜂窝系统给每一个“蜂窝”(即每一个小的区域)分配了一定数额的频率。不同的蜂窝可以使用相同的频率,这样,有限的无线资源就可以充分利用了。移动电话均采用这项技术,因此常常被称为蜂窝电话(Cellular Phone)。常见的蜂窝系统包括 GSM 和 CDMA,它们都属于第二代通信技术。蜂窝式网络的发展历程如表 3-3 所示。

表 3-3 蜂窝式网络的发展历程

发展历程	说　　明
1G	有线带宽的模拟传输
2G	支持增加音频、数据、传呼和传真服务
2.5G	增加数据包交换技术,该技术可以通过无线电信号传输数据包
3G	支持高质量多媒体数据的传输,包括数据、音频和视频等
4G	3G 的升级版,它可以提供宽带、大容量、高速度的数据传输,以及高质量的交互式多媒体

3. 全球蜂窝网络

今天的蜂窝网络不再是单一的。然而,设备仅能支持众多技术中的一两种,且通常只能在某一个运营商的网络范围内运行。要改变这种局面,在定义和实施标准方面需要做更多的工作。

国际电信联盟正在开发下一代无线设备的标准。新的标准会使用更高的频率以增加其容量,新的标准也致力于消除在过去 10 年中人们在开发和使用不同的第一代、第二代网络时产生的不兼容性。在北美,使用较广泛的第一代数字无线网络是先进移动电话系统(Advanced Mobile Phone System, AMPS)。该网络使用蜂窝数字分组数据(Cellular Digital Packet Data, CDPD)覆盖网络提供数据服务,它提供 19.2Kb/s 的数据速率。CDPD 在规则的语音通道上使用空闲期提供数据服务。

除定义频率使用、编码技术和传输以外,标准还需要定义移动设备如何与 Internet 交互。有几个标准工作组和工业联盟正在致力于实现这样的目标。无线应用协议(WAP)论坛正在开发一个通用协议,该协议允许具有有限显示和输入能力的设备存取 Internet。Internet 工程任务组(IETF)正开发一个移动 IP 标准,该标准可以使无处不在的 IP 协议在一个移动环境下工作。

3.5.2 WiFi 技术

随着互联网的迅速发展及普及,特别是各种便携式通信设备以及各种家用电器设备的迅速增加,人们在无线通信领域对短距离通信业务提出了更高的要求。

于是,许多短距离无线通信技术开始应运而生,以 802.11b 协议为基础的 WiFi 技术便是其中的热点。被认为是无线宽带发展的新方向。

WiFi 是 IEEE 定义的一个无线网络通信的工业标准(IEEE 802.11)。也可以看作是 3G 技术的一种补充。WiFi 技术与蓝牙技术一样,同属于在办公室和家庭中使用的无线局域网通信技术。

WiFi 是一种短程无线传输技术,能够在数百英尺范围内支持互联网接入无线电信号。它的最大优点是传输速度较高,在信号较弱或有干扰的情况下,带宽可调整,有效地保障了网络的稳定性和可靠性。但是随着无线局域网应用领域的不断拓展,其安全问题也越来越受到重视。

1. WiFi 定义

WiFi（Wireless Fidelity）俗称无线宽带，又称为 802.11b 标准，是 IEEE 定义的一个无线网络通信的工业标准。IEEE 802.11b 标准是在 IEEE 802.11 的基础上发展起来的，工作在 2.4Hz 频段，最高传输率能够达到 11Mb/s。该技术是一种可以将个人计算机、手持设备等终端以无线方式互相连接的一种技术。目的是改善基于 IEEE 802.1 标准的无限网络产品之间的互通性。

WiFi 局域网本质的特点是不再使用通信电缆将计算机与网络连接起来，而是通过无线的方式连接，从而使网络的构建和终端的移动更加灵活。

2. WiFi 技术的特点

1）无线电波覆盖范围广

基于蓝牙技术的电波覆盖范围非常小，半径大约只有 15m，而 WiFi 的半径可达 300m，适合办公室及单位楼层内部使用。

2）组网简便

无线局域网的组建在硬件设备上的要求与有线相比更加简洁、方便，而且目前支持无线局域网的设备已经在市场上得到了广泛的普及，不同品牌的接入点 AP 以及客户网络接口之间在基本的服务层面上都是可以实现互操作的。WLAN 的规划可以随着用户的增加而逐步扩展，在初期根据用户的需要布置少量的点。当用户数量增加时，只需再增加几个 AP 设备，而不需要重新布线。而全球统一的 WiFi 标准使其与蜂窝载波技术不同，同一个 WiFi 用户可以在世界各个国家使用无线局域网服务。

3）业务可集成性

由于 WiFi 技术在结构上与以太网完全一致，所以能够将 WLAN 集成到已有的宽带网络中，也能将已有的宽带业务应用到 WLAN 中。这样，就可以利用已有的宽带有线接入资源，迅速地部署 WLAN 网络，形成无缝覆盖。

4）完全开放的频率使用段

无线局域网使用的 ISM 是全球开放的频率使用段，使得用户端无需任何许可就可以自由使用该频段上的服务。

3.5.3 未来趋势

无线技术正成为协作和决策制定的平台，这促进了分布式、自组织的工作群体的产生，并彻底改变了商业的运作模式。这些"数字群"技术已经开始出现，随着 4G 技术的到来，"数字群"将日趋成熟。企业将以一种新的方式理解移动通信技术，而不是仅仅将其作为提高生产率的一种手段；相反，"数字群"技术将成为企业变革的一种核心技术力量。无线技术革命甚至将比互联网革命产生更大的影响力，4G 革命——无线新时代。

【项目实践】

了解 4G 网络的概念、优势与缺陷、性能、价格及其发展的相关情况，并和同学相互交流一下和 4G 相关的新闻。

思　考　题

1. 数据通信方式有哪几种？
2. 衡量数据通信系统的主要技术指标有哪些？
3. 什么是计算机网络？说明其主要功能。
4. 什么是网络体系结构？制定网络体系结构的标准有什么实际的意义？
5. 什么是 OSI 参考模型？各层的主要功能是什么？
6. 计算机网络互联有哪些形式？网络互联主要解决什么问题？
7. 什么是互联网？列出它的主要技术。
8. 计算机网络安全主要包括哪些内容？有哪些应对措施？
9. 计算机网络管理应有哪些功能？
10. 简述无线革命的意义。

第4章 商务智能基础：数据库与信息管理

【学习目标】

通过本章的学习，掌握关系数据库如何组织数据；熟悉数据库和数据库管理系统定义；熟悉从数据库中提取信息以提高公司业绩和决策水平的工具和技术；熟悉数据挖掘和商务智能理念及主要方法；了解评价数据质量对公司的重要性。

【导入案例】

农夫山泉用大数据卖矿泉水

这里是上海城乡结合部九亭镇新华都超市的一个角落，农夫山泉的矿泉水堆头静静地摆放在这里。来自农夫山泉的业务员每天例行公事地来到这个点，拍摄10张照片：水怎么摆放、位置有什么变化、高度如何……这样的点每个业务员一天要跑15个，按照规定，下班之前150张照片就被传回了杭州总部。每个业务员，每天会产生的数据量在10MB，这似乎并不是个大数字。

但农夫山泉全国有10 000个业务员，这样每天的数据就是100GB，每月为3TB。当这些图片如雪片般进入农夫山泉在杭州的机房时，这家公司的CIO胡健就会有这么一种感觉：守着一座金山，却不知道从哪里挖下第一锹。

胡健想知道的问题是：怎样摆放水堆更能促进销售？什么年龄的消费者在水堆前停留更久，他们一次购买的量多大？气温的变化让购买行为发生了哪些改变？竞争对手的新包装对销售产生了怎样的影响？不少问题目前也可以回答，但它们更多是基于经验，而不是基于数据。

从2008年开始，业务员拍摄的照片就这么被收集起来，如果按照数据的属性来分类，"图片"属于典型的非关系型数据，还包括视频、音频等。要系统地对非关系型数据进行分析是胡健设想的下一步计划，这是农夫山泉在"大数据时代"必须迈出的步骤。如果超市、金融公司与农夫山泉有某种渠道来分享信息，如果类似图像、视频和音频资料可以系统分析，如果人的位置有更多的方式可以被监测到，那么摊开在胡健面前的就是一幅基于人消费行为的画卷，而描绘画卷的是一组组复杂的"0、1、1、0"。

SAP全球执行副总裁、中国研究院院长孙小群接受《中国企业家》采访时表示，企业对于数据的挖掘使用分3个阶段："一开始是把数据变得透明，让大家看到数据，能够看到数据越来越多；第二步是可以提问题，可以形成互动，很多支持的工具来帮我们做出实时分析；而3.0时代，信息流来指导物流和资金流，现在数据要告诉我们未来，告诉我们往什么地方走。"

SAP从2003年开始与农夫山泉在企业管理软件ERP方面进行合作。彼时，农夫山泉仅仅是一个软件采购和使用者，而SAP还是服务商的角色。而等到2011年6月，SAP和农夫山泉开始共同开发基于"饮用水"这个产业形态中，运输环境的数据场景。

关于运输的数据场景到底有多重要呢？将自己定位成"大自然搬运工"的农夫山泉，在全国有 10 多个水源地。农夫山泉把水灌装、配送、上架，一瓶超市售价 2 元的 550ml 饮用水，其中 3 毛钱花在了运输上。在农夫山泉内部，有着"搬上搬下，银子哗哗"的说法。如何根据不同的变量因素来控制自己的物流成本，成为问题的核心。

基于上述场景，SAP 团队和农夫山泉团队开始了场景开发，他们将很多数据纳入了进来：高速公路的收费、道路等级、天气、配送中心辐射半径、季节性变化、不同市场的售价、不同渠道的费用、各地的人力成本，甚至突发性的需求（如某城市召开一次大型运动会）。

在没有数据实时支撑时，农夫山泉在物流领域花了很多冤枉钱。例如某个小品相的产品（350mL 饮用水），在某个城市的销量预测不到位时，公司以往通常的做法是通过大区间的调运，来弥补终端货源的不足。"华北往华南运，运到半道的时候，发现华东实际有富余，从华东调运更便宜。但很快发现对华南的预测有偏差，华北短缺更为严重，华东开始往华北运。此时如果太湖突发一次污染事件，很可能华东又出现短缺。"

这种没头苍蝇的状况让农夫山泉头疼不已。在采购、仓储、配送这条线上，农夫山泉特别希望大数据获取解决 3 个顽症：首先是解决生产和销售的不平衡，准确获知该产多少、送多少；其次，让 400 家办事处、30 个配送中心能够纳入到体系中来，形成一个动态网状结构，而非简单的树状结构；最后，让退货、残次等问题与生产基地能够实时连接起来。

也就是说，销售的最前端成为一个个神经末梢，它的任何一个痛点，在大脑这里都能快速感知到。

"日常运营中，我们会产生销售、市场费用、物流、生产、财务等数据，这些数据都是通过工具定时抽取到 SAPBW 或 OracleDM，再通过 BusinessObject 展现。"胡健表示，这个"展现"的过程长达 24 小时，也就是说，在 24 小时后，物流、资金流和信息流才能汇聚到一起，彼此关联形成一份有价值的统计报告。当农夫山泉的每月数据积累达到 3TB 时，这样的速度导致农夫山泉每个月财务结算都要推迟一天。更重要的是，胡健等农夫山泉的决策者们只能依靠数据来验证以往的决策是否正确，或者对已出现的问题作出纠正，仍旧无法预测未来。

2011 年，SAP 推出了创新性的数据库平台——SAPHana，农夫山泉则成为全球第三个、亚洲第一个上线该系统的企业，并在当年 9 月宣布系统对接成功。

胡健选择 SAPHana 的目的只有一个：快些，再快些。采用 SAPHana 后，同等数据量的计算速度从过去的 24 小时缩短到了 0.67 秒，几乎可以做到实时计算结果，这让很多不可能的事情变为了可能。

这些基于饮用水行业实际情况反映到孙小群这里时，这位 SAP 全球研发的主要负责人非常兴奋。基于饮用水的场景，SAP 并非没有案例，雀巢就是 SAP 在全球范围长期的合作伙伴。但是，欧美发达市场的整个数据采集、梳理、报告已经相当成熟，上百年的运营经验让这些企业已经能从容面对任何突发状况，他们对新数据解决方案的渴求甚至还不如中国本土公司强烈。

这对农夫山泉董事长钟目炎而言，精准的管控物流成本将不再局限于已有的项目，也可以针对未来的项目。这位董事长将手指放在一台平板电脑显示的中国地图上，随着手指的移动,建立一个物流配送中心的成本随之显示出来。数据在不断飞快地变化,好像手指移动产生的数字涟漪。

以往,钟目炎的执行团队也许要经过长期的考察、论证,才能形成一份报告提交给董事长,给他几个备选方案,到底设在哪座城市,还要凭借经验来再做判断。但现在,起码从成本方面已经一览无遗。剩下的可能是当地政府与农夫山泉的友好程度这些无法测量的因素。

有了强大的数据分析能力做支持后,农夫山泉近年以 30%～40% 的年增长率,在饮用水方面快速超越了原先的三甲:娃哈哈、乐百氏和可口可乐。根据国家统计局公布的数据,饮用水领域的市场份额,农夫山泉、康师傅、娃哈哈、可口可乐的冰露,分别为 34.8%、16.1%、14.3%、4.7%,农夫山泉几乎是另外 3 家之和。对于胡健来说,下一步他希望那些业务员搜集来的图像、视频资料可以被利用起来。

获益的不仅仅是农夫山泉,在农夫山泉场景中积累的经验,SAP 迅速将其复制到神州租车身上。“我们客户的车辆使用率在达到一定百分比之后出现瓶颈,这意味着还有相当比率的车辆处于空置状态,资源尚有优化空间。通过合作创新,我们用 SAPHana 为他们特制了一个算法——优化租用流程,帮助他们打破瓶颈,将车辆使用率再次提高了 15%。”

(资料来源:《中国企业家》杂志,2013-7)

人类社会已经进入海量信息时代,在这样的时代,对于不断产生的庞大信息流,信息管理日益受到广泛重视。在日常生活和工作的各个方面都存在着大量信息管理的需求,利用计算机有效地组织和管理信息,可以大大提高信息的获取及使用效率。

4.1 运用数据库进行数据管理

数据库是计算机科学技术领域发展最快、应用最广泛的重要分支之一,它已成为计算机信息系统和计算机应用系统的重要技术基础,也是人们工作与生活中不可缺少的一个应用科学分支。数据库就是人们为了实现信息管理而产生的一项技术。

4.1.1 数据库技术概述

1. 数据库技术的基本概念

1) 数据库

数据库(Data Base,DB)是指按一定的组织方式存储在外存储器中的逻辑相关的数据集合。其中的数据都具有特定的组织结构,称为“数据结构”。

2) 数据库管理系统

数据库管理系统(Data Base Management System,DBMS)是一组对数据库进行管理的软件,通常包括数据定义语言及编译程序、数据操纵语言及编译程序和对数据管理程序。

3) 数据库系统

数据库系统(Data Base System,DBS)是一个引进数据库管理系统,具有数据库管理功能的计算机软、硬件系统。由计算机系统、数据、数据库管理系统和有关人员组成。

4）数据库管理员

数据库管理员（Data Base Administrator，DBA）是指对数据库进行有效控制和管理的人员。

5）数据模型

数据模型是指表示现实世界中实体及实体之间联系的模型。数据模型通常分为关系模型、网状模型和层次模型 3 种，其中关系模型数据库目前应用最广泛。

2. 数据描述

数据描述是数据处理中的一个重要环节，从事物的特性到计算机中的具体表示，实际上经历了 3 个领域：现实世界、信息世界和机器世界。在这 3 个领域中对信息的描述采用不同的术语，3 个领域的联系如图 4-1 所示。

图 4-1　现实世界、信息世界和机器世界的联系

1）现实世界

现实世界即客观存在的世界，事物及其联系就处在这个世界之中。现实世界的数据描述主要是对原始数据进行综合工作，取出数据库系统所需要研究的数据，如各种报表、单据和查询格式等。

现实世界由客观事物及其相互联系组成。其常用的术语如下：

（1）客观事物。实际存在的人和事物，如销售人员、销售部门等；也可以是事物与事物间的联系，如销售合同、退货处理等。

（2）事物特征。每一个事物都具有特性，事物通过自身特性与其他事物相区别，如销售人员的姓名、性别、专业等。具有相同特性的事物属于同一个事物类。

2）信息世界

信息世界的数据描述是现实世界在人脑中的反映，经过人们头脑的分析、归纳、抽象成为信息，对这些信息进行记录、整理、归类和格式化后，它们就构成了信息世界。

为了正确、直观地反映客观事物及其联系，有必要对所研究的信息世界建立一个抽象模型，称之为概念模型。目前常用的概念模型为实体—联系模型。它需要用以下一些基本术语来实现。

（1）实体（Entity）。现实世界中客观存在并且可以相互区分的事物。实体可以是具体对象，如一个公司、某个职员等；也可以是抽象的概念和联系，如职员的一次请假、一次晋升等。

（2）实体集（Entity Set）。现实世界中的事物类，在信息世界中称为实体集，指的是具有相同性质的同类实体的集合，如所有职员、所有晋升等。

（3）属性（Attribute）。现实世界中事物的特征就是实体的属性。实体具有许多特性，每一个特性称为属性。例如，职员实体可以由工号、姓名、性别、年龄等属性组成。

（4）主属性。唯一标识实体的属性集称为主属性，如职员实体的工号可作为职员实体的主属性。

（5）联系（Relationship）。现实世界的事物总是存在着这样或那样的联系，这种联系必然要在信息世界中得以反映。在信息世界中，实体之间的联系主要有以下 3 种。

① 一对一联系（1：1）：假设有两个实体集 A、B，若 A 中的每个实体至多和 B 中的一个实体相联系，反过来，B 中的每个实体至多和 A 中的一个实体相联系，则称实体 A 与实体 B 具有一对一联系，记为 1：1。例如，一个部门有一个经理，而每个经理只在一个部门任职，则部门与经理的联系是一对一的。

② 一对多联系（1：n）：假设有两个实体集 A、B，若对于 A 中的每个实体，B 中有 $n(n\geqslant 1)$ 个实体与之联系，反之，对于 B 中的每一个实体，A 中至多只有一个实体与之联系，则称实体 A 与实体 B 具有一对多联系，记为 1：n。例如，一个部门有多名职员，而每名职员只在一个部门工作，则部门与职员之间具有一对多的联系。

③ 多对多联系（m：n）：假设有两个实体集 A、B，若对于 A 中的每个实体，B 中有 $n(n\geqslant 1)$ 个实体与之联系，反之，对于 B 中的每一个实体，A 中也有 $m(m\geqslant 1)$ 个实体与之联系，则称实体 A 与实体 B 具有多对多联系，记为 m：n。例如，一名工人可以加工多种零件，而一种零件又可以由多名工人加工，则在工人和零件两个实体集之间就具有多对多的联系。

3）机器世界

信息在机器世界中是以数据形式存储的，机器世界又称为数据世界，其数据描述需要用到以下术语。

（1）字段（Field）。标记实体属性的命名单位称为字段（或数据项），它是可命名的最小信息单位，如职员的工号、姓名、性别、年龄等字段。

（2）记录（Record）。字段的有序集合称为记录。一般用一个记录描述一个实体，如一个职员记录由字段集（工号、姓名、性别、年龄）组成。

（3）文件（File）。同一类记录的集合称为文件，如所有职员的记录组成一个职员文件。

（4）关键字（Key）。能唯一标识文件中每个记录的字段或字段集称为文件的关键字（或主键），如工号可以作为职员记录的关键字。

现实世界、信息世界和机器世界的术语对应关系如表 4-1 所示。

表 4-1　3 个领域术语对应关系

现 实 世 界	信 息 世 界	机 器 世 界
组织（事物及其联系）	实体及其联系（概念模型）	数据库（数据模型）
客观事物	实体（Entity）	记录（Record）
事物类	实体集（Entity Set）	文件（File）
事物特征	属性（Attribute）	字段/数据项（Field）
区分事物特征	主属性	关键字/主键（Key）

4.1.2 概念模型

现实世界的事物反映到人的脑中,人们常常把这些事物抽象为一种既不依赖于具体的计算机系统,也不为某一数据库管理系统支持的概念模型,然后再把概念模型转换成计算机上某一数据库管理系统支持的数据模型。

概念模型又称为信息模型,主要用于描述信息世界中的数据,它是按用户的观点对数据和信息建模。概念模型最常用的表示方法是实体—联系法(Entity-Relation Approach,简称 E-R 方法)。E-R 方法是一种用图形表示数据及其联系的方法,所使用的图形构件包括:

(1)矩形框。表示实体类型,框内写上实体名。

(2)菱形框。表示联系类型,框内写上联系名。

(3)椭圆形框。表示实体类型和联系类型的属性,框内写上属性名,并在属性名下面画一条横线。

(4)连接线。表示联系类型和相关实体类型之间的联系,并在直线端部标注其种类。

图 4-2 所示的 E-R 图表示出了职员实体及其属性。

图 4-2　职员实体及其属性

两个实体之间的 3 种联系可用图 4-3 来描述。值得注意的是与实体一样,联系也可以有属性,这类属性不属于任何一个实体。例如,在工人与零件两个实体之间就存在加工联系,这种加工联系有加工数量和加工质量的属性。

 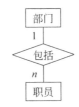 

(a) 两个实体间一对一联系　　(b) 两个实体间一对多联系　　(c) 两个实体间多对多联系

图 4-3　两个实体间的 3 种联系

从图 4-4 中可以直观地看出,每名员工可以进行若干项考核,每个考核适用于若干员工,因此,实体"员工"和实体"考核"是多对多的联系。而一个部门有多名员工,一名员工仅属于一个部门,则实体"部门"和实体"员工"是一对多的联系。

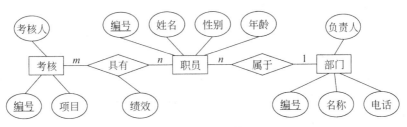

图 4-4　E-R 图示例

4.1.3 数据模型

数据模型是现实世界数据特征的抽象。由于计算机不可能直接处理现实世界中的具体事物,所以人们必须先把具体事物转换成计算机能够处理的数据。数据模型用于描述数据库中的数据内容及其联系,体现数据库的逻辑结构。不同的数据模型就是用不同的数据组织形式来表述实体及其联系。目前最常用的数据模型有关系模型和非关系模型,其中非关系模型包括层次模型和网状模型。

1. 层次模型

层次模型是数据库系统中最早出现的数据模型,它是用树型结构表示实体类型和实体间联系的数据模型。层次模型对具有一对多关系的描述非常直观,容易理解,如图 4-5 所示。

层次模型数据库系统的典型代表是 IBM 公司的信息管理系统(Information Management System,IMS),这是一个曾经广泛使用的数据库管理系统。

2. 网状模型

网状模型是用图形结构表示实体类型及实体间联系的数据模型,图 4-6 所示为一个简单的网状模型。

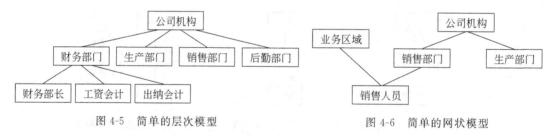

图 4-5　简单的层次模型　　　　图 4-6　简单的网状模型

网状数据模型的典型代表是 DBTG 系统,也称为 CODASYL 系统,它是 20 世纪 70 年代数据系统语言研究会下属的数据库任务小组提出的一个系统方案。

3. 关系模型

关系模型是用二维表表示实体集及实体间联系的数据模型,如表 4-2 所示。关系模型是目前应用最广泛的一种模型。关系模型是一个二维表,二维表的表头即所有列的标题,称为关系的型(结构),其表体(内容)称为关系的值。关系中的每一行数据称为一个元组,每一列数据称为一个属性,列标题称为属性名,属性的取值范围称为域,元组中的每一个属性值称为一个分量,表中唯一地标识一个元组的属性称为关键字。关系模式可记为:关系名(属性 1,属性 2,……,属性 n),如职员(工号,姓名,性别,年龄)。

表 4-2 关系模型示例

工号	姓名	性别	年龄	工作年限
971603	陈 民	男	55	27
004532	王 红	女	42	15
062201	赵子轩	男	34	10
102230	郑小洁	女	30	6
133232	周明明	男	25	1

4.1.4 关系数据库

关系数据库是以二维表作为数据模型的数据库系统,它应用数学方法来处理数据库数据,是目前使用最广泛的数据库系统。

1. 关系数据库特点

关系数据库与层次和网状数据库系统相比,具有以下特点。

(1) 数据结构简单。层次与网状模型均使用指针实现实体之间的联系,错综复杂的指针会使程序员眼花缭乱,而关系模型为表格框架,结构简单。

(2) 可以直接处理多对多的关系。无论实体间的关系是一对多还是多对多,在关系数据模型中均可用表格形式表示。

(3) 能够一次获取多个记录数据。在层次和网状模型数据库中,每次操作只能得到一个记录值,如果要得到多个记录值,则要借助高级语言的循环、条件等语句才能实现,而在关系数据库中,每一个查找命令可以得到满足该条件的所有记录。

(4) 数据独立性较高。层次和网状数据库中,对于数据的物理组织要进行一定的干预。而在关系数据库中,用户一般只需指出要存放的数据类型、长度等特性,而不必涉及数据的物理存放。

(5) 有较坚实的理论基础。层次和网状数据库的设计在很大程度上依赖于设计者的经验和技术水平,关系数据库则是以关系数学理论为基础,从而使关系模型的设计和应用有理论指导,能保证数据库的质量。

2. 关系数据库的规范化

为了简化数据存储结构,1971 年,美国 IBM 公司的科德(E. F. Codd)首先提出了规范化的理论。他定义了 5 种规范化模式(Normal Form,NF),简称范式。范式是关系数据库模型设计的基本理论,一个关系模型可以从第一范式到第五范式进行无损分解,这个过程也称为规范化。在关系数据库的模型设计中一般采用第三范式,它有非常严格的数学定义。从其表达的含义来看,每个符合第三范式的关系必须满足以下 3 个条件。

① 每个属性的值是唯一的,不具有多义性。

② 每个非主属性必须完全依赖于整个关键字,而不是关键字的一部分。

③ 每个非主属性不能依赖于其他关系中的属性。

第三范式的定义基本上是围绕主关键字与非属性之间的关系提出的。关系规范化的过程就是合理分解关系的过程，就是概念单一化的过程，即把不适应的属性依赖转化为关系联系的过程。如果只满足第一个条件，则称为第一范式，如果满足前两个条件，则称为第二范式，依此类推。因此，各级范式是向下兼容的。

3. 关系数据库语言 SQL

1）SQL 语言

结构化查询语言（Structured Query Language，SQL）简称 SQL 语言，最早是 IBM 的圣约瑟研究实验室为其关系数据库管理系统 SYSTEM R 开发的一种查询语言，它的前身是 SQUARE 语言。SQL 语言结构简洁，功能强大，简单易学，所以自从 IBM 公司推出 SQL 语言以来，其得到了广泛的应用。如今无论是 Oracle、Sybase、Informix、SQL Server 这些大型数据库管理系统，还是像 Visual FoxPro、PowerBuilder 这些微机上常用的数据库开发系统，都支持 SQL 语言作为查询语言。SQL 是在关系数据库中最普遍使用的语言，和自然语言的方言一样，存在许多不同类型的 SQL。

尽管人们习惯性地称 SQL 是一个"查询语言"，但实际上，它的功能并非仅查询信息这么简单，还包括数据操纵、数据定义和数据控制等功能，是一种通用的、功能强大的关系数据库语言。

2）SQL 的特点

SQL 语言集数据查询（Data query）、数据操纵（Data manipulation）、数据定义（Data definition）和数据控制（Data control）功能于一体，充分体现了关系数据语言的优点。其主要特点包括：

（1）综合统一。SQL 语言集数据定义语言 DDL、数据操纵语言 DML、数据控制语言 DCL 的功能于一体，语言风格统一，可以独立完成数据库生命周期中的全部活动，包括定义关系模式、录入数据以建立数据库、查询、更新、维护、数据库重构、数据库安全性控制等一系列操作要求，这就为数据库应用系统开发提供了良好的环境。例如，用户在数据库投入运行后，还可根据需要随时修改模式，并不影响数据库的运行，从而使系统具有良好的可扩充性。

（2）高度非过程化。非关系数据模型的数据操纵语言是面向过程的语言，用其完成某项请求，必须指定存取路径。而用 SQL 语言进行数据操作，用户只需提出"做什么"，而不必指明"怎么做"，因此用户无需了解存取路径，存取路径的选择以及 SQL 语句的操作过程由系统自动完成，也就是说存储路径对用户来说是透明的。这不但大大减轻了用户负担，而且有利于提高数据独立性。

（3）面向集合的操作方式。SQL 语言采用集合操作方式，不仅查询结果可以是元组的集合，而且一次插入、删除、更新操作的对象也可以是元组的集合。非关系数据模型采用的是面向记录的操作方式，任何一个操作其对象都是一条记录。例如，查询所有平均成绩在 80 分以上的学生姓名，用户必须说明完成该请求的具体处理过程，即如何用循环结构按照某条路径一条一条地把满足条件的学生记录读出来。

（4）以同一种语法结构提供两种使用方式。SQL 语言既是自含式语言，又是嵌入式语言。作为自含式语言，它能够独立地用于联机交互的使用方式，用户可以在终端键盘上直接输入 SQL 命令对数据库进行操作。作为嵌入式语言，SQL 语句能够嵌入到高级语言（如 C、PB）程序中，供程序员设计程序时使用。而在两种不同的使用方式下，SQL 语言的语法结构基本上是一致的。这种以统一的语法结构提供两种不同使用方式的做法，为用户提供了极大的灵活性与方便性。

（5）语言简洁、易学易用。SQL 语言非常简洁。虽然 SQL 语言功能很强，但它只有为数不多的几条指令，完成核心功能只用了 9 个动词，包括以下 4 类：

① 数据查询：SELECT。

② 数据定义：CREATE、DROP、ALTER。

③ 数据操纵：INSERT、UPDATE、DELETE。

④ 数据控制：GRANT、REVORK。

另外，SQL 语言也非常简单，它很接近英语自然语言，因此容易学习、掌握。

3）SQL 的基本组成

（1）数据定义语言（DDL）。SQL DDL 提供定义关系模式和视图、删除关系和视图、修改关系模式的命令。

（2）交互式数据操纵语言（DML）。SQL DML 提供查询、插入、删除和修改命令。

（3）事务控制（Transaction Control）。SQL 提供定义事务开始和结束的命令。

（4）嵌入式 SQL 和动态 SQL（Embeded SQL and Dynamic SQL）。用于嵌入到某种通用的高级语言（C、C++、Java 等）中混合编程。其中 SQL 负责操纵数据库，高级语言负责控制程序流程。

（5）完整性（Integrity）。SQL DDL 包括定义数据库中的数据必须满足的完整性约束条件的命令，对于破坏完整性约束条件的更新将被禁止。

（6）权限管理（Authorization）。SQL DDL 中包括说明对关系和视图的访问权限的命令。

4.2　数据库管理系统

早期的数据库并不是真正意义上的数据库，它只是一个数据库（本质上是一个数据表）文件。人们在该文件中只能进行孤立的、简单的数据处理。随着计算机应用的普及，处理的数据量急剧增长，联机实时处理要求更多，并开始提出和考虑分布处理，同时多种应用共享数据集合的要求也越来越强烈。在这种背景下，以文件系统为数据管理手段已经不能满足应用的需求，于是为了解决多用户、多应用共享数据的需求，使数据为尽可能多的应用服务，数据库技术便应运而生，出现了统一管理数据的专门软件系统——数据库管理系统。

4.2.1　数据库管理系统的概念

数据库管理系统（Database Management System，DBMS）是一种操纵和管理数据库的大型软件，是用于建立、使用和维护数据库。它对数据库进行统一的管理和控制，以保证数据库的安全性和完整性。用户通过 DBMS 访问数据库中的数据，数据库管理员也通过

DBMS进行数据库的维护工作。它提供多种功能，可使多个应用程序和用户用不同的方法同时或在不同时刻去建立、修改和访问数据库。它使用户能方便地定义和操纵数据，维护数据的安全性和完整性，以及进行多用户下的并发控制和恢复数据库。

4.2.2 数据库管理系统的功能

DBMS主要是实现共享数据有效的组织、管理和存取，因此DBMS应具有以下几个方面的功能。

1. 数据定义功能

DBMS提供数据定义语言（Data Definition Language，DDL），用户可以对数据库的结构描述定义，包括数据库的完整性定义、安全保密定义等，如口令、级别、存取权限等。它们用来刻画数据库框架，并被保存在数据字典中，是DBMS运行的基本依据。

例如，用关系数据库开发人事管理系统，可以利用关系数据库系统提供的数据定义命令定义人事系统包含的表，确定每个表包含哪些属性、每个属性的数据类型。另外，数据定义功能还可以定义数据库的完整性约束和保密性约束等特征。

2. 数据存取功能

DBMS提供数据操纵语言（Data Manipulation Language，DML），实现对数据库数据的基本存取操作，如查询、插入、更新和删除。DML分为两类，即宿主型和自含型。宿主型是指将DML语句嵌入某种主语言中使用；自含型是指可以单独使用DML语句，供用户交互使用。

3. 数据库运行管理功能

DBMS提供数据控制功能，利用数据的安全性、完整性和多用户环境下的并发控制等对数据库运行进行有效的控制和管理，以确保数据正确、有效，保证数据库系统的正常运行。对数据库的运行进行管理是DBMS运行时的核心功能。

（1）数据的安全性。它是指保护数据，防止不合法地使用数据造成数据的泄密和破坏，使每个用户只能按规定对某些数据以某些方式进行访问和处理。数据库管理系统提供多种手段来保证数据的安全性，如定义和控制用户访问特定数据的权限、对数据进行加密等。

（2）数据的完整性。它是指数据的正确性、有效性和相容性，防止合法的用户操作数据库时向数据库内加入不合理（不合语义）的数据。也就是将数据控制在有效的范围内，或者数据之间按一定的要求满足相应的关系。例如，产品信息表中产品的"生产日期"必须是日期类型，且产品的"到期日期"必须在生产日期之后，如果用户在输入数据时，在"生产日期"属性中输入"2014-7-1"，在"到期日期"属性中输入"2014-5-30"，数据库管理系统将认为是数据错误，从而拒绝把数据存入数据库中。

（3）并发控制。数据库是一个共享资源，可以供多个用户使用。并发控制是对多用户并发操作加以控制和协调。一个典型的例子就是网上订票系统，它们共享同一个数据库中的数据,每售出一张票,数据库都会修改剩余的票数。如果几个售票点同时修改剩余票数,先存储的修改结果就会丢失。数据库管理系统应对要修改的记录采取一定的措施,比如加锁,暂时不让其他用户访问,等完成修改存盘之后再开锁。

(4)数据库的建立和维护功能。建立数据库包括数据库结构的定义、数据库初始数据的录入与数据转换等;维护数据库包括数据库的转移和恢复、数据库的重组和重构、系统性能监视、分析等功能。

(5)数据组织、存储和管理功能。DBMS 分类组织、存储和管理各种数据,包括数据字典、用户数据、存储路径等;确定以何种文件结构和存取方式在存储级上组织这些数据,以提高存取效率。

(6)数据库的传输功能。DBMS 提供处理数据的传输,实现用户程序与 DBMS 之间的通信,通常与操作系统协调完成。

4.2.3 数据库管理系统的特征

DBMS 的目的是保证数据安全、可靠,提高数据库应用的简明性和方便性。DBMS 的工作原理是把用户对数据的操作转化为对系统存储文件的操作,其主要特征如下。

1. 数据结构化且统一管理

数据库中的数据由 DBMS 统一管理。数据库系统采用复杂的数据模型表示数据结构,数据冗余小,易扩充,实现了数据共享。

2. 具有较高的数据和程序独立性

数据的独立性是指数据与程序独立,将数据的定义从程序中分离出去,由 DBMS 负责数据的存储,应用程序关心的只是数据的逻辑结构,无需了解数据在磁盘上的数据库中的存储形式,从而简化应用程序,大大减少应用程序编制的工作量。数据库的独立性包括物理独立性和逻辑独立性。

3. 数据库系统为用户提供了方便的用户接口

用户可以使用查询语言或终端命令操作数据库,也可以用程序方式(如用 COBOL、C 一类高级语言和数据库语言联合编制的程序)操作数据库。

4. 数据控制功能

DBMS 提供了数据控制功能,以适应共享数据的环境。数据库系统提供的数据控制功能,分别是故障恢复、并发控制、数据完整性和数据库的安全性保护。数据库中各个应用程序所使用的数据由数据库系统统一规定,按照一定的数据模型组织和建立,由系统统一管理和集中控制。

(1)数据库的恢复。在数据库被破坏或数据不可靠时,系统有能力把数据库恢复到最近的某个正确状态。数据库中的 4 类故障分别是事务内部故障、系统故障、介质故障及计算机病毒。

（2）数据库的并发控制。对程序的并发操作加以控制，防止数据库被破坏，杜绝提供给用户不正确的数据。

（3）数据的完整性。保证数据库中数据始终是正确的。

（4）数据安全性。保证数据的安全，防止数据丢失或被窃取、破坏。

4.2.4 常用的数据库管理系统

1. Oracle

Oracle 是一个最早被商品化的关系型数据库管理系统，也是应用广泛、功能强大的数据库管理系统。Oracle 作为一个通用的数据库管理系统，不仅具有完整的数据管理功能，还是一个分布式数据库系统，支持各种分布式功能，特别是支持 Internet 应用。作为一个应用开发环境，Oracle 提供了一套界面友好、功能齐全的数据库开发工具。Oracle 使用 PL/SQL 语言执行各种操作，具有可开放性、可移植性、可伸缩性等功能。特别是在 Oracle 8i 中，支持面向对象的功能，如支持类、方法、属性等，使得 Oracle 产品成为一种对象/关系型数据库管理系统。

2. PostgreSQL

PostgreSQL 是一个自由的对象—关系数据库服务器（数据库管理系统），它在灵活的 BSD 风格许可证下发行。它在其他开放源代码数据库系统（如 MySQL 和 Firebird）和专有系统（如 Oracle、Sybase、IBM 的 DB2 和 Microsoft SQL Server）之外，为用户又提供了一种选择。

3. Microsoft SQL Server

Microsoft SQL Server 是一种典型的关系型数据库管理系统，可以在许多操作系统上运行，它使用 Transact-SQL 语言完成数据操作。由于 Microsoft SQL Server 是开放式的系统，其他系统可以与它进行完好的交互操作。它具有可靠性、可伸缩性、可用性、可管理性等特点，为用户提供完整的数据库解决方案。

4. Microsoft Access

作为 Microsoft Office 组件之一的 Microsoft Access 是在 Windows 环境下非常流行的桌面型数据库管理系统。使用 Microsoft Access 无须编写任何代码，只需通过直观的可视化操作就可以完成大部分数据管理任务。在 Microsoft Access 数据库中，包括许多组成数据库的基本要素。这些要素是存储信息的表、显示人机交互界面的窗体、有效检索数据的查询、信息输出载体的报表、提高应用效率的宏、功能强大的模块工具等。它不仅可以通过 ODBC 与其他数据库相连，实现数据交换和共享，还可以与 Word、Excel 等办公软件进行数据交换和共享，并且可以通过对象链接与嵌入技术在数据库中嵌入和链接声音、图像等多媒体数据。

4.3　使用数据库提高公司绩效和决策水平

在大公司中,如制造、销售和会计等不同的部门拥有不同的数据库和大型系统,因此具有分析大量数据和在不同系统间共享数据的能力和工具就显得十分重要。这些工具包括数据仓库、数据挖掘以及通过网络访问内部数据库的工具。

4.3.1　数据仓库与数据集市

近来,数据仓库(DW)是信息技术领域谈论的一个热门话题。在美国,数据仓库已成为仅次于 Internet 之后的又一技术热点。数据仓库的建立并不是要取代数据库,而是要建立一个在全面而完善的信息应用基础之上的,支持高层决策的分析环境。数据仓库是数据库技术的一种新的应用,到目前为止,数据仓库还是用数据库管理系统来管理其中的数据。

数据仓库是现有的数据库系统中的数据和其他一些外部数据的一次重组,重组时以能更好地为决策分析应用提供数据支持为原则。简单地说,数据仓库就是一个为特定的决策分析而建立的数据仓储。它是一个专门的数据仓储,用来保存从多个数据库或其他数据源选取的已有数据,并为上层应用提供统一的用户接口,用以完成数据查询和分析。

与数据仓库比较而言,把目前技术已经成熟的数据库也称为传统数据库。传统数据库主要用于事务处理,即面向日常业务,通常对一个或一组记录完成增加、删除、修改、查询和一些基本统计操作,主要用于支持特定的应用服务,也称为操作型处理。数据仓库的提出是以关系数据库、并行处理和分布式等技术的飞速发展为基础,用于解决实际中拥有大量数据而有用信息贫乏的一种综合解决方案,其数据处理的方式以分析为主,也称为分析型处理。

1. 数据仓库的定义与基本特性

1993 年,数据仓库之父——William H. Inmon 在 *Building the Data Warehouse* 一书中定义了数据仓库的概念:数据仓库是一个面向主题的、集成的、相对稳定的、反映历史变化的数据集合,用于支持经营管理中的决策制定过程。

对于数据仓库的概念可以从两个层次予以理解,首先数据仓库用于支持决策,面向分析型数据处理,它不同于企业现有的操作型数据库;其次数据仓库是对多个异构的数据源有效集成,集成后按照主题进行重组,并包含历史数据,而且存放在数据仓库中的数据一般不再修改。

数据仓库是各种资源的数据集合,用于支持决策程序和生成商务智能。与数据库相比,数据仓库中的数据具有以下 4 个基本特征。

1) 面向主题

数据仓库中的数据面向主题,与传统的操作型数据库面向应用相对应。数据仓库是按照面向主题的方式进行数据组织的,也就是在较高层次上对分析对象的数据作一个完整、一致的描述,能有效地刻画出分析对象所涉及的各项数据及数据间的联系。这种数据组织方式更能适合较高层次的数据分析,便于发现数据中蕴含的模式和规律。

主题是一个在较高层次上将数据归类的标准,每个主题对应一个宏观分析领域。面向主题意味着对于数据内容的选择以及对信息详细程度的选择，把与决策问题无关的数据排除在数据仓库之外。

2）集成的

面向应用的操作型数据库通常与某些特定的应用相关，数据库之间相互独立，并且往往是异构的。也就是说，数据仓库中的每一主题对应的源数据在原有的各分散数据库中可能是重复出现的、不一致的，数据仓库中的数据不能从原有数据库系统中直接得到。因此，在数据进入数据仓库之前，必然要经过加工和集成，以保证数据仓库内的信息是关于整个企业的一致的全局信息。这是数据仓库中最关键、最复杂的一步，需要完成的工作包括：统一源数据中的所有矛盾，如处理字段的同名异义、异名同义、单位不统一、长度不一致等问题；对源数据进行综合和计算，生成面向主题分析用的高层、综合的数据。

3）相对稳定的

操作型数据库中的数据通常实时更新，数据根据需要及时发生变化。而数据仓库中的数据是主要供企业决策分析用的历史数据，所涉及的数据操作主要是数据查询，一旦某些数据经加工和集成进入数据仓库后，一般情况下将被长期保留，也就是数据仓库中一般有大量的查询操作，但修改和删除操作很少，通常只需要定期的加载、刷新，如图 4-7 所示。

图 4-7 数据仓库与操作型数据库中的数据处理

4）随时间变化的

操作型数据库主要关心当前某一个时间段内的数据，而数据仓库中的数据也不是永远不变的。数据仓库中的数据是随时间变化的，数据仓库系统需要不断获取操作型数据库系统不同时刻的数据，经集成后追加到数据仓库中，它是不同时间的数据集合，它要求数据仓库中的数据保存时限能满足进行决策分析的需要，而且数据仓库中的数据都要标明该数据的历史时期。此外，数据仓库中的数据也有时间期限，在新数据不断进入的同时，过时的数据也要从数据仓库中清理出去。

企业数据仓库的建设，是以现有企业业务系统和大量业务数据的积累为基础。数据仓库不是静态的概念，只有把数据及时交给需要这些数据的使用者，供他们做出改善其业务经营的决策，数据才能发挥作用，数据才有存在的意义。而把数据加以整理归纳和重组，并及时提供给相应的管理决策人员，是数据仓库的根本任务。因此，从产业界的角度看，数据仓库建设是一个工程，也是一个过程。

概括地说，数据仓库就是面向主题的、集成的、稳定的、不同时间的数据集合。数据仓库的集成特性是指首先要统一原始数据中的矛盾之处，然后将原始数据结构做一个从面向应用向面向主题的转变。数据仓库的稳定性是指数据仓库反映的是历史数据的内容，而不是日常事务处理产生的数据。因为对于决策分析而言，历史数据是相当重要的，许多分析方法必须以大量的历史数据为依托。数据仓库是不同时间的数据集合，它要求数据仓库中的数据保存时限能满足进行决策分析的需要,而且数据仓库中的数据都要标明该数据的历史时期。

2. 数据仓库解决的问题

数据仓库技术解决了事务处理系统处理不了的决策问题,具有动态集成和综合处理能力。具体地讲,它能解决以下问题。

传统在线事务处理系统进行数据抽取时,由于层层抽取的不一致性产生严重的"蜘蛛网"问题,导致对同一个问题不同部门的结论不同,且可能相距甚远。数据仓库技术给数据加上时间维度,分离原始数据与导出数据,消除同类数据的算法差异,提高了数据的可信性。数据仓库技术,使得决策支持系统进入了实用化阶段。

数据仓库可以通过数据转移工具将位于不同地理位置、不同平台、不同数据库中的数据按照一定的规则,高度集中在一个数据仓库中,达到充分利用各种数据源的目的。同时,在构建数据仓库的过程中,它还充分考虑到企业原环境数据的不一致性问题,可以将系统中不一致的数据按数据的一致性原则转移到数据仓库中,从而保证数据的完全一致,这对做出正确的决策是至关重要的。

在传统的在线事务处理系统中,要查询历史数据是费时、费力的事情,进行数据分析时就更不用说了,况且各年的数据可能存储在不同的介质上,因而导致数据处理效率低也就可想而知了。数据仓库中主要存储的就是历史数据和大量经过预先处理的汇总数据,因此基于历史数据的分析在数据仓库系统中就显得非常方便,而且效率也显著提高。

数据仓库存储了大量的数据,包括历史数据、当前数据和综合数据等。数据仓库随着其中数据的不同抽象程度可分成层次化结构。一般包括当前详细数据、历史详细数据、轻度概略数据、高度概略数据及元数据五部分。

(1) 当前详细数据。保存从各种数据源复制过来的,反映当前状态的详细数据。它存储最新详细数据,随着时间的推移,当前详细数据中老化的部分被移到历史详细数据中。

(2) 历史详细数据。其详细程度和当前详细数据一样。历史详细数据的使用频率不高。一般很少有对历史详细数据的查询,它的主要任务是为联机分析和数据挖掘提供数据支持。

(3) 轻度概略数据。它是由当前详细数据经一定程度的提炼而来,一般只用于组织内部。

(4) 高度概略数据。它是对数据高度抽象的结果,反映组织的综合情况,可被外部环境引用。

(5) 元数据。它是有关数据的结构、内容和来源的数据,反映各种信息在数据仓库中的位置分布和处理方式等。简而言之,元数据就是关于数据的数据。

在构建具体的数据仓库系统时,不一定具备所有的数据层次,如果系统资源紧张,数据仓库可以省去详细数据,直接从数据源中提取数据进行综合后进入概略数据库。数据从外部进入"仓库"时,首先进入当前基本数据层,之后分别作不同的归纳、汇总、整理和分析,结果存入轻度概略数据层乃至高度概略数据层。老化的数据将进入历史详细数据层。

在数据仓库中,元数据具有重要的作用。元数据是数据仓库的基础,是整个数据仓库概念的中枢部件。整个数据仓库的组织结构由元数据来组织。

数据仓库的任务分为 4 个阶段：收集数据、集成数据、存储信息、提供信息。它首先从企业业务系统即操作型系统的各种不同应用中收集数据，然后将这些数据集成到企业主题领域的逻辑模型中，再以决策者易于访问和理解的方式来存储信息，最后通过各种报表生成工具和查询工具向企业中的所有决策者提供信息。

3. 数据仓库数据的组织架构

典型的数据仓库的数据组织架构如图 4-8 所示。

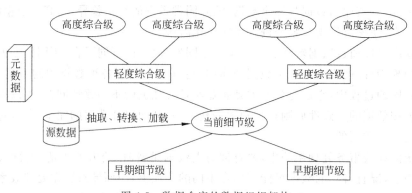

图 4-8 数据仓库的数据组织架构

数据仓库中的数据分为四个级别：早期细节级、当前细节级、轻度综合级、高度综合级。源数据经过综合后，首先进入当前细节级，并根据具体需要进一步综合，从而进入轻度综合级乃至高度综合级，老化的数据将进入早期细节级。由此可见，数据仓库中存在着不同的综合级别，一般称之为"粒度"。粒度越大，表示细节程度越低，综合程度越高。数据仓库中还有一部分重要数据是元数据（Meta data）。元数据是"关于数据的数据"，如传统数据库中的数据字典是一种元数据。在数据仓库环境中，主要有两种元数据：技术元数据与业务元数据，其中技术元数据是存储关于数据仓库系统技术细节的数据，是用于开发和管理数据仓库使用的数据；业务元数据从业务角度描述了数据仓库中的数据，它提供了介于使用者和实际系统之间的语义层，使得不懂计算机技术的业务人员也能够读懂数据仓库中的数据。元数据一般要记录以下信息：程序员所熟知的数据结构、决策支持系统分析员所知的数据结构、数据仓库的源数据、数据加入数据仓库时的转换、数据模型、数据模型和数据仓库的关系、抽取数据的历史记录。

4. 数据仓库的体系结构

数据仓库从多个信息源中获取原始数据，经过整理加工后存储在数据仓库的内部数据库。通过数据仓库访问工具，向数据仓库的用户提供统一、协调和集成的信息环境，支持企业全局决策过程和对企业经营管理的深入综合分析。概括来说，数据仓库的体系结构是一种典型的 C/S 结构，客户端工作包括客户交互、格式化查询及结果和报表的生成等，服务器端对数据源进行操作，完成各种辅助决策的复杂计算和各类综合功能。

整个数据仓库系统的体系结构可以划分为数据源、数据存储与管理、OLAP 服务器、前端工具 4 个层次，如图 4-9 所示。

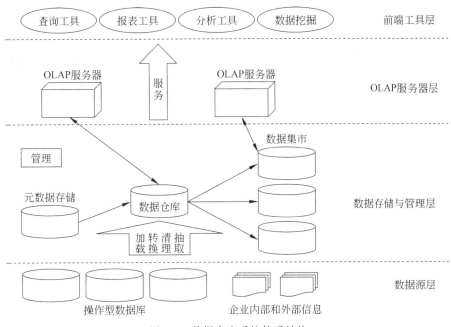

图 4-9　数据仓库系统体系结构

1）数据源层

数据源层是数据仓库系统的基础，是整个系统的数据源泉，包括操作数据库和外部信息源。通常包括企业的各类信息，如各种业务处理数据、各类文档数据、竞争者的市场占有率数据、财政指标的标准值等。一个数据仓库可以有多个数据源。

2）数据存储与管理层

数据的存储与管理层是整个数据仓库系统的核心，是数据仓库的关键。数据仓库的组织管理方式决定了它有别于传统数据库，同时也决定了其对外部数据的表现形式。数据仓库按照数据的覆盖范围可以分为企业级数据仓库和部门级数据仓库（通常称为数据集市）。

数据仓库需要把操作型数据库系统产生的源数据经过一系列的变化，集成到数据仓库中构成数据仓库所需数据。这些变化简称为 ETL 工具，主要包括抽取、清理、转换和加载。数据的存储和管理层还为前端展示层提供工具接口，使各种展示查询工具通过这个接口对数据进行分析展示。

3）OLAP 服务器层

OLAP 服务器层主要是对分析需要的数据进行有效集成，按多维模型予以组织，以支持用户多角度、多层次的分析，并发现趋势。

4）前端工具层

前端工具层主要包括各种报表工具、查询工具、数据分析工具、数据挖掘工具以及各种基于数据仓库或数据集市的应用开发工具。终端工具用于获取数据仓库中的信息，通过前端的分析工具分析查询仓库中的数据，挖掘其中的信息，并通过报表等各种形式展示。

5. 分析工具

【材料阅读】

蓝山位于安大略省,是加拿大最大的度假胜地和会议中心。在旅游旺季拥有1600名员工,全年有400名全职员工。随着蓝山提供的服务范围越来越广,如餐饮、住宿、电话预订中心等,管理层需要一个更好的信息系统来执行预算、规划、预测报告和业绩分析等事务。由于蓝山业务的复杂性,该系统还应该能处理来自许多不同资源的数据、运行不同的程序以及从不同的角度观测数据。蓝山管理层希望该信息系统能满足所有这些需求,并且能高度自动化以减少人力时间和工作压力。蓝山公司IT主管John Gowers选择了Cognos(IBM子公司)的业绩管理产品,其具有观测和分析多维数据的OLAP分析功能。管理层使用该系统能更容易把握趋势,从而提高了决策水平。该系统能更好地评估人员需求,从而降低了成本。该系统还提高了库存管理水平,精简了预算和预测支出。另外,该系统对数据输入进行了标准化处理,提高了操作效率。

数据仓库系统是多种技术的综合体,它由数据仓库、数据仓库管理系统、数据仓库工具三部分组成。在整个系统中,数据仓库居于核心地位,是信息挖掘的基础。数据仓库管理系统负责整个系统的运转,是整个系统的引擎。数据仓库工具则是整个系统发挥作用的关键,只有通过高效的工具,数据仓库才能真正发挥出数据宝库的作用。数据仓库的分析工具用于帮助用户对数据进行分析、获取信息,是数据仓库系统的重要组成部分。

OLAP(On-Line Analysis Processing,在线分析处理,或联机分析处理)是数据仓库上的分析展示工具,它建立在数据多维视图的基础上,可以提供给用户强大的统计、分析、报表处理功能及进行趋势预测能力,能够生成商务智能。

OLAP是关系数据库之父——E. F. Codd于1993年最早提出的,它是以数据库或数据仓库为基础的,在基于数据仓库的信息分析处理过程中,OLAP是数据仓库的用户接口部分,它面对的是决策人员和高层管理人员,通过数据立方体提供多维度的数据视图,并利用旋转、切片等操作扩展查询语言的功能,它力图将数据仓库中的数据转化为有用的信息,从而实现对数据的归纳、分析和处理,帮助企业完成决策。它使用多种信息资源,提供多维分析,如以时间、产品和地理位置为基础观测数据。例如,它能找出上季度A产品在西北地区的销售情况如何。

OLAP主要有两个特点:一是在线性即联机,体现为对用户请求的快速响应和交互式操作;二是多维分析,数据的多维视图使用户能从多角度、多侧面、多层次地查看包含在数据中的信息。

目前,OLAP工具产品的实现可分为两大类,一类是基于多维数据库的,另一类是基于RDB(Relational DataBase,关系数据库)的。两者的相同之处是,基本数据源仍是基于关系数据模型的,向用户呈现的也都是多维数据视图。不同之处是前者把分析所需的数据从数据库或数据仓库中抽取出来,物理地组织成多维数据库,后者则利用关系表来模拟多维数据,并非物理地生成多维数据库。

OLAP是决策支持领域的一部分。传统的查询和报表工具是告诉你数据库中都有什么(What happened),OLAP 则更进一步告诉你下一步会怎么样(What next)和如果我采取这样的措施又会怎么样(What if)。用户首先建立一个假设,然后用 OLAP 检索数据库来验证这个假设是否正确。例如,一个分析师想找到是什么原因导致了贷款拖欠,他可能先做一个初始的假定,认为低收入的人信用度也低,然后用 OLAP 来验证他这个假设。如果这个假设没有被证实,他可能去查看那些高负债的账户,如果还不行,他也许要把收入和负债一起考虑,一直进行下去,直到找到他想要的结果或放弃。

也就是说,OLAP 分析师是建立一系列的假设,然后通过 OLAP 来证实或推翻这些假设来最终得到自己的结论。OLAP 分析过程在本质上是一个演绎推理的过程。但是如果分析的变量达到几十或上百个,那么再用 OLAP 手动分析验证这些假设将是一件非常困难和痛苦的事情。

6. 数据集市

数据仓库所存放的是整个企业的信息,并且数据是按照不同的主题来组织的。而数据集市(Data Mart)通常在单个部门或职能领域中使用,是数据仓库的缩小版。数据集市是为了特定的应用目的或应用范围,从数据仓库中独立出来的一部分数据,其目的是减少数据处理量,使信息的利用更快捷、更灵活。数据集市专用于满足公司特定用户群体的业务功能需求,如市场营销部门使用的数据集市。尽管数据集市相对较小,但数据仓库所能进行的分析它都可以进行。与数据仓库相对,数据集市有以下优势。

① 由于数据集市规模较小且不太复杂,因此更容易创建,而且能更为迅速地访问数据。

② 提高了用户响应时间。

③ 数据集市更为低廉。

④ 由于数据集市是为特定部门设计的,因而能更有效地锁定目标客户,能更容易确定客户需求。数据仓库则是为整个公司设计的。

但是,与数据仓库相比,数据集市的使用范围往往受限,并且要想从不同的部门或职能领域(如销售和生产)中合并数据也更为困难。

4.3.2　数据挖掘

随着数据库技术的迅速发展和数据管理系统的普遍推广,企业积累的数据呈几何级数增长。这些剧增的数据中可能隐藏着很多重要的信息,人们希望能够对现有的信息进行更高层次的分析,以便更好地利用这些数据。这些迫切的需求促进了数据挖掘技术的产生。另外,计算机及其相关技术的快速发展为数据挖掘提供了研究和应用的技术基础。

1. 数据挖掘的基本概念

数据挖掘(Data Mining,DM)又称数据库中的知识发现(Knowledge Discover in Database,KDD)是指从超大型数据库或数据仓库中发现并提取隐含的、先前未知的并有潜在价值的信息和知识的过程。目的是帮助决策者寻找数据间潜在的关联,发现经营者被忽略的要素,而这些要素对预测趋势、决策行为也许是十分有用的信息。

数据挖掘在不同的教科书上有不同的定义和称谓,如数据开采、数据发掘等,它的定义有许多,表达方式虽然不同,但本质都是一样的。下面主要从技术角度和商业角度给出数据挖掘的定义。

1) 技术角度的定义

从技术角度看,数据挖掘是从大量的、不完全的、有噪声的、模糊的、随机的实际数据中,提取隐含在其中的、有效的、新颖的,但又是潜在有用的信息和知识的过程。这个定义包括好几层含义:数据源必须是真实的、大量的、含噪声的;发现的是用户感兴趣的知识;发现的知识要可接受、可理解、可运用。实际上,所有发现的知识都是相对的,是有特定前提和约束条件,面向特定领域的,同时还要能够易于被用户理解。最好能用自然语言表达所发现的结果。——何为知识?从广义上理解,数据、信息也是知识的表现形式,但是人们更愿把概念、规则、模式、规律和约束等看作知识。

数据挖掘是一门交叉学科,它把人们对数据的应用从低层次的简单查询,提升到从数据中挖掘知识,提供决策支持。在这种需求牵引下,汇聚了不同领域的研究者,尤其是数据库技术、人工智能技术、数理统计、可视化技术、并行计算等方面的学者和工程技术人员,投身到数据挖掘这一新兴的研究领域,形成新的技术热点。

2) 商业角度的定义

数据挖掘是一种新的商业信息处理技术,其主要特点是对商业数据库中的大量业务数据进行抽取、转换、分析和其他模型化处理,从中提取辅助商业决策的关键性数据。

数据挖掘其实是一类深层次的数据分析方法。数据分析本身已经有很多年的历史,只不过在过去数据收集和分析的目的是用于科学研究,另外,由于当时计算能力的限制,对大数据量进行分析的复杂数据分析方法受到很大限制。现在,由于各行业业务自动化的实现,商业领域产生了大量的业务数据,这些数据不再是为了分析的目的而收集的,而是由于纯机会的(Opportunistic)商业运作而产生。分析这些数据也不再是单纯为了研究的需要,更主要是为商业决策提供真正有价值的信息,进而获得利润。但所有企业面临的一个共同问题是:企业数据量非常大,而其中真正有价值的信息却很少,因此从大量的数据中经过深层分析,获得有利于商业运作、提高竞争力的信息,就像从矿石中淘金一样,数据挖掘也因此而得名。

因此,数据挖掘可以描述为:按企业既定业务目标,对大量的企业数据进行探索和分析,揭示隐藏的、未知的或验证已知的规律性,并进一步将其模型化的先进、有效的方法。例如,数据挖掘工具通过观测销售点的数据可以生成有关客户购买历史记录的报告。根据这一信息,公司能够更好地针对特定客户开展促销活动;同样,公司能够从评论或保修卡中挖掘人口数据,并根据这些数据并发出反映特定用户群体(如 30 岁以上的女性群体)需求的产品。

2. 数据挖掘的对象与流程

数据挖掘是指一个完整的过程,该过程从大型数据库中挖掘先前未知的、有效的、可实用的信息,并使用这些信息做出决策或丰富知识。形成知识的源泉是大型数据库与数据仓库,原始数据可以是结构化的(关系数据库中的数据),可以是半结构化的(图像数据、图形与文本),还可以是分布在网络上的异构型的数据。因此,数据挖掘对象可以是存储的任何类型的信息,如关系数据库、数据仓库、万维网、文本数据库、多媒体数据库等。

在实施数据挖掘之前,先制定采取什么步骤、每一步都做什么、达到什么目标是必要的,有了好的计划才能确保数据挖掘正常实施并取得成功。也就是说,了解数据挖掘的过程至关重要。图 4-10 所示数据挖掘的过程主要由数据准备、数据挖掘和评估与分析 3 个阶段构成,其中数据准备又可分为 3 个子阶段:数据选择、数据预处理和数据转换。

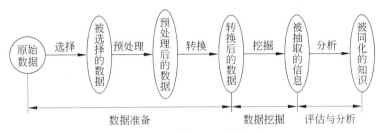

图 4-10 数据挖掘过程模型

在数据挖掘过程中,数据被存储在数据库中,根据数据挖掘算法的要求,从数据库中选取所有与业务对象有关的内部和外部数据信息,并从中选择出适用于数据挖掘应用的数据;在数据预处理阶段对数据噪声和错误数据进行处理,研究数据的质量,为进一步的分析做准备,并确定将要进行的挖掘操作的类型;然后对数据进行变换以满足数据挖掘算法的要求;选择合适的数据挖掘算法进行数据挖掘,以发现知识模式,这是数据挖掘的核心阶段;最后对发现的模式进行分析和评估,剔除冗余和无关的模式,并要对发现的模式进行可视化,把结果转换成用户易懂的表示方式,将分析所得到的知识集成到业务信息系统的组织结构中去。

3. 数据挖掘的功能

数据挖掘通过预测未来趋势及行为,做出前摄的、基于知识的决策。数据挖掘的目标是从数据库中发现隐含的、有意义的知识,主要有以下五类功能。

1)自动预测趋势和行为

数据挖掘自动在大型数据库中寻找预测性信息,以往需要进行大量手工分析的问题如今可以迅速直接由数据本身得出结论。

它可以应用到市场营销的各个方面,如客户寻求、保持和预防客户流失的活动、产品生命周期分析、销售趋势预测及有针对性的促销活动等。

2)关联分析

数据关联是数据库中存在的一类重要的可被发现的知识。若两个或多个变量的取值之间存在某种规律性,就称为关联。关联可分为简单关联、时序关联、因果关联。关联分析的目的是找出数据库中隐藏的关联网。

关联分析用于发现事物间的关联规则,或称相关程度。例如,如果中国石油的股票价格上升,有 70% 的可能中国石化的股票价格要下降;冬季买帽子的人有 30% 同时买手套。

在客户关系管理中,通过对企业的客户数据库里的大量数据进行挖掘,可以从大量的记录中发现有趣的关联关系,找出影响市场营销效果的关键因素,为产品定位、定价与定制客户群、市场营销、营销网络评估等决策支持提供参考依据。

3) 聚类分析

数据库中的记录可被划分为一系列有意义的子集，即聚类。这种数据类划分的依据是"物以类聚"，即考察个体或对象间的相似性，满足相似性条件的个体或数据对象划分在一组内，不满足相似性条件的个体或数据对象划分在不同的组。聚类增强了人们对客观现实的认识，是概念描述和偏差分析的先决条件。

聚类分析可以应用到客户群体的分类、客户背景分析、客户购买趋势预测等方面。

4) 概念描述

概念描述就是对某类对象的内涵进行描述，并概括这类对象的有关特征。概念描述分为特征性描述和区别性描述，前者描述某类对象的共同特征，后者描述不同类对象之间的区别。一般情况下，对一个数据集，其包含大量数据，做一个总体状态的概述就是一个概念。

5) 信息抽取

就是根据一个事先定义好的、描述所需信息规格的模板，从非结构化的文本中抽取相关信息的过程。这个模板通常说明了某些事件、实体或关系的类型。

4. 数据挖掘技术在企业管理中的应用

1) 为客户的基础管理提供决策支持

首先，利用大量的历史消费数据挖掘各类客户的消费模式（消费特征），针对不同的消费模式，提出相应的服务策略。客户消费模式分析是企业进一步了解客户的有力手段，是提供有针对性的特色服务的基础。其次，客户的细分问题一直是企业的一项工作重点，对大量客户信息进行有效的客户细分是制定个性化服务、一对一营销的工作基础，而制定有效的客户细分标准，也是对客户信息进行合理、有效管理和分析的前提条件。通过数据挖掘对客户分类信息进行规范化管理，可以为相关客户分析提供细分客户的标准。按照一定的标准将客户进行分类，识别出每一类客户的基本消费特点。同时，从不同种类业务以及不同种类的客户群等角度分析客户对企业的贡献情况。通过客户贡献分析，企业可以知道不同类别的客户、不同地区的客户、不同业务的客户在各时间段上利润贡献的差异，从而发现有价值的客户，并且有利于企业针对不同的客户群体采取不同的市场营销策略。另外，分析和预测不同客户在不同业务上的消费潜力，为有针对性地制定合理的营销、促销和服务策略提供依据。

2) 提高个性化服务水平，预防客户流失

对一定时间范围内所有客户或某类客户的消费产品构成进行统计分析，从总体和不同种类产品以及不同种类的客户群等角度分析客户的特点（如数量、比例、客户结构等），从而了解客户的潜在需求，为个性化服务策略的制定奠定基础。通过挖掘分析客户的流失情况，了解客户流失的原因和流失客户的属性特点等，识别客户群，建立客户流失预警模型。在此基础上建立提高客户忠诚度的客户保留管理体系。

3) 为产品分析与研发提供决策支持

从不同的客户类型和不同地区来分析各种产品之间的相关性，从而为营销决策和交叉销售提供策略上的依据。做产品与客户的关联分析，分析用户和各类产品之间的相关性，分析哪类产品适合某特定消费模式的用户；从总体和不同种类客户群等角度分析每种产品的消费特点和发展趋势以及对新产品的潜力进行预测,了解各种产品的发展趋势,为企业进一步的产品拓展提供依据。

4) 营销模式分析

分析企业对客户的各种营销模式(广告、现场促销、Web/E-mail 营销、代销、批销、折扣优惠、促进销售、捆绑销售等)及其各自特点,并分析每种营销模式如何与适当的客户群在适当的时间、地点相结合。从而根据不同客户类型,有针对性地开展个性化的营销行动。

5) 业务流程的优化

通过挖掘业务流程各环节的中间数据和结果数据,可以发现流程中的瓶颈因素,找到改善流程效率、降低成本的关键点,从而优化流程,提高服务水平。

数据挖掘实现的功能还有很多,越来越多的企业开始关注数据挖掘技术,并通过实施数据挖掘项目从中获益。

5. 数据仓库、OLAP 和数据挖掘的关系

数据仓库、OLAP 和数据挖掘是作为 3 种独立的信息处理技术出现的。数据仓库用于数据库的存储和组织,OLAP 集中于数据的分析,数据挖掘则致力于知识的自动发现。它们都可以分别应用到信息系统的设计和实现中,以提高相应部分的处理能力。

由于这 3 种技术内在的联系性和互补性,可以将它们结合起来构成一种新的 DSS 构架。这一构架以数据仓库中的大量数据为基础,其特点如下。

(1) 在底层的数据库中保存了大量的数据,是整个 DSS 系统的数据库源。

(2) 数据仓库对底层数据库中的数据进行集成,重组为面向全局的数据视图,为 DSS 提供数据存储和组织的基础。

(3) OLAP 从数据仓库中的集成数据出发,构建面向分析的多维数据模型,再从多个不同视角对多维数据进行分析、比较,分析活动从以前的方法驱动转向了数据库驱动,分析方法和数据结构实现了分离。

(4) 数据挖掘则以数据仓库和多维数据库中的大量数据为基础,自动地发现数据中的潜在模式,并以这些模式为基础自动地做出预测。

4.3.3　商务智能

随着企业信息化的推进,企业业务系统、销售 POS 终端、市场调查、供应商、客户、Web、政府等都在不断地往我们的桌面添加信息,实际上,平均 18 个月信息量就翻一番。各个企业面临这样庞大的数据,需要一种有效的手段来提高信息的利用率,快速、准确地找出需要的信息,做出高明的决策,这种手段就是商务智能。

1. 商务智能概述

商务智能,也称商业智能,它的出现是一个信息系统渐进的演变过程,经历了事务处理系统(Transaction Process System,TPS)、高级经理信息系统(Executive Information System,EIS)、管理信息系统(Management Information System,MIS)和决策支持系统(Decision Support System,DSS)等阶段。如今,智能型的商务战略将是竞争中获胜的关键,改变了过去经营决策信赖"拍脑袋"的管理模式,能够把握此机会的企业将成为未来市场的领跑者。

商务智能就是以帮助企业决策为目的,对数据进行收集、存储、分析、访问等处理的一大类技术及应用。从某种意义上讲,商务智能是一种概念或者说是一种商业理念。下面列出几种不同角度的商务智能的定义。

从技术角度看,商务智能的过程是企业的决策人员以企业中的数据仓库为基础,经由OLAP工具、数据挖掘工具加上决策规划人员的专业知识,从数据中获得有用的信息和知识,帮助企业获取利润。

从管理角度看,商务智能是从根本上帮助企业的决策人员把企业的运营数据转化成为高价值的可以获取信息(或知识)的工具,并且在恰当的时间通过恰当的手段把恰当的信息传递给恰当的人。

从应用角度看,商务智能是帮助用户对商业数据进行联机分析处理和数据挖掘的工具,从而帮助解决商业问题以便更好地实现商业目的。

从数据角度看,商务智能使得很多事务性的数据经过抽取、转换之后存入数据仓库,经过聚集、切片或者分类等操作之后形成有用的信息、规则,来帮助企业的决策者进行正确的决策。其功能包括个性化的信息分析、发展趋势预测及辅助决策等。

商务智能的技术体系主要由数据仓库、联机分析处理及数据挖掘三部分组成,三者构成的商务智能如图4-11所示。

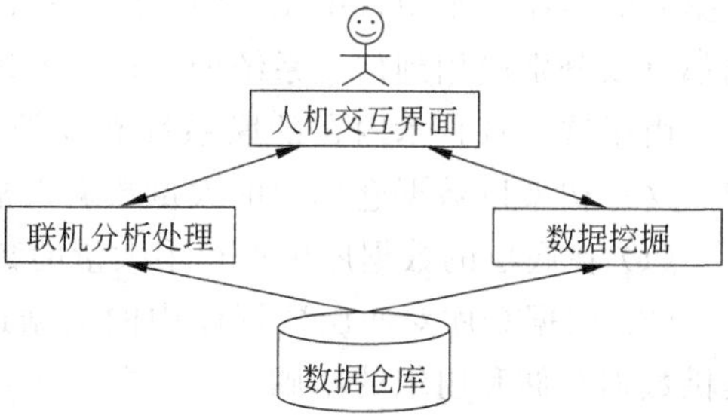

图4-11 商务智能技术体系结构

2. 商务智能系统的功能

商务智能系统是建立在数据仓库、联机分析、数据挖掘等技术的基础之上,通过收集、整理和分析企业内、外部的各种数据,加深企业对客户及市场的了解,并运用一定的工具对企业运营状况、客户需求、市场动态等做出合理的评价及预测,为企业管理层提供科学的决策依据。商务智能系统建设的目标就是要为企业提供一个统一的分析平台,充分利用原有系统中积累的数据,对其进行深层次的挖掘,并从不同的角度分析企业的各种业务指标和构建业务知识模型。商务智能系统的功能可以归纳为以下几点。

1) 数据管理方面

它能提供结构化和非结构化的数据存储并且具有容量大、运行稳定、维护成本低、支持元数据管理等特点,如中心式数据仓库、分布式数据仓库等。存储介质能够支持近线式和二级存储器,能够很好地支持现阶段容灾和备份方案。正确的商务决策是以准确和及时的信息为基础的,而不是靠直觉。商务智能系统提供的工具能帮助企业用户从多个异构数据源,包括内部的业务系统和外部的数据源提取数据,选择、转换、集成数据,同时提供高效存储与维护大量数据的能力。

2) 信息呈现方面

使用智能报表工具、OLAP技术,商务智能系统可以对收集到的数据进行处理,并以报表、在线分析等可视化的形式呈现出来,让用户从多个维度观察数据,了解企业、市场的现状,以帮助企业用户更好决策。数据分析、报告及查询工具帮助企业决策者成功穿越数据海洋,并从中得到有价值的综合信息。

3)分析方面

可以通过业务规则形成分析内容,并且展示样式丰富,具有一定的交互要求,如预警或者趋势分析等。要支持多维度的联机在线分析(OLAP 分析),实现维度变化、旋转、数据切片和数据钻取等,帮助决策者做出正确的判断。其中运营分析包括运营指标分析、运营业绩分析和财务分析等。

4)战略决策支持方面

它是指根据公司各战略业务单元的经营业绩和定位,选择一种合理的投资组合战略。由于商务智能系统集成了外部数据,如外部环境和行业信息,各战略业务单元可据此制定自身的竞争战略。此外,企业还可以利用运营的数据,提供营销、生产、财务和人力资源等决策支持。

3. 商务智能系统的特点

商务智能是企业应对激烈竞争的必要选择,它契合行业特殊需求,贴近企业业务流程,并满足企业发展需要。与以往的商务信息系统相比,商务智能系统具有以下 3 个特点。

(1)商务智能系统不仅采用了最新的信息技术,而且提供了预先打好包的应用领域的解决方案。

(2)商务智能系统着眼于终端用户对业务数据的访问和业务数据的传递,它可以同时服务于信息的提供者和信息的消费者。

(3)商务智能系统支持所有形式的信息访问,而不仅仅是那些存储在数据仓库中的信息。

4. 商务智能系统的作用

商务智能之所以越来越重要,是因为无知是现代企业的最大威胁。无知的风险是巨大的,而一知半解可能比无知的危害更大,因为一知半解的人会带着错误的念头做出决定和采取行动。同时还自鸣得意地认为自己是真理的化身,这就好比"盲人骑瞎马,夜半临深池"。商务智能所要争取的就是充分利用企业在日常经营过程中搜集的大量数据,并将它们转化为信息和知识来免除企业中的一知半解和无知状态。

1)商务智能的作用

具体说来,商务智能可以在以下几个方面发挥作用。

(1)理解业务。商务智能可以用来帮助理解业务的推动力量,认识是哪些趋势、哪些非正常情况和哪些行为正对业务产生影响。

(2)衡量绩效。商务智能可以用来确立对员工的期望,帮助他们跟踪并管理其绩效。

(3)改善关系。商务智能能为客户、员工、供应商、股东和大众提供关于企业及其业务状况的有用信息,从而提高企业的知名度,增强整个信息链的一致性。利用商务智能,企业可以在问题变成危机之前很快地对它们加以识别并解决。商务智能也有助于加强客户忠诚度,一个参与其中并掌握充分信息的客户更有可能购买你的产品和服务。

（4）创造获利机会。掌握各种商务信息的企业可以出售这些信息从而获取利润。但是,企业需要发现信息的买主并找到合适的传递方式。在美国有许多保险、租赁和金融服务公司都已经感受到了商务智能的好处。

2）商务智能解决方案在企业经营中的作用

商务智能技术是一种能够帮助企业迅速完成信息采集、分析的现代技术。它包含了决策过程中所有的简单查询和报告、在线分析处理和数据钻取挖掘工具等。借助商务智能的核心技术,利用企业中长期积累的海量数据,商务智能解决方案在企业经营中的作用主要表现在 4 个领域。

（1）客户分类和特点分析。根据客户历年来的大量消费记录以及客户的档案资料,对客户进行分类,并分析每类客户的消费能力、消费习惯、消费周期、需求倾向、信誉度,确定哪类顾客给企业带来最大的利润、哪类顾客仅给企业带来最少的利润同时又要求最多的回报,然后针对不同类型的客户给予不同的服务及优惠。

（2）市场营销策略分析。利用数据仓库技术实现市场营销在模型上的仿真,其仿真结果将提示所制定的市场营销策略是否适合,企业可以据此调整和优化其市场营销策略,使其获得最大的成功。

（3）经营成本与收入分析。对各种类型的经济活动进行成本核算,比较可能的业务收入与各种费用之间的收支差额,分析经济活动的曲线,得到相应的改进措施,从而降低成本、减少开支、提高收入。

（4）行为分析和预防。利用联机分析和数据挖掘技术,总结各种骗费、欠费行为的内在规律后,在数据仓库的基础上建立一套欺骗行为和欠费行为规则库,就可以及时预警各种骗费、欠费,尽量减少企业损失。

4.4　数据资源管理

早期的数据资源管理采用文件处理方法。在这种方法中,数据根据特定的组织应用程序的处理要求被组织成特定的数据记录文件,只能以特定的方式进行访问。这种方法在为现代企业提供流程管理、组织管理信息时显得过于麻烦、成本过高且不够灵活。因此出现了数据库管理方法,它可以解决文件处理系统存在的问题。

数据资源管理(Data resource management)是应用数据库管理、数据仓库等信息系统技术和其他数据管理工具,完成组织数据资源管理任务,满足企业股东信息需求的管理活动。企业对于数据的管理需要特别的政策和流程,这样才能为用户提供准确、可靠及易于获取的数据。

4.4.1　制定信息政策

企业的数据是宝贵的资源,因此不能让他人随意更改。企业应该对数据的组织和维护设立规则,并且设置相应的权限。

信息政策具体规定了企业中信息共享、散布、获取、标准化、分类及存储的规则。信息政策规定了具体的流程和责任,规定了企业中可以分享信息的部门和人员,界定了信息分配的对象,以及确定了人员负责信息更新和维护。例如,典型的信息政策会规定:只有人力资源部门和一些特定的人员才有权查看和修改员工的信息,相关部门也同时对保证数据的准确性负责。

如果是一个小公司,信息政策通常由企业主和管理者建立并实施。而在大公司中,对于企业信息资源的管理和规划就需要正式的数据管理职能部门。它的职能具体包括:开发信息政策;进行数据规划;监督数据库的逻辑设计和数据字典的开发;监控信息系统专家和用户对于数据的使用情况。

4.4.2 数据质量控制

随着企业信息化建设的全面开展,信息化水平的进一步提高,随之而带来的是一系列不断积累的数据质量问题,如属性缺失、数据不完整、数据处理不及时、数据不准确、数据重复、数据属性不一致等,从而影响数据信息的可靠性,导致信息化建设效果不理想、决策出现偏差。

数据质量的好坏制约着决策用户能否制定正确的决策,关系企业的信息化成败,也影响企业的生存和竞争能力。因此,建立有效的数据质量管理规范、数据质量监督手段和工具、治理方法和过程、考评机制是数据质量管控的必要内容。确保数据质量可以从以下几个方面着手。

1. 质量规范管理

实现对数据质量相关规范的制定、审核、发布的流程管理及经验库管理。帮助企业在业务系统建设初期统一规划数据标准、数据模式,强化数据质量事前管理。同时在数据质量管控过程中以质量管理规范为依据开展数据监控、质量评价,并不断提炼、总结数据质量问题及解决方法,积累并扩充问题处理经验库,提升管控专业化程度。

2. 体系构建

依据发布的数据质量管理规范,构建以业务系统为依托的数据监控体系、质量评价体系,将质量管理规范转换成监控规则、评价指标、评价标准,强化数据质量体系的标准化管理。

3. 数据监控

对企业业务系统运行的各类数据开展动态、实时监控,及时发现数据不准确、不完整、不及时、不一致等异常,并以邮件、短信、桌面预警等多种方式进行智能预警,帮助企业有效掌控数据风险。

4. 整改跟踪

及时驱动业务系统或相关人员整改数据异常,发起整改流程,全程跟踪整改情况,并对整改结果执行在线验证,从而全面提升整改效果。

5. 质量评价

对企业自身或内部单位进行数据质量考核，评价各单位数据治理情况，通过质量评比督促各单位提升数据管理水平。

6. 质量报告

根据数据监控结果、质量评价结果、数据质量改进措施、改进结果等自动生成质量管理报告，方便领导快速了解数据质量管理状况。

【项目实践】

根据本章所学内容，结合学校的实际情况，建立学校的学籍管理数据库，并完成相关数据的收集、处理等操作，以体会数据库在信息系统中的地位。

思 考 题

1. 什么是数据库管理系统？它是怎样工作的？它带来了什么好处？
2. 什么是关系式数据库？
3. DBMS 的作用是什么？
4. 介绍 E-R 图的含义和组成。
5. 介绍关系模型的概念。
6. 论述数据库设计的大体过程。
7. 什么是数据仓库？它为企业解决了什么问题？
8. 数据仓库和数据库有什么不同？
9. 什么是商务智能？它有哪些特点？
10. 数据集市与数据仓库相比，具有哪些优势？
11. 论述数据仓库体系。
12. 简述数据挖掘的作用并简单描述数据挖掘的流程。

第三篇
信息系统应用篇

- 实现卓越运营和亲近客户：企业应用
- 数字化市场与数字化商品

第5章 实现卓越运营和亲近客户：企业应用

【学习目标】

通过本章的学习,熟悉 ERP 系统、供应链及供应链管理、客户关系管理系统的概念及特点;熟悉客户关系管理系统分类;了解 ERP 系统的主要模块功能;了解供应链管理的核心过程及供应链管理系统的功能;了解 CRM 系统的主要模块功能。

【导入案例】

红太阳集团农药供应链管理

1. 案例背景

红太阳集团是以红太阳集团有限公司为核心企业,以南京红太阳股份有限公司、红太阳种业、红太阳海邦医药、红太阳科邦肥料、红太阳农资连锁、红太阳国际贸易、红太阳澳洲海力国际企业等 32 家全资及控股子公司组建的跨国大型高科技产业集团公司,为国家重点培养的十大骨干农药企业之首、南京市 20 强骨干龙头企业,其中拥有一家上市公司,两家拟上市公司,3 家境外公司,一个工程技术研究院,4 个工程技术中心和 12 家生产基地。

目前,红太阳集团占地 280 公顷,总资产 41.28 亿元,同比创业增长 4.4 万倍,年销售收入 36.6 亿元,同比创业初增长了 5302 倍,出口创汇 7000 万美元,平均每年增长 1.25 倍,构建了以环保农药、现代种业、生态肥料、涂料、油漆、生物医药、农资连锁、国际贸易八大生命科学产业、现代新业态为主体产业链的企业群,以"为农业,为农村,为农民服务"作为自己的职责,已成为世界上生产超高效、低毒性、环保型农药品种系列,亚太地区最大的制造企业之一,位列中国千强企业第 619 位。

1) 红太阳集团的发展历程

红太阳集团的发展经历了创业起步阶段、创业创新起步阶段、创业创新发展阶段和创业创新创优阶段,发展历程如图 5-1 所示。

2) 红太阳集团的管理结构体系

在管理上严格按照八统、一分、二级核算、两个重点、八项控制的原则:八统一为统一形象、统一标准、统一采购、统一配送、统一结算、统一服务、统一人事、统一信息;一分为分级管理,集团公司管理省级和加工分装中心,控股子公司管理县、乡、村级;二级核算分别为集团一级、控股子公司一级;两个重点分别为成本、资金;八项控制为比价采购、工程招标、成本否决、预算控制、费用包干、盈亏考核、风险抵押、优胜劣汰。

3) 红太阳集团生产的主要农药产品

红太阳集团农药事业部化工工业园,是目前世界上高效农用杀虫剂产品结构最合理、系列化程度最高、产品完全符合 21 世纪产业政策要求的农药生产基地。主要生产第三代和第四代拟除虫菊酯类和杂环化合物类仿生性杀虫剂,尤其是目前世界上三大外国先进化学公

第一阶段：创业起步阶段

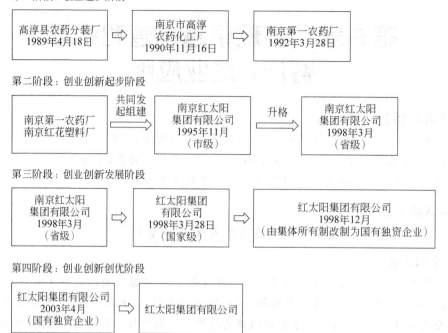

第二阶段：创业创新起步阶段

第三阶段：创业创新发展阶段

第四阶段：创业创新创优阶段

图 5-1　红太阳集团的发展历程

司分工协作生产的三大高科技、高附加值、高投入的杀虫剂吡虫啉(德国拜耳公司)、溴氰菊酯(法国罗素优克福公司)、氯氟氰菊酯(英国 ICI 公司)都已大规模生产。目前,农药事业部的产品包括十大类原药、二十四类单制剂和十类复制剂(以 2001 年 10 月前三证齐备,有生产资格为准)。除 20％三唑酮 EC 和 25％丙环唑 EC 属杀菌剂、18％二氯泡腾片剂属除草剂外,其余都是杀虫杀螨剂。

2. 案例陈述

1) 红太阳集团农药供应链的特点

农药生产和销售的季节性很强,并且存在一定的地域性差异。农药越来越追求高效化,长途运输的平均边际成本越来越高。农药经销商进入和退出的壁垒较小,农药生产企业为了维护自身的利益,存在整合的必要性。农药企业在生产与销售上的优势各有千秋,在产品结构上互补性也较强。农药市场竞争日益激烈,需要企业建立快速的反应机制等。因此,为适应新的市场环境的变化,需要企业建立供应链管理体系。

红太阳集团的管理决策层很早就认识到供应链管理的重要性,并积极进行探索与实践。他们认识到,只有加强与供应链成员之间的联系,提高产品周转速度,保证以适合的成本在适合的时间以适合的质量完成各阶段的工作,企业才能降低成本、提高利润,才能实现效益最大化。

通过对红太阳集团的调研,现描述红太阳集团农药供应链的特点如下。

(1) 全国第一家农资连锁企业。

红太阳集团作为中国农资行业迅速崛起的一颗耀眼的新星,通过长期的探索,率先提出并建立了"千县万乡十万村"的红太阳农资连锁电子商务网络,拉开了中国农资连锁经营革命性浪潮的序幕。

(2)农药产品的防伪、防窜。

红太阳集团的农药产品是按区域进行销售的,不允许产品在不同的区域间窜货,原因是受经济条件制约导致不同区域同一农药产品的价格不同,以防销售商为利益所驱将低价区域的产品拿到高价区域销售赚取利润。对此,红太阳集团采用条码对每件农药产品加以标记,条码中包括产品批号、生产日期、销售区域等基本信息,用户可以依据条码通过手机短信、网站、电话进行查询,以辨真伪。

(3)物流业务外包。

红太阳集团将农药供应链中的部分物流业务外包给第三方物流,这主要有三大驱动力:第一,从企业运营角度考虑,将物流业务外包给第三方,企业可以简化组织,减少因为研究物流知识和管理物流业务而花费的精力,提高管理效率;第二,事实证明,企业单靠自己的力量降低物流费用存在很大困难,目前很多企业在提高物流效率方面已经取得了很大的进展,要想实现新的改善,企业不得不寻求其他途径,包括物流外包;第三,从战略上考虑,如资源集中在企业的核心竞争力上,可以获取最大的投资回报。那些不属于核心能力的功能应被弱化或者外包,作为主营业务支撑的物流通常不被大多数的制造企业和分销企业视为他们的核心能力。

(4)销售策略。

红太阳集团的销售策略主要包括以下几个方面。

① 产品策略。产品定位为高效化学农药。以仿制即将失去专利保护的品种为主;加大产品组合的宽度;在产品包装上,采取分包、系列包装、文案和陈列效果策略;在产品品牌上,采取多品牌、品牌延伸和家族品牌策略。

② 价格策略。根据经营目标、生产成本、竞争者价格、消费者期望价格定价。

③ 渠道策略。向前整合生产企业,向后整合县级经销商和乡镇网络系统,构筑一个能够实现物流、资金流、信息流三流合一的农药供应链管理体系。

④ 促销策略。坚持可持续发展和打造"红太阳"品牌的原则,突出表现事业部的社会责任感。

2)红太阳集团农药供应链的流程

在供应链管理体系中包括物流、资金流、信息流,只有保证这三流在供应链中畅通,才能提高企业的核心竞争力和经营效益。在红太阳集团的农药供应链中主要涉及以下几个重要的合作伙伴。

(1)原材料供应商。

原料供应对企业来说具有很大的不确定性,企业所需的原材料需经过生产和运输才能到达生产现场,凡影响原料生产和运输的因素都将影响原料的准时到位;在大中型企业的生产流程中,后道工序所需的原料和半成品,都受原料供应和前道工序的制约,凡影响前道工序正常生产的因素都将影响半成品的准时到位。然而,正是这些因素具有的不确定性,很难甚至无法预先做出准确的计划和准备。为了避免由这些不确定性给企业带来的损失,企业一方面设置仓库,以原材料(半成品)的库存来对抗由不确定性造成的原材料短缺;另一方面与原料供应商合作,作为红太阳集团农药供应链体系中的原材料供应基地。

新产品在市场上的生命力,在于新产品开发的速度、质量和满足消费者的需求。在速度和质量上,新产品开发离不开原料供应商的质量。在市场经济的大潮中,原料供应商的层次参差不齐。不重视供应商的作用,放弃对供应商的管理,无疑会对新产品开发带来不利影响,甚至会严重影响开发项目的质量,成为阻碍新产品项目成功的重要因素。

从新产品项目开发的主题出发,让供应商提前参与项目的开发,成为广泛意义上的项目组成员。把供应商有机地与新产品开发结合起来,可以有效地降低开发成本,提高项目质量,缩短新产品开发周期,甚至有利于改进项目新技术的应用。从供应链管理的角度看,供应商处于供应链的源头,要搞好新产品项目的开发,就必须先做好供应商管理。

(2)制造商。

制造商是供应链管理体系中的核心环节,直接决定着产品的质量,影响着供应链管理的经营效益,必须加强对制造商的管理和选择。红太阳集团通过合作和兼并等一系列措施来选择自己的制造商,并取得了很好的成效。

红太阳集团与李嘉诚旗下的长江生命科技公司在香港签订合作协议,投资400万美元进军绿色无公害生态肥、有机复合肥、可控肥和高浓缩复合肥,从而彻底改变长期使用单一化学肥料造成土壤板结、有毒有害物残留、化肥利用率低下和污染环境的不良后果,5年内将打造一个全新的理念、全新的产品、全过程服务的亚洲最大的生态肥基地。

红太阳集团与世界著名农药跨国公司开展合作,在产品开发、市场开发、制造生产、农资连锁等领域实施强强联合。

(3)第三方物流企业。

随着经营规模的不断扩大,红太阳集团将自己的物流业务外包给第三方物流企业,这不仅可以有更大的空间发展自己的优势产业,而且可以大大提高物流服务设施和资源的利用率,从而使得买卖双方和提供物流服务的第三方物流企业都能够获得收益。

(4)经销商。

红太阳集团的经销商分为两级:一级经销商和二级经销商。

一级经销商不属于总代理商,公司在决定一级经销商密度的时候,将考虑区域市场的大小以及经销商之间价格方面可能存在的冲突。在同一座城市(或者同一个相对市场容量较小的区域,同一个地级行政区)原则只设立一个一级经销商。一级经销商享有公司价格体系当中的一级经销商价格,执行统一公布的返利政策,与公司属于核心合作伙伴关系,是公司整体营销结构中最高的分销环节。

二级经销商是经销体系中的补充,在较为偏远的地区,或者在较为专业的批发市场,设立二级经销商,二级经销商网络主要依靠一级经销商建立,一级经销商网络不能覆盖的,公司根据营销规划自行设立并自行管理。二级经销商执行价格体系中的二级经销商价格,执行统一公布的返利政策。

红太阳集团重点在华南、江西、安徽、华中、山东、河南办事处现有的营销网络中,每省选择2~3家经营能力强、终端网络全、推广服务好且具有一定管理能力的地(市)县经销商为合作伙伴,由红太阳控股成立具有独立法人的连锁有限公司,作为开展连锁经营的批发配送中心。经营范围以农药销售为主,肥料、种子销售为辅。

在了解了红太阳集团农药供应链成员之后，就可以清晰地描述农药供应链的流程，如图5-2所示。

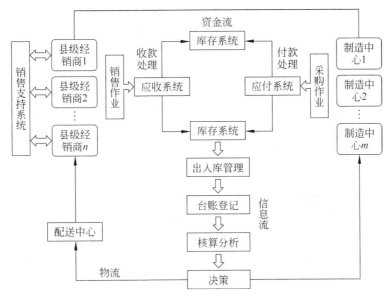

图 5-2　红太阳集团农药供应链流程图

在整个农药供应链流程中，采购部门向制造中心进行采购作业，由财务系统执行付款处理，并且产品经库存系统入库。根据经销商的订单，将产品发送至配送中心，再由配送中心发送到各经销商，出库过程中的决策信息返送给制造中心，以便制造中心制定生产计划。县级经销商通过应收系统将销售作业中的销售收入上交到财务系统，并将销售状况反馈到库存系统。

（资料来源：供应链与物流管理教学案例集）

5.1　企业资源计划（ERP）系统

1990 年 4 月 12 日，Gartner Group 发表了以"ERP：下一代 MRP 的远景设想"为题的研究报告，第一次明确地提出了 ERP 的概念。该公司对其功能标准作出了界定。作为计算机技术在管理领域应用的表现形式，ERP 系统在管理领域中的作用越来越凸显出来。ERP系统是一种典型的管理信息系统。从物理组成来看，ERP 系统包括了计算机硬件技术、软件技术、数据库技术和网络技术等内容。从信息管理来看，从业务数据的采集和加工到信息的形成和使用，都离不开基于计算机技术的 ERP 系统的支持。从内核本质来看，ERP 系统是一种典型的以计划为核心、对企业资源进行优化配置的管理思想。

5.1.1　ERP 系统的概念

ERP（Enterprise Resource Planning，企业资源计划）也称为企业资源规划。顾名思义，ERP 就是对企业的所有资源进行计划、控制和管理的一种手段。从当前的理论研究和应用实践来看,有关 ERP 的定义有许多不同的版本。下面介绍一些比较典型的定义。

ERP 是用于改善企业业务流程性能的一系列活动的集合,由基于模块的应用程序支持,它集成了从产品计划、零件采购、库存控制、产品分销和订单跟踪等多个职能部门的活动。在 ERP 中,还可以包括企业的财务管理和人力资源管理模块。这是 ERP 的一个基本定义,该定义强调业务流程的活动和业务功能的集合,并且限制了 ERP 的作用范围主要是企业内部的各个职能部门。

ERP 是一种对企业所有资源进行计划和控制的方法,这种方法以完成客户订单为目标,涉及订单签约、制造、运输及成本核算等多个业务环节,广泛应用于制造、分销和服务等多个领域。

ERP 系统是一种集成了所有制造应用程序和与制造应用程序相关的其他应用程序,用于整个企业的信息系统。

ERP 系统是一种商业软件包,允许企业自动化和集成主要的业务流程、共享通用的数据且分布在整个企业范围内,并且提供了生成和访问业务信息的实时环境。

ERP 系统是一种商业战略,它集成了制造、财务和分销职能,以便实现动态的平衡和优化企业的资源。ERP 系统是一种集成的应用软件包,可以用于平衡制造、分销和财务功能。

ERP 是一个工业术语,它由多个模块的应用程序支持的一系列活动组成。ERP 可以帮助制造企业或者其他类型的企业管理主要的业务,包括产品计划、零件采购、库存维护、与供应商交流沟通、提供客户服务和跟踪客户订单等。

ERP 是一个信息技术工业术语,它是集成的、基于多模块的应用软件包,为企业的各种相关业务职能提供服务。ERP 系统是一个战略工具,它通过集成业务流程,可以帮助企业提高经营和管理水平,有助于企业优化可以利用的资源。

从系统的角度来看,ERP 系统是一个有着自己的目标、组成部分和边界的有机统一的系统。只有当 ERP 系统的各个组成部分的运行达到协调一致时,ERP 系统才能真正地发挥其效能。

从上面的 ERP 和 ERP 系统的定义来看,每一种定义都有其自身的特点和合理性。造成这种不同定义现状的原因主要有两个:一是 ERP 或 ERP 系统本身的内涵比较复杂,很难从一个方面将其完整地、准确地描述清楚,只能从多种不同的角度来定义;二是 ERP 或 ERP 系统是一种新生的思想和方法,人们对它的理解和认识还没有达到完全成熟的程度,而且它本身处于不断发展和不断完善的过程中,要想使用一个定义来准确捕捉其本质,是一项极其困难的工作。因此,它的定义有不同版本也就不足为怪了。

本书所说的 ERP,就是要通过信息技术等手段,实现企业内部资源的共享和协同,克服企业中的制约,使各业务流程无缝平滑地衔接,从而提高管理效率和业务精确程度,降低交易成本,提高企业的盈利能力。就本质而言,ERP 是企业管理发展到一定阶段的核心理念和技术。

5.1.2 ERP 系统的优点

ERP 系统把企业中的各个部门和职能集成到一个计算机系统中,它可以为各个职能部门的不同需求提供服务。ERP 系统提供了一个功能强大的计算机程序,它既可以满足财务部门员工的成本核算的需求,也可以满足人力资源部门员工的绩效考核的工作需要,还可以满足仓库管理部门员工提高物料管理水平的要求等。

在 ERP 系统出现之前,企业中的许多职能部门都有自己单独的计算机系统,这些系统都有特殊的优化方式,以便满足这些职能部门的需求。实际上,目前中国的很多企业或多或少都采用了一些各种各样的基于计算机辅助管理的信息系统。而 ERP 系统把它们合并为一个单独的计算机系统,在一个单独的数据库系统下运行,以便各个职能部门共享数据和互相通信。这种集成方式可以大大提高企业各项业务的运行效率。

例如,分析与客户签订订单这项业务流程。在采用 ERP 系统之前,一般情况下,当与客户签订一个订单时,该订单纸张就开始在企业中从一个办公桌到另一个办公桌的旅行,在不同的计算机系统中输入一遍又一遍。这种订单处理方式就产生了一系列的问题:订单的处理时间经常性地被延迟,同一个订单由于在不断地输入计算机的重复过程中经常会产生不同的数据而造成订单错误,甚至有些订单被丢失等。同时,在整个企业范围内,没有人准确地知道某一个订单的当前状态、它位于企业中的哪一个位置。财务部门由于无法登录仓库的计算机系统而不知道某种指定的物料是否收到或指定的产品是否已经运输出去。面对客户提出的各种问题,客户服务代表只好不断地重复"对不起,我不清楚"这句话。客户服务代表需要不断地向各个部门打电话,了解情况,索取数据。但是,这些不同部门提供的数据又经常互相矛盾。而 ERP 系统自动化了那些在执行业务流程中重复进行的工作。订单完成工作包括从客户那里获取订单、传输订单和记账等。通过使用 ERP 系统,当客户服务代表从客户那里得到订单时,他就拥有了该订单的所有信息,如该客户的订单历史、公司的库存水平和产品开始运输时间等。企业中的每一个员工都可以看到同一个系统界面,并且可以访问同一个保存了客户信息的数据库。当某一个部门完成了与该订单关联的相应工作后,该订单就通过 ERP 系统按照已经定义好的路径自动地传到下一个部门。查找订单在什么地方,只需登录 ERP 系统并且按照订单处理路径寻找即可。

ERP 系统试图集成企业中跨职能的所有部门的单个信息系统到企业级信息系统,以便满足各个不同职能部门的信息需求。ERP 系统的主要优点在于协调各部门之间的工作,提高跨职能部门的业务流程的执行效率。ERP 系统的实现有助于数据仓库的建立,这是因为 ERP 系统提高了数据的可访问性,管理人员在需要执行决策时可用分钟级的时间实时访问所需要的信息。ERP 系统提供了跟踪业务活动的实际成本的能力,允许企业执行基于活动的成本管理(Activity Based Costing,ABC)方法。

ERP 系统可以在企业的业务操作层、管理控制层和战略计划层这 3 个层次上都提供支持和流线化业务流程。

1. 在业务控制层——ERP 系统可以降低业务成本

ERP 系统是一个试图将企业跨各业务部门的业务流程集成到一个企业级业务流程的信息系统。ERP 系统的主要优点在于协调各个业务部门,提高业务流程的整体效率。实施 ERP 系统之后,即刻得到的好处是降低业务成本,如降低库存控制成本、降低生产成本、降低市场营销成本和降低客户服务成本等。

2. 在管理控制层——ERP 系统可以促进实时管理的实施

实施 ERP 系统之后，第二个好处是可以促进实时管理的实施。ERP 系统提供了对数据更有效的访问，管理人员可以分钟级地实时访问用于决策的信息。ERP 系统提供了跟踪各项活动成本的功能，有助于在企业实行作业成本法。管理控制的工作实际上就是及时发现问题并解决问题的过程，ERP 系统的使用大大提高了管理人员及时发现问题并解决问题的能力。

3. 在战略计划层——ERP 系统可以支持战略计划

ERP 系统的一个重要作用就是支持战略计划中的资源计划。不过，在许多实际的 ERP 系统中，由于战略计划的复杂性和缺乏与决策支持系统的充分集成等原因，资源战略计划的功能被大大削弱，而只强调具体的业务执行计划。如何更好地提高 ERP 系统的战略计划功能，是 ERP 系统今后发展的一个重要方向。

【阅读材料】

ERP 系统可以为企业带来巨大的好处，这些好处可以分为定性和定量两个方面。

1. 定性方面

一般认为，ERP 系统为企业带来的定性好处包括以下几个方面。

（1）可以大大减少库存量，从而降低库存成本；可以大大加快订单的处理速度、提高订单的处理质量，从而降低订单的处理过程成本。

（2）通过自动化方式及时采集各种原始数据，提高了数据的处理速度和处理质量，从而降低了财务记账和财务记录保存的成本。

（3）由于提高了设备的管理水平，可以充分利用企业的现有设备，降低设备投资。

（4）生产流程更加灵活，可以有效地应对生产过程中各种异常事件的发生。

（5）由于提高了生产计划的准确性，从而降低了生产线上的停产时间，由于提高了物料需求计划的准确性，因此大大减少缺货现象。

（6）更加有效地确定生产批量和调度生产，提高生产效率；减少生产过程中由于无法及时协调而出现的差错率，提高管理水平可以降低生产过程的成本。

（7）由于成本和效率方面的改善，企业可以从容地确定有利的价格，从而提高企业的利润或者提高企业的市场占有份额；由于改善了整个生产过程，因此可以大大缩短产品交付期。

（8）对顾客来说，可以提高产品生产过程的透明度；允许更大程度的产品个性化定制，因此可以更灵活地满足客户的需求；客户满意度得到提高，从而可以增加产品销售量、增加销售利润并扩大市场份额，最终增加企业的利润。

（9）企业的管理人员和业务人员有更多的时间投入到业务的研究和问题的解决中去，从而提高管理人员和业务人员的业务素质和管理水平；由于可以方便地借鉴行业最佳管理实践，企业管理的精细化、规范化和标准化可以做得更好；由于实现了信息共享，企业的决策有了及时的、全方位的数据依据，可以提高决策的质量。

（10）由于可以根据需要及时调整业务操作和业务流程中的约束,企业员工的全局观念得到了增强,员工的工作能动性得到了大大提高;由于 ERP 系统的各种培训和经常性的业务操作,企业员工的计算机技术和数字化管理素质得到了普遍提高。

2. 定量方面

从定量方面来看,一般认为,ERP 系统为企业带来下面一些好处。

（1）降低库存资金占用 15%～40%。

（2）提高库存资金周转次数 50%～200%。

（3）降低库存误盘误差,控制在 1%～2%。

（4）减少 10%～30% 的装配面积;减少 10%～50% 的加班工时;减少 60%～80% 的短缺件。

（5）提高了 5%～15% 的生产率;降低了 7%～12% 的成本;增加了 5%～10% 的利润。

5.1.3 ERP 系统的缺点

但是,不能只看到 ERP 系统有利的一面,实际上,目前 ERP 系统本身还存在着许多缺点。一般认为,ERP 系统的缺点主要包括以下几点:ERP 系统的实施是非常复杂的,实施过程具有很大的风险;与传统系统的集成问题,接口、数据等如何更好地处理;客户定制问题,如何更好、更快地满足客户的要求;实施成本高昂,大多数 ERP 系统的实施都超过了预期的成本和项目期限;由于组织流程和结构的变化,造成企业内部员工的消极抵触;计算机系统的安全性问题和病毒问题时刻对企业的正常生产经营活动带来严重危害。

另外,ERP 系统存在许多问题,特别是在 ERP 实施过程中和实施后的应用问题尤其多。一些 ERP 研究人员调查研究之后发现,ERP 在实施过程中和实施后出现的问题和这些问题发生的概率如表 5-1 所示。

表 5-1　ERP 实施过程中和实施后出现的问题

问 题 类 型	发生的概率/%
项目成本超预算	66
项目延期	58
与企业战略的冲突,实施之后不能适应企业的变化和战略	42
员工对流程和组织变化的抵触实施中和实施后	42
与咨询公司的冲突	38
内部冲突	34
与供应商的冲突	30

5.1.4 ERP 系统的主要功能模块

ERP 系统的主要功能包括财务管理、物流管理、生产计划和控制管理及人力资源管理。

1. 财务管理

在企业中,清晰分明的财务管理是极其重要的。所以,在 ERP 整个方案中它是不可或缺的一部分。ERP 中的财务模块与一般的财务软件不同,作为 ERP 系统中的一部分,它和系统的其他模块有相应的接口,能够相互集成。例如,它可将由生产活动、采购活动输入的信息自动计入财务模块生成总账、会计报表,从而取消了输入凭证繁琐的过程,几乎完全替代以往传统的手工操作。一般的 ERP 软件的财务管理分为会计核算与财务管理两大块。

1) 会计核算

会计核算主要是记录、核算、反映和分析资金在企业经济活动中的变动过程及其结果。它由总账、应收账、应付账、现金、固定资产、多币制等部分构成。

(1) 总账模块。它的功能是处理记账凭证输入、登记,输出日记账、一般明细账及总分类账,编制主要会计报表。它是整个会计核算的核心,应收账、应付账、固定资产核算、现金管理、工资核算、多币制等各模块都以其为中心来互相传递信息。

(2) 应收账模块。它是指企业应收的由于商品赊欠而产生的正常客户欠款账。它包括发票管理、客户管理、付款管理、账龄分析等功能。它和客户订单、发票处理业务相联系,同时将各项事件自动生成记账凭证,导入总账。

(3) 应付账模块。应付账是企业应付购货款等账,它包括了发票管理、供应商管理、支票管理、账龄分析等。它能够和采购模块、库存模块完全集成以替代过去繁琐的手工操作。

(4) 现金管理模块。它主要是对现金流入流出的控制以及零用现金及银行存款的核算。它包括了对硬币、纸币、支票、汇票和银行存款的管理。在 ERP 中提供了票据维护、票据打印、付款维护、银行清单打印、付款查询、银行查询和支票查询等和现金有关的功能。此外,它还和应收账、应付账、总账等模块集成,自动产生凭证,计入总账。

(5) 固定资产核算模块。即完成对固定资产的增减变动以及折旧有关基金计提和分配的核算工作。它能够帮助管理者对目前固定资产的现状有所了解,并能通过该模块提供的各种方法来管理资产,以及进行相应的会计处理。它的具体功能有登录固定资产卡片和明细账、计算折旧、编制报表以及自动编制转账凭证,并转入总账。它和应付账、成本、总账模块集成。

(6) 多币制模块。这是为了适应当今企业的国际化经营,对外币结算业务的要求增多而产生的。多币制将企业整个财务系统的各项功能以各种币制来表示和结算,且客户订单、库存管理及采购管理等也能使用多币制进行交易管理。多币制和应收账、应付账、总账、客户订单、采购等各模块都有接口,可自动生成所需数据。

(7) 工资核算模块。自动进行企业员工的工资结算、分配、核算以及各项相关经费的计提。它能够登录工资、打印工资清单及各类汇总报表,计算计提各项与工资有关的费用,自动做出凭证,导入总账。这一模块是和总账、成本模块集成的。

(8) 成本模块。它将依据产品结构、工作中心、工序、采购等信息进行产品的各种成本的计算,以便进行成本分析和规划。

2) 财务管理

财务管理的功能主要是基于会计核算的数据,再加以分析,从而进行相应的预测、管理和控制活动。它侧重于财务计划、控制、分析和预测。

（1）财务计划。根据前期财务分析做出下期的财务计划、预算等。

（2）财务分析。提供查询功能和通过用户定义的差异数据的图形显示进行财务绩效评估，账户分析等。

（3）财务决策。财务管理的核心部分，中心内容是作出有关资金的决策，包括资金筹集、投放及资金管理。

2. 物流管理

1）分销管理

销售的管理是从产品的销售计划开始，对其销售产品、销售地区、销售客户各种信息的管理和统计，并可对销售数量、金额、利润、绩效、客户服务做出全面的分析，这样在分销管理模块中大致有三方面的功能。

（1）对于客户信息的管理和服务。它能建立一个客户信息档案，对其进行分类管理，进而对其进行有针对性的客户服务，以达到最高效率地保留老客户、争取新客户。在这里，要特别提到的就是最近新出现的 CRM 软件，即客户关系管理，ERP 与它的结合必将大大增加企业的效益。

（2）对于销售订单的管理。销售订单是 ERP 的入口，所有的生产计划都是根据它下达并进行排产的。而销售订单的管理是贯穿了产品生产的整个流程。

（3）对于销售的统计与分析。这是系统根据销售订单的完成情况，依据各种指标做出统计，如客户分类统计、销售代理分类统计等，然后根据这些统计结果对企业实际销售效果进行评价。

2）采购管理

确定合理的订货量、优秀的供应商和保持最佳的安全储备。能够随时提供订购、验收的信息，跟踪和催促外购物料或者在外加工的物料，保证货物及时到达。建立供应商的档案，用最新的成本信息来调整库存的成本。

3）库存控制

用来控制存储物料的数量，以保证稳定的物流支持正常的生产，但又要最小限度地占用成本。它是一种相关的、动态的、真实的库存控制系统。它能够满足相关部门的需求，随时间变化动态地调整库存，精确地反映库存现状。

3. 生产控制管理模块

这一部分是 ERP 系统的核心所在，它将企业的整个生产过程有机地结合在一起，使得企业能够有效地降低库存、提高效率。同时各个原本分散的生产流程的自动连接，也使得生产流程能够前后连贯地进行，而不会出现生产脱节，耽误生产交货时间。生产控制管理是一个以计划为导向的先进的生产管理方法。首先，企业确定它的一个总生产计划，再经过系统层层细分后，下达到各部门去执行，即生产部门以此生产、采购部门按此采购等。

1）主生产计划

它是根据生产计划、预测和客户订单的输入来安排将来的各周期中提供的产品种类和数量,它将生产计划转为产品计划,在平衡了物料和能力的需要后,精确到时间、数量的详细的进度计划。它是企业在一段时期内的活动总的安排,是一个稳定的计划,是以生产计划、实际订单和对历史销售分析得来的预测产生的。

2)需求计划

在主生产计划决定生产多少最终产品后,再根据物料清单,把整个企业要生产的产品数量转变为所需生产的零部件的数量,并对照现有的库存量,可得到还需加工多少、采购多少的最终数量。

3)能力需求计划

它是在得出初步的物料需求计划之后,将所有工作中心的总工作负荷,在与工作中心的能力平衡后产生的详细工作计划,用以确定生成的物料需求计划是否是企业生产能力上可行的需求计划。能力需求计划是一种短期的、当前实际应用的计划。

4)车间控制

这是随时间变化的动态作业计划,是将作业分配到具体各个车间,再进行作业排序、作业管理、作业监控。

5)制造标准

在编制计划中需要许多生产基本信息,这些基本信息就是制造标准,包括零件、产品结构、工序和工作中心,都用唯一的代码在计算机中识别。

4. 人力资源管理模块

以往的 ERP 系统基本上都是以生产制造及销售过程(供应链)为中心的。因此,长期以来一直把与制造资源有关的资源作为企业的核心资源来进行管理。但近年来,企业内部的人力资源,开始越来越受到企业的关注,被视为企业的资源之本。在这种情况下,人力资源管理,作为一个独立的模块,被加入到了 ERP 的系统中来,和 ERP 中的财务、生产系统组成了一个高效的、具有高度集成性的企业资源系统。它与传统方式下的人事管理有着根本的不同。

1)人力资源规划的辅助决策

对于企业人员、组织结构编制的多种方案,进行模拟比较和运行分析,并辅之以图形的直观评估,辅助管理者做出最终决策。

制定职务模型,包括职位要求、升迁路径和培训计划,根据担任该职位员工的资格和条件,系统会提出针对本单位员工的一系列培训建议,一旦机构改组或职位变动,系统会提出一系列的职位变动或升迁建议。

进行人员成本分析,可以对过去、现在、将来的人员成本作出分析及预测,并通过 ERP 集成环境,为企业成本分析提供依据。

2)招聘管理

人才是企业最重要的资源。拥有优秀的人才才能保证企业持久的竞争力。招聘系统一般从以下几个方面提供支持。

(1)进行招聘过程的管理,优化招聘过程,减少业务工作量。

(2)对招聘的成本进行科学管理,从而降低招聘成本。

（3）为选择聘用人员的岗位提供辅助信息，并有效地帮助企业进行人才资源的挖掘。

3）工资核算

（1）能根据公司跨地区、跨部门、跨工种的不同薪资结构及处理流程制定与之相适应的薪资核算方法。

（2）与时间管理直接集成，能够及时更新，对员工的薪资核算动态化。

（3）回算功能。通过和其他模块的集成，自动根据要求调整薪资结构及数据。

4）工时管理

（1）根据本国或当地的日历，安排企业的运作时间以及劳动力的作息时间表。

（2）运用远端考勤系统，可以将员工的实际出勤状况记录到主系统中，并把与员工薪资、奖金有关的时间数据导入薪资系统和成本核算中。

5）差旅核算

系统能够自动控制从差旅申请、批准到差旅报销的整个流程，并且通过集成环境将核算数据导入财务成本核算模块中去。

5.2　供应链管理（SCM）系统

供应链管理（Supply Chain Management，SCM）作为新型的管理技术，能有效地拆除企业的围墙，将分散的企业信息化孤岛连接在一起，建立一种跨企业的协作，通过信息技术与互联网把过去分离的业务过程集成起来，建立从生产领域到流通领域一步到位的全业务过程，以实现企业间的优势互补和全社会的资源整合。

5.2.1　供应链管理模式的产生与发展

鉴于"纵向一体化"管理模式的种种弊端，从 20 世纪 80 年代后期开始，国际上越来越多的企业放弃了这种经营模式，随之而来的是"横向一体化"思想的兴起。"横向一体化"就是利用企业外部资源快速响应市场需求，本企业只抓自己具有核心竞争力的业务，而将非核心业务委托或外包给合作伙伴企业。例如，福特汽车公司的 Festiva 车就是由美国人设计，在日本生产发动机，由韩国的制造厂生产其他零件和装配，最后在美国市场上销售。制造商把零部件生产和整车装配都放了企业外部，这样做的目的是利用其他企业的资源促使产品快速上市，避免自己投资带来的基建周期长等问题，从而赢得产品在低成本、高质量和早上市等诸方面的竞争优势。比较研究发现，美国厂商普遍采用"纵向一体化"模式进行管理，而日本厂商更多采用"横向一体化"的模式。美、日两国企业的这种管理模式的选择，与他们的生产结构有着密切联系。美国企业生产一辆汽车，45％的零部件由企业内部生产制造，55％由外部企业生产制造。而日本厂商生产一辆汽车，只有 25％的零部件由企业内部生产制造，外包的比例很大。这也许在某种程度上说明了美国汽车缺乏竞争力的原因之一。

"横向一体化"管理模式形成了一条从供应商到制造商再到分销商、零售商的贯穿所有企业的"链"。由于相邻节点企业表现出一种需求与供应的关系，当把所有相邻企业依次连接起来，便形成了供应链。这条链上的节点企业必须达到同步、协调运行，才有可能使链上的所有企业都受益。于是便产生了供应链管理这一新的经营与运作模式。

供应链管理概念把企业资源的范畴从过去单个企业扩大到整个社会,使企业之间为了共同的市场利益而结成战略联盟。因为这个联盟要"解决"的往往是具体顾客的特殊需要,供应商就需要与该顾客共同研究如何满足他的需要,还可能要对原设计进行重新考虑、重新设计,这样在供应商和顾客之间就建立了一种长期联系的依存关系。供应商以满足顾客和为顾客服务为目标,顾客当然也愿意依靠这个供应商,当原来的产品用完或报废需要更新时,还会找同一个供应商。这样一来,借助敏捷制造战略的实施,供应链管理也得到越来越多人的重视,成为当今国际上最有影响力的一种企业运作模式。

供应链管理利用现代信息技术,通过改造和集成业务流程、与供应商及客户建立协同的业务伙伴联盟,从而大大提高了企业的竞争力,使企业在复杂的市场环境中立于不败之地。根据有关资料统计,供应链管理的实施可以使企业的总成本下降 10%;供应链上的节点企业按时交货率提高 15% 以上;订货—生产的周期时间缩短 25%~35%;供应链上的节点企业生产力增值提高到 10% 以上。这些数据说明,供应链企业在不同程度上都取得了发展,其中以"订货—生产的周期时间"缩短最为明显。能取得这样的成果,完全得益于供应链企业的相互合作,相互利用对方资源的经营策略。采用供应链管理模式使企业在最短时间里寻找到最好的合作伙伴,用最低的成本、最快的速度、最好的质量赢得市场,而且受益的不止是一家企业,而是一个企业群体。因此供应链管理模式吸引了越来越多的企业。

因此,未来的竞争将不是企业和企业之间的竞争,而是供应链与供应链之间的竞争。那些在零部件制造方面占有独特优势的中、小型供应商企业,将成为大型的装配主导型企业追逐的对象。

5.2.2　供应链与供应链管理概述

1. 供应链的定义

在全球市场经济环境下任何一个企业都不可能是孤立存在的。它必然与其他的企业有合作关系,如企业上游的供应商与下游的客户,而把这些相互关联的企业链接起来就构成了供应链。

美国生产与库存管理协会(American Production and Inventory Control Society, APICS)对供应链的定义是:供应链是从原材料开始到把产品和服务交到客户手中,包括所有的合作伙伴,以及通过物流、信息流和资金流的形式,连接合作伙伴的各种方法。

美国的史迪文斯(Stevens)认为:"通过增值过程和分销渠道控制从供应商到客户的流是供应链,它开始于供应的原点,结束于消费的终点"。而伊文斯(Evens)认为:"供应链是通过前馈的物料流及信息流,将供应商、制造商、分销商、零售商,直到最终用户连成一个整体的模式"。这些定义虽然不尽相同,但它们的共同点都是强调从需求源到供应源的整个完整链。实际上,供应链是个非常广泛的概念,人们可以从广义和狭义两个层面来进行理解。

1) 广义供应链

广义供应链是指企业外部的供应链关系如图 5-3 所示。在广义的供应链中,拆除了企业与企业之间的围墙,把过去分离的产品制造、销售、服务的商务过程,通过供应链的关系集中起来,使供应链管理的视野从原材料供应、外协加工、生产制造,到销售服务、分销、运输、批发及零售,贯穿到产品商务的全过程。在广义供应链中,每个企业都是链中的一个节点,企业与企业之间是通过"供与需",即需求源、通过需求计划建立连接的关系。如图 5-3 所示,广义供应链的上游是供应商,下游是客户(在 ERP 系统中称为用户),其中,客户有办事处、代理商、批发商、服务商等多种类型。

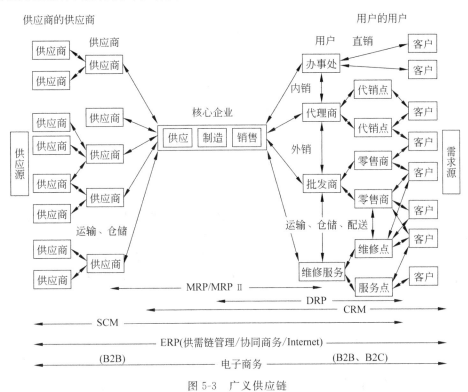

图 5-3　广义供应链

图 5-3 中的工作原理:当核心企业产品经营时,向上游的供应商周而复始地提出"需"的信息;对下游的客户周而复始地提供"供"的信息。为了保证每个企业的资源合理地调配,需要制订物料需求计划,及时提交"供需平衡"信息。当彼此确认这些信息时,便产生企业间的商务交易,从而由上往下联动地推进,在企业间相互连接、彼此依赖、协同作业的机制下共求发展,否则任何一个企业都可能从供应链中消失。

在全球供应链的环境下,所有企业的产品经营活动都是以客户为核心的。围绕着客户的需求,企业对供应链的"物料、资金、人力、数据、时间"5 种资源进行计划、调度、调配、控制及合理利用,从而形成了用户、零售商、分销商、制造商、供应商间的供应链管理与控制。

2) 狭义供应链

狭义供应链是指企业内部的供应链关系。在狭义的供应链中,拆除了企业部门与部门之间的围墙,把过去企业内部分离的业务过程,通过供应链的关系集中起来。狭义的供应链是指企业内部从购买原材料、委外加工、产品制造到销售,再到最终服务于客户的全过程。如图 5-4 所示,销售部门需要采购部门按时、按量地提供客户需要的产品;反过来,采购部门依据销售部门和库存信息采购产品。由此建立起了销售与采购,需与供的供应链关系。

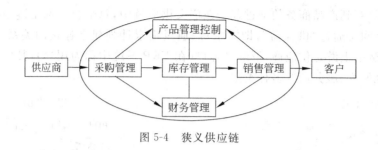

图 5-4　狭义供应链

与图 5-3 不同,图 5-4 是企业内部的一个供应链节点。在企业内部供应链的环境下,该节点动态地连接采购、销售、产品管理控制、库存管理和财务各个部门,并快速地处理与传递信息。

2. 供应链管理的定义

供应链管理(Supply Chain Management,SCM)是在满足服务水平需要的同时,通过对整个供应链系统进行计划、组织、协调、控制和优化,最大限度地减少系统成本,实现供应链整体效率优化而采用的从供应商到最终用户的一种集成的管理活动和过程。

国家标准《物流术语》(GB/T 18354—2006)对供应链管理的定义是:"利用计算机网络技术全面规划供应链中的商流、物流、信息流、资金流等,并进行计划、组织、协调与控制。"

1)供应链管理的任务

(1)确定供应链各环节的关系。

供应链管理的首要任务是确定供应链中不同节点之间的关系、类型、联系的紧密程度与形式,以便分清主次,提高作业效率,减少流程中断的风险。应综合考虑供应链的总体目标、背景环境及企业能力等因素,最终确定供应链中各节点之间的恰当关系。

(2)改善供应链管理质量。

供应链管理质量取决于供应链成员合作的紧密程度。合作的紧密程度又具体表现在共同设计产品、协同生产、供应链多级库存优化管理、功能强大的互联信息系统支持、市场需求信息的快速反应、严密的成本分析、客观而完善的绩效评价与反馈等方面。企业的重要任务,就是调整合作伙伴的位置和重组供应链成员的关系,以创新产品的价值,保持市场竞争力。

(3)建立快速反应系统。

供应链管理的最终目标就是建立一个以客户需求为基础的快速反应系统,从而降低库存,提高资金周转率,提高整个供应链的效率。企业对市场需求反应时间的长短反映了企业调动和运用各种资源的能力。

(4)整合供应链。

首先是内部整合,即对企业内部的采购、制造、运输、仓储和销售等几个基本环节进行整体计划及管理,使其达到整体最优。在此基础上,外部供应链整合是指供应链合作伙伴之间的业务全过程,包括采购、制造、分销、库存管理、运输、仓储、客户服务等,通过进行充分的信息交换,达成统一的计划安排,建立一种跨企业的协作,以追求和分享市场机会,达到最大利益。

（5）供应链管理的信息化应用。

供应链管理通过分享信息和共同计划使整体物流效率得到提高，使渠道安排从一个松散群体，变为一种致力于提高效率和增强竞争力的合作力量。因此，信息化应用是实施供应链管理战略的关键要素。近年来，我国的供应链管理企业快速发展起来，有轻资产的第四方物流企业，也有第三方物流转型而成的物流供应链一体化公司，这些企业最大的特点是管理优化和信息整合。

（6）物流、资金流和信息流整合。

供应链管理是一项非常复杂的系统工程，只有在各种业务和信息集成共享的基础上，对物流、资金流和信息流进行有机的组合，实施有效的计划、组织、协调和控制工作，才能获得供应链管理战略所期望的效果。

2）供应链管理的核心过程

（1）客户关系管理。

客户关系管理提供了发展和维护与客户关系的方法。通过这个步骤，管理者能辨认关键客户和客户群，并把他们作为公司商业计划的一部分，根据客户价值将他们分类，并通过提供个性化的服务来提升顾客的忠诚度。

（2）需求管理。

需求管理是平衡客户需求和供应能力的过程，能使需求和供给相匹配，并能使计划更有效地执行。一个优良的需求管理系统，使用点对点的销售，并了解关键客户的数据以减少不确定性，及时地协调市场需求和生产计划，并对整个供应链提供有效的支持。

（3）完成订单。

这个过程不仅仅指下达订单指令，它还包括定义客户需求，设计网络，在最小化配送成本的基础上满足客户需求等一系列活动。它的目的是建立一个从供应商到核心企业，再从核心企业到不同客户的无缝衔接的系统。

（4）生产流程管理。

生产流程就是产品从原材料到成品的制作过程中各要素的组合。这个过程中，有供应商（原材料提供者）、输入（原材料）、输出（成品）、过程（生产过程）、接收者（仓库），这些要素组合在一起就构成了典型的生产流程。生产流程管理包括了所有与生产活动有关的行为，目的就是在既定的时间内以尽可能低的成本生产出尽可能多的产品。为了达到预期的生产要求，就需要供应链参与者在计划和执行方面给予合作。

（5）供应商关系管理。

正如当今流行的客户关系管理（CRM）是用来改善与客户的关系一样，供应商关系管理（SRM）是用来改善与上游供应商关系的。它是一种致力于实现与供应商建立和维持长久、紧密伙伴关系的管理思想和软件技术的解决方案，实施于围绕企业采购业务相关的领域，目标是通过与供应商建立长期、紧密的业务关系，并通过对双方资源和竞争优势的整合来共同开拓市场，扩大市场需求和份额，降低产品前期的高额成本，实现双赢的企业管理模式。

（6）产品开发和商业化。

与客户及供应商共同开发产品，并把产品投放市场。负责产品的设计和商业化过程的团队应该和 CRM 过程中的团队合作以确认客户和需求,应该和 SRM 过程中的团队合作来选择材料和供应商,和生产流程管理过程中的团队合作根据市场的需求来开发新产品。

(7) 回收管理。

有效的回收管理是供应链管理的重要步骤,它能使公司获得持续的竞争力。适当地执行回收管理不仅能有效管理产品流中的次品,而且还能减少不期望出现的回收产品数量,并能重复利用如包装盒之类的可循环利用的部分。

5.2.3 SCM 系统的功能

随着商品贸易量的扩大,信息数量的增加,供应链上贸易伙伴的组织费用、数据处理费用及支持人员费用会大幅度增加,对信息进行精确、可靠、及时的采集、传输和处理变得越来越重要。信息共享是实现供应链管理的基础。供应链的协调运行建立在各个节点企业高质量的信息传递与共享的基础之上,因此,有效的供应链管理离不开信息系统提供可靠的支持。

供应链管理信息系统,改进和强化了供应链物流、资金流和信息流的集成管理,有效地推动了供应链管理的发展。它提高了企业信息交换的准确性,减少了复杂、重复工作中人为的错误,以及由此而导致的时间浪费和经济损失,提高了供应链管理的运行效率。供应链管理信息系统是供应链管理的必然要求。

按照 SCM 的发展,可将 SCM 系统的功能分为初期的 SCM 系统的功能和集成的 SCM 系统的功能两种情况。

1. 初期的 SCM 功能

1) 供需管理

供需管理是 SCM 的重要功能,包括供应商与客户的信息和进度管理,如图 5-5 所示。从图中可以看出,供应链的需求是由客户、分销中心、仓库、工厂 B、工厂 A 流向供应商的,也可以直接由客户、公司流向供应商。供应链的供应是由供应商、工厂 A 或 B、仓库、分销中心流向客户的。

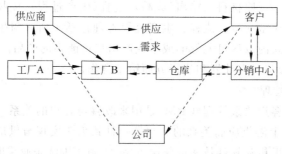

图 5-5　供应链的供需管理

供应商的信息和进度由采购功能来管理,客户信息和进度由销售功能来管理,企业内部供应与需求由制造、库存、运输功能模块来管理。所有的供需信息可以通过不同的节点来进行收集,供需信息自动在数据库之间传递。

2) 物料管理

在具备了供需信息之后,可以根据这些信息来编制计划和执行计划。制造工厂可以通过物料清单、库存控制、加工单、质量管理等来管理自身的生产过程。

3) 财务管理

供应链的财务管理主要通过管理供应商、制造商和客户之间的资金往来情况,即应收账款与应付账款。同时,制造商也要对内部资金的往来情况进行管理,控制现金流量和降低成本。

2. 集成的 SCM 功能

随着 SCM 的进一步发展,SCM 的内容更为深入和广泛。不仅供应链管理的短期计划得到重视,供应链管理的长期计划也引起了管理者的关注。从短期看,管理者们关心的是何时采购何种原材料,如何充分利用生产资源安排好生产等;从长期来看,管理者们关心的是选用怎样的策略与供应商建立关系,在何处设立工厂为宜等问题,这些问题都是需要 SCM 解决的。这些问题的解决不仅依赖于企业间的信息系统,同时也需要企业内部的信息系统和决策支持系统的支持。其功能主要包括采购管理、销售管理、高级计划排程等功能。

1) 采购管理

集成 SCM 的采购管理,即 Internet 采购,主要包括采购自助服务、采购内容管理、供货来源的分配、供应商的协作、收货及付款、采购智能等。集成 SCM 的采购与传统采购管理不同,它是由交易关系转变成合作伙伴关系,由为避免缺料的采购管理转变为满足订货要求而采购,由被动供应转变为主动供应,由制造商管理库存转变为供应商管理库存。

2) 销售管理

集成 SCM 的销售管理具有客户自助服务、订单配置、需求获取、订单履行、开票及销售智能等功能。集成 SCM 的销售与传统销售管理不同,它是由推动市场模式转变为拉动市场模式,由以制造商为中心转变为以客户为中心,由一般渠道的销售转变为网络营销。

3) 高级计划排程(Advanced Planning and Scheduling,APS)

APS 是实现集成 SCM 的重要部分,其包括综合预测、供应链计划、需求计划、制造计划和排程等功能。APS 是传统管理中所缺少的功能,它的功能是可以发展多设备分布和生产计划,利用 Internet 优化企业在全球的供应链业务,通过分销需求计划、供应链计划帮助企业得到快捷、无缝的计划系统。没有 APS,SCM 只能作为一种管理理念,而不能成为计划和协同的工具,更不可能成为可推广的软件。

【阅读材料】

供应链管理在中国汽车制造业的成功应用
——风神汽车有限公司的案例研究

1. 引言

2001 年中国加入 WTO 后,我国汽车制造业正面临着前所未有的市场竞争环境。一方面,国内汽车市场中的消费需求日趋个性化,且消费者要求能在任何时候、任何地点,以最低的价格及最快的速度获得所需要的产品,从而使市场需求不确定性大大增加。在捉摸不定的市场竞争环境中,有的企业能够长盛不衰,有的只能成功一时,还有的企业却连一点成功的机会都没有。另一方面,伴随中国加入WTO,中国整个汽车工业又将受到国外汽车制造商的冲击和挤压,而且随着市场经济的发展,中国企业原有的经营管理方式早已不适应激烈竞争的要求。在这内外交困的环境下,企业要想生存和发展下去,必须寻求新的出路。

经济全球化、制造全球化、合作伙伴关系、信息技术进步以及管理思想的创新,使得竞争的方式也发生了不同寻常的转变。现在的竞争主体,已经从以往企业与企业之间的竞争转向供应链与供应链之间的竞争。因而,在越来越激烈的竞争环境下,供应链管理成为近年来在国内外逐渐受到重视的一种新的管理理念和管理模式,在企业管理中得到普遍应用。风神汽车有限公司就是其中一个典型范例。

风神汽车有限公司是东风汽车公司、台湾裕隆汽车制造股份有限公司(裕隆集团为台湾省内第一大汽车制造厂,其市场占有率高达51%,年销量20万辆)、广州京安云豹汽车有限公司等共同合资组建的,由东风汽车公司控股的三资企业。在竞争日益激烈的大环境下,风神公司采用供应链管理思想和模式及其支持技术方法,取得了当年组建、当年获利的好成绩。通过供应链系统,风神汽车有限公司建立了自己的竞争优势:通过与供应商、花都工厂、襄樊工厂等企业建立战略合作伙伴关系,优化了供应链上成员间的协同运作管理模式,实现了合作伙伴企业之间的信息共享,促进物流通畅,提高了客户反应速度,创造了竞争中的时间和空间优势;通过设立中间仓库,实现了准时化采购,从而减少了各个环节上的库存量,避免了许多不必要的库存成本消耗;通过在全球范围内优化合作,各个节点企业将资源集中于核心业务,充分发挥其专业优势和核心能力,最大限度地减少了产品开发、生产、分销、服务的时间和空间距离,实现对客户需求的快速、有效反应,大幅度缩短订货的提前期;通过战略合作充分发挥链上企业的核心竞争力,实现优势互补和资源共享,共生出更强的整体核心竞争能力与竞争优势。风神公司目前的管理模式无疑是成功有效的,值得深入研究和学习借鉴。

2. 风神公司的供应链系统

1) 风神供应链结构

供应链是围绕核心企业,通过对信息流、物流、资金流的控制,从采购原材料开始,制成中间产品及最终产品,最后由销售网络把产品送到消费者手中的将供应商、制造商、分销商、零售商,直到最终用户连成一个整体的功能网链结构。它是一个范围更广的扩展企业结构模式,包含所有加盟的节点企业,从原材料供应开始,经过链中不同企业的制造加工、组装、分销等过程直到最终用户。它不仅是一条连接供应商到最终用户的物料链、信息链、资金链,而且是一条增值链,物料在供应链上因加工、包装、运输等过程而增加其价值,给相关企业都带来收益。

风神公司的供应链(以下简称风神供应链)结构示意图如图5-6所示。

在风神供应链中,核心企业风神汽车公司总部设在深圳,生产基地设在湖北的襄樊、广东的花都和惠州。"两地生产、委托加工"的供应链组织结构模式使得公司组织结构既灵活又科学。风神供应链中所有企业得以有效地连接起来形成一体化的供应链,并和从原材料到向顾客按时交货的信息流相协调。同时,在所有供应链成员之中建立起了合作伙伴型的业务关系,促进了供应链活动的协调进行。

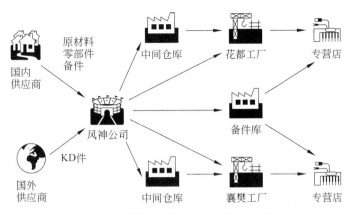

图 5-6 风神公司的供应链结构示意图

在风神供应链中,风神汽车公司通过自己所处的核心地位,对整个供应链的运行进行信息流和物流的协调,各节点企业(供应商、中间仓库、工厂、专营]店)在需求信息的驱动下,通过供应链的职能分工与合作(供应、库存、生产、分销等),以资金流、物流或/和服务流为介质,实现整个风神供应链不断增值。

2)风神供应链的结构特征

为了适应产品生命周期不断缩短、企业之间的合作日益复杂以及顾客的要求更加挑剔的环境,风神供应链中的供应商、产品(整车)制造商和分销商(专营店)被有机组织起来,形成了供应—生产—销售的供应链。风神的供应商包括了多家国内供应商和多家国外供应商(KD件),并且在全国各地设有多家专营店。供应商、制造商和分销商在战略、任务、资源和能力方面相互依赖,构成了十分复杂的供应—生产—销售网链。通过分析发现,风神供应链具有以下特征。

(1)风神供应链的结构具有层次性。从组织边界的角度看,虽然每个业务实体都是供应链的成员,但是它们可以通过不同的组织边界体现出来。这些实体在法律上是平等的,在业务关系上是有层次的,这与产品结构的层次是一致的。

(2)风神供应链的结构表现为双向性。在风神供应链的企业中,使用某一共同资源(如原材料、半成品或产品)的实体之间既相互竞争又相互合作,如襄樊和花都厂作为汽车制造厂,必然在产量、质量等很多方面存在竞争,但是在整个风神供应链运作中又是紧密合作的。花都厂为襄樊厂提供冲压件,在备件、零部件发生短缺时,相互之间又会进行协调调拨,保证生产的连续性,最终保证供应链系统的整体最优。

(3)风神供应链的结构呈多级性。随着供应、生产和销售关系的复杂化,风神供应链的成员越来越多。如果把供应链网中相邻两个业务实体的关系看做一对"供应—购买"关系,对于风神供应链这样的网链结构,这种关系应该是多级的,而且同一级涉及多个供应商和购买商。供应链的多级结构增加了供应链管理的困难,同时也为供应链的优化组合提供了基础,可以使风神公司根据市场变化随时在备选伙伴中进行组合,省去了重新寻找合作伙伴的时间。

(4)风神供应链的结构是动态的。供应链的成员通过物流和信息流连接起来,但是它们之间的关系并不是一成不变的。根据风神公司战略转变和适应市场变化的需要,风神供应链中的节点企业需要动态地进行更新。而且,供应链成员之间的关系也由于顾客需求的变化而经常做出适应性的调整。

利用风神供应链的这些特征,风神公司找到了管理的重点。例如,风神公司对供应链系统进行了层次区分,确定了主干供应链和分支供应链,在此基础上建立了最具竞争力的一体化供应链。另外,利用供应链的多级性特征,对供应链进行等级排列,对供应商/分销商做进一步细分,进而制定出具体的供应/营销组合策略。利用供应链结构的动态性特点指导风神公司建立供应链适时修正战略,使之不断适应外部环境的变化。世界著名的耐克公司之所以取得全球化经营的成功,关键在于它卓越地分析了公司供应链的多级结构,有效地运用了供应商多级细分策略,这一点从风神公司的供应链上也得到了体现,说明充分掌握供应链的结构特征对制定恰当管理策略的重要性。

3) 风神供应链的管理策略

风神供应链在结构上具有层次性、双向性、多级性、动态性和跨地域性等特点。

在管理上涉及生产设计部门、计划与控制部门、采购与市场营销部门等多个业务实体,因此在实现供应链的目标、运作过程和成员类型等方面存在较大的差异。面对如此复杂的供应链系统,如何选择恰当的管理策略是非常重要的。

(1) 供应链核心企业的选址战略。

风神汽车供应链中的核心企业设在广东深圳,这是因为深圳有优惠的税收政策和发育的资本市场,并且可为今后的增资扩股、发行企业债券等提供财力支持。此外,在便利的口岸、交通、技术引进及资讯便利等方面,具有无可替代的地理优势,这些都是构成风神供应链核心竞争力的重要因素。而位于湖北的襄樊工厂有资金、管理及技术资源的优势,广东花都具有整车组装能力,这样就形成了以深圳作为供应链中销售、财务、技术、服务及管理的枢纽,而将整车装配等生产过程放在襄樊和花都,又以襄樊和花都为中心连接起众多的上游供应商,从而可以集中公司的核心竞争力完成销售、采购等核心业务,在整个供应链中就像扁担一样扛起了襄樊、花都两大生产基地。

(2) 业务外包战略。

风神公司"总体规划、分期吸纳、优化组合"的方式很好地体现了供应链管理中的业务外包(Outsourcing)及可扩展企业(Extended Corporation)思想。这种组合的优势体现在充分利用国际大平台的制造基础,根据市场需求的变化选择新的产品,并且可以最大限度地降低基建投资及缩短生产准备期,同时还可以共享销售网络和市场,共同摊销研发成本、生产成本和物流成本。从而减少了供应链整体运行的总成本,最后确保风神汽车公司能生产出最具个性化、最适合中国国情的中高档轿车,同时还具有最强的竞争力。风神公司紧紧抓住"总体规划、分期吸纳、优化组合"的核心业务,而将其他业务(如制造、仓储、物流等)外包出去。

(3) 全球性资源优化配置。

风神公司的技术引进战略以及KD件的采购战略体现了全球资源优化配置的思想。风神公司大部分的整车设计技术是由日产和中国台湾裕隆提供的,而采购则包括了KD件的国外进口采购和零部件的国内采购,整车装配是在国内的花都和襄樊两个不同地方进行,销售也是在国内不同地区的专营店进行,这就实现了从国内资源整合到全球资源优化配置的供应链管理,大大增强了整个供应链的竞争能力。

（4）供应商管理库存的管理方式。

在风神供应链的运作模式中,有一点很值得学习和借鉴的就是其供应商管理库存(Vendor Managed Inventory,VMI)的思想。关于VMI,国外有学者认为："VMI是一种在用户和供应商之间的合作性策略,以对双方来说都是最低的成本优化产品的可获性,在一个相互同意的目标框架下由供应商管理库存,这样的目标框架被经常性监督和修正以产生一种连续改进的环境"。风神公司的VMI管理策略和模式,通过与风神公司的供应商之间建立的战略性长期合作伙伴关系,打破了传统的各自为政的库存管理模式,体现了供应链的集成化管理和"双赢"思想,能更好地适应市场化的要求。VMI是一种供应链集成化运作的决策代理模式,它把用户的库存决策权代理给供应商,由供应商代理客户行使库存管理的决策权。例如,在风神公司的采购过程中,风神公司每6个月与供应商签订一个开口合同或者闭口合同。在每月月初告诉供应商每个月的要货计划,然后供应商根据这个要货计划安排自己的生产,之后将产品运送到风神公司的中间仓库,而风神公司的装配厂只需要按照生产计划凭领料单按时到中间仓库提取产品即可。库存的消耗信息由供应商采集并及时做出补充库存的决策,实现了准时化供货,节约了库存成本,为提高整个供应链的竞争力做出了贡献。

（5）战略联盟的合作意识。

风神公司通过业务外包的资源整合,实现了强强联合,达到了共赢的目的。通过利用全球采购供应资源和产品开发技术,以及国内第三方物流公司的优势,不仅风神汽车公司获得了投资仅一年就获利的良好开端,而且也为花都工厂、襄樊工厂以及两地中间仓库和供应商带来了巨大商机,使所有的企业都能在风神供应链中得到好的发展。风神供应链中的合作企业都已经认识到,它们已经构成了相互依存的联合体,各方都十分珍惜这种合作伙伴关系,都培育出了与合作伙伴结成长期战略联盟的意识。可以说,这种意识才是风神供应链真正的价值!

3. 结束语

一个一体化的、协调的供应链"超级组织"具有对市场需求变化的高度反应力,能迅速支持一个伙伴公司的快速发展,这已经为事实所证明。之所以能取得这样的成效,得益于供应链上的伙伴能够共同分享它们所需要的各种信息,从而使它们能够协调运作。当供应链中每个成员企业的活动都像乐队队员按乐谱演奏那样时,供应商就知道何时增加/减少生产,物流公司能够掌握何时提供准时物流服务,分销商也可及时进行调整。这样,就能够把传统经营中经常出现流通中断或库存积压过长等问题消除或者降到最低限度,真正实现精细生产。这就是供应链管理的魅力!

（资料来源：中国贸易金融网）

5.3　客户关系管理(CRM)系统

客户关系管理(Customer Relationship Management,CRM)的理论基础来源于西方的市场营销理论,在美国最早产生并得以迅速发展。经济的飞速发展和商品的极大丰富,使得客户的选择空间显著增大,与此同时,客户的需求开始呈现出个性化的特征。为了提高客户满意度,企业必须完整地掌握客户信息、准确把握客户需求、快速响应个性化需要,提供便捷的购买渠道、优质的售后服务与经常性的客户关怀等。在此背景下,客户关系管理的地位不断地被提升,并逐渐得到完善。

20 世纪 80 年代,美国出现了"接触管理"(Contact management),以专门收集整理客户与公司联系的所有信息。当时,企业采用 ERP 来优化内部业务流程,提高了工作效率和质量,企业将更多的精力用于关注与外部相关利益者的沟通互动,发现市场机会。因此,发现客户在服务方面存在的较多疑问,能否及时合理地解释这些问题对企业影响很大。而原有的理论缺乏对这些问题的系统研究,因此,CRM 应运而生。最初的 CRM 应用范围较窄,主要是针对部门之间的解决方案,如销售的自动化和客户服务支持。20 世纪 90 年代初,接触管理演变为包括电话服务中心支持资料分析的"客户关怀"(Customer care)。在数据库营销的基础上,它提供了加强企业与个体客户之间关系的初步手段,包括客户服务、产品质量、服务质量和售后服务等。20 世纪 90 年代中期,出现了具备整体交叉功能的 CRM 解决方案,它把内部数据处理、销售跟踪、国外市场和客户服务请求等融为一体。为企业营销人员提供及时、全面的客户信息,清晰地了解每位客户的需求和购买情况,以便提供相应的服务。CRM 得到了大企业的广泛应用,特别是互联网技术的进步,使得 CRM 的能力大大拓展,并得到了推广。20 世纪 90 年代末期,CRM 受到企业、学者和政府的高度重视,CRM 被提升到了管理的理念和战略的高度。美国的 IBM、Gartner Group 等企业认为 CRM 的产生与新经济和新技术有关,新经济促使了自由化,带来了竞争和客户个性化,而 CRM 是有效满足客户个性化的关键。

5.3.1　CRM 的概念

CRM 是 Customer Relationship Management 的缩写,即客户关系管理。

对于企业来说,客户关系管理是一个既古老又充满新意的话题。作为一个古老的话题,实际上自人类有商务活动以来,客户关系就一直是商务活动的一个核心问题,也是商务活动成功与否的关键因素之一。作为充满新意的话题,客户关系是现代企业商务活动的巨大信息资源,企业所有商务活动所需要的信息几乎都来自 CRM,同时,面对经济全球化的趋势,CRM 已经成为企业信息技术和管理技术的核心。那么什么是 CRM 呢?

关于 CRM 的概念,不同的学者或商业机构从不同的角度提出了自己的看法,下面对几个具有代表性的定义进行分析,以便对 CRM 有一个比较全面的了解。

Gartner Group 最早提出了 CRM 的定义:CRM 是企业的一项商业策略,它按照客户的细分情况有效地组织企业资源,培养以客户为中心的经营行为以及实施以客户为中心的业务流程,并以此为手段来提高企业的获利能力、收入及客户满意度。Gartner Group 强调 CRM 是一种商业战略而不是一套系统,它涉及的范围是整个企业而不是一个部门,它的战略目标是增进盈利、销售收入和提升客户满意度。

Hurwitz Group 认为,CRM 的焦点是信息自动化并改善与销售、市场营销、客户服务和支持等领域的客户关系有关的商业流程。CRM 既是一套原则制定,也是一套软件和技术。它的目标是缩减销售周期和销售成本、增加收入、寻找扩展业务所需的新市场和渠道以及提高客户的价值、满意度、盈利性和忠诚度。CRM 应用软件将最佳的实践具体化,并使用先进的技术来协助各企业实现这些目标。

IBM 所理解的 CRM 包括企业识别、挑选、获取、发展和保持客户的整个商业过程。它把 CRM 分为三类:关系管理、流程管理和接触管理。IBM 对 CRM 的定义包括两个层面的内容:一是企业实施 CRM 的目的就是通过一系列的技术手段了解客户目前的需求和潜在客户的需求,适时地为客户提供产品和服务;二是企业对分布于不同部门、存在于客户所有接触点上的信息进行分析和挖掘,分析客户的所有行为,预测客户下一步对产品和服务的需求,进行一对一的个性化服务。

综上所述,可以将 CRM 定义为:CRM 是一种以客户为中心的经营策略,以信息技术为手段,通过对相关业务流程的重新设计及相关工作的重新组合,以完善的客户服务和深入的客户分析来满足客户的个性化需求,提高客户满意度和忠诚度,从而实现保证客户价值和企业利润增长"双赢"策略的管理系统。简单地说,CRM 就是一种管理理念,是一套管理软件和信息系统。其目的是提高管理效率,为客户提供完美服务,帮助企业吸引新客户及留住老客户,从而提升企业的市场竞争力,建立长期优质的客户关系,不断挖掘新的销售机会,帮助企业避免风险和获得稳定利润。

当今社会,为了赢得竞争优势,越来越多的企业已经或正在实施 CRM,它与 ERP、SCM 一起成为企业提高竞争力的三大重要法宝。

5.3.2 CRM 系统的分类

美国调研机构 Meta Group 把 CRM 按系统功能分成以下三类,这一分类已得到业界的公认,在网络营销模式下,此分类也同样适用。

1. 运营型 CRM

运营型 CRM 又称为操作型 CRM,主要包括客户服务、订购管理、销售自动化(SFA)、办公自动化(OA)管理等。运营型 CRM 可以帮助运营商实现经营、销售、服务等业务环节的流程自动化,达到利用 IT 技术来提高运营商的运作效率、降低运作成本的目的。通过实施运营型 CRM,运营商最终将建立起一套以客户为中心的运作流程及管理制度,同时有助于培养员工的服务意识,销售、服务、营销部门的业绩将明显提升。在现代网络营销市场中,运营型 CRM 它成为大部分企业的首选。

2. 分析型 CRM

分析型 CRM 可对客户数据进行捕捉、存储、提取、处理、解释并产生相应报告,它使用了数据挖掘技术。因为客户信息的绝对容量增加和与客户的相互作用日益复杂,数据挖掘迎合了该趋势,它能促使客户关系更有意义。分析型 CRM 通过使用数据分析和数据建模技术来发现数据之间的趋势和关系的过程,可以用来了解客户希望获得什么,还可以预测客户将要做什么,可以帮助你选择恰当的客户并将注意力集中在他们身上,以便为他们提供恰当的附加产品,也可以帮助你辨别哪些客户打算与你"分手"。由于分析型 CRM 可以提高以最好的方式响应个性化需求的能力,并且可以通过恰当的资源分配来降低成本,因此可以增加收入。例如，网络营销的电子商务网站对购物车分析，就是应用分析型 CRM 的数据挖掘功能的例子。

从某种意义上说，分析型 CRM 系统的特点是：将企业原有的客户信息管理系统提升到客户知识管理系统的高度。通过建立数据仓库，运用数据挖掘、商业智能等技术手段，对大量的客户信息进行分析，可以让运营商更好地了解客户的消费模式，并对客户进行分类（如根据客户的当前贡献与潜在贡献，寻找对网络运营商最为重要的大客户等），从而能针对客户的实际需求，制订相应的营销战略，开发出相应的产品或服务，更好地满足客户需求。这也是经常提到的"大规模定制"及"一对一营销"模式的核心思想。

3. 协作型 CRM

协作型 CRM 又称为互动型 CRM，目前各个运营商与客户的接触渠道日益多样化，除了传统的营业窗口、面对面的现场服务外，E-mail、传真、呼叫中心、互联网等其他沟通渠道同样成为运营商与客户之间交互的重要途径。如何将客户与运营商的各种接触渠道进行整合呢？通过统一的标准化接口与后台的支撑系统、业务网中的业务平台（如音信互动的业务平台）和业务管理平台以及其他的外部系统实现互联，客户的同一个服务请求可以在各个相关系统平台上得到统一的展示，构建"多渠道接入，全业务服务"的统一的客户接触门户是协作型 CRM 所要完成的任务。

当然，并非所有的企业都能够执行相似的 CRM 策略，这也意味着，当同一公司的不同部门或地区机构在考虑 CRM 实施时，可能事实上有着不同的商务需要，同时另一个经常出现的因素是不同的技术基础设施。因此，根据客户的行业特征和企业规模来划分目标客户群，也是大多数 CRM 的基本分类方式。在企业应用中，越是高端应用，行业差距越大，客户对行业化的要求也越高，因而，有一些专门的行业解决方案，如银行、电信、大型零售等 CRM 应用解决方案。而对中低端应用，一般采用基于不同应用模型的标准产品来满足不同客户群的需求。一般将 CRM 分为三类：以全球企业或者大型企业为目标客户的企业级 CRM；以 200 人以上、跨地区经营的企业为目标客户的中端 CRM；以 200 人以下企业为目标客户的中小企业 CRM。

在 CRM 应用方面，大型企业与中小企业相比有很大的区别。首先，大型企业在业务方面有明确的分工，各业务系统有自己跨地区的垂直机构，形成了纵横交错的庞大而复杂的组织体系，不同业务、不同部门、不同地区间实现信息的交流与共享极其困难；同时，大型企业的业务规模远大于中小企业，致使其信息量巨大。其次，大型企业在业务运作上很强调严格的流程管理；而中小企业在组织机构方面要轻便、简洁很多，业务分工不一定明确，运作上更具有弹性。因此，大型企业所用的 CRM 软件比中小企业的 CRM 软件要复杂、庞大得多。一直以来，国内许多介绍 CRM 的报道和资料往往是以大型企业的 CRM 解决方案为依据的。这就导致一种错觉：好像 CRM 都很复杂、庞大。其实，价值几万元的面向中小企业的CRM 软件也不少，其中不乏简洁易用的。

不过，有关公司规模方面的要求现在越来越随意，因为越来越多的 CRM 供应商是依据不同情况来提供不同产品。主要的 CRM 供应商一直以企业级客户为目标，并逐渐向中型市场转移，因为后者的成长潜力更大。以企业级客户为目标的公司包括 Siebel、Oracle 等。

另外一些公司,如 Onyx、Pivotal、用友 iCRM 等则与中型市场相联系,并试图夺取部分企业级市场。MyCRM、Goldmine、Multiactive、Yuanhi CRM 和 SalesLogix 等公司瞄准的是中小企业,它们提供的综合软件包虽不具有大型软件包的深度功能,但功能实用,安装及操作简单。

5.3.3　CRM 系统的功能

客户关系管理的概念可以从两个层面进行考虑:其一是解决管理理念问题;其二是在管理理念的指导下利用现代信息技术进行客户关系管理。其中管理理念的问题是客户关系管理成功的必要条件,这个问题解决不好,客户关系管理就失去了基础;而没有信息技术的支持,客户关系管理工作的效率将难以保证,这个问题是客户关系管理的核心问题。

信息技术在 CRM 中应用的表现形式就是 CRM 系统。CRM 系统是一套基于大型数据仓库的客户资料分析和管理系统。CRM 系统通过先进的数据仓库技术和数据挖掘技术,分析现有客户和潜在客户相关的需求、模式、机会、风险和成本,从而最大限度地赢得企业整体经济效益。

总体而言,CRM 的主要功能包括销售管理、营销管理、客户服务、客户分析及商务智能。

1. 销售管理

销售管理模块主要是帮助决策者管理销售业务,确保销售队伍总能把握最新的销售信息。其核心是销售自动化(Sales Force Automation,SFA),销售自动化是 CRM 所有功能中增长最快的一个领域,也是当前 CRM 应用最广泛的一种功能。它可实现移动销售、账户管理、合同管理、定额管理、创新管理、销售预测、盈利分析以及向销售部门提供客户和竞争对手的信息等功能。虽然销售自动化是 CRM 功能中应用最广泛的,但同时也是最困难的一个过程,这不仅是因为它的动态性(不断变化的销售模型、地理位置、产品配置等),而且还因为销售部门的观念阻碍销售自动化的过程。

2. 营销管理

营销管理模块对直接市场营销活动加以计划、执行、监视和分析,使得营销部门实时地跟踪活动的效果,执行和管理多样的、多渠道的营销活动,从而更加有效地拓展市场。其核心是营销自动化(Marketing Automation,MA)。营销自动化为营销提供独特的能力,如营销活动计划的编制和执行、计划结果的分析、清单的产生和管理、市场预测、营销资料管理、营销知识提供、对有需求的客户进行跟踪分析和管理、营销程序化事务的自动生成等。传统的数据库营销是静态的,经常需要好几个月的时间才能对一次市场营销战役的结果做出一个分析统计的表格,而此期间可能已经失去很多宝贵的商业机会,而营销自动化是建立在多个营销战役交叉的基础上,能够对客户的活动及时做出反应,更好地抓住各种商业机会。因此,与传统的营销数据库功能相比,客户关系管理模式下的营销自动化更为及时、快捷。

3. 客户服务

客户服务模块主要是提高那些与客户支持、现场服务和仓库修理相关的业务流程的自动化并加以优化服务。使得客户服务代表有效地提高服务质量、增强服务能力,迅速准确地根据客户需求分解调研、销售扩展、销售提升各个步骤中的问题,延长客户的生命周期。其主要功能包括现场服务(Field Service,FS)、客户关怀、纠纷处理、订单跟踪、问题解决方案提供、维修行为安排和调度等。其中,现场服务是目前客户服务支持中应用最广泛的一个功能,它可以确保客户在最短时间内获得企业所提供的优质服务。另外,通过客户服务支持、销售自动化和营销自动化的有效结合,能够为企业提供更多的商机,向现有客户交叉销售更多的产品。

4. 客户分析及商务智能

通过前面几项功能,在系统中已经产生了大量有关客户、准客户和潜在客户的信息,这些信息是企业的宝贵资源,利用这些信息可以进行客户分析,以便产生涉及客户关系方面的商务智能方案,供决策者及时作出正确的决策。商务智能是一种通过数据挖掘产生报表,并对报表进行分析和决策支持的工具。商务智能的概念由 IBM 公司提出。其推出了帮助企业规划、执行、修正并跟踪企业市场营销活动的全新商业智能软件(Decision Edge for Campaign Management,DECM)。DECM 软件是端到端客户关系管理解决方案中的重要部分。它不但能够对来自事务处理系统、呼叫中心、网站的顾客信息进行处理,使公司的所有部门共享这些信息,而且可以通过顾客选择的渠道发送信息。这样,市场经理就可以更加全面地了解顾客的关系状况,并有效评价市场营销活动的结果。商务智能包括专家系统、神经网络、遗传算法和智能代理几个方面。

【项目实践】

现在你作为一位从事客户关系管理事务相关的工作人员,正准备为你所在的公司开展客户关系管理的业务,作为客户关系管理人员,你必须具备熟练掌握一款 CRM 软件的操作能力。现在请你以一款小型 CRM 软件为工具(如源海客户关系管理软件),通过学习体验 CRM 软件的安装与使用,掌握完成客户关系管理工作所需的基本技能。

为此,你需要完成以下 3 个子任务。

任务 1:数据库软件安装。

任务 2:CRM 软件安装。

任务 3:CRM 软件的基本配置与操作。

思 考 题

1. 什么是 ERP 系统?

2. 简述 ERP 系统的优点。

3. 分析 ERP 系统存在的问题。

4. 结合一个具体实施 ERP 系统的企业,分析 ERP 系统的优点。

5. 收集资料,讨论如何理解 ERP 系统实施后的成本。

6. SCM 系统中的采购管理和销售管理与 ERP 系统中的采购管理和销售管理的联系

和区别是什么？

7. CRM 系统对 ERP 系统的主要扩展是什么？

8. 分组讨论：收集资料，分组讨论 ERP 系统的研究热点和未来趋势。

9. 供应链与供应链管理有什么区别？

10. 广义的供应链是指企业外部的供应链，即指企业与企业之间的"供需"关系吗？

11. 狭义供应链是指企业内部的供应链，即指企业内部、部门之间的"供需"关系吗？

12. 国内 CRM 的发展趋势是什么？

13. 从身边的人及事物开始，谈谈你对客户关系管理的理解。

14. SCM、CRM 系统的功能有哪些？

第6章 数字化市场与数字化商品

【学习目标】

通过本章的学习,掌握决策的概念、决策过程及技术;熟悉电子商务、移动商务、人工智能、物联网及智慧城市的概念及特点;熟悉电子商务技术的内容及要求;熟悉人工智能的概念;熟悉物联网的体系架构和关键技术;了解移动商务、物联网及智慧城市的发展现状及其对管理、工作、生活产生的影响;了解移动电子商务的典型应用;了解人工智能的研究条件、发展阶段及研究领域;了解物联网的关键技术。

【导入案例】

德国麦德龙集团的"未来商店"

德国麦德龙(Metro)集团投资建立的号称"未来商店"的 Extra 商场正式开张营业,应用于其中的 IT"将会改变欧洲成千上万消费者的购物体验"。

按麦德龙的说法,"未来商店"不在于卖的商品或是装潢的新意,而在于它售卖的技术环境。顾客在购物的过程中,将会借助未来商店所采用的电子标签、自助结账系统和 RFID 等新技术而体验到一个由信息化的库存管理、结账方式所组成的独特的购物环境。

在这些关键技术中,RFID 是对库存管理进行电子控制的基础,它通过一个由 IBM 特别定制的中央系统集线器来完成所有的通信任务,未来商店中的所有货物都贴有电子标签,通过它们,货物可以被定位到从生产厂家、运输到货架上的任一环节。

当整车货物离开仓库时,通过对车上的货物进行扫描,商店经理就可以跟踪到来自于仓库信息系统的每一条发运信息,知道发出了哪些货物,何时到达;当货物到达商店时,只要再经过一次扫描,就能直接统计出实际到货的数量和品种,而省去了查验的麻烦;货物摆上货架之后,如果出现缺货现象,嵌在货架上的 RFID 阅读器将会马上向后端的信息系统发送补货消息;RFID 阅读器还可以自动跟踪每种商品的销售速度和销售数量,并同时具有安全防盗功能,只要标签中的防窃功能处于激活状态,那么商店出口处的传感器就会报警;当顾客结账时,货物会经过最后一次扫描,同时更新库存。

而关于这家概念型的未来商店的核心,由 NCR 制造的 FastLane 自助结账系统和 RealPrice 电子标签显然是顾客获得"非凡体验"的关键。麦德龙的"未来商店"共安装了 4 万个电子标签,这些小芯片不仅代替了手工更换纸价签,而且还可以确保每件商品与档案价目表的匹配,其远程控制功能甚至可以帮助工作人员及时了解货架上商品的库存情况等其他信息。

在购物时,每位顾客都会事先获得自己的 ID,并由一名电子导购(PSA)陪同。购物车也是特制的,装备了具有扫描功能的接触屏,顾客把自己的 ID 扫描到接触屏后登录系统,随后就可以随时浏览商品的电子标签,系统通过无线网络传输价格,以便顾客选择。

在超市中通常会遇到的排长队结账情况将会在这家"未来商店"里彻底消失,通过 NCR

的 FastLane 自助结账系统,顾客可以自行扫描、包装并用现金、银行卡或信用卡来支付所购买的任何商品。

麦德龙集团也是德国第一家采用自助结账系统的公司,作为全球第 5 大贸易集团,它正在把"未来的零售"作为其"非凡未来商店"计划的核心内容,希望能借此推动德国国内及全球零售业的创新发展。

(材料来源:RFID 世界网)

20 世纪末,继 Internet 如旋风般席卷全球之后,集信息技术、商务技术和管理技术于一体的电子商务,正在以难以想象的速度进入人们的生产和生活中,推动着经济全球化、贸易自由化和信息现代化的发展步伐。目前,电子商务正以强劲之势改变着企业的经营方式、商务交流的方式、人们的消费方式,越来越影响到整个社会的经济发展和人们的生活。全球信息化、网络化进程正在改变着人们的生活方式。

6.1　电　子　商　务

6.1.1　电子商务概述

1. 电子商务的发展历程

1) 基于 EDI 的电子商务

电子商务起源于电子数据交换(Electronic Data Interchange,EDI)。EDI 于 20 世纪 70 年代初期产生于美国,贸易商在使用计算机处理各类商务文件的时候发现,由于过多的人为干预,影响了数据的准确性和工作效率。如果贸易伙伴之间能够通过计算机自动地进行数据交换,就能克服这些弊端。而字处理软件和电子表格的出现,为标准格式商务单证的电子数据交换提供了强有力的支持工具,网络技术的发展使得电子数据资料的交换从磁带和磁盘等物理载体的寄送转变为网络传送,EDI 技术是在此背景下应运而生的。EDI 是将业务文件按一个公认的标准从一台计算机传输到另一台计算机的电子传输方法。由于 EDI 大大减少了纸张票据,人们也形象地将 EDI 称为"无纸化贸易"。从技术上讲,EDI 包括硬件与软件两大部分,硬件主要是指计算机网络,软件包括计算机系统软件、应用软件及 EDI 标准。

由于 EDI 标准太复杂且使用增值网络的费用高,大多数企业很难将其付诸实践。EDI 需要企业遵循一套国际组织制订的 EDI 商业标准,但在具体的实施过程中,行业内以及行业间的标准协调工作举步维艰。因此,EDI 多用于行业内部的商务活动,商业伙伴之间的EDI 并未广泛展开,基于 EDI 的电子商务应用范围非常有限。

2) 基于 Internet 的电子商务

1991 年,美国政府宣布因特网向社会公众开放,允许在网上开发商业应用系统。1993 年,万维网(World Wide Web,WWW)服务出现,这是一种具有处理数据、图文、声像等超文本对象能力的网络技术,使互联网具备了支持多媒体应用的功能。因特网迅速走向普及化,逐步从大学、科研机构走向企业和家庭,其功能也从信息共享演变成为一种大众化的信息传播工具。1995 年,因特网上的商业业务信息量首次超过了科教业务信息量,这既是因特网

155

爆炸性发展的标志,也是电子商务大规模发展的标志。1996 年 2 月,维萨(Visa)和万事达(MasterCard)两大信用卡国际组织共同发起制定了保障在因特网上进行安全电子交易的 SET(Secure Electronic Transaction)协议,SET 协议的制定得到 IBM、Microsoft、Netscape、GTE 和 Verisign 等一批技术领先的跨国公司的支持。SET 协议适用于企业和消费者之间的电子商务模式,使得电子商务交易的安全得到了保证。

在基于 Internet 的电子商务发展初期,企业在 Internet 上建立静态网站,并发布基于 HTML 的网页作为在线目录。自 1997 年以来,一些公司实施了第二代电子商务计划,计划的核心就是将网站前端与后端订单管理和存货控制系统相连接。第二代电子商务计划使客户能够直接从一个公司的网站发出和追踪订单,大大降低了交易费用,并使客户能够更多地控制订购过程。基于 Internet 的电子商务与基于 EDI 的电子商务相比具有明显的优势,如费用低廉、覆盖面广、功能更全面、使用更灵活。

3) 基于普及计算的电子商务

21 世纪初,移动通信技术的迅猛发展和普及,通过手机、个人数字助理(Personal Digital Assistant,PDA)等移动通信设备与因特网有机结合进行电子商务活动成为可能,设备计算和延伸的互联网被称为普及计算。支持普及计算应用的基础设施也正在逐渐进入人们生活的每一个角落,移动通信技术和其他技术的完美结合创造了移动电子商务,但真正推动市场发展的却是服务。移动电子商务能提供的服务包括个人信息管理(Personal Information Management,PIM)、银行业务、交易、购物和娱乐等。移动电子商务因其快捷方便、无所不在的特点,已经成为电子商务发展的新方向。

2. 电子商务的定义

电子商务的产生和发展不仅改变了传统的交易模式,而且也改变了商业伙伴之间建立的合作关系模式以及计算机应用平台的模式。电子商务是在 20 世纪 90 年代兴起于美国、欧洲等发达国家的一个新概念。1997 年,IBM 公司首次使用电子商务(Electronic Business,E-Business)一词,之后电子商务一词的使用慢慢普及。电子商务包含两个方面的内容:一是电子方式,二是商贸活动。电子商务指的是利用简单、快捷、低成本的电子通信方式,买卖双方不见面地进行各种商贸活动。事实上,目前还没有一个较为全面、确切的定义,国际组织、各国政府及企业都是依据自己的理解和需要来给电子商务下定义的。

1) 国际组织对电子商务的定义

世界贸易组织(World Trade Organization,WTO)认为,电子商务是通过电子方式进行货物和服务的生产、销售、买卖和传递。这一定义奠定了审查与贸易有关的电子商务的基础,也就是继承关贸总协定(General Agreement on Tariffs and Trade,GATT)的多边贸易体系框架。

经济合作与发展组织(OECD)认为,电子商务一般是指以网上数字的处理和传输为基础的组织和个人之间的商业交易。这里的网络既可以是开放的网络,如互联网,也可以是能够通过网关连接到开放网的网络,所传输的数据包括文件、声音和图像等。

联合国国际贸易程序简化工作组认为:电子商务是采用电子形式开展的商务活动,它包括供应商、客户、政府及其参与方之间通过任何电子工具,如 EDI、Web 技术、电子邮件等共享非结构化或结构化商务信息,并管理和完成在商务活动、管理活动和消费活动中的各种交易。

全球信息基础设施委员会(GIIC)电子商务工作委员会认为:电子商务是运用电子通信手段进行的经济活动,包括对产品和服务的宣传、购买和结算。

加拿大电子商务协会对电子商务的定义是:电子商务是通过数字通信进行商品和服务的买卖以及资金的转账,它还包括公司间和公司内利用 E-mail、EDI、文件传输、传真、会议、远程计算机联网所能实现的全部功能(如市场营销、金融结算、销售及商务谈判)。

2) 各国政府对电子商务的定义

美国政府在其《全球电子商务纲要》中比较笼统地指出:电子商务是指通过互联网进行的各项商务活动,包括广告、交易、支付、服务等活动。全球电子商务将会涉及各个国家。

中国政府的观点是:电子商务是网络化的新型经济活动,即基于互联网、广播电视网和电信网络等电子信息网络的生产、流通和消费活动,而不仅仅是基于互联网的新型交易或流通方式。电子商务涵盖了不同经济主体内部和主体之间的经济活动,体现了信息技术网络化应用的根本特性,即信息资源高度共享、社会行为高度协同所带来的经济活动的高效率和高效能。

3) 企业对电子商务的定义

IBM 提出了一个电子商务的定义公式,即电子商务＝Web＋IT(Information Technology,信息技术)。它所强调的是在网络计算环境下的商业化应用,是把买方、卖方、厂商及其合作伙伴在互联网(Internet)、企业内部网(Intranet)和企业外部网(Extranet)结合起来的应用。电子商务是采用数字化方式进行商务数据交换和开展商务业务的活动,是在互联网的广阔联系与传统信息技术系统的丰富资源相结合的背景下应运而生的一种相互联系的动态商务活动。显然,"数字化＋商务"、"互联网＋传统技术"是 IBM 观点的精髓。

HP 公司认为:电子商务简单地说,是指从售前服务到售后支持的各个环节实现电子化、自动化,它能够使我们以电子交易手段完成物品和服务等价值交换。

4) 对电子商务的进一步理解

综合上述观点,可以对电子商务给出以下定义:电子商务是各种具有商业活动能力和需求的实体(生产企业、商贸企业、金融企业、政府机构、个人消费者等)为了跨越时空限制和提高商务活动效率,而采用计算机网络和各种数字化传媒技术等电子方式实现商品交易和服务交易的一种贸易形式。电子商务有狭义和广义之分。狭义的电子商务称为电子交易,主要是指利用 Web 提供的通信手段在网上进行的交易,包括电子商情、网络营销、网络贸易、电子银行等。广义的电子商务是包括电子交易在内的、利用 Web 进行的全面商业活动,如市场调查、财务核算、生产计划安排、客户联系、物资调配等,所有这些活动涉及企业内外。

一般而言,电子商务应包括以下几层含义。

(1) 采用多种电子方式,特别是通过互联网。

(2) 实现商品交易、服务交易(其中包含人力资源、资金、信息服务等)。

(3) 包含企业间的商务活动,包含企业内部的商务活动(生产、经营、管理和财务等)。

(4) 涵盖交易的各个环节,如询价、报价、订货、售后服务等。

(5) 电子方式是形式,跨越时空、提高效率是主要目的。

3. 电子商务关联对象

1) 交易平台

第三方电子商务平台是指在电子商务活动中为交易双方或多方提供交易撮合及相关服务的信息网络系统总和。

2) 平台经营者

第三方交易平台经营者是指在工商行政管理部门登记注册并领取营业执照,从事第三方交易平台运营并为交易双方提供服务的自然人、法人和其他组织。

3) 站内经营者

第三方交易平台站内经营者是指在电子商务交易平台上从事交易及有关服务活动的自然人、法人和其他组织。

4. 电子商务特征

电子商务在全球各地通过计算机网络进行并完成各种商务活动、交易活动、金融活动和相关的综合服务活动。它与传统的商务活动有着较大的区别,具体表现为以下特性。

1) 虚拟性

电子商务的贸易双方,从贸易磋商、签订合同到支付等无需当面进行,均通过计算机网络完成,整个交易完全虚拟化。对卖方来说,可以到网络管理机构申请域名,制作自己的主页,组织产品信息上网;而买方则可以通过虚拟现实、网上聊天等新技术将自己的需求信息反馈给卖方。通过信息的相互交换,最终签订电子合同,完成交易并进行电子支付,整个交易都在虚拟的环境中进行。

2) 全球性

全球性指电子商务是在互联网络环境下,把整个世界变成了"地球村",经济活动也扩展到全球范围内进行,把空间因素和地理距离的制约降到了最低限度,不再受国家地域的限制。互联网是一个开放的全球计算机网络,几乎遍布世界的每一个角落。在此基础上的电子商务,使得人们只要接入到互联网中,利用网络工具就可以方便地与贸易伙伴传递商业信息和文件,突破了地理空间的界限,将自己的商品与服务送到世界各地。电子商务塑造了一个真正意义上的全球市场,打破了传统市场在时间、空间和流通上都存在的各种障碍。同时,电子商务的全球化也给企业带来了机遇和挑战。在激烈的国际竞争中,要求企业重新审视自己的发展战略,而且必须意识到互联网的国际性和对经济发展的重要作用,以全球经营的战略目光迎接挑战,把握机会。

3) 商务性

电子商务最基本的特性是商务性,即提供买、卖交易的服务、手段和机会,通过互联网客户可以进行商品查询、价格比较、下订单、付款等过程来完成商品的购买;供应商可以记录客户的每次访问、销售、购买形式和购货动态等信息,对商品交易的过程进行处理,并通过统计相应的数据分析客户购买心理,从而确定市场划分及营销策略。

4) 广泛性

电子商务是一种新型的交易方式,无论是跨国公司还是中小企业,都可以通过电子商务方式找到新的市场和盈利机会,消费者也可以在电子商务中获得价格上的实惠,更可以通过自由的网络拍卖网站使自己成为一个商家而获得利益。政府与企业间的各项事务也可以和电子商务充分结合起来,开展网上政府采购、网上税收、电子报关、网上年审、网上银行等业务。电子商务的影响远远超出了商务本身,它对社会的生产和管理、人们的生活和就业、政府职能、教育文化都带来了巨大的影响。电子商务将人类真正带入了信息社会。

5) 低成本性

企业运营成本包括采购、生产和市场营销成本。首先,通过网络收集信息可以大大减少公司的采购步骤;其次,企业生产成本的降低可以通过减少库存、缩短产品周期体现出来;最后,电子商务可以大大降低企业的营销费用,网上营销使企业可以直接和供应商、用户进行交流,消费者则可以直接从生产厂家以更低廉的价格买到放心的产品。

6) 高效性

由于互联网将贸易中的商业报文标准化,使商业报文能在世界各地短时间内完成传递和接受计算机自动处理,同时原料采购、产品生产、需求与销售、银行汇兑、货物托运等环节均无需工作人员干预即可在最短的时间内完成。在传统的商务中,用信件、电话和传真传递信息必须有人的参与,每个环节都必须花不少的时间,有时由于人员合作及工作时间的问题会延误传输时间,失去最佳的商机。电子商务克服了传统商务中存在的费用高、易出错、处理速度慢等缺点,极大地缩短了交易时间,使得整个交易非常快捷与方便。

7) 互动性

互联网本身的双向沟通特性,使得电子商务的交易模式由传统的单向传播(指消费者被动地接受企业的产品或服务)变为互动沟通。一方面,企业可以利用这一特性为每位访客制定专门的网站服务,使每位访问者都会有不同的经历,让客户觉得与交易对方由陌生人变成了贴心的老朋友;另一方面,用户可以按照自己的兴趣或要求主动搜索网站,因而,不能对顾客群进行有效细分的企业将直接被顾客所淘汰。

8) 集成性

电子商务能通过互联网协调新老技术,使用户能行之有效地利用他们已有的资源和技术,更加有效地完成他们的任务;它能规范事务处理的工作流程,将人工操作和电子信息处理集成为一个不可分割的整体。

9) 安全性

电子商务是一个开放的平台,安全是非常重要的因素。对于客户而言,无论网上的物品如何具有吸引力,如果他们对交易安全性缺乏把握,那么根本就不敢在网上进行买卖。企业和企业间的交易更是如此。在电子商务中,安全性是必须考虑的核心问题。欺骗、窃听、病毒和非法入侵都在威胁着电子商务,因此要求网络能提供一种端到端的安全解决方案,包括加密机制、签名机制、分布式安全管理、存取控制、防火墙、安全万维网服务器、防病毒保护等。为了帮助企业创建和实现这些方案,国际上多家公司联合开展了安全电子交易的技术标准和方案研究,并发表了 SET(安全电子交易)和 SSL(安全套接层)等协议标准,使企业能建立一种安全的电子商务环境。随着技术的发展,电子商务的安全性也会相应得以增强,并作为电子商务的核心技术。

10）协调性

商务活动是一种协调过程，它需要雇员和客户、生产方、供货方以及商务伙伴间的协调。为了提高效率，许多组织都提供了交互式的协议，电子商务活动可以在这些协议的基础上进行。传统的电子商务解决方案能加强公司内部的相互作用，电子邮件就是其中一种。但那只是协调员工合作的一小部分功能。利用万维网将供货方与客户相连，并通过一个供货渠道加以处理，这样公司就节省了时间，消除了纸张文件带来的麻烦并提高了效率。电子商务是迅捷简便的、具有友好界面的用户信息反馈工具，决策者们能够通过它获得高价值的商业情报，辨别隐藏的商业关系和把握未来的趋势。因而，他们可以做出更有创造性、更具战略性的决策。

11）服务性

在电子商务环境中，人们不再受地域的限制，客户能够非常方便地完成过去较为繁杂的商务活动。因此，在电子商务条件下，企业的服务质量成为商务活动能否取得成功的一个关键因素。

12）可扩展性

电子商务是"7×24"商务活动，为了电子商务能正常运作，系统的软、硬件必须能够迅速扩展，要确保其可扩展性，并且可扩展的系统是稳定的系统。随着计算机和网络技术的快速发展，作为其应用的电子商务无论在规模还是形式上都有了巨大的发展，不断契合技术特征的电子商务交易方式有力地推动着经济的发展，包括从简单的信息传输到构建数字化交易平台，从初始的 E-mail 身份认证到数字签名。电子商务交易形式的高速发展使得相应的法律法规要更加完善、更加配套，以适应电子商务的发展。

5. 电子商务功能

电子商务可提供网上交易和管理等全过程的服务。因此，它具有广告宣传、咨询洽谈、网上定购、网上支付、电子账户、服务传递、意见征询、交易管理等各项功能。

1）广告宣传

电子商务可凭借企业的 Web 服务器和客户的浏览，在 Internet 上发布各类商业信息。客户可借助网上的检索工具迅速地找到所需商品信息，而商家可利用网上主页和电子邮件在全球范围内作广告宣传。与以往的各类广告相比，网上的广告成本最为低廉，而给顾客的信息量却最为丰富。

2）咨询洽谈

电子商务可借助非实时的电子邮件、新闻组和实时的讨论组来了解市场和商品信息、洽谈交易事务，如有进一步的需求，还可用网上的白板会议来交流即时的图形信息。网上的咨询和洽谈能超越地域的限制，提供多种方便的异地交谈形式。

3）网上订购

电子商务可借助 Web 中的邮件交互传送实现网上的订购。网上的订购通常都是在产品介绍的页面上提供十分友好的订购提示信息和订购交互格式框。当客户填完订购单后，通常系统会回复确认信息单来保证订购信息的获悉。订购信息也可采用加密的方式使客户和商家的商业信息不会泄露。

4）网上支付

电子商务要成为一个完整的过程,网上支付是其重要环节。客户和商家之间可以采用银联或者其他第三方网上支付渠道实现。在网上直接采用电子支付手段可以省略交易过程中很多人员的开销。网上支付将需要更为可靠的信息传输安全性控制以防止欺骗、窃听、冒用等非法行为。

5）电子账户

网上的支付必须要有电子金融来支持,即银行或信用卡公司及保险公司等金融单位要为金融服务提供网上操作的服务。而电子账户管理是其基本的组成部分。信用卡号或银行账号都是电子账户的一种标志。而其可信度需配以必要技术措施来保证,如数字凭证、数字签名、加密等手段的应用提供了电子账户操作的安全性。

6）服务传递

对于已付了款的客户应将其订购的货物尽快地传递到他们的手中。而有些货物在本地,有些货物在异地,电子邮件将能在网络中进行物流的调配。而最适合在网上直接传递的货物是信息产品,如软件、电子读物、信息服务等。它能直接从电子仓库中将货物发到用户端。

7）意见征询

电子商务能十分方便地采用网页上的"选择"、"填空"等格式文件来收集用户对销售服务的反馈意见。这样使企业的市场运营能形成一个封闭的回路。客户的反馈意见不仅能提高售后服务的水平,更使企业获得改进产品、发现市场的商业机会。

8）交易管理

整个交易的管理将涉及人、财、物多个方面,企业和企业、企业和客户及企业内部等各方面的协调和管理。因此,交易管理是涉及商务活动全过程的管理。电子商务的发展,将会提供一个良好的交易管理的网络环境及多种多样的应用服务系统。这样才能保障电子商务获得更广泛的应用。

6. 电子商务分类

（1）按照商业活动的运行方式,电子商务可以分为完全电子商务和非完全电子商务。例如,许多数字商品的网上交易都是完全电子商务;而采取离线支付方式、实物物流系统的电子商务都可以认为是非完全电子商务。

（2）按照商务活动的内容,电子商务主要包括间接电子商务（有形货物的电子订货和付款,仍然需要利用传统渠道如邮政服务和速递业务）和直接电子商务（无形货物和服务,如某些计算机软件、娱乐产品的联机订购、付款和交付,或者是全球规模的信息服务）。

（3）按照开展电子交易的范围,电子商务可以分为区域化电子商务、远程国内电子商务、全球电子商务。

（4）按照使用网络的类型,电子商务可以分为基于专门增值网络（EDI）的电子商务、基于互联网的电子商务、基于 Intranet 的电子商务。

（5）按照交易对象,电子商务可以分为企业对企业的电子商务（B2B）、企业对消费者的电子商务（B2C）、企业对政府的电子商务（B2G）、消费者对政府的电子商务（C2G）、消费者对消费者的电子商务(C2C)、企业-消费者-代理商三者相互转化的电子商务(ABC)、以消费者为中心的全新商业模式(C2B2S)、以供需方为目标的新型电子商务(P2D)。

① B2B(B2B＝Business to Business)。商家(泛指企业)对商家的电子商务,即企业与企业之间通过互联网进行产品、服务及信息的交换。通俗的说法是指进行电子商务交易的供需双方都是商家(或企业、公司),她(他)们使用了 Internet 的技术或各种商务网络平台,完成商务交易的过程。这些过程包括:发布供求信息,订货及确认订货,支付过程;票据的签发、传送和接收,确定配送方案并监控配送过程等。B2C 模式是中国最早产生的电子商务模式,以 8848 网上商城正式运营为标志,如今的 B2C 电子商务网站非常多,如天猫商城、京东商城等。C2C 同 B2B、B2C 一样,都是电子商务的几种模式之一。不同的是 C2C 是用户对用户的模式,C2C 商务平台就是通过为买卖双方提供一个在线交易平台,使卖方可以主动提供商品上网拍卖,而买方可以自行选择商品进行竞价。

② B2G(B2G＝Business to Government)。B2G 模式是企业与政府管理部门之间的电子商务,如政府采购、海关报税的平台、国税局和地税局报税的平台等。

③ B2M(B2M＝Business to Manager)。B2M 是相对于 B2B、B2C、C2C 的电子商务模式而言,是一种全新的电子商务模式。而这种电子商务相对于以上 3 种有着本质的不同,其根本区别在于目标客户群的性质不同,前三者的目标客户群都是作为一种消费者的身份出现,而 B2M 所针对的客户群是该企业或者该产品的销售者或者为其工作者,而不是最终消费者。

④ M2C。M2C 是针对于 B2M 的电子商务模式而出现的延伸概念。B2M 环节中,企业通过网络平台发布该企业的产品或者服务,职业经理人通过网络获取该企业的产品或者服务信息,并且为该企业提供产品销售或者提供企业服务,企业通过经理人的服务达到销售产品或者获得服务的目的。

⑤ C2B(C2B＝Customer to Business)。C2B 是电子商务模式的一种,即消费者对企业(Customer to Business)。最先由美国流行起来的消费者对企业(C2B)模式也许是一个值得关注的尝试。C2B 模式的核心,是通过聚合分散分布但数量庞大的用户形成一个强大的采购集团,以此来改变 B2C 模式中用户一对一出价的弱势地位,使之享受到以大批发商的价格买单件商品的利益。

⑥ O2O(O2O＝Online to Offline)。O2O 是新兴起的一种电子商务新商业模式,即将线下商务的机会与互联网结合在一起,让互联网成为线下交易的前台。这样线下服务就可以用线上来揽客,消费者可以用线上来筛选服务,还有成交可以在线结算,使之很快达到规模。该模式最重要的特点是:推广效果可查;每笔交易可跟踪。

⑦ P2D(P2D＝Provide to Demand)。P2D 是一种全新的、涵盖范围更广泛的电子商务模式,强调的是供应方和需求方的多重身份,即在特定的电子商务平台中,每个参与个体的供应面和需求面都能得到充分满足,充分体现特定环境下的供给端报酬递增和需求端报酬递增。

⑧ C2B2S(C2B2S＝Customer to Business-Share)。C2B2S 模式是 C2B 模式的进一步延伸,该模式很好地解决了 C2B 模式中客户发布需求产品初期无法聚集庞大的客户群体而致使与邀约的商家交易失败。全国首家采用该模式的平台是晴天乐客。

⑨ B2B2C(B2B2C＝Business to Business to Customers)。B2B2C 是一种新的网络通信销售方式。第一个 B 指广义的卖方(即成品、半成品、材料提供商等),第二个 B 指交易平台,即提供卖方与买方的联系平台,同时提供优质的附加服务,C 即指买方。卖方不仅仅是公司,可以包括个人,即一种逻辑上的买卖关系中的卖方。

⑩ B2T(B2T＝Business To Team)。B2T 是继 B2B、B2C、C2C 后的又一电子商务模式,即为一个团队向商家采购。团购 B2T,本来是"团体采购"的定义,而今,网络普及让团购成为了很多中国人参与的消费革命。网络成为一种新的消费方式,网络团购就是互不认识的消费者,借助互联网的"网聚人的力量"来聚集资金,加大与商家的谈判能力,以求得最优的价格。据了解,网络团购的主力军是年龄在 25～35 岁的年轻群体,在北京、上海、深圳等大城市十分普遍。

电子商务可在降低成本的同时加快交易过程,减少公司的运作成本和库存费用。电子商务的核心意义在于运用互联网技术提高商务运作水平,减少成本,提高市场竞争力。它可以被形容为"用网络武装起来的传统商务"。由此可知,网络并不等于电子商务,只有真正通过网络实现商务功能、进行商务活动才可以称之为电子商务;网络只是一个载体、界面,电子商务更重要的是网络后面的平台及其商务运作。

7. 电子商务对企业的影响

电子商务对企业的影响主要表现在以下几个方面。

1) 电子商务改变了企业的生产方式

电子商务通过企业生产过程现代化、低库存生产和数字化定制生产 3 个方面改变了企业的生产方式。

(1) 企业生产过程现代化。

电子商务在企业生产过程中的应用,可在管理信息系统的基础上采用计算机辅助设计与制造(CAD/CAM),建立计算机集成制造系统(CIMS);可在开发决策支持系统(DSS)的基础上,通过人机对话实施计划与控制,从物料资源规划(MRP)发展到制造资源规划和企业资源规划(ERP)。这些新的生产方式把信息技术和生产技术紧密地融为一体,使传统的生产方式升级换代。

(2) 低库存生产。

在实施电子商务后各个生产阶段可以通过网络相互联系,同时进行使传统的直线串行式生产变成网络经济下的并行式生产,在减少了许多不必要的等待时间的同时,也使即时(Just In Time,JIT)式生产成为可能,使库存降到最低限度。例如,IBM 个人系统集团从 1996 年开始就应用电子商务高级计划系统。通过该系统,生产商可以准确地依据销售商的需求来生产,这样就提高了库存周转率,使库存总量保持在很低的水平上,从而把库存成本降到最低限度。

(3) 数字化定制生产。

电子商务的发展使数字化定制生产不仅变得必要,而且也成为可能。进入电子商务时代的消费需求变得越来越多样化、个性化,市场细分的彻底化使企业必须针对每位顾客的需求进行一对一的"微营销";否则,顾客如果觉得某家公司提供的产品不够满意,他只要单击鼠标即可轻而易举地进入其他公司的站点。同时,电子商务使数字化定制生产变得简单可行。企业通过构建各种数据库,记录全部客户的各种数据,并可通过网络与顾客进行实时信息交流,掌握顾客的最新需求动向,在得到用户的需求信息后,即可准确、快速地把信息送到企业的设计、供应、生产、配送等各环节,各环节可及时、准确又有条不紊地对信息作出反应。数字化定制生产成功的范例是戴尔电脑公司。戴尔公司每年生产数百万台个人计算机,每台都是根据客户的具体要求组装的。尽管客户的需求千差万别,但戴尔公司通过网络与客户建立了直接的联系,只生产客户签下了订单的计算机,不仅显著降低了生产经营成本,而且让客户更加满意。

2)电子商务改变了企业的管理模式

在以往的企业组织结构中,上情下达、下情上呈由中层管理者起作用,而实施电子商务的企业由网络承担,这就为企业组织结构多元化发展创造了条件。电子商务减少了经济活动的中间层,缩短了相互作用和影响的时间差,加快了经济主体对市场的反应能力,使信息传递效率明显提高,市场竞争力显著增强。另外,由于网络办公与计算机会议的普及,公司的组织结构将成为一种象征性的虚拟,类似网络中的一个网站。而这种具有流动性特点的虚拟组织结构将更能适应信息时代的瞬息万变。

电子商务改变了上、下游企业之间的成本结构,使上游企业或下游企业改变供销合同的机会成本提高,从而进一步密切了上、下游企业之间的战略联盟。电子商务不仅给消费者和企业提供了更多的选择消费与开拓销售市场的机会,而且也提供了更加密切的信息交流场所,从而提高了企业把握市场和消费者了解市场的能力。电子商务促进了企业开发新产品和提供新型服务的能力,使企业可以迅速地了解到消费者的偏好和购买习惯,同时可将消费者的需求及时反映到决策层,从而促进了企业针对消费者的需求进行研究与开发活动。

3)电子商务改变了企业的经营方式

电子商务是一种新的贸易服务方式,它以数字化网络和设备替代了传统的纸介质。这种方式突破了传统企业中以单向物流为主的运作格局,实现了以物流为依据、信息流为核心、商流为主体的全新运作方式。在这种新型运作方式下,企业的信息化水平将直接影响企业供销链的有效建立,进而影响企业的竞争力。这就需要企业对现有业务流程进行重组,加强信息化建设和管理水平,从而适应电子商务的发展需要。

以往的批零方式被网络代替,人们直接从网络上采购,传统的人员推销失去大部分市场,广告宣传也为适应新的传播媒体而改变。管理界对目标市场的选择和定位,将更加依赖于上网者的资料以及对网络的充分利用。企业的市场调研、产品组合和分销等一系列营销管理活动将因电子商务而发生改变。当前,网络营销正成为营销学的一个分支,它使顾客有了更多、更广泛的选择,同时帮助企业扫清向国际市场拓展业务的障碍。目前越来越多的企业开始运用网络与传统营销的组合方式进行管理,效果显著,营销费用明显降低,营销预算更加方便、准确。

4)电子商务改变了企业的结算支付方式

企业可以通过网上银行系统实现电子付款,进行资金结算、转账、信贷等活动。目前主要的信用传输安全保障和认证问题还未得到全面解决,但是纸质货币流被无纸电子流所代替而引发的结算革命是不可阻挡的发展趋势。企业应该顺应这种趋势,做好改变传统结算方式的准备。

【阅读材料】

京东：2013 年电商总结及 2014 年电商预测

即将过去的 2013 年,对于中国电子商务市场的从业者来说,是值得纪念的一年。

继 2012 年,中国网络零售额突破万亿元人民币大关之后,在这一年,中国又将超越美国,成为全球第一大电商市场。根据国际咨询机构——贝恩的预测,中国网购市场有望保持 32％的年均增速,到 2015 年规模将达 3.3 万亿元。而艾瑞咨询则预计中国市场 2013 年全年增长有望达到 42％,到 2016 年网购市场规模将超过 3.6 万亿元。

中国有近 6 亿的网民,是全世界网民最多的国家,这是我们电商发展最重要的土壤,也是我们最大的幸运。加上中国整体经济仍然长期向好,在可以预期的未来,中国第一电商大国的地位应不会动摇。

当然,网购市场规模爆炸式的成长,也得益于整个行业的不断创新。包括京东商城、阿里巴巴在内的众多电商企业,在过去 10 年中,始终致力于为中国网购用户提供全世界最好的网购服务。如京东商城于 2010 年首创的"211"限时达服务(上午 11 点前下单当日送达,晚上 11 点前下单次日 15 点送达),已经成为全球电商行业的配送服务标杆,极大地释放了在线购买力。阿里巴巴在线支付方面的创新,也是有目共睹的。

1. 大格局已定,移动未定

2013 年,对于京东来说也同样意义深远。公司不仅顺利换标,注册用户也突破一亿大关,交易额将首次突破千亿元人民币,在成立 10 周年之际交出了一份漂亮的成绩单。在体量越来越庞大的情况下,京东仍然保持了两倍于行业整体的增长速度。在这一年也完成了企业价值观的重新梳理,人才梯队的打造和管理体系的完善,为京东第二个 10 年的扬帆远航做好准备,也注入了新的动力。

随着中国在电商市场完成对美国的超越,早期的超高速增长阶段也将落下帷幕,竞争格局亦在悄然发生变化。一个显著特征,就是行业集中度在不断提高:在中国 B2C 市场,前 5 名的市场占有率已经超过了 75％;而在自营式 B2C 市场,京东一家的市场份额就超过了 43.9％(2013 年第二季度,艾瑞数据),超过了第二名到第九名的总和。对于后来者而言,经营环境更加困难,甚至面临边缘化、彻底出局的危险。因为随着销售规模和订单量的增加,领先者单均营销费用、物流费用等都在不断下降,系统、产品、价格及服务方面的优势则进一步得到优化,规模经济效益逐步显现出来。在现有的格局下,打造一个全新电商平台的时间窗口,基本上已经关闭。

除了市场份额之外,其实还能看到竞争正逐步深入到整个供应链。多数电商仅覆盖了供应链体系中的某几个环节。如何与品牌商、制造商、经销商之间协作,提高整体供应链的效率,将决定着企业持久的价格竞争力。因此,2013 年,各主要电商都在平台建设上发力。2013 年,京东召开了首届开放平台合作伙伴大会,并明确了自营和开放平台并重的整体战略。以庞大的自建物流体系为支撑,京东正在双管齐下,帮助整个电商行业打通供应链的瓶颈,建立一个开放竞争的新生态。

如果说整个行业还存在变数，最大的可能来自移动互联网。随着智能手机等移动设备的普及，移动网购快速渗透到消费者的生活中，正呈现出爆发式增长的势头。2013年上半年，中国移动网购市场同比增长超过200%，在总体网购交易额中占到了8.6%，同比提高了4.2个百分点。以京东为例，目前来自移动端的订单量已经占到整体订单量的一成，而且正以远高于整体的速度快速增长。

然而，需要提醒的是，虽然对于电商具有越来越重要的意义，但仅仅移动端本身并不足以单独构成一个新兴互联网入口。如果没有后台强有力的支持，移动互联网就很难将流量转化为真正的商业价值。可见移动互联网时代现在才刚刚开始，还远未到分出胜负的时候，各方参与者都还有机会在竞争中胜出。

2. 决胜用户综合体验

回顾2013年，甚至时间再往前推，可以看到，电商的兴起和发展有技术进步等方面的因素，但更为根本的是，整个行业始终致力于改变和提升用户的消费体验。电商企业的起与落，都与用户体验有着密切的关系：用户体验提高了，公司的发展就步入快速上升通道；用户体验下降了，公司发展就会遇到瓶颈。

很多人有个误区，那就是把低价当成了电商消费体验的全部。实际上，根据艾瑞咨询的统计，只有不到一半(48%)的网民，是因为价格低才选择在线购物的；而且，这个比例还在不断下降。相比而言，产品和服务，越来越成为消费者重视的因素。

有人认为电商是一种"轻平台"，重营销、技术、社交、支付等环节；而对仓储物流这种需要长时间、大资金投入的"重资产"环节，一般以外包的形式处理。以提升用户体验为目标，京东自2007年开始自建物流，到今天已经形成了覆盖全国近1300多个区县的自有送货体系。而多数电商在物流建设上选择了知难而退。

然而，随着电商竞争从单纯的规模、低价时代，逐步进入用户综合体验时代，"重平台"越来越成为一个无法回避的课题。以仓储物流为例，主要会从速度、友好度和灵活度3个方面影响客户体验。在仓储物流方面进行投入，不仅保证了货物送达的时间效率，而且可以很大程度减少物流损失，提供上门取货等多种特色服务，提高售后服务水平，在全流程上获得客户综合体验的提高。自有仓储物流体系，确保了与交易流程的上下游紧密衔接，有效地提高了执行效率，降低成本。

此外，"重平台"还是积累大数据的必要条件，而大数据则是整个电商平台发挥更大效应的基础。线下的物流数据、地址数据及用户特征数据等都有十分重要的价值，没有自建物流就无从获得这些数据。

应该注意到，尤其是从2013年开始，一些主要电商开始步京东后尘，加大在仓储物流方面的投入。当然，路径也不尽相同，有些是把传统的仓储物流布局加以改造，有些则采取把仓储、配送资源整合到自己数据平台上的"众包"模式。但无论模式如何，从"轻平台"到"重平台"的转变，正在成为大势所趋。

当然，京东作为领先者，丝毫不会放缓自己在"重平台"上的领先步伐。2014年上半年，京东专门针对电子商务的需求而设计建设的大型综合仓储中心"亚洲一号"上海项目将正式投入使用，这将是国内最先进的仓储中心。京东目前在广州、武汉、成都、沈阳、北京、西安等七大区域都在建设"亚洲一号"，预计全部建成之后，京东的配送能力将从目前的每天百万单提高到日处理千万单的水平。京东将逐步把仓储、配送服务开放给电商平台的众多商家,从而提升整个行业的消费者购物体验。

虽然在全社会零售总额中,网购所占的份额仍不足两位数;但电商的快速发展对传统零售的价格体系、服务方式、品牌建设等方面,都已经产生了强烈的冲击。预计未来 5 年之内,电商零售将占到整个社会零售的 1/5。随着消费群体上网的普及和网购习惯的形成,传统零售也必将越来越多地尝试"触网"。同时,电商也在尝试向线下渗透,从而给用户更到位的服务。全渠道零售的雏形已经开始显现。

这场正在到来的商业革命,归根到底是由日益崛起的"全渠道消费者"所驱动的。传统零售与电商向全渠道零售转型的过程,是各自呼应全渠道消费者需求的过程,也是两者各自弥补劣势的过程,最终将达到相互融合。线上线下融合的全渠道零售,在 2014 年将会出现一些尝试性的形态,但全面铺开还需要较长时间的摸索。

当然,我们仍要聚焦于将大幅推动零售变革的移动互联网。随着包括手机、平板电脑在内的移动终端进入人们生活的方方面面,网购市场向移动端渗透的趋势越来越变得不可阻挡。来自移动端的购物需求占据主导地位,只是一个时间问题。

在购物的时候,消费者会使用移动设备去查询相关的信息,比如说商店的具体位置、商品信息、价格对比、优惠和促销活动等。而在移动互联网庞大且精准的数据支持下,通过人群定向、网站定向、关键词定向、行为定向等方式,就能准确寻找到目标客户。在避免为消费者带来诸多不必要的广告困扰同时,也让商业整体的运营效率得到提高。

通过移动互联网,可以实现线上、线下信息的实时沟通,消费者也可以自由地实现购买行为在线上线下的转换。因此,在面向未来的全渠道零售时代,移动互联网的作用很可能将是关键性的。移动互联网＋产品设计＋数据挖掘＋云计算平台,将极大地扩展对用户体验的认知。谁能创造性地应用移动的威力,谁就有可能掌握赢得下一场革命的"密码"。

对于京东以及其他主要电商企业来说,互联网金融亦是未来的热点之所在。鉴于京东拥有强大的自建物流体系,因此在数据的真实性及完整性方面都具备绝对优势,这为涉足金融业务奠定了得天独厚的基础。过去两年来,京东通过整合银行资源,启动了供应链融资服务,已经向合作伙伴累计提供了数十亿元的贷款。随着小额贷款及基金等业务逐步展开,京东希望未来成为一家综合性的金融服务提供商及交易平台。通过业务创新,不断满足合作伙伴及个人消费者相关需求,一起创造更好的消费体验。

最后,对于中国电商企业来说,一个理想是国际化。虽然我们已经是全球第一大电商市场,但迄今为止,中国还没有一家电商企业,能具备像亚马逊、eBay 一样的国际影响力以及竞争力。京东的目标并不局限于中国,我们希望成为全球最值得信赖的企业;我们已经发布了英文网站,也启动了国际人才招聘计划,下一步会积极稳妥地拓展国际市场,努力打造"世界的京东"。

站在 2013 年和 2014 年的交界点上,无论回顾过去还是展望未来,都必须时刻牢记一点:我们不能因为走得太远,而忘记了为什么出发。所以,京东一直以"让生活变得简单快乐"的宗旨,以"客户为中心"的价值观,来不断警醒自己。

(资料来源:中国企业家网)

6.1.2　电子商务技术

1. 电子商务技术的概念

利用计算机技术、网络技术和远程通信技术，实现整个商务（买卖）过程中的电子化、数字化和网络化也就是电子商务技术。人们不再是面对面的、看着实实在在的货物、靠纸介质单据（包括现金）进行买卖交易，而是通过网络，通过网上琳琅满目的商品信息、完善的物流配送系统和方便安全的资金结算系统进行交易（买卖）。

2. 电子商务技术的内容

一般来说，电子商务所涉及的技术主要有以下几个方面。

1）网络技术

电子商务的发展是建立在网络发展的基础上的，电子商务的实现更是离不开网络，网络技术是电子商务的关键技术之一。

2）安全技术

电子商务的安全性必须要有一些安全技术作为保障，没有可靠的安全技术，就无法确定电子商务的安全性。目前证书认证是普遍使用的身份认证的一种方式。证书认证具体的操作过程是：建立相关的认证体系，然后对交易双方进行身份确认。证书认证的结果是使产生的每一个证书都与一个密钥相对应。

3）数据库技术

在电子商务的业务活动中会用到很多信息，如商家为用户提供的商品信息、认证中心储存的交易角色的信息、配送中心需要使用的配送信息、商家管理用户的一些购买信息以及用户的购买历史信息等。这些信息需要合理地储存起来，并能够在需要的时候抽取出来，这就要利用到数据库技术，数据库技术是企业管理信息系统的核心技术。该技术包括数据模型、数据库管理系统（Oracle、Sybase、SQL Server 等）、数据库系统建设和数据仓库、联机分析处理和数据挖掘技术等。应用于电子商务中的数据库技术的主要功能包括数据的收集、存储和组织、决策支持、Web 数据库。

4）电子支付技术

将网上支付称为电子支付。从严格意义上来讲，电子支付是一个过程而不是一种技术，但在该过程中涉及很多的技术问题。这些技术主要包括电子货币（电子支票、银行卡、电子现金）的表示形式、发放和管理技术、电子支付模式等。

5）EDI 技术

近年来，电子数据交换技术（EDI）在工商业界中的应用不断得到发展和完善，在当前电子商务中占据重要地位。随着 EDI 应用于互联网，EDI 的应用得到更广泛的拓展。标准化 EDI 技术具有开放性和包容性，在开发 EDI 网络应用中，不需要改变现行标准，只需要扩充标准。

3. 电子商务技术的要求

电子商务技术的关键是要保障以电子方式存储和传输的数据信息的安全，具体包括下列 4 个要求。

1）数据传输的安全性

保证数据传输的安全性就是要保证在 Internet 上传送的数据信息不被第三方监听和窃取。通常，对数据信息安全性的保护是利用数据加密技术来实现的。

2）数据的完整性

保证数据的完整性就是要保证在 Internet 上传送的数据信息不被篡改。在电子商务应用环境中，保证数据信息完整是通过采用安全散列函数（即 Hash 函数，又称杂凑函数）和数字签名技术实现的。

3）身份认证

在电子商务活动中，交易的双方或多方常常需要交换一些敏感信息（如信用卡号、密码等），这时就需要确认对方的真实身份。如果涉及支付型电子商务，还需要确认对方的账户是否真实有效。电子商务中的身份认证通常采用公开密钥加密技术、数字签名技术、数字证书技术及口令字技术来实现。

4）交易的不可抵赖性

电子商务交易的各方在进行数据信息传输时，必须带有自身特有的、无法被别人复制的信息，以防发送方否认曾发送过该消息或接收方否认曾接收过该信息，从而确保交易发生时有所记录。交易的不可抵赖性是通过数字签名技术和数字证书技术实现的。

6.2　移动电子商务

6.2.1　移动电子商务的定义及特性

1. 移动电子商务定义

Internet 技术在全球范围内的快速发展和迅速普及的电子商务对人们的生活方式和社会经济带来了前所未有的变革。

经过 10 多年的发展，电子商务具有较深的理论基础，支撑其发展的应用技术也日趋成熟，与此同时，基于电子商务的管理体制也日臻完善，这为移动电子商务的兴起奠定了理论、技术及管理方面的坚实基础。目前电子商务已经提供了许多完善的服务和应用，如网上购物、电子银行、远程教学和资料查询等。但是用户只能在固定场所享受服务和应用。

近年来，无线通信与网络技术的发展，为用户提供了一种不同于 Internet 的数据传输环境，使用户能够随时随地体验电子商务的服务和应用。在无线通信网络中，移动用户只需要利用移动电话（Mobile Phone，MP）、个人数字助理（Personal Digital Assistant，PDA）等无线手持设备（Wireless Hand-held Device，WHD），即可随时随地访问电子商务应用，不再受固定场所的限制。这种移动技术的无地域性、便利性和即时性使得移动电子商务应运而生。

移动电子商务（Mobile Electronic Commerce，M E-Commerce），从广义上讲，是指应用移动终端设备，通过移动互联网进行的电子商务活动；从狭义上讲，是指以手机为终端，通过移动通信网络连接互联网所进行的电子商务活动，它又被称为移动商务（M-Commerce 或MC，Mobile Commerce）。综上所述，移动电子商务（M-Commerce 或 MC，Mobile Commerce）是指利用手机、PDA、掌上电脑等移动通信终端设备,通过有线、无线通信技术的支撑,在有线、无线混合的复杂网络环境下所实现的一种快速、便捷的商务活动形式。

从用户角度来看,移动电子商务是指通过连接公共和专用网络,使用移动终端来实现各种活动,包括娱乐、交流、沟通、交易等。

从商务角度看,移动商务是一种商务模式的创新,其商务活动中以使用移动终端设备,应用移动通信技术为本质特征。移动电子商务能够体现商务活动的便捷性、及时性,能够最大限度地在自由的商务空间进行沟通、交流,适时地进行商务决策,从而大大提高商务活动的速度和效率,降低了商务交易成本,形成新的商业契机。

从管理的角度看,移动电子商务也是一种管理模式创新,它不仅改变了信息获取的速度和方式,而且更改了商务对接、合同签订、货款交割、物流调度、移动目标跟踪和查询等固有的运作管理方式,给传统的企业管理、营销管理、商务管理带来了巨大的变革。

从本质上看,移动电子商务归属于电子商务的范畴,是在当今社会需求以及计算机、无线通信、移动嵌入式等技术创新和发展的条件下应运而生的一种在移动过程中即可完成商务活动的新型商务模式。

2. 移动商务特性

根据对移动电子商务的定义及多角度视图的分析可知,移动电子商务作为一种新的电子商务交易模式,其主要特征如下。

1) 移动性

作为移动电子商务的最大特点,移动性使得移动用户几乎可以在任何地方获取信息或进行交易,这一点对实时性具有较高要求的应用尤为重要,如股票或期货。目前迅猛发展的3G系统,能够在全球范围内更好地实现无线漫游,并处理图像、音乐、视频流等多种媒体形式,提供包括电话会议、网页浏览、电子商务等多种信息服务。

2) 可接收性

对于使用者来说,可接收性是一项重要的需求。这项特色允许移动电子商务用户不受时间和地域的限制,即时接收服务提供商传送的信息与服务。其次,多数移动设备具备短程无线传输/接收功能,如红外线传输、蓝牙、WiFi无线通信技术以及支持无线局域网,这些功能给移动电子商务应用的接收提供了便利条件。

3) 安全性

移动电子商务安全技术目前已可提供封闭式端对端的安全套接字层技术 WTLS。同时安装在移动设备内的客户识别模块卡(Subscriber Identity Module,SIM),除了允许使用者随身携带且可任意插入移动设备内使用,还提供个人识别码(Personal Identification Number,PIN)或密码身份验证机制。

4) 便利性

无线移动设备及 SIM 卡内都有存储空间,使用者可以将平时所需的资料存放在设备中随身携带。

5) 定位性

服务提供商通过移动运营商的通信网络,可以随时追踪与定位用户所在区域,提供用户可能所需要的区域服务信息,从而促成使用者完成交易。例如,某商人坐飞机到了新城市后希望能够接收到一条是否需要宾馆的询问信息,通过进一步的条件输入即可搜索符合条件的宾馆信息,通过筛选便可得到最满意的宾馆。

6) 个性化

相对于个人计算机,无线移动设备具有较高的普及率,同时也更容易提供个性化的服务。服务提供商可以根据用户的消费习惯和爱好,提供用户个性化的应用与服务;移动电子商务的个性化服务,可以精确地提供用户所需的信息,增加用户的交易意愿;结合移动电子商务的定位性,服务提供商可以主动提供区域服务给用户,令用户体验一个全新的商务环境。

7) 即时连接

相对于个人计算机,移动设备无需经过启动和拨号上网,通过 GSM 或 GPRS,用户可以轻松、快速地获取资讯,无线移动设备将成为人们首选的获取信息的工具。

目前,移动电子商务因其快捷方便、无所不在的特点,已经成为电子商务发展的新方向。

6.2.2 移动电子商务的应用

移动电子商务的应用范围很广,从电子订票、自动售货机支付,到通过无线设备实现的各种商品和服务的在线选购和支付,以及金融交易和其他银行业务、移动警务等。目前,移动电子商务遍及制造业、流通业、金融业、农业、军事等诸多行业,取得了显著的经济效益和社会效益。

由前述可知,移动电子商务有着丰富的应用内容和多种多样的服务方式。为了便于对移动电子商务有全面的了解,下面给出从不角度进行移动电子商务的类型划分。

从服务的范围角度,移动电子商务可以进行商务交易(如购物、支付)、娱乐消费(如铃声、图片、视频文件下载以及移动订票等)、移动营销(如手机炒股、手机彩票等)、移动广告(如图片广告、文字播报等)、移动商情服务(如信息定制、咨询调查等)以及移动办公、移动浏览、移动休闲、移动定位等诸多服务。

从信息流向的角度,上述诸多服务大体可以划分为以下 3 类业务范畴。

① 推(Push)业务。主要通过公共信息发布进行服务,其应用领域包括时事新闻、天气预报、股票行情、交通路况信息、招聘信息和广告等。

② 拉(Pull)业务。主要用于信息的个人定制接收。应用领域包括服务账单、电话号码、旅游信息、航班信息、影院节目安排、列出时刻表、行业产品信息等。

③ 交互式(Interactive)业务。包括电子购物、博彩、游戏、证券交易、在线竞拍等。

6.2.3 移动电子商务的典型应用

目前,比较典型的移动商务的应用主要包括以下几个方面,具体如下。

1. 手机通宝

"手机通宝"是 2010 年中国移动广东公司首创的认证鉴权服务平台,也是基于手机通宝开展的多种电子商务应用服务的统称。基于手机通宝,用户能够安全、便捷地进行手机支付、电子票务、网站登录、数字版权业务、公交一卡通等电子商务活动。典型应用包括亚运手机票、手机通宝—羊城通等。

2. 随 e 行

"随 e 行"是中国移动面向商务人士、集团客户推出的无线上网服务，移动用户只需在笔记本电脑或 PDA 中插入 GPRS 网卡和专用的数据 SIM 卡即可随时随地接入互联网和企业网，获取信息、娱乐或进行移动办公。其宗旨是为用户带来"网络随身，世界随心"的感受。在网络覆盖区域，可以随时访问互联网/企业网，收发电子邮件或浏览网页等。目前中国移动已在全国近 2000 个热点地区提供了网络覆盖，热点地区包括机场、酒店、会议中心和展览馆等商旅人士经常出入的场所。

3. 手机钱包

"手机钱包"是广发银行与中国移动共同推出的一项服务，手机钱包以储蓄卡账号为资金支持，手机为交易工具，将移动用户的储蓄卡账户和手机号码绑定，通过层层加密的技术手段，实现购物消费、代缴费、转账、退货以及账户余额和话费余额查询等功能。

4. 小额支付

一种被称为移动小额支付的业务已投入应用，移动用户已经可以利用小额支付业务买彩票和保险等，操作简单方便。当用户购买彩票时，系统首先会查询作为投注金的剩余话费是否充足，确认充足后方可进行彩票购买交易。此外，取消该业务也简单便捷，只需发送"ZX 客服密码"到投注系统即可。

5. 会易通

"会易通"业务是在目前电话业务基础上开发的一种电话增值应用。通过此应用，会议的召开可以不再局限于会议室，会议召集者只需要在移动电话中逐个输入会议成员的手机号码，就可以召集多方举行电话会议，同时，通过此应用还可以对移动用户群发短信等。

移动商务之所以取得如此迅猛的发展，究其原因主要归结于移动电子商务消除了距离和地域的限制，实现在任何地方都能通过无线技术直接把电子商务能力提供给用户。而且，由于手机所用的 SIM 卡上存储着用户的全部信息，对于移动电子商务而言 SIM 卡就像身份证对于社会生活一样，可以唯一地确定一个用户的身份，所以从某种角度而言，移动电子商务比 Internet 上的电子商务更具安全性。此外，移动电子商务可以为用户提供方便的个性化服务，因而易于为广大用户所接受。

由上述不难看出，移动电子商务具有广阔的应用领域和应用前景。

6.2.4 国外移动电子商务的发展

1. 移动电子商务在英国的发展

移动电子商务在欧洲国家发展迅速。据统计，2009 年欧洲的网上销售额高达 1437 亿欧元,比上年增长了22%。其中英国的移动电子商务发展最为突出。根据 eMarketer 发布的 2009—2014 年数据,2009 年英国网络购物用户规模为 2500 万人,预计 2014 年英国网络购物用户规模将达到 3100 万人,渗透率将达到 71.1%。

2. 移动电子商务在法国的发展

法国电子商务起步较晚(始于 2002 年),但随着计算机和智能手机的普及,廉价优质的网络服务以及网络提供的种种便利,法国网络用户数量激增,移动电子商务迅速发展。2010 年法国网络用户已超过 3800 万人,是 10 年前的近 2.5 倍,而其中有 2730 万以上的用户进行网上购物,2000 万用户使用过网上银行,780 万用户使用过移动媒体(如发送接收邮件、收听广播、使用短信和流媒体内容)。

跟随着移动电子商务的巨大发展,法国许多知名企业也纷纷加入这一行列:2010 年 Zara、Kiabi 等商家进入电子商务市场;Toys 在法国建立了网站;PPR 集团还专设了电子商务发展部,家乐福总裁表示要在这方面做得更好。

3. 移动电子商务在美国的发展

美国是最早发展电子商务的国家,同时也是电子商务发展最为成熟的国家,一直引领全球电子商务的发展,是全球电子商务的成熟发达地区。在美国,移动通信在移动数据、手机音乐、手机上网、虚拟移动通信、手机电视、手机应用多样化、3G、网络融合及对固话的替代等方面都取得了很快的发展。

用手机收发电子邮件在美国很盛行,最有名的是 BlackBerry(黑莓)手机,有类似计算机键盘的装置,用手机可运行微软的办公软件,支持可移植文档(pdf)格式,还可以进行页面浏览,因此深受商务人士的青睐。

4. 移动商务在韩国的发展

韩国是全球移动互联网最为发达的地区之一,韩国政府一贯大力支持信息产业的发展,其良好的市场环境、产业链上下各方的紧密合作使其移动电子商务得以蓬勃发展。据 Juniper Research 的数据显示,2010 年韩国移动支付市场的规模达到 1700 亿美元,在 2014 年将增长到 6300 亿美元。占据韩国移动电子商务领导地位的是 SK、KTF 和 LGT 这 3 家公司。为了配合业务的发展,韩国普遍采取定制手机的策略,三星、3COM、LG、SKTeletech 等终端厂商,按照运营商的要求提供各种功能强大、针对性强的终端设备。

近年来,越来越多的移动用户通过手机实现 POS 支付、购买地铁车票、完成移动 ATM 取款等,移动支付在韩国正日渐风行。

5. 移动电子商务在日本的发展

全球移动电子商务发展速度最快的是日本,NTT DoCoM 推出的 i-Mdoe 堪称最成功的典范,用户已经突破 1300 万。因为日本的电信运营商加强与内容提供商的合作,即使是最受欢迎的网站也可在主页上允许这些内容提供商作离线广告;日本的支付方式采用预付模式,所以比较容易多获利;服务商一方面可以通过用户收取和发送的数据来收取费用,另一方面可从它们的收费方式中获得一定的利润。移动商务的应用范围包括机场自助检票、娱乐场所门票、交通支付等,可在手机上查看余额、进行银行转账及通过移动网络充值等。

根据日本总务省发表的 M-Commerce 市场规模的有关统计结果显示,2005 年的市场规模同比猛增 39%,达 7224 亿日元;其中发送铃声等移动内容的业务同比增长 21%,达 3150 亿日元,处理邮购、预订和购买演出门票、飞机票、火车票等移动商务业务同比增长 57%,达 4074 亿日元。截至 2010 年 1 季度,日本移动互联网用户已达到 9010 万。目前日本移动通信市场已进入成熟期,其运营商把重点放在挖掘通信收入以外的其他收入增长点上,其竞争主要在音乐、游戏及危险情报信息提供等业务领域展开。

6.2.5 国内移动电子商务的发展

随着社会化大生产和市场经济及全球经济一体化的发展,我国迫切需要电子商务,尤其是不受时间和地点的影响、不受气候和环境限制的移动电子商务。近年来,国内经济持续稳定增长,人民收入水平提高,使用移动电话有了一定的物质基础。国家的扶植政策,使移动电子商务迅速发展成为可能。此外,我国地域辽阔,地质条件复杂,2/3 为山地、丘陵和高原,在这样的地区,尤其是在人员稀少的地方,架设有线线路和铺设光缆成本高、组网难,形成规模经营更困难。而这些地区经济正在启动,资源有待开发,产品需要外销,因而发展移动电子商务比发展有线电子商务更有意义。

移动电子商务在我国最初是以短信为主要营销方式,随着中国移动推出短信业务后,中国移动增值业务市场正式启动,并迅速成为中国移动运营商最大也是发展最快的移动增值业务之一。之后,随着无线通信与网络技术的迅猛发展,短消息技术、无线应用协议(WAP)等愈加成熟,移动电子商务在中国的应用开始由简单的横向应用转向复杂的纵向应用。2007 年 5 月,用友移动投资开通“移动商街”,建立中国移动电子商务第一门户;2008 年 2 月,北京奥软科技有限公司推出“无线商街”,打破该市场垄断格局。2008 年 2 月,电子商务巨头阿里巴巴集团旗下两大子公司淘宝网和支付宝联合推出“手机淘宝”,宣布进军移动电子商务。同年年底,中国移动和中国银联的合资分公司联动优势推出“手机钱包”新业务平台,为用户提供安全、便捷、时尚的支付手段。2009 年 3 月,阿里巴巴再次推出移动版“诚信通”,加强布局移动电子商务。

艾瑞咨询认为,传统电子商务的发展已经为移动电子商务发展奠定了良好的基础。在PC 端,传统电子商务经过 10 多年的发展,已经解决了商家信用、货款支付等用户普遍关心的交易问题,电子商务在中国消费者中已经成为了一种时尚和重要的消费习惯。用户基于对电子商务的了解,可以很快地对移动电子商务加以认可和接受。

伴随着移动电子商务应用意识和习惯在社会中的培养,移动电子商务服务将成为移动互联网用户生活中普遍使用的服务,中国移动电子商务用户的规模将在未来几年进入快速增长的阶段。

6.2.6 移动电子商务的发展趋势

移动电子商务作为一种新型的电子商务方式,利用移动无线网络的优势,将网络、移动通信技术和其他技术完美地结合,对传统电子商务进行了有益补充,使用户可以随时随地进行网上购物与交易、在线支付及进行各种交易活动,因此受到众多客户的青睐。随着计算机技术和移动通信的发展,移动电子商务正成为人们生活中不可缺少的一部分,其未来发展趋势可归结为以下几个方面。

1. 企业应用将成为移动电子商务领域的中心

面向企业用户的服务和应用一般可以快速盈利,但由于企业数量有限,所以发展空间不大;而面向个人用户的服务和应用则正好相反,虽然单次盈利较少,盈利速度较慢,但一旦业务成熟,必定吸引众多用户,发展空间巨大。而移动电子商务目前正处于快速发展时期,必须基于稳定性强、消费力大的企业应用,因此企业应用必将成为移动电子商务领域的中心。

2. 信息服务将成为移动电子商务的主要应用

目前,我国正处于由工业社会向信息社会过渡的转型期,在这一时期,信息社会发展将呈现新的趋势和特点。在移动电子商务中,虽然主要目的是交易,但是实际上在业务使用过程中,信息的获取对于带动交易的发生或是间接引起交易是有非常大的作用的。例如,用户可以利用手机,通过信息、邮件、标签读取等方式,获取股票行情、天气预报、旅行路线、电影、航班、音乐、游戏等各种内容业务的信息,而在这些信息的引导下,有助于诱导客户进行电子商务的业务交易活动。因此,信息服务将成为今后移动电子商务发展的重点。

3. 安全性问题仍将是移动电子商务中的巨大机会

由于移动终端的移动性,移动终端很容易被破坏或丢失,势必造成安全影响。因此安全性是移动电子商务中需要重点考虑的因素。和基于 PC 终端的电子商务相比,移动电子商务终端运算能力和存储容量更加不足,如何保证电子交易过程的安全,成了大家最为关心的问题。

4. 移动终端的机会

移动电子商务中的信息获取、交易等问题都和终端息息相关。终端的发展机会在于,不仅要带动移动电子商务上的新风尚,还对价值链上的各方合作是否顺利、对业务开展有着至关重要的影响。随着终端技术的发展,终端的功能越来越多,而且考虑人性化设计的方面也越来越全面,例如显示屏比过去有了很大的进步,而一些网上交易涉及商品图片信息显示的,可以实现更加接近传统 PC 互联网上的界面显示。又如智能终端的逐渐普及或成为主流终端,如此一来,手机更升级成为小型 PC,虽然两者不会完全一致,也不会被替代,但是手机可以实现的功能越来越多,对于一些移动电子商务业务的进行,也更加便利而又不失随身携带的特点。

5. 移动电子商务将与无线广告捆绑前进

移动电子商务与无线广告,在过去的发展过程中有些割裂,其实这是两条腿走路的事情,二者是相辅相成的,任何一方的发展,都离不开另外一方的发展。二者的完美结合,就是无线营销的康庄大道。

6.3 人工智能与决策支持

6.3.1 人工智能

人工智能(Artificial Intelligence,AI)一词最初是在 1956 年 Dartmouth(达特茅斯)学会上提出的。它是研究、开发用于模拟、延伸和扩展人的智能的理论、方法、技术及应用系统的一门新的技术科学。人工智能是一门极富挑战性的科学,从事这项工作的人必须懂得计算机知识、心理学和哲学。目前,人工智能在计算机领域得到了愈加广泛的重视,并在机器人、经济政治决策、控制系统、仿真系统中得到应用。

1. 人工智能的概念

如前面所说,"人工智能"一词最初是在 1956 年达特茅斯学会上被提出。从那以后,研究者们提出和验证了众多理论和原理,人工智能的概念也随之扩展。人工智能的发展虽然已走过了半个世纪的历程,但是对人工智能至今尚无统一的定义。著名的美国斯坦福大学人工智能研究中心尼尔逊教授对人工智能下了这样一个定义:"人工智能是关于知识的学科——怎样表示知识以及怎样获得知识并使用知识的科学。"而麻省理工学院的温斯顿教授认为:"人工智能就是研究如何使计算机去做过去只有人才能做的智能工作。"这些说法反映了人工智能学科的基本思想和基本内容。即人工智能是研究人类智能活动的规律,构造具有一定智能的人工系统,研究如何让计算机去完成以往需要人的智力才能胜任的工作,也就是研究如何应用计算机的软硬件来模拟人类某些智能行为的基本理论、方法和技术。

人工智能的一个比较流行的定义,也是该领域较早的一个定义,是由当时麻省理工学院的麦卡锡在 1956 年的达特茅斯会议上提出的:"人工智能就是要让机器的行为看起来就像人所表现出的智能行为一样"。另一个定义是:"人工智能是人造机器所表现出来的智能"。总体来讲,对人工智能的定义大多可划分为四类,即机器的"类人思维"、"类人行为"、"理性思维"和"理性行为"。

人工智能是计算机学科的一个分支,20 世纪 70 年代以来被称为世界三大尖端技术之一(空间技术、能源技术、人工智能),也被认为是 21 世纪(基因工程、纳米科学、人工智能)三大尖端技术之一。人工智能在很多学科领域都获得了广泛应用,并取得了丰硕的成果,其已逐步成为一个独立的分支,无论在理论还是实践上都已自成一个系统。

2. 人工智能的研究途径

从国际范围来看,人工智能的研究途径主要有 3 个方面:一是生理学途径,采用仿生学的方法,模拟动物和人的感官以及大脑的结构和机能,制成神经元模型和脑模型;二是心理学途径,应用实验心理学方法,总结人们思维活动的规律,用电子计算机进行心理模拟;三是工程技术途径,研究怎样用电子计算机从功能上模拟人的智能行为。目前,第三种研究方法发展较快。它也从前两种方法中吸取新的思想,依靠新的启示扩大自己的成果。

3. 人工智能的发展阶段

第 1 阶段：20 世纪 50 年代人工智能的兴起和冷落。

人工智能概念首次提出后，相继出现了一批显著的成果，如机器定理证明、跳棋程序、通用问题 S 求解程序、LISP 表处理语言等。但由于消解法推理能力有限，以及机器翻译等原因的客观存在，使人工智能走入了低谷。这一阶段的特点是：重视问题求解的方法，忽视知识重要性。

第 2 阶段：20 世纪 60 年代末至 70 年代，专家系统出现，使人工智能研究出现新高潮。

DENDRAL 化学质谱分析系统、MYCIN 疾病诊断和治疗系统、PROSPECTIOR 探矿系统、Hearsay-Ⅱ 语音理解系统等专家系统的研究和开发，将人工智能引向了实用化，并于 1969 年成立了国际人工智能联合委员会 (International Joint Conference on Artificial Intelligence，IJCAI)。

第 3 阶段：20 世纪 80 年代，随着第五代计算机的研制，人工智能得到了很大发展。

日本于 1982 年开始了第五代计算机研制计划，即"知识信息处理计算机系统 KIPS"，其目的是使逻辑推理达到数值运算那么快。虽然此计划最终失败，但它的开展形成了一股研究人工智能的热潮。

第 4 阶段：20 世纪 80 年代末，神经网络飞速发展。

1987 年，美国召开第一次神经网络国际会议，宣告了这一新学科的诞生。此后，各国在神经网络方面的投资逐渐增加，神经网络迅速发展起来。

第 5 阶段：20 世纪 90 年代，人工智能出现新的研究高潮。

由于网络技术特别是国际互联网技术的发展，人工智能开始由单个智能主体研究转向基于网络环境下的分布式人工智能研究。不仅研究基于同一目标的分布式问题求解，而且研究多个智能主体的多目标问题求解，从而使人工智能更面向实用。

4. 人工智能研究的领域

1) 专家系统

专家系统是依靠人类专家已有的知识建立起来的知识系统。目前，专家系统是人工智能研究中开展最早、成效最多的领域，已被广泛应用于医疗诊断、地质勘探、石油化工、军事、文化教育等方面。它是在特定的领域内具有相应的知识和经验的程序系统，应用人工智能技术，模拟人类专家解决问题时的思维过程，来求解领域内的各种问题，达到或接近专家的水平。

2) 机器学习

要使计算机具有知识，要么将知识表示为计算机可以接受的方式输入计算机，要么使计算机本身有获得知识的能力，并在实践中不断总结、完善，这种方式称为机器学习。机器学习的研究主要在以下 3 个方面进行：一是研究人类学习的机理、人脑思维的过程；二是研究机器学习的方法；三是建立针对具体任务的学习系统。机器学习的研究是建立在信息科学、脑科学、神经心理学、逻辑学、模糊数学等多种学科基础上的，并且依赖于这些学科而共同发展。机器学习就是让计算机能够像人那样自动获取新知识，并在实践中不断地完善自我和增强能力,使得系统在下一次执行同样任务或类似任务时,会比现在做得更好或效率更高。

3) 模式识别

模式识别是研究如何使机器具有感知能力,主要研究视觉模式和听觉模式的识别。如识别物体、地形、图像、字体等。至今,在模式识别领域,神经网络方法已经成功地用于手写字符的识别、汽车牌照的识别、指纹识别、语音识别等方面。近年来迅速发展起来应用模糊数学模式、人工神经网络模式的方法逐渐取代传统的用统计模式和结构模式的识别方法,特别是人工神经网络方法,在模式识别中取得了较大进展。

4) 机器人学

机器人是一种能模拟人的行为的机械,对机器人的研究经历了 3 代的发展历程。它们分别是程序控制机器人、自适应机器人和智能机器人。

5) 智能决策支持系统

决策支持系统是属于管理科学的范畴,与"知识—智能"有着极其密切的关系。20 世纪80 年代,专家系统在许多方面取得成功,将人工智能中特别是智能和知识处理技术应用于决策支持系统,扩大了决策支持系统的应用范围,提高了系统解决问题的能力,这就称为智能决策支持系统。

5. 人工智能的未来展望

1) 模式识别

模式识别就是通过计算机用数学技术方法来研究模式的自动处理和判读。随着计算机技术的发展,人类有可能研究复杂的信息处理过程,用计算机实现模式(文字、声音、人物、物体等)的自动识别,是开发智能机器的一个最关键的突破口,也为人类认识自身智能提供线索。

2) 人工神经网络和机器情感

人工智能的基本思想已经在许多领域中得到应用。人工神经网络是未来人工智能应用的新领域,未来智能计算机的构成可能就是作为主机的冯·诺依曼型机与作为智能外围的人工神经网络的结合。

3) 高难度操作应用

人工智能可应用到各种高难度的操作上,从而取代人类的一些行为,造就人类幸福,如海洋环境保护、太空的研究及各类能源开发等。

6. 我国人工智能的发展状况

我国过去虽在模式识别和机器翻译等方面开展过研究,但对人工智能研究的真正起步还是在改革开放以后,当时与世界先进水平还有着相当大距离。为缩小这种差距,一批数学和计算机领域的专家学者积极投身于这方面研究工作,在理论和方法上都对人工智能科学的发展做出了不小的贡献。经过二十多年的经验积累,我国在人工智能研究领域不再是跟踪国外水平和潮流,在后面亦步亦趋,而是能够独立自主地开展重大问题的创新性研究,并取得了不错的成果。国家计划也把"智能计算机"列为其中的一个主题。目前,开放逻辑理论、模糊逻辑理论等一些有特色的研究成果受到国际同行重视,我国专家的理论文章越来越多地发表在国外人工智能研究最高学术刊物上。

另外,中国科学家在人工智能方面取得的成就还有:在模式识别领域创造性地提出仿生识别方法;提出了可拓学理论,较好地处理了过去在人工智能方面不处理矛盾的问题;中国用机器证明数学定理在全球可谓独树一帜;具有国际先进水平的智能型机器翻译系统也进入实用阶段;各类智能计算机已在农业的病虫害预测、灌溉优化、气象预报、探井找矿以及工业、国防、航空航天等诸多领域得到应用。

我国在人工智能研究和应用方面已取得了长足进步,形成了独立体系,与世界先进水平的差距在不断缩小,但在硬件、机器制造方面水平还不高,这是我们今后的努力方向。

6.3.2 决策支持

决策制定对于企业来说是非常重要的,决定了企业运作的成败。而现代企业面临的决策环境日益复杂,影响企业决策的因素越来越多,使得管理者在进行决策的时候面临巨大挑战和困难。信息技术、管理科学与决策科学相结合形成的决策支持系统为解决管理者的决策问题提供了一个有效的工具。

1. 决策的概念

决策是管理活动中领导者的基本职能,无论是在行政管理、工程管理、企业管理还是在其他的管理活动中,都贯穿着领导者的一系列决策活动。只有作出正确的决策,才能保证社会、经济、文化、科技等工作的顺利开展。

简单地说,决策就是"作决定"或"作选择",是人们在政治、经济及社会生活中普遍存在的一种行为。目前,决策的概念大致可以归纳为以下3种。

(1) 将决策看作是提出问题、确定目标、设计并选择方案的一个过程,这种理解是对决策的广义理解。

(2) 将决策看作是从几个备选方案中选择出最符合自己所需要的方案的活动。这种理解是对决策的狭义理解。

(3) 决策是在不确定的外界条件下做出的决定,这种决定没有先例可作参照,也没有规律可循,因此具有很高的风险。也就是说,只有在一定风险的条件下,作出的决定或选择,才能称为决策,这是对决策最狭义的理解。

那么,应该如何来理解决策的概念呢? 在本书中应该把握以下3个方面的内容。

1) 决策目标要明确

决策是为了解决某一领域或某一方面的决断行为,其结果是达到预期目标。因此,明确决策目标是决策活动的第一步。没有明确的决策目标,决策的行为就是盲目的。

2) 有两个以上的备选方案供决策选择

从狭义的决策定义可知,决策的本质是方案的选择过程。如果可供选择的方案只有一个,那么决策的意义和价值也就不存在了。因此,在进行决策的过程中,至少要有两个备选方案。从这些备选方案中进行比较和选择,最终选择出符合需求的方案进行实施。

3) 选择的最优方案应付诸实施

决策的最终目的是利用最优方案达到预期目标,如果选择的最优方案并没有付诸实施,那么决策也不能够实现,决策最多也就是一个认识问题或目标的行为,而不能称其为决策活动的过程。

2. 决策的分类

决策的问题往往是复杂多样的,因此可以对决策问题按照不同的角度进行分类。

(1) 按照决策问题的性质分类,决策可分为结构化决策、半结构化决策和非结构化决策。

结构化决策是决策问题结构分明,且经常发生,而解决这些决策问题的方法和步骤已经成熟,且有经验可循,如车间的生产计划就是结构化的决策。非结构化决策是指那些决策问题结构复杂、不明朗,且从来不重复发生的决策问题。解决非结构化决策问题的方法和步骤没有规律或经验可循,它需要决策者根据自己的经验和直觉进行决策,如厂址选择问题就是典型的非结构化决策问题。半结构化决策是介于结构化和非结构化决策之间的一种决策问题。如产品价格制定就是半结构化决策问题,因为产品价格一部分受成本的限制,一部分受外界竞争环境的限制。其中,成本对于企业来讲是可以控制的、有规律可循的,而外部竞争环境是不受企业控制的。

(2) 按决策目标分类,决策可分为单目标决策和多目标决策。

在决策过程中,如果需要决策的问题要达到一个目标,那么这样的决策就是单目标决策。单目标决策的目标比较单一,因此较容易掌握,但是产生决策的片面性可能较大。如果需要决策的问题要达到两个及两个以上的目标,则称为多目标决策。多目标决策过程较为复杂,因为多个决策目标之间相互制约和相互影响。对多目标决策问题进行决策时,需要使用系统的观点,从全局把握,从而实现多目标决策的整体优化。

(3) 按决策问题的重要性和影响分类,决策可分为战略决策、战术决策和作业决策。

战略决策往往是面向全局的,解决的是重大问题的决策行为,如一个企业的发展规划、新产品的开发战略等。战术决策又称为策略决策,其解决的问题往往是战略决策具体实施的局部问题,如产品的生产计划、企业资源利用计划等。而作业决策往往是面向具体操作的决策问题,其解决的是一种经常性的决策问题,手段单一,方法明确,如生产工艺问题、产品配送问题等。

3. 决策的一般过程

以 H. A. Simon(西蒙)为代表的决策理论学派认为,整个管理过程就是一系列的决策过程,管理就是决策。西蒙建立的决策过程的基本模型包括 4 个阶段:情报阶段、设计阶段、选择阶段和实现阶段,如图 6-1 所示。

图 6-1 决策一般过程

决策的第一步是调查企业内外的情况,搜集有关数据并进行分析处理,以发现问题,寻找机会。发现问题就是发现企业管理中某方面的现实情况与理想情况的差别,并评价这种差别,判断是否构成值得重视的问题。寻找机会则是对比经营管理的实际数据和理想情况,找出更有利于实现组织目标的经营方式的可能性。

问题确定之后,提出解决问题的各种可能方案,每种方案可能包含一系列有关的活动。对这些方案进行可行性分析,排除不可行的方案,将可行的方案及其优、缺点整理出来,作为下一阶段进行选择的依据。在进行分析时,可能发现第一阶段收集的数据不足,这时应返回第一阶段。

设计阶段结束后,决策者按共同的准则对那些可行的方案进行比较,选出一种方案并付诸实施。选择方案时,必须以组织的某种利益和目标为根本出发点。组织由多个部门组成,部门与部门的利益可能有冲突,因此,必须强调以组织的整体利益和目标为决策依据。即使如此,在这些目标中如何折中兼顾也非易事。

实现阶段是对使用相应选择原则所选中的最优方案进行实施。由于实现过程周期较长,并且也是复杂多变的过程,所以在实施过程中,总会引入一些变革,也会出现许多一般性的问题。

虽然在决策中使决策步骤程序化是有益的,但是只有极少数的决策是按固定的逻辑程序做出的。决策环境的不确定性和复杂性,使得多数决策是一次性的、不可重复的。

4. 决策过程与决策技术

决策受决策者智慧、学识、经验和偏好的影响。传统的凭直觉、经验的“拍脑袋”决策方式往往是主观的、片面的,风险大。任何管理者,当面临决策时,特别是某些非常重要的决策时,应寻求一种更好的科学决策方法。科学的决策,不仅要使用科学的分析方法和现代化的工具,而且要遵循科学的程序,将一个决策过程分成若干阶段,明确各个阶段的任务,按照一定的顺序和客观规律有计划、有步骤地进行。任何一个科学决策过程都是一个动态过程,往往不可能一次就完成,而需要在各个阶段之间多次往返循环,才能达到较理想的决策效果。一个完整的决策过程粗略地可分为确定目标、拟订方案及方案选择等 3 个主要阶段。如果详细划分,整个决策过程可以分为发现问题、确定目标、价值准则、拟订方案、分析评估、方案选择、试验证实及实施执行 8 个阶段。各个阶段的先后顺序及各个阶段所使用的决策技术如图 6-2 所示。

(1) 发现问题。决策的目标是根据决策者想要解决的问题来确定的。所以,各种决策活动都是从发现问题开始。例如,某工厂产值逐年增加,而利润却是逐年下降,这就是一个问题。所以,发现问题或明确问题是决策活动的起点。在这个阶段必须把需要解决的问题的症结所在及其产生的原因分析清楚。

(2) 确定目标。决策目标是在一定的环境和条件下,根据预测分析所希望达到的结果。确定目标是科学决策的重要一步,需要采用调查研究和预测技术这两种科学的方法,准确地确定目标。

(3) 价值准则。价值准则就是评价体系。有了明确的决策目标之后,还需要制定该目标的评价体系,作为评价各个决策方案优劣的基本依据。它包括三方面内容。

① 把目标分解成为若干层次的、确定的价值指标,这些指标实现的程度就是衡量实现决策目标的程度。每类价值指标又可以分解成若干项,每项又可以分成若干条,构成一个价

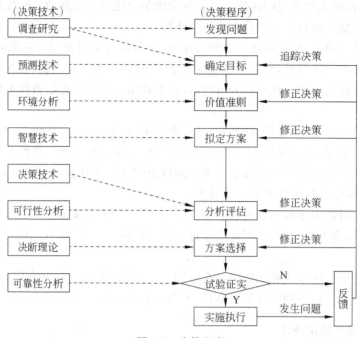

图 6-2　决策程序

值体系,即评价体系。

　　② 规定各种价值指标的轻重缓急及加权系数,当有些价值指标发生矛盾时,应决定其取舍原则。

　　③ 指明实现决策目标的各种约束条件,包括资源条件、时间条件、资金条件、市场条件及权力条件等。

　　(4) 拟订方案。拟订方案即方案设计,就是根据决策拟订多种可能的方案,以供选择。多种方案是指每种方案都有一些重要的区别。拟订方案时要广泛运用智囊技术。

　　(5) 分析评估。分析评估是对各种拟订的方案建立数学模型,并进行求解比较。这个阶段要充分运用决策技术和可行性分析方法,如树形决策、矩阵决策、统计决策、模糊决策等方法,使各种方案的利弊能充分表达出来,并且能相互比较。

　　(6) 方案选择。方案选择是领导者的决策行动,要根据自己的经验、智慧和才能,从所提供的众多方案中权衡利弊,然后选取其一。这不仅要求决策者能够运用决策理论、掌握多方面信息,而且也体现了决策者的胆略和见识。

　　(7) 试验证实。方案选定之后,必须进行局部试验,以验证方案是否能达到预期的结果。对于一些不便进行试验证实的决策,一方面要求在方案论证和选择时更加认真仔细,尽可能把所有的情况都考虑进去;另一方面如果条件允许,可以采用计算机进行仿真模拟。

　　(8) 实施执行。实施是决策程序的最终阶段,若经过实验证实或计算机仿真证明所选方案是可行的,就可以组织实施或行动。在实施过程中,或者由于原来方案考虑不周,或者由于客观情况发生变化,仍会发生这样或那样偏离目标要求的情况,这就要求在实施过程中不断地跟踪检查,及时统计分析和加强反馈工作。当主观和客观条件发生重大变化时,必须重新确定目标,修改价值准则,重新进行分析评估及方案修改,进行追踪决策。

以上所述是科学决策整个过程的 8 个阶段,也称为科学决策程序,它是一个动态的过程。

5. 制定决策应具备的条件

制定决策应具备的技能包括 3 个基本方面和 4 个中间过程,即权威、感知和设计 3 个基本方面和分析、理想化、实施和适应 4 个中间过程,如图 6-3 所示。

权威(Ⅰ)是指挥力,即支配和排除一切不合理因素的能力。感知(Ⅱ)包括想象和洞察,是观察和获取信息的能力。设计(Ⅲ)指的是构造的能力,如构造模型的能力。适应(Ⅳ)可描述为关于所有 3 个基本方面的连续调节。如果现有的权力、感知和设计出现了冲突或更替的情况,则决策者以自身的努力创造出适于生存的均衡,适应是决策制定系统的中心,它是识别问题和解决问题的能力。分析(Ⅴ)是介于信息收集和设计之间的技能。这是感知和形式化之间、获取信息和用于处理信息的模型之间的连接,这种连接产

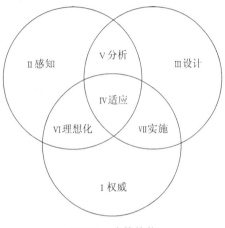

图 6-3　决策技能

生信息、知识和预期数值。理想化(Ⅵ)是权力和感知之间的连接,是一种运用权力的同时保持着想象,并有可能将这种想象付诸实施的能力。理想化可以看作是评价的能力,评价的实质是推崇某一组价值,如标准、效用、偏好等。实施(Ⅶ)是通过颁布一系列命令执行一个计划。计划实施包括对活动施加某种节奏的协调,对结构提供某种模式。

6.4　物联网与智慧城市

发个短信就能让电饭锅煮饭、热水器烧水;出门办事,事先用手机上网预订个车位;早晨离家,拨动手机就能一次关闭电灯和电器;回家途中,能通过手持终端提前打开家中空调,洗衣机开始运转,热水器自动加热……这些梦想生活不再是幻想,随着物联网技术的发展和智慧城市的建设,这一切都可以实现,过上智能生活的日子不远了。

6.4.1　物联网概述

1. 物联网的概念

人们对物联网的了解、认识和应用,与计算机技术及网络技术的进一步发展、互联网的应用及普及密不可分的。从字面的意思来看,物联网就是物物相连的互联网。这有两层意思:其一,物联网的核心和基础仍然是互联网,是在互联网基础上延伸和扩展的网络;其二,其用户端延伸和扩展到了任何物品与物品之间,进行信息交换和通信。物联网被称为继计

算机、互联网之后世界信息产业发展的第三次浪潮。

由于物联网概念出现不久,其内涵在不断发展和丰富,目前对于物联网的概念在业界一直存在着很多不同的意见,如表 6-1 所示。

表 6-1　物联网定义描述

专家或机构	物联网定义
麻省理工学院 Auto-ID 研究中心	把所有物品通过 RFID 和条码等信息传感设备与互联网连接起来,实现智能化识别和管理
中国物联网校企联盟	目前,几乎所有与计算机、互联网技术的结合,实现物体与物体之间,环境及状态信息实时共享以及智能化的收集、传递、处理、执行的技术,均可以纳入物联网的范畴
国际电信联盟	通过二维码识读设备、RFID 装置、红外感应器、全球定位系统和激光扫描器等信息传感设备,按约定的协议,把任何物品与互联网相连接,进行信息交换和通信,以实现智能化识别、定位、跟踪、监控和管理的一种网络
欧洲智能系统集成技术平台发布的报告	由具有标识、虚拟个性的物体或对象所组成的网络,这些标识和个性等信息在智能空间使用智能的接口与用户、社会和环境进行通信
2010 年 6 月北京召开的物联网大会上的报告	物联网以对物理世界的数据采集和信息处理为主要任务,以网络为信息传递载体,实现物与物、物与人之间的信息交互,提供信息服务的智能网络信息系统
欧盟第 7 框架下 RFID 和物联网研究项目组的研究报告	物联网是一个动态的全球网络基础设施,它具有基于标准和互操作通信协议的自组织能力,其中物理的和虚拟的"物"具有身份标识、物理属性、虚拟的特性和智能的接口,并与信息网络无缝整合

基于现有关于物联网的论述可知,物联网是指通过各种信息传感设备,实时采集任何需要监控、连接、互动的物体或过程等各种需要的信息,与互联网结合而形成的一个巨大网络。从概念上不难看出,物联网具有 3 个基本特征:一是全面感知,即利用传感器(网络)、RFID等随时随地获取对象信息;二是可靠传输,通过各种电信网络与互联网的融合,实现对数据和信息实时准确地传输;三是智能处理,利用云计算、模糊识别等各种智能计算技术,对海量的数据和信息进行分析和处理,对物体实施智能化的控制。

2. 物联网中"物"的含义

这里的"物"要满足以下条件才能够被纳入"物联网"的范围。

(1) 相应信息的接收器。

(2) 数据传输通路。

(3) 一定的存储功能。

(4) CPU。

(5) 相应的操作系统。

(6) 专门的应用程序。

(7) 数据发送器。

(8) 遵循物联网通信协议。

(9) 可被识别的唯一编号。

3. 物联网的特征

与传统的互联网相比,物联网有其鲜明的特征。

(1) 它是各种感知技术的广泛应用。物联网上部署了海量的多种类型传感器,每个传感器都是一个信息源,不同类别的传感器所捕获的信息内容和信息格式不同。传感器获得的数据具有实时性,按一定的频率周期性地采集环境信息,不断更新数据。

(2) 它是一种建立在互联网上的泛在网络。物联网技术的重要基础和核心仍旧是互联网,通过各种有线和无线网络与互联网融合,将物体的信息实时、准确地传递出去。在物联网上的传感器定时采集的信息需要通过网络传输,由于其数量极其庞大,形成了海量信息。在传输过程中,为了保障数据的正确性和及时性,物联网必须适应各种异构网络和协议。

(3) 物联网不仅提供了传感器的连接,其本身也具有智能处理的能力,能够对物体实施智能控制。物联网将传感器和智能处理相结合,利用云计算、模式识别等各种智能技术,扩充其应用领域。它从传感器获得的海量信息中分析、加工和处理出有意义的数据,以适应不同用户的不同需求,并发现新的应用领域和应用模式。

4. 物联网的起源和发展

1990 年,施乐公司的网络可乐贩售机——Networked Coke Machine 可以认为是物联网的最早实践。

1991 年,美国麻省理工学院(MIT)的 Kevin Ashton 教授首次提出物联网的概念。

1995 年,比尔·盖茨在《未来之路》一书中也曾提及物联网,但未引起广泛重视。

1999 年,美国麻省理工学院建立了"自动识别中心(Auto-ID)",提出"万物皆可通过网络互联",阐明了物联网的基本含义。早期的物联网是依托射频识别(RFID)技术的物流网络,随着技术和应用的发展,物联网的内涵已经发生了较大变化。

2003 年,美国《技术评论》提出传感网络技术将是未来改变人们生活的十大技术之首。

2004 年,日本总务省(MIC)提出 u-Japan 计划,该战略力求实现人与人、物与物、人与物之间的连接,希望将日本建设成一个随时、随地、任何物体、任何人均可连接的泛在网络社会。韩国提出 u-Korea 计划,该计划旨在建立无所不在的社会(Ubiquitous society),在民众的生活环境里建设智能型网络(如 IPv6、BcN、USN)和各种新型应用(如 DMB、Telematics、RFID),让民众可以随时随地享有科技智慧服务。

2005 年 11 月 17 日,在突尼斯举行的信息社会世界峰会(WSIS)上,国际电信联盟(ITU)发布《ITU 互联网报告 2005:物联网》,引用了"物联网"的概念。物联网的定义和范围已经发生了变化,覆盖范围有了较大的拓展,不再只是指基于 RFID 技术的物联网。

2008 年后,为了促进科技发展,寻找经济新的增长点,各国政府开始重视下一代的技术规划,将目光放在了物联网上。在中国,同年 11 月在北京大学举行的第二届中国移动政务研讨会——"知识社会与创新 2.0"提出移动技术、物联网技术的发展代表着新一代信息技术的形成,并带动了经济社会形态、创新形态的变革,推动了面向知识社会的以用户体验为核心的下一代创新(创新 2.0)形态的形成,创新与发展更加关注用户、注重以人为本。而创新 2.0 形态的形成又进一步推动新一代信息技术的健康发展。

2009年,欧盟执行委员会发表了欧洲物联网行动计划,描绘了物联网技术的应用前景,提出欧盟政府要加强对物联网的管理,促进物联网的发展。

2009年1月28日,奥巴马就任美国总统后,与美国工商业领袖举行了一次"圆桌会议",作为仅有的两名代表之一,IBM首席执行官彭明盛首次提出"智慧地球"这一概念,建议新政府投资新一代的智慧型基础设施。当年,美国将新能源和物联网列为振兴经济的两大重点。

2009年2月24日,2009 IBM论坛上,IBM大中华区首席执行官钱大群公布了名为"智慧的地球"的最新策略。此概念一经提出,即得到美国各界的高度关注,甚至有分析认为IBM公司的这一构想极有可能上升至美国的国家战略,并在世界范围内引起轰动。

2009年8月,温家宝总理在"感知中国"的讲话上,把我国物联网领域的研究和应用开发推向了高潮,无锡市率先建立了"感知中国"研究中心,中国科学院、运营商、多所大学在无锡建立了物联网研究院。自温总理提出"感知中国"以来,物联网被正式列为国家五大新兴战略性产业之一,写入"政府工作报告",物联网在中国受到了全社会极大的关注,其受关注程度是在美国、欧盟以及其他各国不可比拟的。

截至2010年,发展和改革委员会、工信部等部委会同有关部门,在新一代信息技术方面开展研究,以形成支持新一代信息技术的一些新政策措施,从而推动我国经济的发展。

2011年,产业规模超过2600亿元。在市场应用方面,2011年从整体来看,占据中国物联网市场主要份额的应用领域为智能工业、智能物流、智能交通、智能电网、智能医疗、智能农业和智能环保。其中智能工业占比最大,为20%。

2012年,我国物联网产业市场规模达到3650亿元,比2011年增长38.6%。从智能安防到智能电网,从二维码普及到智慧城市落地,作为被寄予厚望的新兴产业,物联网正四处开花,悄然影响着人们的生活。

随着物联网技术的研发和产业的发展,预计2015年中国物联网市场规模将达7500亿元,其发展前景将超过计算机、互联网、移动通信等传统IT领域。作为信息产业发展的第三次革命,物联网涉及的领域越来越广,其理念也日趋成熟,可寻址、可通信、可控制、泛在化与开放模式正逐渐成为物联网发展的演进目标。而对于"智慧城市"的建设而言,物联网将信息交换延伸到物与物的范畴,价值信息极大丰富和无处不在的智能处理将成为城市管理者解决问题的重要手段。

5. 物联网用途范围

物联网用途广泛,遍及智能交通、环境保护、政府工作、公共安全、平安家居、智能消防、工业监测、环境监测、路灯照明管控、景观照明管控、楼宇照明管控、广场照明管控、老人护理、个人健康、花卉栽培、水系监测、食品溯源、敌情侦查和情报搜集等多个领域。

6.4.2 物联网的技术体系

1. 物联网的技术构成

物联网是一种结构复杂、形式多样的系统技术应用,它的技术构成主要体现在感知层、传输层、支撑层和应用层 4 个层次上。

1）感知层

感知层是指通过各种类型的传感器对物质属性、环境状态、行为态势等静、动态的信息进行大规模、分布式的信息获取与状态辨识,针对具体感知任务,采用协同处理的方式对多种类、多角度、多尺度的信息进行在线计算,并与网络中的其他单元共享资源进行交互与信息传输。该层主要采用的设备是装备了各种类型传感器(或执行器)的传感网节点和其他短距离组网设备。

2）传输层

传输层的主要功能是通过现有互联网或移动通信网(全球移动通信系统、TD-SCDMA、无线接入网、无线局域网、卫星网)等基础网络设施,对来自感知层的信息进行接入和传输。在传输层,主要采用了与各种异构通信网络接入的设备,如接入互联网的网关、接入移动通信网的网关等。

3）支撑层

支撑层在高性能计算技术的支撑下,将网络内大量或海量的信息资源通过计算分析整合成一个可以互联互通的大型智能网络,为上层服务管理和大规模行业应用建立起一个高效、可靠和可信的支撑技术平台。在支撑层,主要的系统支撑设备包括大型计算设备、海量网络存储设备等。

4）应用层

应用层根据用户的需求,构建面向各类行业实际应用的管理平台和运行平台,并根据各种应用的特点集成相关的内容服务。在应用层,包括各类用户界面显示设备及其他管理设备等。物联网各层次间既相对独立又紧密联系。为了实现整体系统的优化功能,以应用需求为导向的系统设计可以是千差万别的,并非所有层次的技术都要采用。

2. 物联网四大关键领域

物联网的四大关键领域如图 6-4 所示。

（1）RFID。该技术在物联网中主要起"使能"（Enable）作用,已处于实用阶段。

（2）传感网。借助各种传感器、探测和集成包括温度、湿度、压力、速度等物质现象的网络。基于传感网的系统处于研究阶段的较多。

（3）M2M。侧重于末端设备互连和集控管理,多种不同类型的通信技术可有机地结合在一起,如机器之间通信、机器控制通信、人机交互通信及移动互联通信。

（4）两化融合。工业化和信息化是物联网产业主要的推动力,目前已部署的物联网系统这个领域占多数。

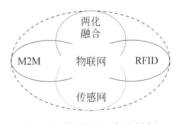

图 6-4　物联网四大关键领域示意图

3. RFID 技术

RFID（Radio Frequency IDentification,射频识别）技术是 20 世纪 90 年代兴起的一种

应用广泛的非接触识别技术。它通过射频信号自动识别目标对象并获取相关数据，识别工作无需人工干预，可工作于各种恶劣环境。RFID的无线系统结构简单，只有两个基本器件，一个询问器（或阅读器）和很多应答器（或标签），用于控制、检测和跟踪物体。RFID主要包括产业化关键技术和应用关键技术两方面。目前典型应用有动物晶片、汽车晶片防盗器、门禁管制、停车场管制、生产线自动化及物料管理。

4. M2M 技术

M2M(M：Man 或 Machine)技术，让机器、设备、应用处理过程与后台信息系统、操作者共享信息。目标是使所有机器设备都具备联网和通信能力，其核心理念就是网络是一切(Network Everything)。

M2M 涉及 5 个重要的技术部分：机器、M2M 硬件、通信网络、中间件和应用。

1）机器

实现 M2M 的第一步就是从机器设备中获得数据，然后把它们通过网络发送出去。使机器"开口说话"，让机器具备信息感知、信息加工(计算能力)、无线通信能力。

2）M2M 硬件

M2M 硬件是使机器获得远程通信和联网能力的部件，主要进行信息的提取，从各种机器设备那里获取数据，并传送到通信网络。现在的 M2M 硬件共分为 5 种：嵌入式硬件、可组装硬件、调制解调器(Modem)、传感器和识别标识(Location tags)。

3）通信网络

通信网络将信息传送到目的地，在整个 M2M 技术框架中处于核心地位，包括广域网(无线移动通信网络、卫星通信网络、Internet、公众电话网)、局域网(以太网、无线局域网、蓝牙)、个域网(ZigBee、传感器网络)。

4）中间件

中间件包括 M2M 网关和数据收集/集成部件两部分。网关获取来自通信网络的数据，将数据传送给信息处理系统。其主要功能是完成不同通信协议之间的转换。

5）应用

数据收集/集成部件是为了将数据变成有价值的信息，对原始数据进行不同的加工和处理，并将结果呈现给需要这些信息的观察者和决策者。

5. 传感器技术

传感器技术也是计算机应用中的关键技术。传感器是一种物理装置或生物器官，能够探测、感受外界的信号、物理条件(如光、热、湿度)或化学组成(如烟雾)，并将探知的信息传递给其他装置或器件。国家标准 GB 7665—1987 对传感器下的定义是："能感受规定的被测量并按照一定的规律转换成可用信号的器件或装置，通常由敏感元件或转换元件组成"。它是提取信息的关键部件。

6. 智能嵌入技术

嵌入式技术是将计算机作为一个信息处理部件，嵌入到应用系统中的一种技术，也就是说,它将软件固化集成到硬件系统中,将硬件系统与软件系统一体化。嵌入式具有软件代码小、高度自动化和响应速度快等特点,因而进入21世纪后其应用越来越广泛,如各种家用电器像电冰箱、自动洗衣机、数字电视机、数码相机等广泛应用这种技术。

7. 云计算

云计算(Cloud computing)是分布式计算(Distributed computing)、并行计算(Parallel computing)和网格计算(Grid computing)的发展,或者说是这些计算科学概念的商业实现。用户可以在多种场合,利用各类终端,通过互联网接入云计算平台来共享资源。云计算是世界各大搜索引擎及浏览器数据收集、处理的核心计算方式。推动着网络数据时代进入更加人性化的历史阶段。

6.4.3 物联网的发展前景

1. 物联网的发展趋势和前景

物联网一方面可以提高经济效益,大大节约成本;另一方面可以为全球经济的复苏提供技术动力。目前,美国、欧盟等都在投入巨资深入研究探索物联网。我国也正在高度关注、重视物联网的研究,工业和信息化部会同有关部门,在新一代信息技术方面正在开展研究,以形成支持新一代信息技术发展的政策措施。

中国移动总裁王建宙提及,物联网将会成为中国移动未来的发展重点。他表示将会邀请中国台湾生产RFID、传感器和条形码的厂商和中国移动合作。运用物联网技术,上海移动已为多个行业客户度身打造了集数据采集、传输、处理和业务管理于一体的整套无线综合应用解决方案。最新数据显示,上海移动目前已将超过10万个芯片装载在出租车、公交车上,形式多样的物联网应用在各行各业大显身手,确保城市的有序运作。

此外,在物联网普及以后,用于动物、植物、机器和物品的传感器与电子标签及配套的接口装置的数量将大大超过手机的数量。物联网的推广将会成为推进经济发展的又一个驱动器,为产业开拓了又一个潜力无穷的发展机会,同时增加大量的就业机会。

要真正建立一个有效的物联网,有两个重要因素:一是规模性,只有具备了规模,才能使物品的智能发挥作用;二是流动性,物品通常都不是静止的,而是处于运动的状态,必须保证物品在运动状态,甚至高速运动状态下都能随时实现对话。

美国权威咨询机构FORRESTER预测,到2020年,世界上物物互联的业务跟人与人通信的业务相比,将达到30:1,因此,物联网被称为下一个万亿级的通信业务。

2. 物联网的瓶颈

物联网作为一个新兴产业,还处在起步阶段,制约物联网发展的瓶颈主要有以下4个。

1) 技术标准不完善、编码标准不统一

目前多种物品编码方式共存,网站无所适从,甚至很多自行编码,不利于统一管理和信息共享。每个编码到底对应什么物品、承载什么样的信息、提供什么类型的服务、适配什么样的服务接口等,需要公共统一的解析平台进行查询、解析、翻译和定位。

2) 技术不成熟、推广应用成本高

互联网环境下为企业提供了很多可选的 SaaS(Software-as-a-Service,软件即服务)服务,企业的运营成本较低,可选择余地较大,应用种类丰富。物联网应用大多需要企业自行建设,且项目建设存在物品没有真正上网、投入资金大、运营成本高等问题。

3) 物品的网络没有过渡到物联网

之所以说物联网的应用目前只停留在物品的网络阶段,没有过渡到物联网,这主要表现在应用系统封闭,产业链上下游之间的信息不能互通,而且不能满足应用共享的需求。因此需要打破信息孤岛,构建可管理、可交换、可对接的通用的应用和数据规范。

4) 物联网应用信息安全问题

互联网信息安全问题在物联网上同样存在,甚至物联网上还有大量未知的信息安全风险。

6.4.4 智慧城市

1. 智慧城市概念的由来

智慧城市(Smart city)源自 IBM 公司 2009 年 1 月提出的"智慧地球"理念。智慧城市指的是借助物联网、传感网,在家居、路网监控、票证管理、数字生活等诸多领域,构建城市发展的智慧环境,形成生活、产业发展、社会管理的新模式和新的城市形态。以一种更智慧的方式运行,进而为城市中的人创造更美好的生活,促进城市的和谐、可持续的增长。

目前,对智慧城市还没有统一的具体的定义。一般认为,智慧城市是指在城市的建设和管理中导入先进的信息通信技术和解决方案,从而提高城市管理水平和市民的生活质量,并促进产业发展和降低对环境的压力,实现生活、产业和公共领域的智能化。从技术层面上来看,智慧城市是以物联网、互联网等通信网络为基础,通过物联化、互联化、智能化的方式,让城市中各个功能彼此协调运作,以智慧技术高度集成、智慧产业高端发展、智慧服务高效便民为主要特征的城市发展新模式;从本质方面看,智慧城市是充分利用现代信息通信技术,汇聚人的智慧,赋予物以智能,使汇集智慧的人和具备智能的物互存互动、互补互促,以实现经济社会活动最优化的城市发展新模式和新形态。

2. 智慧城市的特征

从目前国内外智慧城市的建设实践及城市发展的主流趋势来看,智慧城市主要有以下几方面的特征。

(1) 一体化。就是要进一步实现信息系统的整合,要进一步将虚拟世界与物理世界融为一体,要进一步将信息化与工业化、城市化、市场化、国际化、生态化融为一体。

(2) 协同化。就是要使城市规划、建设、管理、服务等各功能单位之间,城市政府、企业、居民等各主体之间更加协同,在协同中实现城市的和谐发展。

(3) 互动化。就是要更好地进行物物互动,人人互动,进行政府、企业、居民之间的互动,在互动中实现城市治理模式创新和城市创新发展。

(4) 最优化。就是城市资源配置利用最优、经济社会活动要做到成本更低、效益更好、速度更快、精度更高、满意更多。

3. 智慧城市愿景

（1）灵活。能够实时了解城市中发生的突发事件，并能适当即时地部署资源以做出响应。

（2）便捷。远程访问"一站式"政府服务，可在线通过手机支付账单、学习、购物、预订和进行交易。

（3）安全。更好地进行监控，更有效地预防犯罪和开展调查。

（4）高效。实现政府不同部门之间常规事务的整合以及与其他私营机构的协作，提高政府工作的透明度和效率。

4. 智慧城市的体系架构

智慧城市是城市发展的新兴模式，服务对象面向城市主体——政府、企业和公众，其结果是城市生产、生活方式的变革、提升和完善，表现为人类拥有更美好的城市生活。智慧城市也是一个复杂的、相互作用的系统，在这个系统中，信息与其他资源要素优化配置并共同发生作用，促使城市更加智慧地运行。

当前，在总体架构层面以功能为基础的智慧城市分层架构模型被广泛认知。该架构模型分为3层，第一层是感知层，第二层是网络层，第三层是应用层。智慧城市感知层采用各类传感器、无线定位、RFID、条码识别、视觉标签等技术，构建智能的感知网络，对城市综合体的要素进行智能感知、自动数据采集，涵盖城市综合体的各个方面，使城市基础设施实现智能化。智慧城市网络层包括宽带互联网及移动互联网、宽带的广电网及各种物联网，构建统一的网络管理中心、信息管理中心和信息安全管理中心，并以共享信息基础数据库为支撑，实现不同信息源的融合与共享。智慧城市应用层构建市民服务、企业服务和城市管理的公共服务平台，以实现智慧交通、智慧电网、智慧城管、智慧医疗、智慧环保、智慧安全等关键行业的应用，如图 6-5 所示。

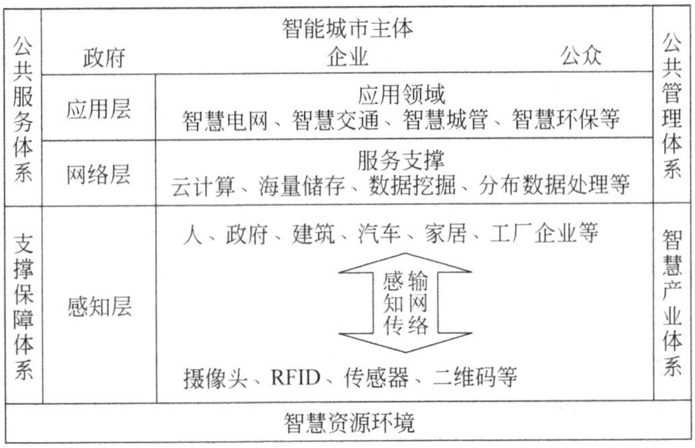

图 6-5　智慧城市的一般体系框架

5. 国内外智慧城市的发展现状及趋势

目前,很多国家已经开始智慧城市的建设,主要分布在美国、欧洲的瑞典、爱尔兰、德国、法国以及亚洲的中国、新加坡、日本、韩国,大部分国家的智慧城市建设都处于有限规模、小范围探索阶段。韩国作为全球第四大电子产品制造国,物联网国际标准制定主导国之一,通过智慧城市建设培育新产业。美国将智慧城市建设上升到国家战略的高度,并在基础设施、智能电网等方面进行重点投资与建设。新加坡被公认为政府服务最好的国家,信息通信技术促进经济增长与社会进步方面都处于世界领先地位,智慧城市建设注重服务公众。

美国:2009年9月,美国中西部爱荷华州的迪比克市与IBM共同宣布,将建设美国第一个"智慧城市"——一个由高科技充分武装的60 000人社区。通过采用一系列IBM新技术"武装"的迪比克市将完全数字化,并将城市的所有资源都连接起来(水、电、油、气、交通、公共服务等),可以侦测、分析和整合各种数据,并智能化地作出响应,服务于市民的需求。

瑞典:瑞典的智慧城市建设在交通系统上得到了最大的体现。瑞典首都斯德哥尔摩交通拥挤非常严重,于是,瑞典当局在2006年初宣布征收"道路堵塞税"。在IBM公司的助力下,斯德哥尔摩在通往市中心的道路上设置了18个路边控制站,通过使用RFID技术以及利用激光、照相机和先进的自由车流路边系统,自动识别进入市中心的车辆,自动向在周一至周五(节假日除外)6:30~18:30之间进出市中心的注册车辆收税。通过收取"道路堵塞税"减少了车流,交通拥堵降低了25%,交通排队所需的时间下降50%,道路交通废气排放量减少了8%~14%,二氧化碳等温室气体排放量下降了40%。

爱尔兰:智能科技在爱尔兰自然环境方面得到了成功应用。在爱尔兰戈尔韦湾(Galway Bay)的"智慧湾"项目(Smart Bay)中,系统从装在数百个浮标上的感应器获取信息,并从渔民那里获得短信,以了解水面漂浮的危险物体。信息被利用到各个渠道,包括避免渔船失事、向戈尔韦湾管理员发送涨水警告,以及帮助渔民把捕获的鱼直接卖给餐厅,让他们可以获得更高的利润。

日本:2009年7月日本推出"i-Japan(智慧日本)战略2015",旨在将数字信息技术融入生产生活的每个角落,目前将目标聚焦在电子化政府治理、医疗健康信息服务、教育与人才培育三大公共事业。在上海世博会上,日本馆更是以"连接"为主题,用信息化最新科技让人们看到未来20~30年城市"智慧生活"的美好场景,展会上所亮相的"未来邮局"融合了互联网和物联网技术,在邮局中不仅能够寄送信件,还能实现人与商品的智慧交流。

韩国:2009年,韩国仁川市宣布与美国思科公司合作,以网络为基础,全方位改善城市管理效率,努力打造一个绿化的、资讯化的、无缝连接便捷的生态型和智慧型城市。通过整合式的公共通信平台,以及无所不在(Ubiquitous)的网络接入,消费者不仅可以方便地实现远程教育、远程医疗、远程办理税务事宜,还可以实现智慧化地控制房间的能耗。未来市民看病不需亲赴医院,医生通过专门的医疗装置就可以了解病人的体温、脉搏等情况,通过视频会议系统就可以完成望、闻、问、切。

我国的智慧城市建设刚刚起步,城市信息化建设正处于重要的结构转型期,即从信息技术推广应用阶段转向了信息资源的开发利用阶段。中国正在通过"两化融合"、"五化并举"、"三网融合"等战略部署,积极利用物联网、云计算等最新技术,推进智慧城市建设。目前,我国智慧城市建设主要有 3 种建设模式,分别是:以物联网产业发展为驱动的建设模式,如无锡;以信息基础设施建设为先导的建设模式,如武汉;以社会服务与管理应用为突破口的建设模式,如北京、重庆。

城市的智能化程度,是一个城市数字化或者信息化程度的标志。随着智能城市的实现,将有可能更加优化地配置城市的自然资本、货币资本、人力资本、生产资本、社会资本和政治资本,由此达到大力节省资源,提高整体效率,促进经济发展,推动社会进步,改善生态质量,促进经济的可持续发展和和谐社会的建设,这正是我们努力奋斗的目标。

【项目实践】

(1)充分利用网络资源,了解北京、上海、深圳、广州、杭州、武汉等城市的智能城市的建设状况。

(2)充分利用网络资源,了解国内著名的通信公司(如中国移动、中国联通)移动电子商务的发展状况。

思　考　题

1. 简述按交易对象划分的电子商务的类型。
2. 简述移动商务的概念及其在国内外的发展状况。
3. 简述移动商务的应用。
4. 简述人工智能的发展过程。
5. 试述人工智能对决策的影响。
6. 试述决策的基本过程。
7. 物联网的概念。
8. 物联网的关键技术有哪些?
9. 简述智慧城市的概念及特征。
10. 简述智慧城市的体系架构。

第四篇
信息系统开发篇

- 管理信息系统开发策略
- 信息系统规划
- 信息系统分析
- 信息系统设计
- 信息系统实施
- 信息系统的管理与维护

第7章 管理信息系统开发策略

【学习目标】

通过本章的学习,掌握系统开发的任务、方法、方式;熟悉系统开发的原则及系统开发组织,了解系统开发的特点及项目管理。

【导入案例】

河南许继集团 ERP 系统实施失败

河南许继集团(以下简称许继)实施 ERP 失败,有一些特殊的原因,但是这个案例对于企业实施 ERP 有很多可以借鉴的教训。

1. 系统背景介绍

在机械行业 100 强排名中,许继排名第 29 位。许继是以电力系统自动化、保护及控制设备的研发、生产及销售为主的国有控股大型企业,国家 520 户重点企业和河南省重点组建的 12 户企业集团之一。集团公司下设两家上市公司——"许继电气"和"天宇电气",8 个中外(港)合资公司等 21 个子公司;现有员工 4260 人,各类专业技术人员 2550 余人,占全员的 60%,其中本科生 1375 人,硕士 216 人,博士、博士后 34 人,国家级有突出贡献专家 8 位;公司占地面积 60 万平方米(以上数据不含天宇电气)。

许继集团在坚持把主业做强、做大的同时,不失时机地跻身于民用机电、电子商务、环保工程、资产管理等行业,并取得了喜人的业绩。多年来,许继集团坚持"一业为主,多元发展"的经营战略,支撑着企业的快速发展,2001 年许继集团实现销售收入 28.8 亿元(含税)、利润 2.5 亿元,比 2000 年分别增长 34%和 9.75%,各项经济技术指标再创历史最好水平,继续保持行业的龙头地位。

Symix 成立于 1979 年,总部位于美国俄亥俄州,专业从事企业管理软件的研发和推广,1995 年进入中国市场,设立赛敏思软件技术有限公司,并发展了多元电气、许继电气、威力集团、西南药业等本土化用户。该公司倡导的"客户同步资源计划(CSRP)"理念已受到业界广泛关注并获得了客户认可。其 SyteLine 软件系统在中国的客户总数目前已达 140 余家。2001 年初,Symix 正式更名为 Frontstep,将公司业务从企业资源计划向全面的电子商务解决方案拓展。

2. ERP 选型

许继上 ERP 希望能解决 3 个方面的问题:一是希望通过 ERP 规范业务流程;二是希望信息的收集整理更通畅;三是通过这种形式,使产品成本的计算更准确。

ERP 选型时,许继公司接触过包括 SAP、Symix、浪潮通软、利玛等国内外 ERP 厂商。开始许继想用 SAP 的产品,但是 SAP 的出价是 200 万美元:软件费 100 万美元,实施服务费 100 万美元。而当时许继上 ERP 的预算只有 500 万元人民币。国外 ERP 软件用不起,许继并没有把目光转向国内软件企业。因为在考察了浪潮和利玛等几家国内厂商之后,许继觉得国内软件厂商的设计思路和自己企业开发设计软件已实现的功能相差不大。挑来挑去,许继最终选择了 Symix,是一家面向中型企业的美国管理软件厂商。许继当时的产值是15亿元,与美国的中小型企业相当,而 Symix 在中小型企业做得不错,价位也比较适中。而且按照一般的做法,签单的时候,一般企业的付款方式是分 3 笔,即 5∶3∶2 模式。而Symix 开出的条件非常优惠:分 7 步付款的方式。双方就这样成交了。

3. ERP 实施

从 1998 年年初签单,到同年 7 月份,许继实施 ERP 的进展都很顺利。包括数据整理、业务流程重组以及物料清单的建立。厂商的售后服务工作也还算到位,基本完成了产品的知识转移。另外,在培养许继自己的二次开发队伍方面也做了一定的工作。如果这样发展下去,或许许继会成为国内成功实施 ERP 企业的典范。然而,计划赶不上变化。

到了 1998 年 8 月,许继内部为了适应市场变化,开始发生重大的机构调整。原来,许继没有成立企业内部事业部,而是以各个分厂的形式存在。而各个分厂在激烈的市场竞争中,出现了这样的怪现象:许继自己制造的零部件,例如每个螺钉在公司内部的采购价格是 5分钱,在市场上却 3 分钱就可以拿到。这样必须进行大调整。

大调整的结果是:将这些零部件分厂按照模拟法人的模式来进行运作。许继的想法是给这些零部件厂商 2~3 年的时间,如果还生存不下去,再考虑其他办法,如工人下岗、企业转产、倒闭等。

实施 ERP 在先,公司结构大调整在后。但是许继高层在调整的过程中,更多的是关注企业的生存,企业经营的合理化和利润最大化,显然没有认真考虑结构调整对 ERP 项目的影响。

企业经营结构变了,而当时所用的 ERP 软件流程却已经定死了,Symix 厂商也似乎无能为力,想不出很好的解决方案。于是许继不得不与 Symix 公司友好协商,项目暂停,虽然已经运行了 5 个月,但是继续运行显然已经失去了意义。Symix 的 ERP 现在只是在许继一些分公司的某一些功能上还在运行。

企业信息系统的建设是投资大、历时较长、有一定风险的工程项目。认识系统开发的特点和指导原则,理解企业计算机应用的发展规律,根据企业的实际,选择适于本企业的开发策略、开发方式,往往能起到降低风险、事半功倍的作用。

7.1 系统开发的任务与特点

7.1.1 系统开发的任务

将计算机用于企业管理,必须在计算机硬件设备、通信设备和系统软件支持下,建立一套适合本企业管理工作需要的应用软件系统。计算机只有运行这套应用软件,才能严格按照管理的要求,对有关数据进行收集、加工、传输、存储、检索和输出等处理,提供管理所需要的信息,并完成一定的管理职能。

当计算机的应用处于单项业务处理阶段时,处理的对象是某项具体的管理业务,如工资计算、统计数据汇总等。应用的目的是为了减轻管理人员的重复劳动,提高工作效率。如果业务的内容明确,所用数据仅为本业务使用,不考虑数据共享的要求,这时应用软件的编制比较简单,只要模拟人工过程,编出相应的程序,就可以达到应用的目的。

随着计算机应用的深入,发展到数据的系统处理阶段,即管理信息系统阶段以后,全面使用计算机辅助企业的主要管理职能,就不能再模仿或照搬人工系统分散处理信息的方式。要将企业看做一个整体,把生产经营活动的目标、活动准则、状态变化、运动状况所伴随的信息动态地反映到系统中去。要从信息处理的角度,理顺信息间的关系,重组企业流程,合理地组织和存储信息,使之完整化、规范化、代码化,实现信息的共享。要引入各种现代化的管理方法及经济数学模型加工信息,将其以适当的方式提供给各级管理部门,从而使管理人员能凭借这些信息进行有效管理和正确决策。因此,管理信息系统的应用软件绝不是单项应用程序的叠加,它的建立要比单项应用复杂得多。

系统开发的任务就是根据企业管理的目标、内容、规模、性质等具体情况,从系统论的观点出发,运用系统工程的方法,按照系统发展的规律,为企业建立起计算机化的信息系统。其中最核心的工作,就是开发出一套适合现代管理要求的应用软件系统。

在计算机领域中,人们经常用"系统开发"一词来概括管理信息应用软件系统从项目立项到运行、评价、维护的整个过程。

7.1.2 系统开发的特点

管理信息系统开发的成果或产品是一套应用软件系统。这套软件产品的生产与一般硬件设备的生产过程和单项事务处理的程序编写相比,具有以下特点。

1. 复杂性高

企业属于非确定型的复杂系统,企业中任何一个子系统都要涉及组织机构、人员和一定的业务领域,而且要针对环境条件的变化采取相应的控制措施。随着企业规模的扩大,信息技术的发展,系统的功能日益增强,更增加了系统的复杂性。此外,信息系统开发本身又是一种综合性技术,它涉及计算机科学、通信技术、网络技术、经济应用数学、管理科学等多种学科,具有知识密集型的特点。因而系统开发一般都需要耗费大量的人力、财力和时间资源。

2. 产品是无形的

软件产品不像机器设备等有形产品的生产那样,加工过程可以观察、度量、检查,便于控制质量。软件产品是存储在计算机系统内的程序和数据,它们是无形的。虽然表现在技术资料中的软件产品可以阅读,但由于软件生产的主要过程都是开发人员的智力活动,即使具有相同的设计目标,不同开发人员开发出的软件产品也不会完全相同。除开发者外,其他人员很难快速理解与掌握。

3. 质量要求高

许多产品的尺寸、精度等方面允许有误差,只要保证在规定误差范围内就算合格品。例如,磁盘中个别磁道不可用,只要在允许范围内,并不影响整个磁盘的使用,仍是合格品。而软件产品则不允许有任何错误,任何一个语法错误或语义错误,都会使运行中断或出现错误的处理结果。此外，一些产品只要具有一定功能就可以投入生产，而应用软件产品则不行。一个企业在建立管理信息系统之前，必定存在一个手工的或者一个有待改进的计算机管理系统，称为原系统或现行系统。新系统不仅必须能够执行原系统的全部功能，解决原系统中存在的主要问题，而且要满足用户提出的一些新的、更高的要求，并取得经济效益。如果新系统在性质、质量、经济效果等方面，未能切实满足用户的需要，人们会很快地退回到原系统，恢复原来的工作方式，从而导致新系统的失败。

4. 集体的创造性活动

系统开发是一项创造性活动，是创新。虽然在某种程度上开发出的新系统要实现原系统的功能，但是信息系统建立的真正目的是为了给企业带来新的活力、新的功能和新的面貌。进行系统开发要引入先进的管理模式，有改革、有创新。需要集中系统分析师、管理咨询顾问、管理者、业务人员、计算机技术人员等各方面人员的智慧，协同努力方可完成。

5. 历史短、经验不足

一般工业制品的生产制造有悠久的历史，积累了丰富的经验。而信息系统的开发应用始于 20 世纪 60 年代，历史较短。

7.2 系统开发的指导原则和条件

7.2.1 系统开发的指导原则

1. "一把手"参与原则

发达国家的经验和我国的实践证明，如果组织的"一把手"没有参加信息系统开发，而只是作为一名旁观者，那么管理信息系统的开发注定要失败。因为信息系统的开发与应用是一个技术性、政策性很强的系统工程，诸如系统开发目标、环境改造、管理体制变革、机构重组、设备配置、人员培训等一系列重大问题均需要"一把手"的支持与参与。"一把手"最清楚自己组织的问题，最能合理地确定系统目标，拥有实现目标的人权、财权、指挥权，能够决定投资、调整机构、确定计算机平台等，这是任何人也不能替代的。因此，只有"一把手"亲自参与和支持信息系统的开发，才能获得成功。

系统开发的过程也是加强基础管理和提高管理水平的过程。其中，加强基础管理、改变传统习惯、工作关系的重新组合、人事变动以及各开发阶段设计方案的批准、重大的进程安排、资金的筹集调用等都需要"一把手"亲自参与和拍板，这是信息系统开发成功的关键。因此，"一把手"要充分认识自己在信息系统开发中的地位和作用，积极参与，加强领导，以最少的投入开发出高效的管理信息系统。

2. 目的性原则

应明确信息系统开发的目的，确立面向用户的观点。一方面，对企业和组织而言，系统开发的基本目的是要实现用户要求，达到改进管理、寻找机会、增加竞争力等目标；另一方面,任何一个系统要想成功开发,对于其所具有的功能必须有明确、具体的目标。人工系统都具有目的性,管理信息系统是一个人工系统,它的目的是及时、准确地收集企业的数据,并加工成信息,保证信息的畅通,为企业各项决策、经营、计划、控制活动提供依据,使企业各机构和生产环节活动连接为一个统一的整体。它是为管理工作服务的,建成的系统要由管理人员(用户)来使用。系统开发的成功与否取决于是否符合用户的需要,满足用户的要求是开发工作的出发点和归宿;用户是否满意是衡量系统开发质量的首要标准。

3. 沟通原则

开发的过程伴随着沟通的过程。用户不是系统开发方面的专家,他们很难用专业的语言来表达其要求。用户的要求是随着开发工作的开展而不断明确和具体化。因此,在整个系统开发过程中,开发人员和用户之间、开发人员之间应保持密切联系,不断地、及时地了解用户的要求和意见,通过沟通弄清问题、表述问题和解决问题。这是开发工作取得成功的必要条件之一。

4. 四个统一原则

管理信息系统的开发要做到四个统一,即统一领导、统一规则、统一目标规范、统一软硬件环境。"四个统一"给系统开发人员和系统管理人员提出了共同遵守的准则,加强了系统开发过程的管理和控制,对提高系统开发质量和水平、缩短开发时间、减少开发费用、方便系统管理和维护等都起到了重要的指导作用。

5. 开放性原则

信息系统的开发一定要能适应环境和需求的变化。根据系统论的观点,系统的外界联系就是环境,系统是处于环境之中的,环境是一种更高级(更大)的系统。管理信息必然与外界环境发生信息交换,要适应外界环境的变化。能够经常与外界环境保持最佳适应状态的系统才是理想的系统,不能适应环境变化的系统是没有生命力的。

目前,各个企业都面临着激烈的竞争,新产品和服务层出不穷;信息技术发展速度惊人,新技术和新方法不断涌现,使信息系统的环境变化迅速。因此,管理信息系统的结构一定是开放性、便于扩充的、易于维护的,这样才能适应环境,成为具有生命力的系统。

6. 相关性原则

管理信息系统是由多个子系统(功能)组成的,整个系统是一个不可分割的整体,整个系统的功能并不是各子系统的简单叠加,其功能应比所有子系统的功能总和还要大得多。组成管理信息系统的各子系统均有其独立功能,同时又相互联系、相互作用,通过信息流把它们的功能联系起来。它们之间一个子系统如果发生了变化,其他子系统也要相应地进行改变和调整,因此,不能脱离其他子系统而设计某一子系统。整个系统为层次结构,系统可以分解为多个子系统,子系统同样又可分解为更细一级的子系统。系统、子系统均有自身的目标、界限、输入、处理和输出内容。

系统开发工作的上述各项原则,是构成各种开发方法和技术工具的基础。

7.2.2 系统开发的条件

实践证明,只有具备一定条件的组织才有可能建设成功的管理信息系统;否则将难以达到预期的目标,甚至会导致系统开发的失败。系统开发一般应具备以下基本条件。

1. 领导的重视和业务部门的大力支持

由于管理信息系统的开发是一项投资大、周期长、涉及组织结构调整及管理程序变革等许多影响全局性的工作,新系统运行后又不可避免地会导致一些机构和人员的地位、权力及工作内容等的变革,这必然会引起一些有关人员的抵触及不合作,如果没有主要领导的坚决支持和业务管理部门的得力措施作保证,单凭系统开发人员是难以协调的,开发工作也很少有成功的。

2. 科学的管理方法

建立管理信息系统的组织必须要有良好的科学管理基础。例如,管理业务的制度化、标准化;数据、报表统一化;基础数据资料完整、可靠等。

只有在合理的管理体制、完善的规章制度和科学的管理方法之下,管理信息系统才能充分发挥作用。如果原始数据就十分混乱,那么管理信息系统自然也处理不出十分准确的信息,正所谓"输入是垃圾,输出也必然是垃圾"。

3. 建立一支开发、应用与技术管理的队伍

许多单位一开始不具备自行开发系统的能力,可以采取委托或联合开发的形式。但是,系统在交付使用后,难免会出现这样或那样的问题,还需要进行大量的维护工作,而且随着环境的变化,对系统的不断修改和完善的要求也在所难免,如果本单位不注重培养自己的开发应用的技术管理队伍,而完全依靠外部技术力量,那将是很困难的,也是很危险的。因此,为了成功地开发并应用好管理信息系统,必须建立本单位自己的计算机应用队伍和系统维护的技术队伍,这样才能保证系统开发与运行的最大成功。

4. 具备一定的资金

管理信息系统开发要有一定的物质基础,它是一项投资大、风险大的系统工程。组织在管理信息系统开发过程中,需要购买机器设备、软件、耗材,发生人工费用、培训费用及其他一些相关的费用。这些费用对一个组织来说是一个不小的负担。为了保证管理信息系统开发的顺利进行,开发前应有一个总体规划,进行可行性论证。对所需资金应有一个合理的预算,制定资金筹措计划,保证资金按期到位;开发过程中要加强资金管理,防止浪费现象的发生。

【阅读材料】

思普软件:知识管理的 IT 实现

关于管理与 IT,有这样一个流传很广的段子:有一个人坐热气球在天空中飘浮,不觉间迷了路;他把热气球下降了少许,向地面上的一位路人问道:"对不起!你能否告诉我,我现在在哪里?""你正坐在热气球上,离地面约 3 米。"路人回答。"先生,我猜你一定是从事 IT 行业的。"热气球上的人说。"对啊! 你怎么会知道?""因为你给我的答复很有技术性,但完全没有用。""先生,我也猜猜你的职业吧! 你一定是搞管理的。"路人说。"对啊! 你怎么会知道?""因为你既不清楚自己在哪里,也不清楚自己该往哪走,却希望我帮你解决问题。"

很多时候,管理与 IT 的关系似乎就是这样难以理清。一套企业信息化系统的成功运行,必然是管理和软件有效融合的结果;而企业信息化项目的失败,则往往很难说清究竟是管理还是软件出了问题。

不过,在思普软件总经理应思红看来,两者之间却有着清晰的界限。"IT 本身只是一种工具,其存在的价值在于帮助企业达成管理目标。"在各个场合,与其他鼓吹技术的 IT 厂商不同,应思红的演讲中很少充斥那些由 3 个字母组成的生涩术语;这位信息化专家谈论最多的却是"管理问题"。

1. 先管理,后 IT

"我并不是说 IT 不重要,"应思红澄清道,"尤其对中国的制造业企业,目前面临着种种困难和挑战,信息化是其业务升级、技术创新必不可少的工具。"但显然,在他看来,这还不是事情的关键。

一个值得思考的问题是,时至今日,无论是航空还是航天、船舶还是汽车,以至各种机电装备行业,我们技术人员的人数要远远超过其他国家同一领域技术人员的人数;我们的研发工具,应用软件也好,硬件也好,跟国外几乎已经没有差别;我们的原材料可以全球采购;我们的制造设备甚至比发达国家企业还先进,但我们的很多产品依然做不好。为什么? 应思红给出的答案是:"根本问题在于管理。"

"很多企业搞信息化,是抱着靠它来解决问题的想法。这不对。应该是你先有了解决问题的思路,需要解决问题的手段,才采用 IT。"应思红指出。"那些管理成熟、运行良好的企业,往往能更好地发挥信息化系统的作用;而本身就一团糟的企业,(情况)不会因为上了 IT 而有多大改善。因此,我们常常跟用户讲,在搞信息化之前,首先要理顺管理问题。如果管理没有理顺,一般都是虚的,这个信息化是假的,不可靠。"

据介绍,与传统的管理模式相比,信息化管理的主要特征是精细化。具体来说,传统管理通常只停留在面上,比较"粗放",具体细节由执行人员自行决定,从而可能出现各种管理上的漏洞。而信息化管理则恰好相反,它关照到生产经营的每一个细节,精细到每一分钱该不该花,精确地规定出每个动作是否合理,最终通过各个环节的"精打细算"求得整体效益。它把企业的各种政策、制度固化到软件中,不论是谁,只要不按照既定的流程走,信息流就"流"不下去,工作就完不成,从而用"计算机面前人人平等"来确保政策的执行不折不扣。

"因此,信息化绝不是'系统让我做什么我就做什么'这么简单。你首先要有明确的战略,以及自己的管理思想、管理方法,然后将之固化在一套高效的 IT 系统中,并最终转变为企业的具体行动;同时随着经营环境的改变,企业管理的调整,同步、快速改进 IT 系统,随需而变,伸缩自如。"应思红说,"这正是思普软件所倡导的理念。"

2. 思普之道

多年的学术研究与企业实战,使应思红对中国制造业信息化有着深刻的理解和独到的见解。在他看来,中国的制造业企业大致可分为 3 种类型:第一种是引进技术创业型,例如大型国有企业,一般都是通过引进技术来发展自己的产品;第二种是贴牌生产创业型,例如长三角、珠三角的众多民营企业,从 OEM 做起,并逐步走向 ODM 和 OBM;第三种是自主开发创业型,例如很多高科技企业,都是先拥有了技术成果,然后"下海"搞产业化。

"不管是哪一种类型的企业,它的合理成长过程都会有 3 个阶段:发展期、调整期和稳定发展期。"应思红指出,"这 3 个阶段不停地螺旋式上升,构成了企业完整的发展过程。"通过长期的跟踪研究,应思红发现,处于不同阶段的企业对产品开发的手段和管理模式有着不同的要求。"从创业开始,到快速增长,企业更多会关注从手工绘图到二维 CAD、三维 CAD 的应用;到了调整期以后,就会发现工具的运用不是问题,而管理才是大问题。因此创新关注点便从工具跃升为管理。信息化管理系统要求支持异地远程开发,支持与供应商协同研发等,其最佳管理工具必然是 PDM、PLM。没有 PDM、PLM 来进行辅助管理,调整阶段就难以完成其使命。也就是说,一个企业到了调整期,你不上 PDM、PLM,不上信息化工具,就不可能缩短产品开发时间,获得竞争力。"

"作为领先的企业技术管理平台,思普 PLM 的重要作用还突出表现在帮助企业实现知识资产的积累、保护、共享和重用。"应思红介绍说,"过去,企业的知识会随着员工的退休、流动而导致流失,图纸也好,工艺文件也好,往往都是工程师个人思考的结果,没有在企业内部得到共享与交流,并且随着时间的流逝,知识、能力也会流失,很多企业以前能干好的事,现在不一定干得好。思普 PLM 将首先帮助企业建立知识资产的'大坝',把员工的知识转化为企业的知识,把平时的经验积累到系统里去;等把水放满,就可以用来'发电',使每一个设计人员都能快速找到所需的知识和数据,创造经济效益。"

据了解,思普 PLM 系统的背后,有一种叫做模型驱动应用(MDA)的技术作为基础。这种技术彻底改变了管理软件的模式。"过去的管理软件是企业有需求要通过二次开发来完成,周期长,成本高;而利用 MDA 技术,有需求就建模出来,通过引擎自动向后生成数据库结构,向前生成用户界面和功能,不需要编程。只要完成企业个性化的建模,就能实现个性化的管理系统。从而在企业不断改变、调整管理的过程中,同步快速改善、调整管理软件,达到'随需而变,伸缩自如'。"

备注:PDM(Product Data Management)的中文名称为产品数据管理。PDM 是一项用来管理所有与产品相关信息(包括零件信息、配置、文档、CAD 文件、结构、权限信息等)和所有与产品相关过程(包括过程定义和管理)的技术。

PLM(Product Lifecycle Management)的中文名称为产品全生命周期管理。PLM 是一种战略型的业务模式,它应用对产品数据管理、项目管理、协同管理、标准化管理、安全管理等一系列相互一致的业务解决方案,支持产品信息在产品全生命周期和全企业内(从概念到生命周期结束)的创建、管理、分发和使用。

(资料来源:《中国机电工业》,夏雪)

7.3 系统生命周期

7.3.1 系统生命周期的概念

任何一个系统都有发生、发展、成熟、消亡或更新换代的过程。新系统在旧系统的基础上产生、发展、老化、消亡,最后被新系统所取代,这个过程称为系统生命周期。管理信息系统也遵守这个客观规律。

参考多年的经验,人们根据信息系统生命周期的规律将管理信息系统整个开发过程,从开始到结束划分为系统规划、系统分析、系统设计、系统实施、系统运行维护和评价这个 5 个阶段,如图 7-1 所示。

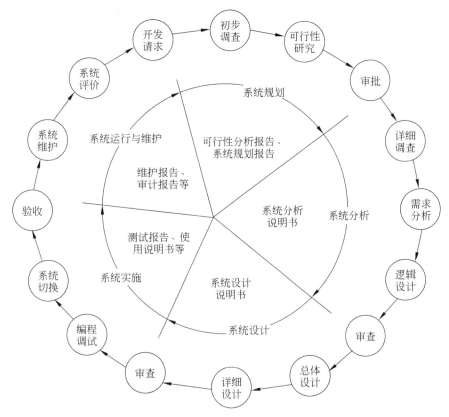

图 7-1　管理信息系统的生命周期

研究管理信息系统的生命周期就是要了解管理信息系统生命周期的规律,严格地按照系统生命周期各个阶段规定的任务、目标和步骤去开发管理信息系统。

7.3.2　系统生命周期的任务

管理信息系统的生命周期,即开发过程。在整个开发过程中需要完成的主要任务如下。

1. 可行性分析

可行性分析也称为可行性研究。在现代化管理中,经济效益的评价是决策的重要依据,一个项目开始时,首先研究它可以获取的收益。目前,可行性分析已被广泛应用于各种领域,如新产品开发、基建、工业企业、交通运输设施等。新的管理信息系统的开发是一项耗资多、耗时长、风险性大的工程项目。因此,必须进行可行性分析,写出分析报告。报告中所阐述的可行性分析内容,要经过充分论证正确之后方可进行下一阶段的工作。

2. 信息系统规划

只有在被共享的前提下,信息才能发挥其资源作用。在企业或组织中,来源于企业或组织内外的信息源很多,如何从大量的信息源中收集、整理、加工、使用这些信息,发挥信息的整体效益,以满足各类管理不同层次的需要,这显然不是分散、局部考虑所能解决的问题,必须经过来自高层的、统一的、全局的规划。系统规划阶段的任务就是要站在全局的角度,对所开发的系统中的信息进行统一的、总体的考虑。另外,信息系统的开发需要经过开发人员长时间的努力,需要相应的开发资金,因而在开发之前要确定开发顺序,合理安排人力、物力和财力,这些问题也必须通过系统规划来解决。具体地说,系统规划是在可行性分析论证之后,从总体的角度来规划系统应该由哪些部分组成。同时根据管理需求确定这些模块的开发优先顺序,制定出开发计划,根据开发计划合理调配人员、物资和资金。这一阶段的总结性成果是系统规划报告,这个报告要在管理人员特别是高层管理人员、系统开发人员的共同参与下进行论证。

3. 信息系统分析

系统分析阶段的任务是按照系统规划的要求,逐一对系统规划中所确定的各组成部分进行详细的分析。其分析包含两个方面的内容:一是分析每部分的信息需求,除了要分析内部对数据库的需求外,还要分析为了完成用户(即管理人员)对该部分所要求的功能而必须建立的一些专用数据库,分析之后要定义出数据库的结构,建立数据字典;二是进行功能分析,即详细分析各部分如何对各类信息进行加工处理,以实现用户所提出的各类功能需求,在对系统的各个组成部分进行详尽的分析之后要利用适当的工具将分析结果表达出来,与用户进行充分的交流和验证,检验正确后可进入下一阶段的工作。

4. 信息系统设计

系统设计阶段的任务是根据系统分析的结果,结合计算机的具体实现,设计各个组成部分在计算机系统上的结构。即采用一定的标准和准则,考虑系统总体功能分成几个模块,每个模块又应该分成几个子模块,每个子模块应该由哪些程序块组成以及它们之间的联系如何。同时要进行系统的代码设计、输入/输出设计、数据库设计等。

5. 信息系统实施

系统开发实施阶段的任务有两个方面,一方面是系统硬件设备的购置与安装,另一方面是应用软件的程序设计。程序设计是根据系统设计阶段的成果,遵循一定的设计原则来进行的。其最终的阶段性成果是大量的程序清单及系统使用说明书。

6. 信息系统测试

程序设计工作的完成并不标志系统开发的结束。一般在程序调试过程中往往使用的是一些试验数据。因此,在程序设计结束后必须选择一些实际管理信息加载到系统中进行测试。系统测试是从总体出发、测试系统应用软件的总体效果及系统各个组成部分的功能完成情况,测试系统的运行效率、系统的可靠性等。

7. 信息系统安装调试

系统测试工作的结束表明信息系统的开发已初具规模,这时必须投入大量的人力从事系统安装、数据加载等系统运行前的一些新旧系统的转换工作。一旦转换结束便可对计算机硬件和软件系统进行系统的联合调试。

8. 信息系统试运行

系统调试结束使可进入到系统运行阶段。但是,一般来说,在系统正式运行之前要进行一段时间的试运行。因为信息系统是整个企业或组织的协调系统,如果不经过一段时间的实际检验就将系统投入运行状态,一旦出现问题可能会导致整个系统的瘫痪,进而造成严重的经济损失。所以最好的方法是将新开发出的系统与原来旧系统并行运转一段时间来进一步对系统进行各个方面的测试。这种做法尽管可以降低系统的风险性,但是由于两套系统的同时运作使得投资加大。因此,可以根据实际运行情况适当缩短试运行的时间。

9. 信息系统运行维护

当系统开发工作完成准备进入试运行阶段之前,除了要做好管理人员的培训工作外,还要制定一系列管理规则和制度。在这些规则和制度的约束下进行新系统的各项运行操作,如系统的备份、数据库的恢复、运行日志的建立、系统功能的修改与增加、数据库操作权限的更改等。在这一阶段着重做好人员的各项管理和系统的维护工作,同时要定期对系统进行评审,经过评审后一旦认为这个信息系统已经不能满足现代管理的需求,则应该考虑进入下一个阶段。

信息系统的开发是一项长期而艰巨的系统工程,整个开发过程必须严格区分工作阶段,每个阶段都要有阶段性的成果。阶段性成果分别为可行性分析报告、总体规划方案报告、系统分析说明书、系统设计说明书、系统使用说明书、系统测试报告、系统安装验收报告、系统试运行总结报告、系统运行维护报告、审计报告。伴随着这些阶段性的总结报告要有一系列与之配套的文档资料。每个报告的完成标志着系统开发本阶段工作的基本完成,对各个阶段工作的质量和阶段性成果的检验可以通过评审来进行,检验合格后方能进入下一阶段的工作;否则要考虑对该阶段工作的修正。这就相当于产品生产的每道工序的质量检查一样,只有保证即将进入下一道工序的半成品是合格的,最终才能生产出合格的产品。

值得注意的是,信息系统开发的阶段性成果与产品生产过程中的半成品有着很大的不同。半成品一经检验合格允许进入下一道工序后,无需再返工、修正,并且有的半成品也不可能返工。而信息系统开发的阶段性成果经过评审合格后,进入下一阶段,为完成新阶段的任务、实现新阶段的目标,不可避免地要对前一阶段的部分文档资料进行修订。由此产生的另一个问题是,系统开发人员一定要注意维护各个阶段文档的一致性和可追踪性。维护文档的一致性,就是指如果对文档的某一处进行了修改,与之相关的其他所有文档都要作相应的修改。例如,一个数据元素的定义发生了变化,与这个数据元素相关的所有数据库、表都要作相应的修改。维护文档的可追踪性，就是指各个阶段的文档资料可以分不同时期、不同版本来保留。从而保留系统开发的轨迹，只有这样才能为成功地开发一个信息系统奠定良好的基础。

7.4 系统开发的方法

管理信息系统的开发是一项艰巨的工作，需要大量的人力、物力和时间的投入。它涉及的知识领域广泛，涉及的单位部门众多，需要在计算机技术、管理业务、组织及行为等方面全面把握。系统开发的效率、质量、成本及用户的满意程度，除了管理和技术等方面的因素外，很大程度上取决于系统开发方法的选择。传统的系统开发方法，在编程前不重视系统的分析与设计，不重视开发文档的完善与管理。20世纪70年代以来，西方在经历了"软件危机"以后，开始重视系统开发方法的研究，提出了许多新的系统开发方法。目前，管理信息系统的开发方法常用的有结构化系统开发方法、原型法、面向对象方法、计算机辅助软件工程法等。

7.4.1 结构化系统开发方法

结构化系统开发方法（Structured System Development Methodologies，SSDM），简称结构化方法，是根据Dijkstra等人提出的结构化程序设计思想发展起来的。"结构化"就是有组织、有计划和有规律的意思。结构化方法是自顶向下、结构化和系统化的系统开发方法和生命周期法相结合的产物，是迄今为止所有开发方法中应用最广泛、最成熟的系统开发技术。

1. 结构化系统开发方法的基本思想

结构化系统开发方法的基本思想是：采用结构化思想、系统工程的观点和工程化的方法，按照用户至上的原则，先将整个管理信息系统作为一个大模块分而治之，自顶向下，利用模块化结构设计技术进行模块分解，然后，再自底向上按照系统的结构将各模块进行组合，最终实现系统的开发。

具体说来，就是首先将整个系统的开发过程按照生命周期划分为系统规划、系统分析、系统设计、系统实施和系统运行管理等几个相对独立的开发阶段；其次，在系统规划、系统分析、系统设计各阶段，坚持自顶向下的原则，进行系统的结构化划分。在系统调查时，从最顶层的管理业务调查开始，直至最底层业务。在系统设计时，从系统的整体方案分析和设计出发，先优化整体的逻辑或物理结构，然后优化局部的逻辑或物理结构。在系统实施阶段，坚持自底向上的原则，从最底层的模块编程开始，逐步组合和调试，由此完成整个系统的开发。其工作流程如图7-2所示。

结构化系统开发方法强调严格按照系统开发的生命周期进行信息开发，适合大型系统的开发。该方法具有以下特点：

（1）严格区分系统开发的阶段性。每个阶段都有明确对应的目标和任务，每个阶段又进一步分为若干具体步骤，系统开发有序进行，每个阶段开始于前一阶段的成果，又以本阶

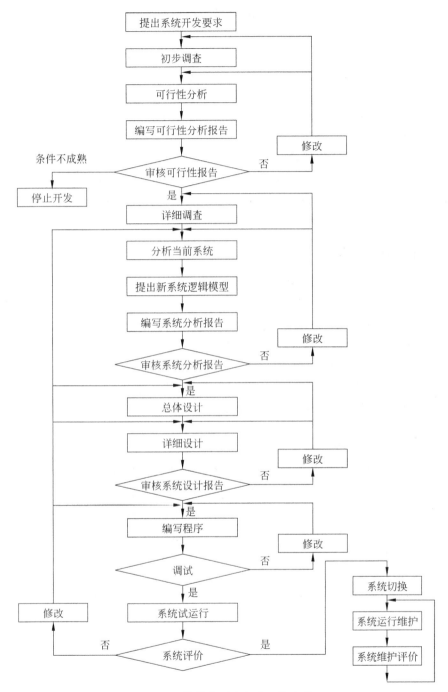

图 7-2　结构化开发方法工作流程

段的成果标志该阶段工作的结束,前后衔接,正确性高。

（2）自顶向下逐层开发。从全局的观点出发进行系统的分析与设计,保证系统总体结构的合理性、系统内数据信息的完整性与一致性、各子系统之间的有机联系。又根据设计的要求,采用模块化设计技术进行具体的程序和功能模块的编程与调试,逐步组合实现整个系统,使复杂的系统开发工作简单化。

（3）建立面向用户的观点,深入调查研究。面向用户,充分了解用户的需求;详细调查,努力掌握系统实际业务处理过程的各个具体环节;通过研究分析,制订科学合理的新系统开发方案。

（4）系统开发过程工程化,文档资料标准化。阶段性成果采用标准化、规范化的格式和术语、图表等形式组织文档,便于系统开发人员和用户的交流。

（5）模块化处理。模块化就是在系统设计阶段把整个系统根据功能划分为若干个模块,而每个模块完成一个功能。实现时,将这些模块汇总起来就构成一个系统的整体,即可完成指定的功能。模块化的目的是为了降低开发工作的复杂性,使软件设计、调试和维护等工作变得简易。

2. 结构化方法的优点

（1）结构化分析方法简单、清晰,易于学习掌握和使用。

（2）注重系统开发过程的整体性和全局性。在开发策略上强调采用"自顶向下"的原则分析和设计系统,首先解决全局问题,强调在系统整体优化的前提下,考虑具体的解决方案。

（3）严格区分工作阶段。整个开发过程阶段和步骤清楚,每一阶段和步骤均有明确的成果,作为下一步工作的依据。

（4）立足全局,步步为营,减少返工,有利于提高开发质量,加快开发进度。

（5）目标明确,阶段性强,开发过程易于控制。

3. 结构化方法的缺点

但是,在实践过程中也暴露出该方法的一些缺点,主要包括以下几个方面。

（1）系统开发周期过长。由于系统开发过程中附带每个阶段的中间结果总结,必然导致延长系统的开发时间,后果是可能因为开发周期内计算机理论和技术的发展与更新、系统环境的变化等,造成刚建立的新系统迅速变得落后和陈旧,缩短系统的使用寿命。

（2）它是一种预先定义需求的方法,要求在开发之初全面认识系统的信息需求,充分预料各种可能发生的变化,这并不十分现实。往往许多系统的建设,是在开发过程中逐步明确和完善的,特别对于侧重于辅助决策的管理信息系统的开发更是如此。

（3）用户参与系统开发的积极性没有充分调动,造成系统交接过程不平稳,系统运行维护管理难度加大。

7.4.2 原型法

原型法（Prototyping method）是为了快速开发系统而推出的一种开发模式,旨在改进结构化开发方法的不足,缩短开发周期,减少开发风险。这种方法的本质是尽快地开发出可以使用的原型系统。它并不注重对管理信息系统进行全面、系统的调查和分析,而是根据对用户信息需求的大致了解,借助强有力的软件环境支持,迅速构造一个新系统的原型,然后通过反复修改和完善,最终完成新系统的开发。自20世纪80年代中期以来,当图形用户界面出现后,原型法逐步成为一种流行的信息系统开发方法。

1. 原型法的基本思想

原型法是在系统开发初期,系统开发人员在初步获取用户基本需求和主要功能的基础上,迅速构造一个合适的原型并运行;之后系统开发人员与用户在此基础上,对原型的结构和功能进行不断分析、修改、细化、扩充和完善,直至得到符合用户要求的系统为止。

原型法的基本思想主要有以下几个方面。

(1)原型法并不要求系统开发之初,就完全掌握系统的所有需求。事实上,由于各种因素的影响,系统的所有需求不可能在开发之初就可以预先确定,用户只有在看到一个具体的系统时,才能对自己的需求有完整准确的把握,同时也才能发现系统当前存在的问题和缺陷。

(2)构造原型必须依赖快速的原型构造工具。只有在工具的支持下才能迅速建立系统原型,并方便地进行修改、扩充、变换和完善。

(3)原型构造工具必须能够提供目标系统的动态模型,才能通过运行它暴露出问题和缺陷,有利于迅速进行修改和完善。

(4)原型的反复修改是必然的和不可避免的。必须根据用户的要求,随时反映到系统中去,从而完善系统的结构和功能,使系统提供的信息真正满足管理和决策的需要。

2. 原型法的开发过程

原型法的开发过程可以归纳为以下几个步骤,如图 7-3 所示。

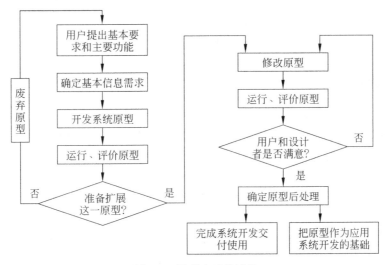

图 7-3　原型法开发过程

(1)用户提出开发需求和系统的初步需求。

(2)系统开发人员识别用户需求,利用工具构造一个系统原型。

(3)双方一起进行测试和评价,确定下一步处理方式:如果根本不可用,则抛弃该原型,返回到上一步重新构造;如果满意,则对该原型进行分析和整理,并根据新的要求修改。

（4）反复对修改后的原型进行测试和评价，直至符合用户的要求。

（5）整理原型，交付使用并提供相应的文档。

原型法的关键是通过迭代，逐步逼近用户的需求目标。

原型法用于 MIS 开发有两种情况：一种是仅代替生命周期法的某一个或几个阶段；另一种是承担工程的全部任务。

实践证明，应该做完了系统分析就建立一个原型系统，以进一步确认、修改系统的需求描述。原型技术应用在系统分析阶段是比较恰当的，可以让用户在分析阶段就能见到新系统（原型），并能操作它且与开发人员一起改进它。系统分析阶段的原型化生命周期如图 7-4 所示。

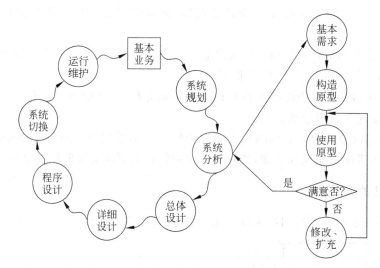

图 7-4　系统分析阶段的原型化生命周期

3. 原型法的优、缺点

原型法的特点是快速地创建出管理信息系统的测试版本，该版本可以用来演示和评估，可以借助这种测试版本让用户在开发之初就看到系统雏形，了解管理信息系统，从而可以更加详细地提出自己的需求，有利于用户及早参与开发过程，激发参与开发的热情和积极性；也可以使用户培训工作同时启动，有利于系统今后顺利交接和运行维护。系统开发人员可以借助这种测试版本挖掘用户的需求，然后在此基础上对系统的测试版本进行修改。

（1）使用原型法有下面一些明显的优点。

① 对于那些用户需求无法确定的项目来说，是一个非常有效的开发方法。

② 这种方法鼓励用户参与系统开发的积极性，提高了终端用户使用系统的热情。

③ 由于许多用户参与到了信息系统的开发过程中，所以项目开发过程的透明度和支持度都非常高。

④ 用户和管理阶层可以更快地看到可以工作的信息系统原型，也就是可以更早地得到企业的解决方案。

⑤ 与其他开发方法相比，可以尽快地发现系统中存在的错误和疏漏，提高信息系统的

开发质量。

⑥ 测试和培训是一件简单的事情,因为许多终端用户在开发过程中已经参与了测试和培训。

⑦ 应该说,这种循环开发方法是一种更加自然的系统开发方法,因为符合改变管理的要求。

⑧ 这种开发方法大大降低了信息系统的开发风险,这是因为使用不断循环的技术解决方案取代了一次性提交的技术解决方案。

(2)原型开发方法存在的主要缺点如下。

① 对于大型系统或复杂性高的系统,没有充分的系统需求分析,很难构造出原型。

② 这种方法鼓励采用了"编码、实现、修复"的开发方式,这样有可能提高整个系统生命周期的运行支持和维护成本。

③ 这种方法失去了开发过程中选择更好技术方案的机会,因为技术人员和用户都希望尽快地看到可以使用的原型,认为更加优化的技术方案可以在下一次循环中采纳。

④ 这种方法过于强调速度,使得许多潜在的系统质量缺陷没有得到很好的解决。

4. 原型法使用场合

原型法的使用场合非常灵活,不一定是直接利用该原型生成可用的系统。以下是 3 种常见的原型使用场合。

1)演示宣传系统

这类系统用简单的开发工具建立原型,可以用于说明系统界面或做示范性的功能展示,如输入输出、菜单和操作等。实际应用系统还需参考原型,用专门的开发平台另行制作。

2)"部分功能"的系统

这类系统原型中避开了难点环节,只完成主要流程或某些特色功能,如相关数据的存取、业务操作流程、基本查询等。这类原型往往只用来展示系统的功能结构,忽略了真实环境中的复杂处理,距离现实可用的系统有明显差距。用户不仅要关注系统做了什么,更要关注系统没有做什么;确认被忽略的难点是不是将来必须要解决的问题。

3)缩微系统

这类系统功能较全但数据量极少,主要以表现系统结构和运行效果为主,暂时忽略了数据处理量、响应时间、处理速度等关键性的问题。

原型法开发进程管理复杂,要求用户和开发人员的素质高,配合默契;必须依赖强有力的支撑环境,否则无法进行。应用原型法进行系统开发,构造原型快速,成本较低;开发进程加快,周期缩短,反馈及时。一般地,原型方法适于开发小型的信息系统项目。

7.4.3 面向对象方法

面向对象方法(Object Oriented Method,OOM)是一种把数据和过程包装成为对象,以对象为基础对系统进行分析与设计的方法。面向对象方法为认识事物提供了一种全新的思路和办法,是一种综合性的开发方法。使用面向对象技术,特别是使用统一建模语言(United Modeling Language,UML),可以大大提高信息系统分析和设计的质量和效率。

1. 面向对象方法的基本思想

面向对象方法是基于类和对象的概念,把客观世界的一切事物都看成是由各种不同的对象组成,每个对象都有各自内部的状态、机制和规律;按照对象的不同特性,可以组成不同的类。不同的对象和类之间的相互联系和相互作用就构成了客观世界中不同的事物和系统。面向对象的开发方法可描述如下。

(1) 客观事物是由对象组成的,对象是在原事物基础上抽象的结果。任何复杂的事物都可以通过各种对象的某种组合结构来定义和描述。

(2) 对象是由属性和操作方法组成的,其属性反映了对象的数据信息特征,而操作方法则用来定义改变对象属性状态的各种操作方式。

(3) 对象之间的联系通过消息传递机制来实现,而消息传递的方式是通过消息传递模式和方法所定义的操作过程来完成的。

(4) 对象可以按其属性来归类。类有一定的结构,类上可以由超类(Superclass),类下可以有子类(Subclass),借助类的层次结构,子类可以通过继承机制获得其父类的特性。

(5) 对象具有封装的特性,一个对象就构成一个严格模块化的实体,在系统开发中可被共享和重复引用,达到软件(程序和模块)重用的目的。

2. 面向对象法的基本概念

1) 对象

对象是现实世界中具有相同属性、服从相同规则的一系列事物的抽象,也就是将相似事物抽象化,其中的具体事物称为对象的实体。任何事物在一定前提下都可以看成是对象。例如,面对同一条大街,如果你的问题是寻找同伴,则你看到的对象是流动人群;如果你的问题是搭车,则你看到的是流动的车辆;如果你的问题是逛商场,则你看到的是繁华的商场。从计算机角度看,对象是把数据(即对象的属性)和对该数据的操作(即对象的行为)封装在一个计算单位中的运行实体;从程序设计者角度看,对象是一个高内聚的程序模块;从用户角度看,对象为他们提供所希望的行为。对象可以是具体的,如一个人、一张桌子、一辆轿车等;对象也可以是概念化的,如一种思路、一种方法等。

2) 对象的属性

对象的属性是实体所具有的某个特性的抽象,它反映了对象的信息特征,而实体本身被抽象成对象。

3) 类

具有相同属性和相同行为描述的一组对象称为类,它为属于该类的全部对象提供了统一的抽象描述,如动物、人、高校、管理信息系统都是类。

4) 消息

消息是向对象发出的服务请求。在面向对象方法中,完成一件事情的方法就是向有关对象发送消息。消息体现了对象的自治性和独立性,对象间可以通过消息实现交互,模拟现实世界。消息传递:同样输入→不同对象→不同结果(终态);过程调用:同样输入→同样输出。

5）行为

行为是指一个对象对于属性改变或收到消息后所进行的行动反应。一个对象的行为完全取决于它的活动。

6）操作

操作是指对象行为、动态功能或实现功能的具体方法。每一种操作都会改变对象的一个值或多个值。操作分为两类：一类是对象自身承受的操作，操作结果改变了自身的属性；另一类是施加于其他对象的操作，操作结果作为消息发送出去。

7）关系

关系是指现实世界中两个对象或多个对象之间的相互作用和影响，如师生关系、上下级关系、机器与配件的关系等。

8）接口

接口是指对象受理外部消息所指定操作的名称或外部通信协议。

9）继承

继承是指一个类承袭另一个类的能力和特征的机制。继承的优点是避免了系统内部类或对象封闭而造成的数据与操作冗余现象，并保持接口的一致性。在传递消息时，也无需了解接口的详细情况。而继承机制的最主要优点是支持重用，在层次方面优于传统结构化方法中的过程调用。

10）封装

封装即信息隐藏，是面向对象方法中最重要的一个原则。当开发一个总体程序结构时，程序的每个部分应该封装或隐藏在一个单一的模块中，定义每一个模块时应尽量少显露其内部的处理过程。封装的目的是使模块的错误局部化，减少查错的难度，也可以降低外界错误对它的影响。对用户而言，不需要考虑内部模块的复杂性，只需考虑如何描述和控制对象的属性和方法即可。

11）多态性

多态性是指同类的对象可以具有不同的属性，同类的对象对于相同的触发事件有不同的反应动作及对于相同的功能具有不同的实现等。

3. 面向对象方法的开发过程

1）需求获取

需求获取是指对系统将要面临的具体业务问题以及用户对系统开发的需求进行调查研究，即先弄清楚要"做什么"的问题。

2）系统分析（分析和求解问题）阶段

即利用信息模型技术识别问题域中的对象实体，标识对象之间的关系，确定对象的属性和方法，利用属性描述对象及其关系，并按照属性的变化规律定义对象及其关系的处理流程，一般称之为面向对象分析，即OOA。

3）系统设计（确定问题模型）阶段

对系统分析的结果进一步抽象、归类、整理，并最终以范式的形式将它们确定下来，一般称之为面向对象设计，即OOD。

4）系统实现（程序设计）阶段

利用面向对象的程序设计语言将上一步的成果直接映射为应用程序软件，一般称之为面向对象的编程，即 OOP。

4. 面向对象方法的主要优、缺点

面向对象方法以对象为基础，利用特定软件工具直接完成从对象客体的描述到软件结构之间的转换。其主要优点如下。

（1）采用全新的面向对象思想，使得系统的描述及信息模型的表示与客观实体相对应，符合人类的思维习惯，有利于系统开发过程中用户与开发人员的交流和沟通，缩短开发周期，提高系统开发的正确性和效率。

（2）系统分析和系统设计使用同一模型，不存在过渡困难。在面向对象方法中，从分析到设计使用相同的基本标识，对象模型是整个开发过程中的一个统一的表示工具。好处是不仅减少了各个阶段模型之间的转换，较好地支持模型到代码的正向工程及代码到模型的逆向工程，而且可以使需求的变化较为容易地同步到模型和代码中。

（3）面向对象技术中的各种概念和特性，如继承、封装、多态性及消息传递机制等，使软件的一致性、模块的独立性以及程序的共享和可重用性大大提高，也与分布式处理、多机系统及网络通信等发展趋势相吻合，具有广阔的应用前景。

（4）许多新型的软件中，采用或包含了面向对象的概念和有关技术，为面向对象的开发方法的应用提供了强大的技术支持。

但是，面向对象的开发方法也存在着明显的不足。首先，必须依靠一定的软件技术支持；其次，在大型项目的开发上，具有一定的局限性，必须以结构化系统开发方法的自顶向下的整体性系统调查和分析作基础，否则，同样会存在系统结构不合理、关系不协调的问题；最后，学习和掌握面向对象方法与结构化方法及原型法相比有一定难度。

7.4.4 CASE 方法

计算机辅助开发方法也称计算机辅助软件工程法（Computer Aided Software Engineering，CASE），它是一种自动化和半自动化的系统开发方法。它集图形处理技术、程序生成技术、关系数据库技术和各类开发工具于一身，全面支持系统调查以外的每个开发步骤。

1. CASE 方法的基本思想

CASE 方法解决系统开发问题的基本思想是：结合系统开发的各种具体方法，在完成对目标系统的规划和详细调查后，如果系统开发过程中的每一步都相对独立且在一定程度上彼此形成对应的关系，则整个系统开发就可以应用专门的软件开发工具和集成开发环境来实现。

前面介绍的开发方法在 CASE 开发过程中的对应关系如下。

1）结构化生命周期法

业务流程分析→数据流程分析→功能模块设计→程序实现。

业务功能一览表→数据分析、指标体系→数据/过程分析→数据分布和数据库设计→数据库实现。

2）面向对象的开发方法

问题抽象→属性、结构和方法定义→对象分类→确定范式→程序实现等。

在实际开发过程中，上述对应关系不一定完全一一对应，利用 CASE 方法开发的结果之间可能无法实现平滑的衔接，仍然需要开发人员根据实际进行修改、补充等。

2．CASE 的开发环境

CASE 作为一个通用的软件支持环境，应该能够支持所有的软件开发过程的全部技术工作及其管理工作。一个完整的 CASE 软件平台一般具备以下功能。

1）图形功能

这是 CASE 软件平台的一个非常重要的功能。图形接口功能越强，用户的软件开发效率就越高。用交互方式在计算机屏幕上画图可以大大加快绘图过程，实现标准化，有利于文档生成的自动化。

2）查错功能

自动查错可以帮助开发人员在系统生命周期尽早地发现错误，这是降低开发成本的有效方法。

3）建立 CASE 中心信息库

CASE 中心信息库是 CASE 软件平台的核心。通过构造 CASE 中心信息库，不仅有利于 CASE 工具集成，保证系统规格说明的一致性和完整性，方便系统文档的生成和标准化，实现信息共享，快速生成代码，也有利于控制软件的可重用性，有助于项目的管理与控制，方便系统信息存储、访问、更新、分析和报告等功能的实现，为系统开发人员获取所需信息提供各种便利手段。

3．CASE 的优、缺点

1）优点

（1）解决了从客观对象到软件系统的映射问题，支持系统开发的全过程。

（2）使结构化方法更加实用。

（3）自动检测的方法大大提高了软件的质量。

（4）使原型化方法和面向对象方法付诸实施。

（5）简化了软件的管理和维护。

（6）自动生成开发过程中的各种软件文档。

（7）使软件的各部分能重复使用。

2）缺点

（1）虽然 CASE 为用户提供了各种方法的开发环境，但在实际开发一个系统时，必须依赖某一种具体的开发方法。

（2）无法衡量是否提高了开发效率。某些专家认为，生产效率的提高并非是应用了自动化的 CASE 工具本身的结果，而是系统开发人员就一种标准化开发方法达成了共识，并且加强了相互间交流、合作的结果。

（3）无法做到自动设计系统，系统设计者仍需了解一个公司所有业务需求及业务是如何运作的。

（4）虽然在某些方面实现了自动化，但如果公司不了解这种方法，则 CASE 工具只是完成了不相干的工作自动化。

现在 CASE 中集成了多种工具，这些工具既可以单独使用，也可以组合使用。CASE 的概念也由一种具体的工具发展成为开发信息系统的方法学。

7.4.5　各种开发方法的比较

结构化生命周期法是经典的开发方法，强调从系统出发，在开发过程中始终贯彻自顶向下、逐步求精的思想来开发系统。其开发过程规范、思路清晰，但在总体上比较保守，采取了以不变应万变的原则来适应环境的变化。

原型法从动态角度来看待系统变化，采用以变应变的思想，比结构化生命周期法在思路上要先进，更强调与用户的交流。但原型法对开发工具要求较高，适宜中、小型管理信息系统的开发，但对于大型、复杂的系统开发有一定困难。在实际应用中，通常与生命周期法结合起来使用，可扬长避短。

面向对象法从一个全新的视角来看待现实世界中的问题，从现实世界中抽象出系统组成的基本实体即对象。如果开发人员正确理解这些概念，就能够以较大的自由度构建信息系统。该方法的局限性是对计算机工具要求高，在没有进行全面的系统调查分析前，正确把握结构有些困难。面向对象法在实际开发过程中经常与其他方法结合起来使用。

可以说，没有一个项目是用一种方法实现的，各类方法各有特点，适用于 MIS 开发的不同阶段。因此有一个如何结合多种方法的问题。前期有较多的不确定性，总体上的设计宜用结构化方法，如规划和分析；后期进入开发阶段，细节较难一次确定，宜用原型法，如设计和实施。原型法采用 CASE，可以加快原型的开发与扩展。

7.5　系统开发的方式

要在有限的资金、人员和工期约束下完成信息系统建设，保证系统可靠运行并不是一件轻松的事情。在技术更新迅速、竞争压力不断增大的条件下，选择最有利的系统开发方式是许多企业的制胜法宝，可以帮助管理者缓解压力。

目前企业获取应用系统和使用信息服务的方式日益多元化，系统开发方式的选择余地越来越大。这会涉及很多个"谁"的问题。如由谁来承担系统开发任务、谁负责运营和管理系统、谁投资设计系统、谁负责维护等。因此，在管理信息系统开发过程中，采用何种开发方式与策略，是一个信息系统建设能否成功的关键。

1. 自行开发

管理信息系统的开发过程完全由用户企业负责。企业根据项目预算，自行组织开发力量并指派项目负责人，完成信息系统的分析、设计、编程、培训、实施等具体过程。自行开发适合自身拥有较强的管理信息系统分析与设计人才、程序设计人才、系统维护和使用人才的组织和单位,如大学、研究所、计算机公司、高科技公司等单位。

自行开发的主要优点是:会从本企业的独特需求出发设计系统,如决定系统的流程、资源分布及接口预留,设计独具特色的服务界面等;可防止企业机密外泄;便于组织内部的开发实力不断增强;会给系统未来的维护和扩充带来方便;自行开发的成功系统还有可能成为企业的知识资产,给企业带来源源不断的收益。

自行开发的主要缺点是:系统开发周期一般较长;难以摆脱本企业习惯性的管理方式影响;由于不是专业开发队伍,容易受计算机水平限制,系统优化不够,开发水平较低。

2. 合作开发

企业与有丰富系统开发经验的机构或专业开发人员共同完成系统开发任务。合作开发方式适合使用单位有一定的管理信息系统分析、设计及软件开发人员,但开发队伍力量较弱,希望通过管理信息系统的开发建立完善和提高自己的技术队伍,便于系统维护工作的单位。

合作开发方式的主要优点是:合作开发可发挥开发公司技术力量强,本企业人员对业务熟悉的优势,共同开发出具有较高技术水平且适用性强的系统;有利于企业计算机应用队伍的培养与提高,可以增强使用单位的技术力量,便于系统维护;相对于委托开发方式比较节约资金。

合作开发方式的主要缺点有:双方在合作中沟通易出现问题,需要双方进行协调和检查,及时达成共识。

3. 委托开发

支付一定的费用,委托专业公司或科研单位开发,系统开发完成后再交付企业或单位使用。委托开发方式适合使用单位无管理信息系统分析、设计及软件开发人员或开发队伍力量较弱、但资金较为充足的单位。双方应签订管理信息系统开发项目协议,明确新系统的目标和功能、开发时间与费用、系统标准与验收方式、人员培训等内容。

委托开发方式的优点是:开发周期短;不必组织本企业的开发队伍;如果选择了好的开发单位,同时企业能密切配合系统开发管理工作,使之符合现代信息处理要求,则可开发出水平较高的系统;省时、省事,系统的技术水平较高。

委托开发方式的缺点是:委托开发由于要由开发公司对企业的系统进行专门的开发,外部费用很高;当企业需求发生变化或扩展时,系统维护工作困难;系统的维护与扩展须依赖开发单位的长期支持,开发费用高;不利于培养自己的 MIS 维护人员。

4. 外购商品化软件

购买商品化应用软件是根据用户的需求,在系统分析的基础上,选择并购买市场上符合要求的商品化应用软件。

购买商品化应用软件的主要优点是:软件产品可靠性、稳定性高,反映了先进的企业经营管理思想;系统技术水平高,开发周期短,节省时间,系统开发费用较低。

购买商品化应用软件的主要缺点是：系统实施费用较高；系统维护困难；通用软件专用性较差，跟本企业的实际工作需要可能有一定的差距，有时可能需要做二次开发工作。

因此，用户在选择通用软件时，不可只看开发商的宣传，要经过多方详尽的考查后再作决定。

5. 外包方式

信息服务的社会化程度提高后，企业自行拥有全套系统的局面也会改变。企业只需有基本的软硬件和网络通信平台，就可以用租赁方式得到应用系统，或者用交服务费的方式直接购买信息服务。这种方式被称为"外包"。20世纪90年代以来，外包已逐渐成为企业满足信息需求的主要方式。企业与专业的信息服务组织或应用服务提供商（ASP）签订外包合同，让其代为执行网络服务台、系统开发维护、数据中心运营、网站建设维护、资产台账管理等工作。外包合同期可以灵活设置，一般视双方需求和市场发展情况而定。

外包提供了软件规模化所带来的实惠，其优势如下。

（1）外包可以使信息技术实力不强的企业直接享受标准化、专业化的信息服务。

（2）外包可以做到按需付费，有效降低了企业信息技术投资，非常有利于那些服务需求有波动的企业。

（3）专业化的外包服务具有质量稳定、成本透明、技术更新及时等优点。

（4）外包有利于企业关注核心业务。

（5）软件服务市场的发展，会推动软件服务商主动地提升产品和服务质量。

当然，外包方式也会有一些劣势或问题，具体如下。

（1）外包后企业可能会失去某些控制权。

（2）如果外包商资质不高或外包管理不当，企业可能会面临信息泄露的风险。

（3）企业对外包商的依赖性增强。

（4）更换外包服务商会付出代价。

（5）对具有信息技术优势的企业而言，外包服务的优势往往不明显。

因此，对于组织中关键性信息系统的外包，企业需要三思而后行。

以上5种开发方式各有优、缺点，选择时需要根据企业的资金情况、技术力量、外部环境、管理水平和自身特点等各种因素来综合考虑。

【阅读材料】

2013年青岛市服务外包发展情况

2013年1—10月，青岛市在商务部"服务外包业务管理和统计系统"上登记承接服务外包合同1592份，服务外包合同额13.9亿美元，服务外包执行额10.1亿美元，同比分别增长126.5%、120.9%、81.4%。其中，离岸服务外包合同929份，离岸服务外包合同额13.6亿美元，离岸服务外包执行额9.8亿美元，同比分别增长65.3%、121%、79.5%；在岸服务外包合同663份，在岸服务外包合同额0.3亿美元，在岸服务外包执行额0.3亿美元，同比分别增长370.2%、118%、173.3%。主要呈现以下特点。

1. 企业主体不断壮大

服务外包企业累计 504 家,较 2012 年增加 114 家。本月新增登记注册服务外包企业开发区 4 家,莱西市 3 家,市南区、城阳区各 2 家,即墨市 1 家,共计 12 家。

2. 骨干企业作用突出

开展离岸服务外包业务企业 175 家,比去年同期增加 76 家。执行额千万美元以上企业 27 家,其中,崂山区 7 家,即墨市 4 家,市南区 3 家,市北区、李沧区、城阳、开发区、胶州市各 2 家,黄岛区、平度市、保税港区各 1 家,业务额 6.6 亿美元,占全市外包比例的 67.3%;执行额 100 万～1000 万美元企业有 77 家,业务额 2.9 亿美元,占全市外包比例的 29.3%;承接日本服务外包业务 10 强企业占全市外包比例的 13.8%;承接美国、欧洲服务外包业务 10 强企业占全市外包比例的 12.7%。

3. 承接业务实现新突破

简柏特(青岛)信息技术服务有限公司承接简柏特国际有限公司国际业务尽职调查 (BPO),是该公司成立以来第一笔离岸业务;青岛海信日立空调系统有限公司、青岛海信移动通信技术股份有限公司通过多年来的技术引进消化吸收再创新,分别在美国、日本为境外客户提供平台开发(ITO)、技术开发(KPO)等技术服务;青岛四方川崎车辆技术有限公司承接日本川崎重工业株式会社铁路和城市轨道交通车辆的开发、设计、技术服务业务(KPO)。

4. ITO 占据主导地位

离岸信息服务外包(ITO)合同额 5 亿美元,执行额 4 亿美元,分别增长 128.3%、88%;离岸业务流程外包(BPO)合同额 2.4 亿美元,执行额 1.9 亿美元,分别增长 313.3%、293.5%;离岸知识流程外包(KPO)合同额 6.1 亿美元,执行额 3.8 亿美元,分别增长 82.9%、35.9%;3 项业务分别占全市离岸服务外包总额的 41%、20%、39%。

5. 离岸市场业务呈现新格局

承接离岸服务外包来源地 75 个,比去年同期增加 11 个。其中,印度尼西亚、斯里兰卡、阿拉伯联合酋长国、南非、意大利、西班牙、俄罗斯、新西兰等国家(地区)离岸服务外包额执行额达 500 万～1000 万美元;19 个国家(地区)离岸服务外包额均过千万美元,美国、日本离岸服务外包额分别过 2 亿美元,执行额达 2.2 亿美元、2.1 亿美元,美国、日本、欧洲发达国家占全市总量的 56%。

(资料来源:青岛市商务局,青商服贸字[2013]24 号)

【项目实践】

随着近几年学校的持续扩招,在校学生人数逐年增加。为了满足广大学生的求学需要,各个高校的师资力量、硬件设施的配备也随之增强。这样一来,日常行政部门的工作也就越来越繁重。而"选课"又是高校行政管理工作中一项很重要的工作,并且是每个学期都必须要面对的问题。而传统的手工操作,既费时费力又容易出错,工作效率较低。因此,有必要开发一套实用、高效、完善的在线选课系统。

(1) 请利用本章所学的相关知识,为在线选课系统选择一种开发方式,并说明为什么。

(2) 如果要求成立项目小组自行开发,你会选用哪种方式,请说明原因。

(3) 你认为你所成立的项目小组应由哪些人员组成?请说明原因。

思 考 题

1. 管理信息系统开发的任务是什么？它有哪些特点？
2. 管理信息系统开发的原则有哪些？
3. 简述系统生命周期的概念。
4. 简述管理信息系统生命周期的组成。
5. 结构化系统开发方法的基本思想和主要步骤是什么？
6. 试述原型法的基本思想和优、缺点。
7. 试述面向对象开发方法的基本思想和优、缺点。
8. 比较结构化开发方法、原型法、面向对象的开发方法的特点。
9. 信息系统有哪几种开发方式？各有什么优、缺点？
10. 你认为一个中、小型企业应该选择何种开发方式？为什么？

第8章 信息系统规划

【学习目标】

通过本章的学习,掌握诺兰模型的概念及阶段划分;掌握进行项目可行性分析的任务、内容,以及如何编写可行性分析报告;熟悉信息系统规划的常用方法,如关键成功因素法、战略目标集转化法及企业系统规划法;熟悉系统初步调查的目的、方法、原则、内容;了解管理信息系统总体规划的必要性、总体规划的内容、总体规划的工作步骤和组织工作。

【导入案例】

某城建集团施工项目信息化规划

1. 用户背景

某城建集团是国家120家大型企业集团试点单位之一,国有企业500强之一,国际225家大承包商之一,是以工业与民用建筑、市政、地下铁道、高速公路、机场、长输管线等工程施工为主业,并从事房地产开发、城市基础设施项目融资及运营、工业生产、商贸流通、物业管理等多元经营的大型综合性企业集团。集团现有企、事业单位218家,员工29 000余人,总资产94亿元,净资产20亿元。集团拥有雄厚的经济和技术实力,现有专业技术人员、管理人员13 000余人,其中具有高级职称的人员1100人。拥有大批性能先进的施工设备,特别是近年来从国外引进了具有国际先进水平的大直径钻孔机、锚杆机、地下连续墙等深基础施工设备以及大型摊铺机、平地机、震动式压路机等高速公路施工设备,形成了地下地上技术完备、成龙配套的综合施工能力。另外,集团公司和24家子公司分别通过了ISO 9001、ISO 9002和ISO 14000质量体系认证。

集团坚持"创建精美工程,提供满意服务"的质量方针,认真实施"一业为主,多元经营,立足北京,积极拓宽国内外市场"的经营战略。共创国家鲁班奖工程9项,国家银质奖2项,部、市优质样板工程10项,北京市优质工程75项。集团在20多个省市承担有工程规划、设计、施工任务和房地产开发项目,承担高速公路工程300余千米。在10余个国家承建了工程项目,都获得了良好的信誉。

2. 项目需求

自1999年开始,集团公司着手开发"施工项目管理系统"。其实,早在七八年前,集团公司就在各个管理部门推广使用了计算机。几乎每个部门都有自己的信息系统,如财务部有账务核算系统、财务报表系统;人力资源部有干部与工人档案管理系统、劳资管理系统;物资部门有材料采购管理系统、运输管理系统;生产部门有施工调度管理系统、施工计划管理系统等。这些系统虽然仅涉及本部门的业务和管理内容,但是对于集团来说非常重要,提高了工作效率,也提升了整个集团的竞争力。

但是,随着集团规模的不断扩大,信息化的不断发展,原有的系统已经远远无法满足要求。集团需要把名目繁多的系统作为整个企业管理信息系统整合的对象,统一到一个平台上来,让各个业务部门的数据可以按业务流程实现"电子化传递",让整个管理流程架构在公司已有的网络平台上运作。真正实现"互联互通、信息共享"。

3. 项目目标

施工项目管理的内容是研究如何高效益地实现项目目标,它以项目经理负责制为基础,对项目按照其内在逻辑规律进行有效的计划、组织、协调和控制,以适应内部及外部环境并组织高效益的施工,使生产要素优化组合、合理配置,保证施工生产的均衡性,利用现代化的管理技术和手段,实现项目目标和使企业获得良好的综合效益。施工项目管理是为使项目实现所要求的质量,所规定的时限,所批准的费用预算,所进行的全过程、全方位的规划、组织、控制与协调。项目管理的对象是项目,由于项目是一次性的,故项目管理需要用系统工程的观念、理论和方法进行管理,具有全面性、科学性和程序性。项目管理的目标就是项目的目标,项目的目标界定了项目管理的主要内容是"三控制二管理一协调",即进度控制、质量控制、费用控制、合同管理、信息管理和组织协调。

4. 信息化规划

这个项目内容十分庞杂,既要解决施工企业核心的施工计划、预算、施工组织设计、材料/成本核算、财务管理等内容,也要满足建筑项目投标管理、项目合同管理、项目经理部日常管理等延伸的内容,可谓五花八门、面面俱到。所以,集团公司很重视规划工作,早在这个项目开始之前,就搞了一个总体规划的"红皮书"——经过了权威专家的反复论证的红色封皮的总体规划报告。"红皮书"详细分析了项目的需求,同时体现了"自顶向下的规划,与自底向上的设计"相结合的原则,而且也把"重视原始数据"作为重要的指导思想之一。在考虑"基础数据从哪里来"问题时,认为基层的数据很简单,报上来就行。实际上整个项目的定位与实施,仍然是沿着"从上到下"的路线,忽视了施工现场、项目经理部的信息化问题。

5. 信息化规划中的问题

在进行项目答辩的时候,规划人员发现无法很好地回答"基础数据从哪里来"的问题。在做总体规划的时候,总认为基层的数据很简单,报上来不就行了? 其实远没有这么简单。项目经理部的管理模式是基于工程项目的。作为基层的一级管理机构,项目经理部有利润核算指标,是利润中心;作为项目经理部下面的工段和作业班组,就是成本中心;而管理职能科室,则是费用中心。这里既有来自生产一线的基础数据生成、转换、合并、分解的过程,也有来自上级管理部门的计划、指挥、调度信息。如果不解决项目经理部的信息化问题,就不能得到真实的有关工程进度、质量、成本的有关数据,信息化"大厦"就没有牢固的数据基础。

在跑了若干施工现场之后,规划人员忽然发现原来做规划时候,对具体的施工过程似懂非懂,有时甚至完全是凭想象做系统分析。规划人员感叹"基层的生产过程不搞清楚,基础不扎实,就好比光想上三楼,却忽视了'上三楼要经过一楼'这个浅显的道理"。

6. 进一步分析问题

对于项目部管理层来说,要想控制好成本,就要从相关业务入手:材料管理、机械管理、劳务管理、分包管理等;还要注重尽量精细,不仅通过财务、材料、机械、劳务、分包等部门了解到工程整体成本状况,更要了解到工程细部成本状况,这样才能为成本控制提供真实、准确的数据基础。

对于项目部管理层,他们急需解决以下几个方面的问题。

（1）能够把成本管理流程梳理清晰。

（2）工程收入和工程实际成本能够进行具体、细致的对比，进而说明盈利点或亏损点是什么。

（3）在盈亏分析阶段，希望能直接找到作为分析依据的原始单据。

（4）能够很好地对材料尤其是对钢筋、混凝土、周转料进行管理。

（5）在限额领料时能自动和计划作对比，进而在出库环节控制成本支出。

（6）给供应商付款时，能很快查到已结算额、已支付额，从而确定支付额。

（7）能够使部门间相关的数据传递。

7. 总体规划的演变

从 1999 年立项，施工项目管理系统开发了近 3 年的时间。经过几百个日夜的工作，最终拿出了可以联合调试的样板系统。在作项目总结报告的时候，规划人员发现 3 年前编撰"项目总体规划报告"的想法，与后来开发的实际进程相比至少有三大不同。

（1）总体结构不同。原来以现有的集团公司下属子公司为开发对象，总体设计偏重管理信息的集成；后来"重心下移"，以项目经理部为基本的开发对象和应用单元。

（2）技术路线不同。原来设想的还是 C/S 结构，后来改成基于 Web 的 B/S 结构。

（3）实现策略不同。原规划打算完全依靠自己的力量，在原有单项应用软件的基础上搞"升级"；后来演化为自行开发与外包合作相结合，"升级"与"换代"兼而有之的开发策略。

如何理解这些变化？技术上的变化好理解，3 年间 IT 的发展可谓"风驰电掣、日新月异"。这倒不是最主要的，最主要的是总体规划层次的变化。

（资料来源：http://www.docin.com/）

信息系统的规划是信息系统建设与应用的长远发展计划，是一个以组织的目标、战略、处理过程以及信息需求为基础，识别并选择所需要的信息系统，确立系统建设和实施方案的过程，是组织战略规划的重要组成部分。由于管理信息系统的建设是一项投资大、周期长、技术复杂的项目，它的成败将对组织的经营管理产生重大影响。因此，如何根据具体情况，选择合适的战略规划非常关键。管理信息系统战略仅仅是业务战略的一部分，因此必须与其他战略结合起来，这是有效实施管理信息系统的前提。随着信息技术的发展，信息技术在企业中应用的广泛性和复杂性的提高，要求企业管理者从战略管理的角度出发去考虑信息系统的战略规划问题。有效的战略规划可以使信息系统有明确的战略目标和科学的开发计划，能够支持组织长期战略计划目标的实现，对信息资源与信息系统进行合理的开发和利用，使系统具有整体性、适应性、可靠性。

8.1 信息系统规划概论

信息系统规划作为组织战略规划的重要组成部分，是一种典型的业务规划，与市场战略、人力资源战略类似，它服务于组织的长期规划，是开展组织和业务流程规划的依据，是信息系统开发和实施的纲领和方向，是信息系统建设成功的管理保障，是评价和验收信息系统的标准和原则。

8.1.1　信息系统规划的意义

　　规划是对复杂工程或重大活动作出长期的、宏观的、全面的谋划。信息系统规划是指通过对组织的目标、战略、现状、面临的挑战和机遇、经营管理、资源、技术等因素的分析和预测,对组织的信息系统未来做出的长远谋划和展望。

　　信息系统建设是一个复杂的社会过程,涉及组织的目标、战略、资源和环境等多种复杂的因素。在信息系统建设之初,应该对这些因素进行全面、宏观的分析,根据组织发展的战略目标,制订出能够有效为组织目标服务的信息系统规划。

　　信息系统建设是一个复杂的系统工程,涉及人员、技术、资金、设备和管理等要素,为了能够有效的开展建设工作,需要对信息系统建设做出总体规划,确定信息系统的目标、功能、结构及实施计划等,使信息系统建设工作能够有条不紊地进行。

　　信息系统建设也是一个渐进的过程,大型信息系统一般都需要分步骤、分阶段建设。对于涉及因素多、时间跨度大的信息系统,必须在建设之初做出总体规划;否则信息系统建设工作将陷入无计划、无头绪的混乱状态。

8.1.2　信息系统规划的任务

　　信息系统规划的任务是通过对组织目标和战略、现状和发展的分析,制订指导信息系统建设的规划,其主要包括以下内容。

　　(1)根据组织的发展目标和组织的发展战略,制定信息系统的目标和战略。

　　(2)根据组织目标和信息系统的目标,确定信息系统构成和结构。

　　(3)根据信息系统规划的要求,制订项目实施和资源分配计划,如图 8-1 所示。

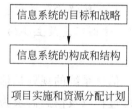

图 8-1　信息系统规划任务

8.1.3　信息系统规划的内容

　　信息系统规划是管理信息系统开发的第一个阶段,是管理信息系统的概念形成时期。管理信息系统规划的内容主要包括以下 6 个方面的内容。

1. 信息系统的总目标、发展战略与总体结构的确定

　　根据企业的战略目标、外部环境、内部环境、内外约束条件,确定信息系统的总目标和总体结构,使管理信息系统的战略目标与整个企业的战略目标协调一致。信息系统的总目标规定信息系统的发展方向,发展战略规划提出衡量具体工作完成的标准,总体结构则规定了信息的主要类型、子系统及其功能信息系统的组织、人员、管理和运行进行规划。

2. 企业现有的信息系统状况分析

　　其包括对计算机软件、硬件、当前信息系统的功能、应用环境和应用现状等情况进行充分的了解和评价。

3. 进行可行性分析

在现状分析的基础上,从技术、经济、管理和法理等方面研究并且论证系统开发的可行性。可行性研究的目的是用最小的代价,在最短的时间内确定问题是否得到解决,即所给定问题是否现实、目标系统是否有可行的解决方案、目标系统的建立所带来的收益是否超过建立系统的费用。这些问题要通过客观、准确的分析才能得到答案。

4. 企业业务重组

对业务流程现状、存在的问题和不足进行分析,使流程在新的技术条件下重组。企业流程重组是根据信息技术的特点,对手工方式下形成的业务流程进行根本性的重新考虑和重新设计。

5. 对影响规划的信息技术发展方向的预测

技术的不断更新将给信息系统的开发带来深刻的影响,决定着信息系统的优劣。因此,应对规划中涉及的软件技术、硬件技术、网络技术、数据处理技术的发展变化及其对信息系统的影响做出预测。在规划过程中需要吸收相关技术的最新发展,从而使所开发的管理信息系统具有更强大的生命力。

6. 资源分配计划

制订为实现系统开发计划而需要的软、硬件资源、数据通信设备、人员、技术和资金等计划,给出整个系统建设的预算,并进行可行性分析。

8.1.4 信息系统规划的基本步骤

不同领域和不同规模的信息系统,制订其规划需要做的工作会有所差别,图 8-2 给出制订信息系统规划的一般步骤。

在制订信息系统规划之初,首先需要做详细的规划准备工作,包括确定规划问题、聘请规划专家、组织规划小组、落实规划工作环境和启动规划等工作。

为了制订出有效、可行的规划,需要进行必要的调查研究工作。为制订信息系统规划所进行的调查称为初步调查,在系统分析和需求分析中还要做详细调查。初步调查应围绕着规划工作进行,立足于宏观和全面,不需要过于具体和细致。

在初步调查的基础上,需要对企业战略和现状进行分析。信息系统是为企业目标和战略服务的,因此企业目标和战略是制订信息系统规划的主要依据。在制订信息系统战略规划之前,需要对企业目标和战略进行认真分析。企业总体发展

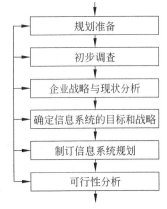

图 8-2　系统规划的基本步骤

战略包括企业市场战略、产品战略、技术战略、人才战略、经营战略和企业文化战略等,需要认真分析企业战略,以便制订出能够切实为企业战略服务的信息系统总体规划。

企业现状是实现企业战略的基本条件，也是企业战略的制约因素，同时还是信息系统建设的基础。在制订信息系统规划之前需要对企业的市场、产品、规模、技术、人才、资金、地理环境、企业文化、员工素质、领导观念和组织管理等现状进行认真分析。

通过初步调查并进行了企业战略和现状分析之后，接下来就可以制订企业信息系统总体规划，包括信息系统目标和战略、信息系统构成和结构、项目实施和资源分配计划。最后对所制订的规划还要进行可行性分析，只有可行的规划才能指导信息系统建设工作。

8.1.5　信息系统规划的特点

管理信息系统规划是信息系统建设框架的描述，是面向组织高层管理人员的高层次的系统分析，具有较强的不确定性，结构化程度低。它具有以下几个特点。

1. 宏观性

信息系统规划是站在组织高度，确定整个系统的发展战略、总体结构和资源计划。它是面向全局的，立足于信息系统的长远建设，关系到组织的各个职能部门和业务流程。

2. 动态性

组织存在的内、外部环境是变化的，组织目标也会相应地做动态调整。因此，组织发展总体规划具有动态性。系统规划是组织总体发展规划的一部分，要求服从组织总体发展规划，信息系统也必须随着组织目标的变化而变化。

3. 管理与技术结合

系统规划是管理与技术相结合的过程，它要应用现代信息技术有效地支持管理决策的总体方案。规划人员对管理和技术发展的认识、开创精神、务实态度，也是系统规划成功的关键因素。

4. 高层性

系统规划是高层次的系统分析，高层管理人员（包括高层信息管理人员）是工作的主体。

5. 指导性

系统规划不宜过细，对系统的描述仅在宏观层面上进行。系统规划的目的是为整个系统的建设确定目标、发展战略、总体结构方案和资源分配计划，而不是解决系统开发中的具体业务问题。因此系统规划阶段是一个管理决策过程。它要给后续工作以指导，而不是替代后续工作。

8.1.6　诺兰模型

信息系统的发展有其自身的规律，自20世纪80年代以来，许多专家、学者对信息系统建设发展的成败经验进行总结，研究其内在规律，其中最著名的是诺兰(Nolan)模型。

1. 诺兰模型的提出

信息系统在组织中的应用,一般要经历从初级到成熟的成长过程。诺兰总结了这一规律,于1973年首次提出了信息系统发展的阶段理论,并在1980年进一步完善了该理论,人们称之为诺兰模型。诺兰强调,任何组织在实现以计算机为基础的信息系统时都必须从一个阶段发展到下一个阶段,不能实现跳跃式发展。诺兰模型把信息系统的成长过程划分为6个阶段,分别是初装阶段、蔓延阶段、控制阶段、集成阶段、数据管理阶段和成熟阶段,如图8-3所示。

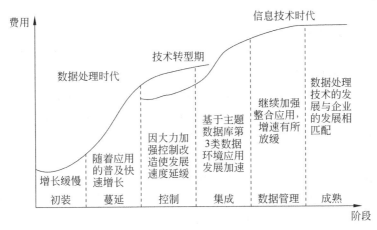

图 8-3　诺兰阶段模型

1)初装阶段

企业从购置了第一台计算机开始就进入了初装阶段。通过部门内部的办公自动化和批处理方式来降低成本,基本上没有规划管理。

2)蔓延阶段

最初的成功促使信息技术应用开始扩散,其应用面迅速扩大,从企业少数部门扩展到各个部门,便进入了蔓延阶段。在本阶段,计算机处理能力得到了飞速发展,但组织内部又出现了数据冗余、数据不一致及数据无法共享等许多问题,迫切需要对信息系统的建设进行协调管理。这时,组织管理者开始关注信息系统方面投资的经济效益,但是实质的控制还不存在。

3)控制阶段

为解决组织内部由于单项应用带来的各种问题,企业开始制定管理办法,制定统一的管理标准,对数据处理活动进行规划等,成立了由企业领导和职能部门负责人组成的领导小组以控制其内部活动,启动了项目管理计划和系统发展方法。其应用开始走向正轨,并为将来的信息系统发展打下基础。

4)集成阶段

这时,组织从管理计算机转向管理信息资源,这是一个质的飞跃。在本阶段,组织开始使用数据库和远程通信技术,努力整合现有的信息系统,技术应用出现新的增长,用户责任和 IT 标准化水平有所提高。

5）数据管理阶段

经过以上阶段，数据资源统一管理具备了基础，企业开始重视数据在整个组织中的应用处理和共享，提高信息系统对各项业务的支持水平，数据成为企业的重要资源。

6）成熟阶段

信息系统对企业各级业务和决策提供全面支持，企业关注数据资源和信息系统的战略性规划，数据处理技术逐渐趋于稳定，信息技术成为支持组织运行的有力工具。

2. 诺兰模型的意义

诺兰模型总结了发达国家信息系统建设的经验教训，具有普遍的指导意义。一般认为，模型中的各阶段是不能跳跃的。因此，在进行信息系统建设时，企业必须明确本单位所处的生长阶段，再根据该阶段的特点制定发展规划，确定开发策略，才会少走弯路，提高效率。

诺兰模型还指明了信息系统发展过程中的 6 种增长要素，具体如下。

（1）计算机硬、软件资源。从早期的磁带向最新的分布式计算机发展。

（2）应用方式。从批处理方式到联机方式。

（3）计划控制。从短期的、随机的计划到长期的、战略的计划。

（4）MIS 在组织中的地位。从附属于别的部门发展为独立的部门。

（5）领导模式。开始时，技术领导是主要的，随着用户和上层管理人员越来越了解信息系统，上层管理部门开始与信息部门一起决定发展战略。

（6）用户意识。从作业管理级的用户发展到中、上层管理级。

8.2　信息系统规划的主要方法

在管理信息系统的开发中，可用于总体规划的方法很多种，但使用最为广泛的有两大类：一类是面向底层数据的规划方法，该方法关注数据的准确性和一致性，偏重于技术分析，涉及数据实体或者数据类的识别、定义、抽取以及数据库逻辑分析等，这种方法在组织过程建模上具有独到之处，属于这一类规划方法的主要有企业系统规划法（Business System Planning，BSP）和战略系统规划法（Strategy System Planning，SSP）；另一类是面向决策信息的规划方法，该方法以支持组织战略决策信息为核心进行信息系统战略规划，其优势在于处理组织战略和信息系统战略的相互关系，属于这一类规划方法的主要有关键成功因素法（Critical Success Factors，CSF）和战略目标集转化法（Strategy Set Transformation，SST）。还有一些用于特殊情况或者用于整体规划某一部分的方法，如企业信息分析与集成技术（BIAIT）、产出/方法分析（E/MA）、投资回收法（ROI）、征费法、零线预算法等。应用最广泛的系统规划方法有 CSF 方法、SST 方法和 BSP 方法，下面主要介绍这 3 种方法的基本原理。

8.2.1　关键成功因素法

关键成功因素指的是对企业成功起关键作用的因素。关键成功因素法（Critical Success Factors，CSF）是在 1980 年由麻省理工学院提出来的一种方法。它是一种重点问题突破法,其主要思想是"抓主要矛盾"。即首先抓住影响系统成功的关键因素进行分析,确定企业组织的信息需求,并进行规划。这是一种较早应用于管理信息系统开发规划的方法。

1. CSF 的基本概念

关键成功因素是指在一个组织中能够决定组织在竞争中获胜的区域(部门)。如果这些区域(或部门)的运行结果令人满意,组织就能在竞争中获胜;否则,组织在这一时期的努力将达不到预期的效果。不同的行业或同一行业中的不同组织,可能有不同的关键成功因素。

如何从多种因素中识别出关键成功因素有多种方法。如果是由高层管理人员来确定,选择树枝因果图比较好,因为一个高层领导日常总在考虑什么是关键因素。如果是由中层管理人员群体选择,可以用德尔斐法或其他方法把不同人设想的关键因素综合起来。

例如,某企业的目标是提高市场占有率,对于各种影响因素及子因素,可以用树枝图描述,如图 8-4 所示。

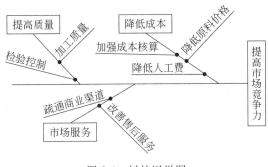

图 8-4　树枝因果图

2. CSF 的使用步骤

(1)了解企业及信息系统的战略目标。

(2)识别所有的成功因素。可以使用逐层分解的方法引出影响企业或信息系统目标的各种因素和影响这些因素的子因素,此步骤可以使用树枝因果图。

(3)识别性能的指标和标准(确定关键成功因素)。对识别出来的所有成功因素进行评价,并且根据企业或管理信息系统的现状及目标确定关键成功因素。此步骤可以使用专家调查法或模糊综合评价方法等。

(4)识别测量性能的数据或者定义数据字典(明确各关键成功因素的性能指标和评估标准)。

上述 4 个步骤的过程如图 8-5 所示。

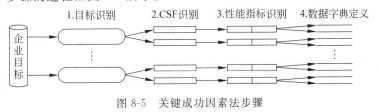

图 8-5　关键成功因素法步骤

3. 关键成功因素的 4 个主要来源

关键成功因素有 4 个主要的来源。

1）个别产业的结构

不同产业因产业本身特征及结构不同,而有不同的关键成功因素。此因素决定于产业本身的经营特性,该产业内的每一个公司都必须注意这些因素。如在汽车工业中,制造成本控制就是一项非常重要的关键成功因素。

2）竞争策略、产业中的地位及地理位置

企业的产业地位是由历史与现在的竞争策略所决定的,在产业中每一个公司因其竞争地位的不同,关键成功因素也会有所不同。对于由一或两家大公司主导的产业而言,领导厂商的行动常为产业内小公司带来重大的问题,所以对小公司而言,大公司竞争者的策略,可能就是其生存竞争的关键成功因素。如对于具有相似目标的两家百货公司,一家是享有极高声誉的百货公司,它会将优质的客户服务、商品的新潮款式以及质量控制作为竞争的关键成功因素;而另一家是大众闻名的百货公司,它会将商品的定价、广告效力等作为竞争的关键成功因素。

3）环境因素

外在因素(总体环境)的变动,也会影响每个公司的关键成功因素。如在市场需求波动大时,存货控制可能就会被高层主管视为关键成功因素之一。如东南亚发生的金融危机,促使许多国际企业改变其关键成功因素。

4）暂时因素

大部分与组织内特殊的情况有关。如某企业的一些管理人员因对上级不满提出辞职,这时重建企业管理班子就会成为该企业的关键成功因素,直到重建工作结束。

4. CSF 的优、缺点

1）CSF 的优点

（1）能抓住主要矛盾,使目标的识别突出重点。

（2）能帮助企业高层经理人员确定企业管理目标,明确信息需求和建设信息系统的必要性。

（3）它开始于商业目标,是一种自上而下的、从管理角度看待信息系统规划的方式。

2）CSF 的缺点

在方法实施中缺乏确定关键成功因素的规范方法。

8.2.2 战略目标集转化法

战略目标集转化法(Strategy Set Transformation,SST)是把整个组织的战略目标看成一个"信息集合",该集合由组织的使命、目标、战略和其他影响战略的因素(如管理的复杂性、组织的发展趋向、重要的环境约束因素等)组成。这种方法是由 William King 于 1978 年提出的。管理信息系统的战略规划过程就是把企业组织的战略目标转化为管理信息系统的战略目标。

1. SST 的使用步骤

1）识别企业组织的战略集

在组织的战略集长期规划的基础上,进一步进行归纳描述。其包括以下内容。

（1）描绘出企业组织中各类人员的结构,如卖主、经理、员工、供应商、顾客、贷款人、政府代理人、地区社团及竞争者等。

（2）识别上述各类人员对企业目标的要求。

（3）识别与各类人员要求相应的企业战略。

当对企业组织的战略进行初步识别后,交给负责人进行审阅、修改。

2）将企业组织的战略集转化为管理信息系统的战略集

将企业组织的目标、约束、设计原则转化为管理信息系统的目标、约束,并提出一个完整的管理信息系统结构并交给企业负责人。

信息系统的战略目标是管理信息系统开发的基础。它由系统目标、系统约束和系统设计战略等因素组成。系统目标主要定义对管理信息系统服务的要求。系统的约束来自内部和外部两个方面。最明显的外部约束是政府、企业界和客户对组织的要求。此外,还有管理信息系统所需的其他系统的接口环境。内部约束产生于组织本身的特性,如组织的人员组成、资源状况等。系统开发战略是进行管理信息系统开发时应遵守的基本原则,是对系统应变能力、安全可靠性及所采取的开发方法等方面的基本要求。

管理信息系统的战略规划并不是一经制定就再也不发生变化的。事实上,各种内、外部环境的变化都可能随时影响整个规划的适应性。因此,管理信息系统战略规划总是要不断地修改以适应变化的需要。

图 8-6 所示为某企业运用战略目标集转化法进行战略规划的示意图。

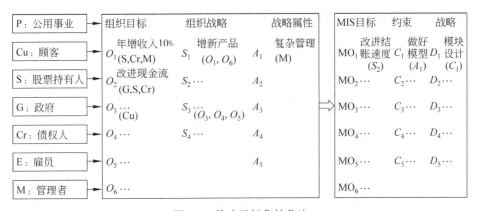

图 8-6　战略目标集转化法

从图 8-6 中可以看出,企业组织的目标,组织战略是由不同的群体引出的。例如,组织目标 O_1 是由股票持有者 S、债权人 Cr 和管理者 M 共同引出的;组织战略 S_1 是由组织目标 O_1 和 O_6 引出的。依此方法,便可将企业组织的战略目标全部转化为管理信息系统的战略目标。

战略目标集转化法从另一个角度去识别企业组织的管理目标,清楚地反映了各类人员的要求,最后将企业的战略目标转化为管理信息系统的战略目标。优点是描述全面;缺点是重点不突出。

8.2.3　企业系统规划法

企业系统规划法(Business System Planning,BSP)是由 IBM 公司于 20 世纪 70 年代初提出的,旨在帮助企业制定信息系统的规划,以满足企业近期和长期的信息需求,它较早运用面向过程的管理思想,是现阶段影响最广的方法。

1. BSP 的作用

企业系统规划法是一种能够帮助规划人员根据企业目标制定出 MIS 战略规划的结构化方法。通过这种方法可以做到以下两点。

(1) 确定出未来信息系统的总体结构,明确系统的子系统组成和开发子系统的先后顺序。

(2) 对数据进行统一规划、管理和控制,明确各子系统之间的数据交换关系,保证信息的一致性。

BSP 法的优点在于它能保证信息系统独立于企业的组织机构,也就是能够使信息系统具有对环境变更的适应性。即使将来企业的组织机构和管理体制发生变化,信息系统的结构体系也不会因此而受到太大的冲击。

2. BSP 的原则

使用 BSP 方法的前提是企业内部有改善目前计算机信息系统,以及为建设新系统而建立总战略的需求。BSP 是一个企业在长时期内构造、综合和实施信息系统所使用的规划方法,其基本概念与企业信息系统的长期目标密切相关。

(1) 信息系统必须支持企业的目标。信息系统规划的一个最重要的任务是确定管理信息系统的战略和目标,使它们与企业的战略和目标保持一致。信息系统是一个企业的有机组成部分,对企业的总体战略起非常重要的作用。信息系统的开发和维护需要大量的资金和人力,所以信息系统必须支持企业的目标。重要的是,只有让企业高级管理者认识到这一原则,才能取得他们的大力支持和参与,从而保障系统规划使用 BSP 方法的顺利进行。

(2) 系统的规划应当表达企业各管理层次的需求。企业的管理过程包括战略规划、管理控制和业务操作 3 个层次。确定企业的目标以及为达到目标所使用的资源等,属于战略规划的内容;管理控制是企业在实现其目标的过程中,为有效获得和使用企业资源而进行的管理活动;业务操作则是为保证有效完成具体任务而进行的管理活动。信息系统规划应能表达企业各个层次的需求,特别是对管理有直接影响的决策支持。

(3) 信息系统能向整个企业提供一致的信息。信息的一致性是对信息系统的最基本要求。由于传统的数据处理系统采用"自下而上"的开发方法,没有统一的规划,会造成信息冗余、数据不一致以及数据难以共享等问题。因此,将数据作为企业的资源来管理是非常必要的,由企业的数据管理部门统一组织和协调,在总体规划时采用"自上而下"的规划方法,统一制定对数据的结构定义、域定义和记录格式、更新时间及更新规则等,从而保证系统结构的完整性和信息的一致性,且在信息一致性的基础上为企业的各个部门所使用。

(4)信息系统对组织机构和管理体制的变化具有适应性。信息系统应当实现对主要业务流程的改造和创新,在组织机构和管理体制改变时保持工作能力。因此,要有适当的信息系统的设计技术,这种技术需要独立于组织机构的各种因素。BSP方法采用了业务流程的概念,同任何的组织体系和具体的管理职责无关。

(5)信息系统的战略规划应由总体信息系统中的子系统开始实现。一般来说,支持整个企业的总信息系统的规模太大,不可能一次完成;"自下而上"地建设信息系统又存在严重问题,如数据不一致、难以共享、数据冗余等。因此,有必要建立信息系统的长期目标。BSP方法采用"自上而下"的系统规划和"自下而上"的系统实施,如图8-7所示。

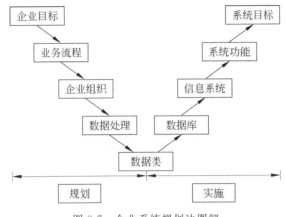

图8-7　企业系统规划法图解

3. BSP 的步骤

BSP 是一项系统工程,可将其工作过程归纳为以下4个阶段,如图8-8所示。

1)准备工作阶段

准备工作阶段主要进行系统规划的前期工作,包括以下3个方面。

(1)在信息系统项目得到上级领导或主管部门批准后,下达任务,明确系统开发的目标,着手成立系统开发的组织。

(2)做好系统调查计划、调查对象、调查大纲等准备工作。

(3)开动员会,由信息系统项目的开发负责人介绍企业组织的现状、组织机构、决策过程、用户对现行系统的看法和对新系统的期望,统一明确对系统开发的问题和要求。

2)系统分析阶段

系统分析阶段是系统规划的基础,也是系统设计的前提。主要包括以下4个方面的工作。

(1)定义企业过程。这是BSP方法的核心。企业过程是企业资源管理所需要的、逻辑上相关的一组决策和活动。企业过程演绎了企业目标的完成过程,又独立于具体的组织机构变化,是建立企业信息系统的基础。

(2)定义数据类。即认识这些过程所产生、控制和使用的数据,具体了解各种数据的内

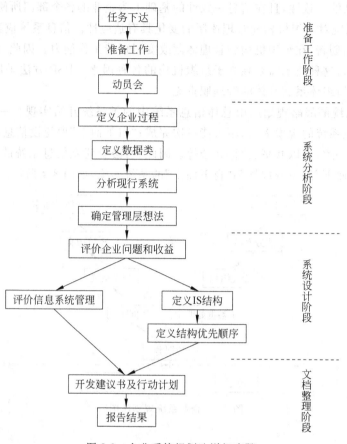

图 8-8　企业系统规划法详细步骤

容、范围、可靠性等。其目的是了解企业当前的数据状况和数据要求,查明数据共享的关系,并建立数据过程矩阵,为设计信息系统的体系结构提供依据。

（3）分析现行系统。对现行业务过程、数据处理和数据文件进行分析,发现欠缺和冗余部分,进而对将来的行动提出建议。

（4）确定管理层想法。作为企业系统规划方法,在整个规划过程中都必须考虑管理人员对系统的要求,特别是其对企业与待建系统的中长期发展的看法。通过与他们交换看法,使系统的目标、信息需求得以完善。

3）系统设计阶段

在系统设计阶段,主要是利用 U/C 矩阵定义系统的总体结构。在了解数据类和企业过程的基础上,就需要对它们的关系进行综述。为此,将数据类对照企业过程安排在一个矩阵中,用字母 C(Create)表示该过程产生数据,用字母 U(Use)表示该过程使用数据,并在适当的行列交叉处填上字母 C 和 U,如图 8-9 所示。

在图 8-9 中,左列是企业过程,最上面一行列出数据类。如果某过程产生某数据,就在某行某列矩阵元中写 C,如果某过程使用某数据,则在其对应的矩阵元中写 U。开始时数据类型和过程是随机排列的,U、C 在矩阵中也是分散的。恰当调整数据类的排列,即对该矩

功能\数据	客户	订货	产品目录	综合计划	财务计划	产品结构	零部件数据	原材料库存	成品库存	操作顺序	设备负荷	工作令	材料供应	销售区域	固定资产	成本	职工	工资
经营计划		U		C	U										U	U		
财务规划				U	C										U	U		U
资产管理					U										C			
产品预测	U		U											U				
产品设计开发	U		C	U		C	C											
产品工艺管理			U			U	U	U										
库存控制							C	C				U	U					
调度		U								U	U	U	C					
生产能力计划										U	C		U					
材料需求		U				U		U					C					
作业排序										C	U	U	U					
销售区域管理		U												U				
销售管理	C	U	U		U				U					C				
市场分析		U	U		U													
订货服务管理		C	U						U									
发运管理		U	U						U									
财务会计					U				U						U		U	C
成本会计			U		U										U	C		U
员工发展计划																	C	
业绩考评																	U	

图 8-9　U/C 图

阵进行行变换和列变换,使矩阵中字母 C 和 U 尽可能集中分布在对角线上及其附近。然后把 U、C 比较集中的区域用粗线条框起来,这样形成的框就是一个个子系统。图 8-10 所示在粗框外的 U 表示一个系统用另一个子系统的数据。这样就完成了子系统划分,即确定了信息系统结构的主体。

4) 文档整理阶段

文档整理阶段主要是指将以上各阶段的工作进行总结和归纳,形成相应文档资料。包括信息系统开发的建议书、开发计划两方面的文档,这些文档经过有关领导和部门审批后,就可以进行实施工作。

8.2.4　各种规划方法的优、缺点比较

CSF 法是能够抓住主要矛盾,使目标的识别突出重点。由于高层领导比较熟悉这种方法,所以使用这种方法确定的目标,高层领导乐于努力去实现。这种方法最有利于确定企业的管理目标。

SST 法是从另一个角度识别系统目标的结构化方法。它从组织角度识别管理目标,反映了各类人员的要求,而且给出了按这种要求的分层,然后把企业战略目标转化为信息系统目标。该方法能够保证目标比较全面,疏漏较少;但重点不够突出。

图 8-10　划分子系统后的 U/C 矩阵

功能	数据类		综合计划	财务计划	固定资产	产品目录	零部件数据	产品结构	原材料库存	成品库存	工作令	设备负荷	材料供应	操作顺序	客户	销售区域	订货	成本	工资	职工
经营计划	经营计划		C	U	U													U		
	财务规划		U	C	U													U	U	
	资产管理			U	C															
技术准备	产品预测					U									U	U				
	产品设计	开发				C	C	C												
	产品工艺	管理				U	U	U	U											
生产制造	库存控制								C	C	U		U							
	调度					U					U	C	U	U						
	生产能力	计划										C	U	U						
	材料需求					U		U	U				C							
	作业排序										U	U	U	C						
销售	销售管理					U									C	U	U			
	市场分析					U									U	C	U			
	订货服务	管理				U									U	U	C			
	发运管理					U				U							U			
财务	财务管理				U	U									U		U	C	U	
	成本管理				U	U											U	C		
人力资源	员工发展	计划																		C
	业绩考核																			U

BSP 法虽然也首先强调目标,但它没有明显的目标引出过程。它通过管理人员的策划过程引出系统目标。企业目标到系统目标的转换是通过一步步分析得到的。这样可以定义出新的系统以支持企业过程,也就是把企业的目标转换为系统的目标。缺点是对计划和控制活动没有给出有效的识别过程,对综合性的公共组织资源难以识别,收集分析资料的时间花费太长,对大型复杂的 U/C 矩阵图进行分析绝不是一件轻松的事情。

可以把这 3 种方法结合起来使用,称之为 CSB 方法,即 CSF、SST 和 BSP 的结合。这种方法先用 CSF 方法确定企业目标,然后用 SST 方法补充完善企业目标,并将这些目标转化为信息系统的目标,最后用 BSP 方法校核两个目标,并确定信息系统结构,这样就补充了单个方法的不足。当然这样也使得整个方法过于复杂,而削弱了单个方法的灵活性。可以说,迄今为止信息系统规划还没有一种十全十美的方法。由于战略规划本身的非结构性,可能永远也找不到一个唯一解。进行任何一个企业的规划均不应照搬以上方法,而应当具体情况具体分析,选择以上方法的可取思想,灵活运用。

8.3　系统规划的可行性研究

可行性分析是在信息系统项目启动阶段进行的论证工作,要对信息技术项目和方案进行分析,形成客观的判断,完成可行性分析报告。初步调查是可行性分析的基础,也是管理信息系统开发工作的基础。它是对已选定的对象与开发范围进行有目的、有步骤的实际调查和科学分析，虽然调查的具体方法和详尽程度可能不尽相同，但是系统调查分析工作的好坏，在很大程度上决定了系统开发的成败。

8.3.1 系统初步调查

系统的开发工作是从接受用户提出的任务开始的。用户最初提出的任务往往只是一个简单的初始需求，而且常常是罗列一些需要解决的问题。摆在开发人员面前的首要任务是对用户提出的需求做出一个准确的认识和估计。为此，必须在开展初步调查的基础上明确问题。

1. 初步调查目标

开发新系统的要求往往来自对原系统的不满，但在正式立项之前必须进行可行性研究，而可行性研究的基础是对系统的初步调查。原系统可能是手工系统也可能是正在运行的信息系统，由于存在的问题可能充斥各个方面，内容分散，甚至含糊不清，所以初步调查的目标就是掌握用户的概况，对用户提出的各种问题和初始需求进行识别，明确新系统的初步目标，为可行性研究提供工作的基础。

2. 初步调查的内容

初步调查主要围绕着规划工作进行，应立足于宏观和全面，不需要过于具体和细致。通常是在使用单位的高层进行的，系统分析人员站在高层观察使用单位的现状，分析现有系统的运行情况。

初步调查的主要内容包括以下几个方面。

1）企业和环境概况

它包括企业发展历史、发展目标和经营战略、规模、产品结构和水平、技术水平、经济实力、人员数量及结构、设备情况、组织机构、地理分布、客户特点及分布、国家对企业发展的有关政策、同行业发展情况、竞争对手情况及产品市场动态等。

2）现行系统概况

它主要指调查企业信息处理的过程与能力、人员状况、技术条件（包括计算机应用情况）、工作效率等基本情况。在此基础上进一步了解现行系统存在哪些问题、哪些方面不能满足用户的需求、哪些是关键问题、用户的真实要求以及为什么要采用新的信息系统来代替现行系统、用户期望新系统应满足哪些要求等。

3）开展系统开发的资源情况

为建立新的信息系统，企业可以或者准备投入的资金、人力、物力、时间等。

4）各方面对新系统的态度

组织内部对建立新系统的迫切性、领导者的决心、管理人员和技术人员的积极性。

3. 初步调查的原则

系统调查必须有正确的方法。没有正确的原则指导，大规模的系统调查是很难进行的。

系统调查原则是指在系统调查过程中应始终坚持的方法、做法和指导思想,它对于确保调查工作客观、顺利地进行至关重要。系统调查的原则主要有以下几个方面。

1) 用户参与原则

即由使用部门的业务人员、主管人员和系统分析人员、设计人员共同进行,两者结合,互补不足,从而发现现行系统存在的问题,共同研讨解决方案。

2) 自顶向下全面展开

系统调查工作应该严格按照自顶向下的系统化观点全面展开。首先从组织管理工作的最顶层开始,然后再调查为确保最顶层工作完成的下一层(第二层)的管理工作支持。完成了这两层调查后,再深入一步调查为确保第二层管理工作完成的下一层(第三层)的管理工作支持。以此类推,直到调查清楚组织的全部管理工作。这样做的目的是使调查者既不会被组织内庞大的管理机构弄得不知所措、无从下手,又不会因调查工作量太大而顾此失彼。

3) 存在就有它的道理,先弄清它存在的道理再分析有无改进的可能性

组织内部的每一个管理部门和每一项管理工作都是根据组织的具体情况和管理需要而设置的。一般来说,这个岗位和这项工作既然存在,就必然有其存在的道理;否则早就在企业内部多年的管理实践中被淘汰了。调查工作的目的正是要弄清这些管理工作存在的道理、环境条件以及工作的详细过程,然后再进一步分析讨论其在新系统支持下有无优化的可行性。所以,在进行调查时,要保持头脑冷静和开放,实实在在地弄清现实工作和它所在的环境条件。如果调查前脑海里已经有了许多"改革"或"合理化"设想,那么这些设想势必会先入为主,妨碍调查效果。这样往往会造成还未接触实质问题,就感觉到这也不合理、那也不合理,以致无法客观地了解实际问题。

4) 工程化的工作方式

工程化的方法就是将工作中的每一步工作事先都计划好,对多个人的工作方法和调查所用的表格、图例等都进行统一规范化处理,使调查人员之间能相互沟通、协调工作。一般情况下,需要进行新系统开发的企业,其内部的管理机构都是很大的,这就给调查工作带来了一定的难度。对于一个大型系统的调查,一般都是由多个系统分析人员共同完成的。按工程化的方法组织调查,可以避免调查工作中一些可能出现的问题。另外,所有规范化调查结果都应整理后归档,以便进一步工作时使用。

5) 主动沟通和亲和友善的工作方式

系统调查是一项涉及组织内部管理工作各个方面、涉及各种不同类型的人的工作,因此,调查者主动地与被调查者在业务上进行沟通是十分重要的。另外,创造出一种积极、主动、友善的工作环境和人际关系是调查工作顺利开展的基础。一个好的人际关系可能导致调查和系统开发工作事半功倍;反之,则有可能根本进行不下去。

4. 调查方法

系统调查的方法有许多,具体有以下几种。

1) 个人面谈法

这种方法是由进行系统调查的人员直接向被调查个人当面询问问题。其优点是调查容易深入。

2）表格调查法

对于那些结构性强、指标含义明确并且有具体内容的调查，适合使用表格来调查。

3）查阅档案资料法

这种方法是调查的基本手段。通过查阅企业的各种各样的定性的、定量的文件，如查阅企业的计划、财务报表、档案、工作记录、汇报总结、统计数据等，调查人员能够获取所需要的基本信息。

4）开座谈会

这是一种通过调查人员与多名被调查人员面对面的、有目的的谈话获取所需资料的调查方法。一般有按纲问答法和自由畅谈法两种常用座谈方式。座谈会有助于被调查人员在会上交换意见，而且经过互相补充后容易形成较为完整的意见。

为了开好座谈会，调查人员应先拟好调查提纲，发给参加座谈会的每一个人，让其有一定的思考准备时间，这样易于把问题交流得更加深入。

5）现场观察法

这是一种深入现场直接对调查对象的情况进行观察记录、取得第一手资料的调查方法。这种方法可以提高信息的可靠性。观察可以分为两部分内容：对人的行为观察和对客观事物的观察。

6）头脑风暴法

在小组座谈会中通常会发生"权威现象"或"从众现象"，这样会削弱讨论的批判精神和创造力。为了保证座谈的效果，提高资料的质量，可以采取头脑风暴法。采用头脑风暴法时，应遵守以下原则。

（1）对各种意见、方案的评判必须放到最后阶段，此前不能对别人的意见提出批评或评价；认真对待任何一种设想，而不管其是否适当和可行。

（2）欢迎各抒己见，自由畅谈。

（3）意见越多，产生好意见的可能性就越大。

（4）除提出自己的意见外，鼓励参加者对他人已经提出的设想进行补充、改进和综合。

7）联合应用设计（Joint Application Design，JAD）

联合应用设计又称JAD会议。JAD会议的核心思想是要求管理人员、用户和开发人员一起工作。用户参与是信息系统设计和执行过程中的一个关键要求。通过用户参与，可以使用户产生对系统的拥有感和责任感，降低用户的抵触情绪，增加其对系统的可接受性。同时也可通过用户对系统的理解，使用户提供更完整和准确的信息需求，提供系统所需要的专业知识来提高系统设计质量。

传统的信息系统设计方法采用自顶向下的方法来评价开发过程及连接这些过程的数据流。其关键点在于它将用户的参与限制在协商者的角色上，而大部分设计决策由系统分析人员和系统设计人员作出，用户主要通过与设计者的一对一面谈提供其输入信息。这样不利于用户与信息系统开发人员之间高质量地相互交流。这个问题在信息系统涉及组织中的多个功能领域时尤为突出。

JAD是一种新的工具。与传统的信息系统设计方法论不同，JAD将用户参与范围扩展到代表者的角色上。这样用户可以通过小组会议集中地表达、协商开发系统的细节。小组会议采取结构化议程,作为冲突解决的协调者,它可以有效地管理系统开发的动态过程。

(1) JAD 会议的参与人员。JAD 会议的参与人员应包括系统开发人员、用户、主管。主持会议的人应是具有优秀沟通能力的人,要让会议在控制中进行,最好聘请一个外部的管理顾问作主持人。

(2) JAD 会议的设置和设备。JAD 会议的会场一般布置成 U 形。会场应准备写字的白板、投影机、活动挂图、复印机、能够联网的 PC 等。

(3) JAD 会议。JAD 会议趋向于举行 2～4 天。会议前组织者应为会议做好充分准备,确保每一位参会者在会议前都收到一份正式的议事日程。

(4) JAD 会议的步骤。JAD 会议的一般步骤如下。

① 选择参加者(8～12 位)。

② 设计好 JAD 会议。

③ 为 JAD 会议做好准备。

④ 控制好 JAD 会议。

⑤ 如需要,会后还可组织继续进行研究和对话。

(5) JAD 会议的优点。一般认为,JAD 会议有以下优点。

① JAD 会议比传统的一对一面谈节约时间。

② JAD 会议有助于用户参与系统项目。通过 JAD 会议有助于在最后的设计中反映用户思想。

③ JAD 会议是一种为创造性地开发提供设想的调查方法。JAD 会议的交互特征与头脑风暴技术有很多共同之处。

通常情况下,这几种方法都不单一使用,往往是几种方法一起综合运用,以保证信息的全面性和可靠性。

8.3.2 可行性分析

在规划阶段工作的后期,规划小组需要在初步调查和分析的基础上,拟定两个或两个以上的信息系统开发方案,以供选择。

1. 可行性分析内容

信息系统开发方案拟订以后,规划小组人员必须运用技术经济的理论与方法进行可行性分析。可行性分析不是解决问题,而是确定问题是否值得去做,具体就是研究信息系统开发方案的必要性和可能性。对信息系统可行性分析的具体内容如下。

1) 经济可行性分析

经济可行性分析要回答的基本问题是"该项目何时能收回成本"。经济可行性分析也称为成本/效益分析。主要是对项目的经济效益进行评价。一方面,是支出的费用,其中包括设备购置费、软件开发费、管理和维护费用、人员工资和培训费等;另一方面,是取得的收益,其中有一部分可以用资金来衡量,如加强库存管理后加快流动资金周转、减少资金积压等;收益的另一部分难以用资金表示,例如原系统提供更多的信息、缩短获取信息的时间等。

2) 技术可行性分析

技术可行性要回答的基本问题是"该项目是否能实现"。绝不能认为那些在实验室条件下或在市场演示中有良好表现的信息技术,都能够在本企业中实现。技术可行性分析需要完成以下工作。

（1）对方案所用技术的成熟性、技术风险等进行考察,如项目所依据的技术原理是否可行,要确认选择的是有生命力并有风险控制力的技术。

（2）对技术的选择及获取的方式进行考察,要看期望中的技术指标最终能否在本项目中落实。

（3）考察企业是否具备有效的资源或技术能力来实现项目目标,如是否能够得到所需的软、硬件。此外,还要考虑开发人员的水平。信息系统是一种知识密集型行业,对技术要求较高,如果没有足够的技术力量,或单纯依靠外部力量开发系统,是很难成功投入使用的。

3）管理可行性分析

管理可行性分析要回答的基本问题是“该项目在企业中能否获得支持”。主要是管理人员对开发信息系统的态度和管理方面的基础工作。主要领导不支持的项目肯定不可行。如果高中层管理人员抵触情绪很大,就有必要等一等,积极做工作,创造成熟的条件。管理基础工作好坏主要表现在管理制度和方法是否科学,规章制度是否健全以及原始数据是否正确等方面。

4）法理可行性分析

法理可行性分析要回答的基本问题是“该系统有何潜在的风险”。这里的“法”指国家和政府所公布的法律及强制性规则,“理”指道德和伦理等非法律强制的社会性行为约束。任何系统都不能违规运行,要避免陷入公民道德及社会伦理方面的纠纷。在技术加速普及的形势下,法律的可行性分析对防止技术滥用的价值更为明显,常会导致项目“一票否决”。为保护企业的长远利益,对有可能引发社会正义和道德风险的项目一定要做到慎重考察。

常见的信息伦理方面的分析包括以下几条。

（1）对系统信息采集的约束,要利用合法途径获得正确的信息,用户对个人信息有自决权,公民对个人隐私有保护要求。

（2）系统对自身数据的保存、访问和传递负有责任,只能在授权范围内使用,不得随意突破。

（3）要建立必要的系统安全机制。安全机制不是可有可无的,也不具有随意性。

我国政府明确规定,用户如果开发涉及国家秘密的计算机信息系统,不得直接或间接地与因特网或其他公共信息网络相连接,必须实行物理隔离;服务组织所采集的信息,除在其他新闻媒体上已公开发表的外,在上网发布前应当征得提供信息单位的同意。

2. 可行性分析结论

从经济、技术、管理、法理 4 个方面分析在现有的资源及其他条件下,对提出的信息系统研制工作得出是否可行的结论。结论可以是以下 5 种情况之一。

（1）条件具备,可立即开发。

（2）时机不成熟,需要增加资源才能进行开发（如增加投资、增加人力、延长开发时间等）。

（3）需要推迟,直到某些条件具备后才能进行开发（如管理工作的改进、组织机构的调整等）。

（4）目标太低或太高，需要对目标进行某些修改后才能进行开发。

（5）不能或没有必要进行开发（如经济上不合算、技术条件不成熟等）。

3. 可行性分析报告

进行可行性调查之后，要将调查和可行性分析结果编写成可行性分析报告（可行性分析报告文档格式见表 8-1），交上级主管部门审核。在可行性分析报告中，要说明待开发的信息系统项目在技术、经济、管理和法理上的可行性，评述为了合理地达到开发目标可供选择的各种可能实施的方案，说明并论证所选定实施方案的理由。

表 8-1　可行性分析报告文档格式

项　　目	细　　目
1. 引言	1.1 标识 1.2 背景 1.3 项目概述 1.4 文档概述
2. 引用文件	
3. 可行性分析的前提	3.1 项目的要求 3.2 项目的目标 3.3 项目的环境、条件、假定和限制 3.4 进行可行性分析的方法
4. 可选方案	4.1 原有方案的优缺点、局限性及存在问题 4.2 可重用的系统，与要求之间的差距 4.3 可选方案 1 4.4 可选方案 2 4.5 选择最终方案的准则
5. 所建议的系统	5.1 对所建议系统的说明 5.2 数据流程和处理流程 5.3 与原系统的比较 5.4 影响（或要求）（包括设备、软件、运行、开发、环境、经费） 5.5 局限性
6. 经济可行性（成本—效益分析）	6.1 投资 6.2 预期的经济效益（包括一次性收益、非一次性收益、不可定量的收益、收益/投资比、投资回收期） 6.3 市场预测
7. 技术可行性（技术风险评价）	
8. 法律可行性	
9. 用户使用可行性	
10. 其他与项目有关的问题	
11. 注解	

注：本文档格式根据《计算机软件文档编制规范》（GB/T 8567—2006）中的相关内容编制。

相关决策层(企业组织或行政主管机构)要对提交的可行性分析报告进行审批或进一步论证,以检验其真实性、可靠性和客观性。可行性分析报告的作用至关重要,是信息系统是否进行的决策性文件,企业领导应给予高度重视。

【阅读材料】

规划报告是 ERP 系统实施成功的纲要性文件

规划报告是 ERP 系统实施规划结束的正式书面材料,通常也称为 ERP 系统实施总体初步方案。它是企业在规划期内实施 ERP 系统的纲要性文件,将指导企业不断深化企业信息化建设,提高企业信息化水平。这一报告最终要提交 ERP 系统实施领导小组初审,企业的高层主管领导终审,获得企业高层领导批准后存档,并遵照执行。可见,ERP 系统的实施不能脱离实施规划,实施规划必须要具有高度的可行性。

实施规划报告直接关系到 ERP 系统实施的成败,一般情况下,企业必须邀请具有 ERP 系统实施经验的咨询公司负责完成 ERP 系统实施规划。报告主要内容如下。

1. 企业现状和需求基本情况

正确刻画企业现状和需求是正确制定实施规划的基础。企业现状描述不仅仅是对企业信息化装备状况、信息技术人员结构、信息技术水平、信息系统拥有状况和信息系统应用效果等信息系统直接相关的状况,而且还需要概要性地描述企业的规模、性质、生产特征、产值、财务状况、营销模式、营销渠道、覆盖范围等基本情况,要以调研报告的形式反映企业的实际情况和用户需求。用户需求是通过调研、汇集、分类、合并、识别和清洗出企业各职能部门对 ERP 系统的需求,用户需求的确定往往需要经过培训、调查、识别、描述、求真、调整与整理等各环节。当 ERP 系统实施处于起步阶段时,用户没有完整的信息化知识,无法提出正确、合理、有效的需求,这时首先要对用户进行培训、宣传、教育,让用户更多地了解 ERP 系统的原理、功能、性能、作用和要求,才能更好地配合 ERP 系统实施的需求分析。

2. 企业信息化现状测评

企业信息化现状测评是在广泛调查、详细分析的基础上,根据企业信息化发展过程测评指标采集企业信息化功能、性能和应用三方面的指标值,按企业信息化测评方法计算出该企业的综合指数,依据测评结果初步确定企业所处的信息化时代和相应阶段。为制定该企业的 ERP 系统规划目标和建立规划矩阵提供科学依据。

3. ERP 系统实施规划矩阵

根据企业信息化现状和实施 ERP 系统的需求,以及企业信息化建设发展规律理论和 ERP 系统规划方法,列出企业发展所面临的主要问题和对 ERP 系统实施期望解决的问题,依此析取出实施 ERP 系统的子目标和总目标。实施目标的确定也可以从企业各基层职能部门到企业高层决策部门之间往返多次协商确定。但是,规划矩阵的目标和问题的分解与综合所需时间必须明确限定,才能按期完成规划任务,写出规划矩阵。

4. ERP 系统实施顺序

通过规划矩阵的分析、处理、求解,给企业信息化发展战略规划中将要实现的各系统功能和目标明确时序,明确时间、任务、功能、目标(考核指标)、经费、负责人及单位,给出按季的甘特图。ERP 系统实施规划的时序图中的任务不仅涉及管理信息系统的购买、安装、准备、试运行、切换和维护计划等工作,而且还必须包括:企业信息化的培训计划,装备采购、安装与调试计划,旧系统改造(环境、硬件、软件和数据)计划,信息化工程施工计划,工作岗位设置与调整计划,管理制度调整计划,业务流程重组计划和资金使用计划。

(资料来源:拓步 ERP 资讯网 http://www.toberp.com/)

【项目实践】

利用本章所学到的知识,完成对现行系统的初步调查,从而经济、技术、管理等方面论证开发在线选课系统的必要性和可行性,并完成可行性分析报告的编制。

思 考 题

1. 什么是管理信息系统的规划?
2. 管理信息系统开发为什么必须要进行系统规划?
3. 简述系统调查的重要性。
4. 系统调查要按哪些原则进行?
5. 诺兰模型把信息系统的成长过程划分为哪几个阶段?
6. 什么是关键成功因素法?
7. 比较企业系统规划法、关键成功因素法和战略集转化法。
8. 什么是企业系统规划法?其主要步骤有哪些?
9. 管理可行性需要考察哪些因素?
10. 可行性分析的任务和内容是什么?
11. 可行性分析的结论包括哪些内容?

第9章　信息系统分析

【学习目标】

通过本章的学习,掌握业务流程图、数据流图的绘制方法;掌握新系统逻辑模型包括的内容,并能够根据现行系统的分析结果建立新系统的逻辑方案;掌握决策树、决策表的绘制方法;熟悉系统分析报告的作用与内容;熟悉数据词典的编制方法;了解系统分析在整个管理信息系统设计中的地位、基本任务、工作步骤和使用的分析工具。

【导入案例】

雀巢的 ERP 风险之旅

2000 年 6 月,总部位于瑞士的食品巨头雀巢公司与 SAP 签署了一份价值 2 亿美元的合同,此后又追加 8000 万美元用于咨询和维护,在世界范围内推进 ERP 项目,加强对全球 80 多个国家的 200 多家分公司和分支机构的管理。

理智的人士都深知,实施 ERP 未必是好事,雀巢的豪举更受到了资本市场的怀疑,雀巢宣布实施全球 ERP 一年之后,跟踪雀巢股票走势的恒生银行分析师对雀巢股票做了降级处理,并认为:从长远意义来看,ERP 系统可能会给雀巢带来好处,但就中短期影响而言,形势并不乐观,因为这个项目试图实行集权化管理,由此将触及原来分散式的企业文化,这样做的风险很大,一旦触及公司文化的深层,风险就会不期而至。

1. 美国分公司打头阵

实际上,雀巢实施 ERP 的总部集体行动,并非一时心血来潮步美国分公司的后尘。雀巢美国分公司总部位于加州的格伦代尔,员工数约为 16 000 人,去年营业收入为 81 亿美元,拥有雀巢公司旗下的众多品牌,有饮料部、糖果与快餐部、食品服务部、外贸部、营养品部、精制食品部、销售部 7 大业务部门。

1997 年,雀巢美国分公司率先在 SAP 帮助下实施 ERP 项目,代号取为 BEST(Business Excellence through Systems Technology),预计需要 6 年时间,预算成本为 2.1 亿美元(与后来母公司 ERP 投资相当),初步定于 2003 年第一季度完成。

随着时光隧道进入 2003 年,雀巢美国分公司副总裁兼 CIO Jeri Dunn(杰丽·杜恩)喘了一口长气,似乎经过漫长黑暗的穿行之后,终于看到了隧道尽头的光明。但是,雀巢美国分公司 ERP 的实施远非一帆风顺,其间数度遭遇难以解决的瓶颈问题,犯下了若干代价沉重的错误。在管理相对规范、IT 支持系统较发达的美国分公司尚且如此,在全球其他分公司推行 ERP 的难度就可想而知了。实际上,雀巢的 ERP 之旅不仅引起业界的广泛关注,更值得业界深思的是:这些教训不仅仅应该引起总公司的警戒,对于其他急于上马 ERP 项目的公司也有非常强烈、现实的借鉴意义。

Jeri Dunn 坦言,自从负责(美国分公司)八九个自治的分支机构,推行通用的流程、系统和组织结构,总公司就要管理 80 多个国家的分公司,做相同的事情,只是级别高一些罢了。

如果抱着一种盲目乐观的心态,想当然地认为不会遇到抵触情绪和痛苦经历,那么未来项目实施可能会令人极度失望。

雀巢全球 ERP 项目将投入 5 亿美元,用于升级硬件、软件和数据中心,然后再与即将完工的美国分公司 ERP 集成到一起。Dunn 已经将其手下 70 余名员工借调去参加母公司的全球项目,利用他们来之不易的经验、教训,避免再犯重复错误。雀巢美国分公司实施 ERP 的过程尽管异常艰难——员工抱怨甚至愤怒;流程再造成本昂贵;项目实施没完没了,但 Dunn 坚信这样做很值得,截至目前,BEST 项目已经为美国分公司节省了 3.25 亿美元的开支,供应链改善的回报结果相当高(雀巢总部不在美国,不必向 SEC 披露财务信息,所以具体的官方数字不详)。

即使不考虑 BEST 项目的投资回报,雀巢从 ERP 实施中学到的经验和教训也是一笔无价之宝,Jeri Dunn 认为她从这个项目中得到的最大教训就是:重大软件项目的实施其实不是软件的事,而是管理的变革。“如果不管业务的运作情况,单安装 ERP 软件,18~24 个月内就完全可以搞定,不过呢,第 19~25 个月你可能就要准备下岗。”

有些道理听起来很浅显,说起来更是滔滔不绝,但只有亲身经历过才知道其深刻和刻骨铭心。雀巢通过自己艰难的实践,体会到实施全球 ERP 不只是简单的软件安装,正如 Jeri Dunn 所言:上马 ERP 时,你正在试图改变人们传统的工作方式,挑战他们的原则、信念以及延续了多年的做事风格。

2. 香草的刺激

香草可能是世界上最不够刺激的东西,其英文单词就有“刺激性少”之意,但在雀巢美国分公司,香草却非常刺激,因为它刺激了雀巢领导们麻木的神经,提醒他们雀巢的运行效率曾经多么低下,曾经错失了多少良机!

雀巢在 1991 年之前,只是一些独立运营公司的混合体,产品品牌归瑞士母公司所有。1991 年,雀巢美国分公司成立,品牌管理被统一重组到这家新公司,尽管如此,它仍然只相当于一家控股公司,而不是一个完整的统一体。虽然各个分支机构都需要向雀巢美国分公司报告工作,但各自的地理位置很分散,商业决策也有相当大的自主权,完全是“诸侯割据,各霸一方”的局面。雀巢美国分公司曾试图引入一些通用做法,整合分散的组织,实现规模经济,提高运作效率,但是,多年的自治运营成为了一道不可逾越的障碍。

1997 年,当项目组对雀巢美国分公司的各种系统进行检查时,发现管理极其混乱,雀巢的每个工厂都从同一家供应商处购买香草,但互不沟通,所以供应商就漫天叫价,同是香草居然支付 29 种不同的价格!以前没有注意到这一点的原因是,每家分支机构和工厂都根据自己的意愿给香草编制代号,甲可能编为 1234,后面有一套规范说明,乙可能编为 7778,所以公司根本就无法进行比较。

更令人头疼的是,各个分支机构还特别喜欢自治式的业务运营,母公司早就知道这个问题,所以在 1991 年成立了雀巢美国分公司,统一品牌管理,以期达到“削藩”的效果。当时 Dunn 是雀巢著名品牌 Stouffer's Hotels 应用系统的副主管,被召集到瑞士帮助设计公司全球项目的通用方法,制定每家分公司都要遵循的技术标准,以便将来借助集团购买力实现节流的目的,并增进各个分支机构间的数据共享。

1997 年,Jeri Dunn 返回美国,出任雀巢美国分公司的 CIO,这个时候,她才发现一件很尴尬的事,在瑞士总部制定的那些建议很少有被采用的,做标准的只管做标准,而不管实施,换言之,理论与实践基本脱节,实施标准也只是总部信誓旦旦的一句口号。

3. 用 ERP"统一"雀巢帝国

1997 年春天,Dunn 回美国之前,雀巢美国分公司主席兼 CEO Joe Weller(乔·韦勒)提出了"一体化雀巢"的口号,力图将各个分散的品牌整合到一个高度统一的公司中。6 月,Dunn 和主管财务、供应链、渠道及采购的高级经理组成了一个主要利益相关者小组,总结研究公司哪些地方做得好,哪些地方做错了,然后将发现的结果呈报高层领导核心,以便决策时参考。

Dunn 描述当时的情形,深感实际情况有多糟糕,公司有 9 个不同的分类账务,28 个客户条目,还有很多采购系统,对于跟某家供应商做了多少笔交易,连公司自己人都不清楚,因为每家工厂都有自己的采购组,只根据自己的需要进行采购。

他们很快就给 Weller 拿出了一份蓝图,列出了认为在 3～5 年内可以获得重大改进的地方,建议采用 SAP 的 ERP 系统重整公司业务流程,Dunn 说,"显而易见,这将是一次业务流程再造,不改变业务运行模式,就无法达到预期的目标,随后的整合将难以预想的困难,每一个身处其中的人,都深知这不是一个软件项目。"

尽管在实施之前就打了这样的"预防针",但是后来惨不忍睹的事实仍证明:无论Weller 还是那些参与方案制定的主要利益相关者,都没有真正理解 BEST 项目将如何改变雀巢公司的业务流程以及可能导致的痛苦程度,因为他们把 ERP 当成了一个纯软件项目。

1997 年 10 月,雀巢美国分公司召开 ERP 项目誓师大会,由 50 名高层业务经理和 10 名高级 IT 专家组成实施小组,目标是制定一套对公司各个分支机构都适用的通用工作程序,所有部门的功能——制造、采购、会计、销售等,都必须抛弃原有的方式,接受新的"一体化雀巢"理念。

另外,还有一个技术小组用了 18 个月的时间,检查各个部门的所有条目数据,考虑如何实现一个全公司通用的结构,从那时起,各个分支机构的香草代码都被编为 1234。ERP 系统可以根据统一的业务流程,在各个部门被定制化。例如,在供应链一环,小组并没有使用 SAP 的产品,因为 SAP 的供应链管理模块理念太新,隐藏的风险太大,雀巢转向 SAP 的合作伙伴 Manugistics,这家公司的供应链模块遵循 SAP 的标准,可以很容易地集成到 SAP 的 ERP 系统中。

1998 年 3 月,ERP 项目已经有了眉目,首先实施 SAP 的 5 个模块——采购、财务、销售与配送、应收账款与接收账款以及 Manugistics 的供应链模块,每个分支机构都将采用这五大模块,如糖果部采购组和饮料部采购组使用的最佳准则和数据是一样的。

4. 一盘散沙

开发工作始于 1998 年 7 月,其中 4 个模块(3 个 SAP 模块和 Manugistics 模块)要求在2000 年之前完成。虽然事先制定了进度表,但由于一些代码修改及千年虫问题,在匆忙完成既定任务的同时,又出现了大量的新问题,其中最为棘手的是逆反心理在不同阶层中开始滋生。员工的逆反情绪源于项目启动时犯下的一个重要错误:主要利益相关者小组中没有来自那些受到新系统和业务流程直接影响的团体的代表。所以,结果总是令销售部和其他部门的领导不满,因为变革所带来的东西与他们并没有实质性的利害关系。Dunn 称之为她犯下近乎致命的错误。

2000 年年初,项目实施陷入混乱,工人不知道如何使用新系统,甚至连新的工作流程都不明白,没有人想学习业务运作的新方式,公司士气低落,预测产品需求的员工流动率高达77%,计划制定者不情愿也无法抛弃熟悉的电子表格,而转向复杂的 Manugistcis 模块,部门主管和他们手下人一样迷茫。抱怨增多的时候,ERP 的实施出现了停滞甚至撤退。Jeri Dunn 当时每天接到的求助电话就高达 300 个,现在她承认,当时幼稚地认为这些变革是可管理的。

很快又出现了一个技术问题。由于解决千年虫问题的时间非常紧迫,那些负责推进改革的人面临很大的压力,项目小组在匆忙之中忽略了模块之间的集成点,一时陷入迷茫,不知道如何将各个部分实现协同工作。虽然所有采购部门都使用通用的代码和系统,遵循通用的过程,但它们的系统并没有跟财务部、计划部和销售部集成在一起。例如,一名销售人员可能已经给一个很有价值的大客户打了一个折扣,并将结果输入到了新系统,但账务接收人员却不知晓,当该客户按折扣率付款之后,账务接收人员却以为他只支付了一部分款项,还有欠款。原来的品牌管理过于散乱,而过程整合又很匆忙,项目组在推进过程做法的时候忽略了部门之间的整合工作。

2000 年 6 月,项目搁浅,公司撤消另一联合组长的职务,将其分配到瑞士总部工作,改由 Jeri Dunn 全面负责雀巢美国分公司的 ERP。这个行动充分显示出总部对美国分公司ERP 工作的不满。2000 年 10 月,Dunn 召集雀巢美国分公司的 19 名主要利益相关者和业务主管,聚集在一起开了 3 天检讨会。

经过激烈的讨论,小组成员痛定思痛,所有最初的革新需要重新再开始,先分析业务需求,再制定结束日期,不能像以往将项目套进一个预先设定结束日期的模子。并且还得出两点结论,首先必须确保得到主要部门领导的支持,其次要确保所有的员工都确切知道正在发生什么变化,何时、为什么及如何发生的。

5. 结局:痛苦但却划算

2001 年 4 月,规划设计结束,项目小组有了一套可遵循的详细说明方案,一个月之后,公司任命了一名流程改革主管,专门负责各个分支机构和项目小组之间的联络沟通,协同Jeri Dunn 会见更多的部门领导,并定期调查员工受新系统影响的程度,以配合项目的实施。例如,雀巢最近将一个制造软件包的实施推迟了 6 个月,因为反馈的信息表明用户对过程变革还没有适应。

众所周知,实施 ERP 要花费大量的资金和漫长的时间。Forrester 公司一位分析师在最近做的一项调查中发现,54% 的受访者反映他们的项目持续了两年以上的时间,其他 46% 在两年内初见成效。雀巢美国分公司的 ERP 项目不管从时间还是资金上,都远远有些太过。

Dunn 并不掩饰自己犯过的失误并勇于承认,善于总结,她也没有因为项目的漫长和经历的种种困难而感到沮丧。她认为运行 ERP 不宜采用工程性做法,只有稳扎稳打才能成功。实施 ERP 之后,需求预测准了,节省了大量资金,雀巢美国分公司已经获得了很显著的投资回报。

过去,当一名销售员将一组数字送给需求规划人员时,发现他们根本就不理解这些数据的含义，接着需求规划人员就将那组数字又原封不动地给传递给工厂，工厂也不明白需求规划者和销售员的数据要求。然后，工厂还要花费大量的精力再修改这些数字。当 ERP 就绪之后，通用的数据库和业务流程就可以对各种产品进行高可信度的需求预测，并且，由于整个雀巢美国分公司使用的都是相同的数据，预测的准确度就可以达到配送中心一级，这样，当一个地方积压了太多的某类产品而另一个地方却不足的情况发生时，公司就可以减少库存和再配送的开支。Jeri Dunn 说公司因为 ERP 系统而节省了 3.25 亿美元的开支，供应链改善的贡献率相当高。

如果上天能给雀巢美国分公司 CIO Jeri Dunn 一次重新实施 ERP 项目的机会，她将首先专注于改革业务流程、制定通用的大宗买进框架，然后再安装软件。面对历时 6 年，即将结束的这项浩大的工作，一向爽快干练的 Jeri Dunn 感慨万千："若先上系统，那仅仅是在安装软件，而不是执行方案，安装软件和执行解决方案之间存在很大的区别。"

（资料来源：计算机世界管理论坛）

系统分析阶段要回答的中心问题是系统要"做什么"，即明确系统功能。这个阶段的成果是逻辑模型。逻辑模型也称为概念模型，它展示了系统是什么，能够做什么事情。逻辑模型与实现无关，它们独立于任何的技术实现来描述系统。逻辑模型说明了系统的本质，降低了由于过分关注技术细节而丢失业务需求所带来的风险。

9.1　系统分析概述

9.1.1　系统分析的任务

系统分析阶段的主要任务可以归纳为以下 3 个方面。

1. 详细调查

在总体规划时所做的初步调查只是为了确定信息系统开发是否有必要和可行，相对来说比较粗糙。在系统分析阶段则应在详细调查的基础上，进一步详细收集和充分了解分析用户需求，调查用户的有关详细情况。

2. 需求分析和新系统逻辑模型的建立

分析用户信息需求并在此基础上提出新系统的逻辑模型。逻辑模型是指仅在逻辑上确定的新系统模型，而不涉及具体的物理实现。逻辑模型由一组图表工具进行描述。用户可通过逻辑模型了解未来新系统，并在此基础上进行讨论和改进。

3. 编制系统分析报告

对上述采用图表描述的逻辑模型进行适当的文字说明，就组成了系统分析报告，它是系统分析阶段的主要成果。系统分析报告既是用户与开发人员达成书面协议或合同的依据，也是信息系统生命周期中的重要文档。

系统分析阶段的工作步骤如图 9-1 所示。

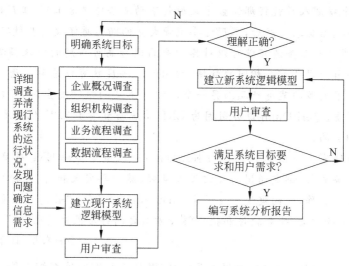

图 9-1　系统分析阶段的工作步骤

9.1.2　系统分析的要求

1. 系统分析应在充分理解用户需求的基础上进行

管理信息系统的最终目的是为了满足用户管理上的各种功能需求,信息技术是实现各种用户功能需求的手段。开发人员在理解用户需求的基础上,用现代信息技术实现用户所要求的功能。如果开发人员对需求理解错误,那么无论技术手段如何先进,其作用都是南辕北辙。因此,需求分析是系统开发成功的重要保证,必须引起高度的重视。但准确确定用户的需求是一件比较困难的事。一方面,用户一般都缺乏相关的信息技术知识,无法确定计算机系统究竟能做什么、不能做什么,因此无法准确地表达自己的需求,所提出的需求往往是不断变化的;另一方面,系统开发人员一般不会熟悉用户所在的行业,对用户的管理运作不会非常了解,常常会根据自己的设想来臆造用户的需求。需求定义发生的差错主要包括不完全合乎实际需要、不容易使用、操作困难、容易发生差错等。

保证系统开发人员充分了解用户需求的方法是,开发人员必须与用户进行不断地交流。

2. 系统分析是由开发人员和用户共同来进行的

系统分析是围绕管理问题展开的,但要涉及现代信息技术的应用。只有在用户和开发人员之间充分交流合作的情况下,信息技术才能被很好地应用到用户的管理工作中,开发出来的信息系统才能够既满足了用户需求,又做到了技术先进。但是,在缺乏计算机知识的用户和缺乏企业管理知识的计算机程序设计人员之间,要实现真正的沟通是很困难的。在这种情况下,就需要系统分析人员作为两者之间的“桥梁”。

系统分析人员就是在信息系统开发初期从事系统分析工作的开发人员。他们的任务就是明确需求和资源限制因素,并将它们变成具体的实施方案。系统分析工作终始是由用户和系统分析人员协作完成的。系统分析员是系统分析工作的主持者和主要承担者,在整个系统开发工作中是管理人员(用户)和计算机技术人员的桥梁。

系统分析人员必须具有多种才能,以便有效地工作。这些技能可以分成两类:处理人际关系方面的能力和解决有关技术问题的能力。具体地说,系统分析人员应具备以下基本素质。

(1) 具有一定的理论水平,全面、系统掌握计算机系统开发的基本理论和有关标准。

(2) 具有较全面的计算机专业知识和信息系统开发的经验。

(3) 具有较强的在新的问题领域提取知识的能力。

(4) 善于掌握非技术因素。

(5) 系统分析是在充分了解原有系统的基础上进行的。

信息技术在企业管理中的应用,并不是简单地用信息技术去模拟企业原有的业务流程。如果那样做的话,信息技术根本就没有发挥作用。例如,仅仅将会计和出纳面前的算盘换成计算机,计算机就只起个算盘的作用。企业信息系统的开发应在总体规划的基础上,开发人员与用户密切配合,用系统工程的思想和方法,对用户的管理业务活动进行全面的调查分析,详细了解用户的各种管理业务的流程,分析旧(或手工)系统的局限性和不足,然后根据企业的条件和最新的计算机技术发展情况,确定新系统的逻辑方案。例如,由计算机替代会计的核算功能,会计—出纳岗位设置就变成了出纳—计算机的设置,效率极大地提高。目前,随着企业信息化水平的提高,新系统的建立往往要求对旧系统中的管理业务流程进行重新构造。

3. 系统分析要避免重复工作

系统分析工作的主要成果(产品)是文件(文档资料),这些文件一方面可以用来与用户进行交流,另一方面用来进行系统设计,这就大大增强了系统开发的一致性。正确、规范的文档资料又可以提高系统的可修改性,当然它并不能保证系统分析不出错。实际上系统分析阶段中的分析过程也是文档资料的编制过程,系统分析员在编制文档资料的过程中要相当仔细,尽量避免出现错误,特别是逻辑上的错误或矛盾。一旦发现错误就要及时更正,不要把错误带到下一阶段的开发工作中。

4. 系统分析要讲究方法

系统分析是一项复杂的工作,好方法的使用既可以保证工作的顺利进行,又可以提高工作效率。结构化分析方法在系统分析中得到了广泛的使用。在系统分析时,强调用画图的方式,简单、明确地表达这个系统的现行状态,使用户从这些图中就能直观了解系统的概貌,避免用户和系统分析员在理解上的偏差。另外,作为系统设计员来说,他也能够直接根据这些图形进行系统设计,并保证设计的正确性。因此,图形工具是系统分析员和用户、系统分析员和系统设计员之间联系的"通信手段"。

9.1.3　结构化分析方法

结构化分析方法(Structured Analysis,SA)是一种使用很普遍的、简单实用的方法,适用于分析大型的信息系统,特别是企、事业管理信息系统。这种方法实质上是一种大系统理论的系统分解法,通常与系统设计阶段的结构化设计步骤衔接起来使用。

1. 结构化分析方法的基本原理

结构化系统分析的基本思想是用系统论的思想。结构化分析采用系统工程的方法,强调将整个系统的开发过程划分为若干阶段,每个阶段都有其明确的任务,这也是生命周期法阶段划分的基础。

结构化分析方法采用"分解"和"抽象"这两个基本手段来分析复杂系统:一是自顶向下地对现有系统进行分析,把大问题分解为若干个小问题,对于每个小问题,再单独分析,直到细分的子系统足以清楚地被理解和表达为止;二是抽象,就是在分析过程中,要透过具体的事物看到问题的本质属性,并将所分析的问题实体变为一般的概念。抽象是一种手段。只有通过抽象,才能正确认识问题,把握住事物的内部规律,从而达到分析的目的。结构化分析图表工具主要由数据流程图、数据字典和数据处理说明组成。

2. 结构化分析步骤

(1) 通过调查获取现行系统具体的"物理模型",理解当前系统是怎么做的,并将理解表达成现行系统具体的"物理模型"。分析人员要利用组织结构图、业务流程图、数据流程图等工具将现实的事物表达出来。

(2) 抽象出现行系统的逻辑模型。即从现行系统的具体的"物理模型"抽象出逻辑模型(数据流程图、数据字典、处理说明等)。

(3) 建立新系统的逻辑模型。通过分析新系统与现行系统逻辑上的差别,明确新系统"做什么",并对现行系统的"逻辑模型"进行优化,进而建立新系统的逻辑模型。

3. 结构化分析的特点

(1) 面向用户,用户自始至终参与系统的分析工作。
(2) 强调调查。
(3) 对管理业务中的各种数据进行分解。
(4) 层次分解。
(5) 用图形来分析和构建新方案。

9.2　现行系统详细调查和需求分析

9.2.1　详细调查与初步调查的关系

详细调查也称为系统详细调查,它是系统规划阶段系统初步调查工作的延续。但无论是系统的详细调查还是初步调查,它们的调查对象是一致的、方法是相同的,只不过是调查内容粗细、程度深浅和调查目的不同而已。

初步调查的目的是为了明确系统开发所要解决的主要问题和目标,论证系统开发的必要性和可能性。详细调查的目的是深入了解企业管理工作中信息处理的全部具体情况和存在的具体问题,为新系统逻辑模型的建立提供基础和依据。其细微程度要比初步调查高得多,工作量也要大得多。

9.2.2 详细调查的内容

详细调查的内容分为一般调查的内容与重点调查的内容。一般调查的内容如表 9-1 所示。

表 9-1 一般调查的内容

提 纲	内 容
系统的边界	现行系统的发展历史、现状、规模、经营状况、业务范围及与外界联系等,以便确定系统的界限
系统的外部环境	现行系统和哪些外部环境有工作联系,有哪些物质和信息的交互关系,哪些外部环境(包括自然环境和社会经济环境)对该企业的业务有明显的影响
组织机构	企业中各个部门的权限、人员关系、相互制约关系和功能的分配
系统的资源状况	现行系统的物资、资金、设备、建筑平面布置和其他资源的情况。如果已配备了计算机,则要详细调查其功能、容量、外设设置等
系统的约束条件	现行系统在资金、人员、设备、处理时间和方式等各方面的限制条件和规定
系统的薄弱环节	现行系统的信息安全、信息基础设施面临的安全挑战、信息伦理道德及其他人为因素等
系统开发工作的资源状况	开发信息系统可以或者计划投入的人力、物力、财力和时间
各个方面对现行系统和待建系统研制的态度	各级领导、各管理部门、各基层部门对现行系统是否满意,若不满意什么方面不满意,希望如何改变,反对哪些方面改变

现行系统的业务流程、资金流和人的流动情况,以及各种输入、处理、输出、处理速度和处理量等,这些都是详细调查的重点。调查现行系统的信息流程,要特别注意各种计划、单据、文件和报表的处理情况。系统重点调查的主要内容涉及输入信息、处理过程、输出信息及信息编码等。重点调查的内容如表 9-2 所示。

表 9-2 重点调查的内容

提 纲	内 容
输入信息	输入信息的名称,输入目的和使用场合,采集手段(人工或自动),输入周期、时间,最大输入量、平均输入量,输入份数,送到何处,保存期限,产生输入信息的部门及人员,数据项、位数、类型、上下界的值等
处理过程	处理加工的内容,处理过程名称,处理的部门,处理过程采用的方法、算法,处理所用的时间,产生的输出信息,处理时采用的核对检查措施,对异常情况的处理方法,处理负责人、发生的频率
输出信息	输出信息的名称、使用部门或使用者、使用目的、产生输出信息的部门、产生输出信息的方法、制作时间和周期、输出份数、处理的信息量、送交方法、数据项名、位数、数据类型、核对方法、有关的输入信息等
信息编码	编码的名称,编码的方法、规则,管理部门等

9.2.3 组织结构调查

调查组织结构要了解以下内容：组织内部的部门划分；领导与被领导关系；信息资料的传递关系；物资流动关系与资金流动关系；各部门的工作内容与职责；各级组织存在的问题；对待建系统的要求等。

1. 组织结构

组织结构是指一个组织的组成以及与其组成部分之间的隶属关系或管理与被管理的关系。通常使用组织结构图来表示组织结构的层次和隶属关系，组织结构图中的矩形框表示组织结构，直线表示隶属关系，如图 9-2 所示。

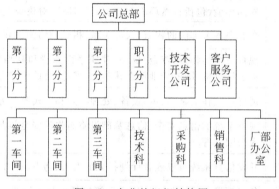

图 9-2　企业的组织结构图

2. 组织/业务关系分析

组织/业务关系用来描述组织各部分在承担业务时的关系。它包括组织各部分之间的联系程度、组织各部分的主要业务职能和它们在业务过程中所承担的工作等，如表 9-3 所示。

表 9-3　组织/业务关系

联系程度 业务 ＼ 组织	计划科	质量科	设计科	人事科	教育科	生产科	供应科	销售科	仓库	……
计划	*					×	×	×	×	
销售		√						*	×	
供应	√					×	*		√	
人事				*	√					
生产	√	×	×			*	×	√	√	
……										

注：* 表示该组织在主持该项业务；√ 表示该组织是该项业务的相关单位；× 表示该组织是该项业务的辅助单位；空格表示该组织与该项业务无关。

3. 信息关联图

信息是企业决策、控制、协调的基础,各级管理机构、各管理业务之间就是通过相互传递信息来进行管理、控制、相互协调的。信息系统重在信息流的组织,因而需要在组织结构图上进一步画出部门之间的信息关联状况,以便了解系统的实际功能,如表 9-4 所示。

表 9-4　信息关联图

部门	财务部	销售部	计划部	采购部	生产部
财务部		销售发票及应收账款	库存资金占用	库存资金占用	
销售部	销售合同		销售发货计划		
计划部	备件进销存报告 物料消耗报告	生产计划、产品进销存报告		物料需求计划 物料消耗计划	生产计划
采购部	每月用款计划、采购合同、价格		采购计划		供应商处理意见
生产部			生产计划变动情况		

表 9-4 中将企业各职能部门如财务部、销售部、计划部、采购部、生产部分别布置在表的第一行和左侧第一列。从第二行开始,每行表示该行部门流出的信息(发送的信息);从第二列开始,每列表示该列部门的流入信息(接收的信息)。如从横向方面看,财务部发送了销售发票及应收账款信息被销售部接收,财务部发送的库存资金占用信息被计划部和采购部接收;从纵向方面来看,财务部接收了来自销售部的销售合同,计划部的备件进销存报告信息和采购部的每月用款计划。表 9-4 清楚地反映了各部门的信息关联情况。表 9-4 仅列出了一个企业的部分职能部门和部分信息,实际情况比表中所列的要复杂得多。

9.2.4　业务流程调查

为了能够反映组织内部各部分之间的联系程度,组织各部分的主要业务和它们在业务过程中所承担的工作等,就必须对组织的业务流程进行分析,即从一个实际业务流程的角度将系统调查中有关该业务的信息来源、处理方法、信息流经去向、提供信息的时间和形态(报告、单据、屏幕显示等)进行分析。

描述业务流程的图表主要有两种,即业务流程图(Transaction Flow Diagram,TFD)和表格分配图。

1. 业务流程图

1)业务流程图的概念

业务流程图就是用一些规定的图形符号来表示某个具体业务处理过程。它是一种描述系统内各单位、人员之间业务关系、作业顺序和信息流向的图表。业务流程图简单易读,以一项业务或一组相互关联的业务为描述对象,具体描述了"4W1H(Who,What,When,Where,How)",即谁需要什么信息,何时何地及如何得到信息,便于开发者明确信息需求。

整理和制作业务流程图是系统分析阶段的一项重要的基础性工作。高质量的业务流程图往往需要经过多次修改和完善才能最终完成。

2）业务流程图的基本符号

业务流程图是系统业务调查中使用最普遍、最重要的工具。由于国际上对于业务流程图的符号和画法尚未标准化，我国当前也没有制定出一套相应的标准，因此，有关业务流程图的画法目前尚不太统一。但若仔细分析就会发现，它们都大同小异，只是在一些具体的规定和所用的图形符号方面有些不同，而在准确明了地反映业务流程方面是非常一致的。

业务流程图常用的符号如图 9-3 所示。

图 9-3　业务流程图常用符号

在图 9-3 中，椭圆形符号表示业务处理单位；矩形框符号表示业务处理功能描述；报表符号表示输出的信息（报表、报告、文件图形等）；右侧不封口的矩形框表示存储文件；卡片符号表示收集/统计数据；箭线符号表示业务过程之间的关系。

2. 根据流程描述画出业务流程图

某业务流程描述如下：用户将订货单交某企业的业务经理，业务经理核查合同后填写出库单交仓库保管员，该保管员查询库存台账，如有货向用户发出发货单，允许用户提货，如没有货通知车间，向车间发出缺货通知单。该业务流程图如图 9-4 所示。

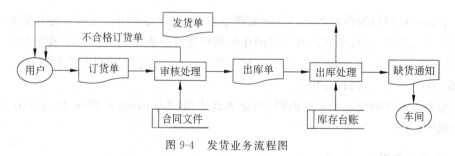

图 9-4　发货业务流程图

业务流程图应该表达输入、输出、处理以及相关数据文件。在绘制业务流程图时，应注意以下几点。

（1）以功能为中心展开，找出业务活动的主线，明确系统的边界与范围。

（2）对于功能较复杂的企业，可先绘制一个简单的业务流程总图，再按"自顶向下"的方法分层分级地向下展开，直到描述清晰为止。

9.2.5 数据流程调查分析

数据流程分析是系统分析阶段中的关键和核心工作,是建立系统逻辑模型的基础,同时也是今后系统功能模块设计和数据库设计的基础。

1. 数据流程调查的内容

数据是信息的载体,是今后系统要处理的主要对象,因此必须对系统调查中所收集的数据和处理数据的过程进行分析和整理。如没有弄清楚的问题,应立刻返回去彻底弄清楚它。如果发现有数据不全、采集过程不合理、处理过程不畅、数据分析不深入等问题,应在该分析过程中研究解决。

1)数据的来源

(1)组织的正式报告(对于手工系统而言)。组织的正式报告是指各种卡片、报表、会议决议、组织图、财务报表。

(2)现行系统的说明性文件(对于已局部计算机化了的系统而言)。现行系统的说明性文件是指各种流程图、程序手册、信息系统手册、现行系统全部输入单据(如入库单、收据、凭证)、输出报表和数据存储介质(如账本、清单)。

(3)组织外的数据来源。组织外的数据来源是指客户、供应商、股东、政府、中介、竞争对手以及上级下达的各种文件和各项任务指标、与本单位密切相关的其他单位的有关信息。

2)数据收集的方法

收集数据的方法主要有查阅档案、面谈调查、发调查表、测定(有些数据,如业务的吞吐量、各项工作的时间和费用要实测一段时间才能获取)、采样、实践操作(深入实际,亲自动手参加信息的处理工作,这样能加深体会,对今后的工作很有帮助)。

3)数据调查的内容

(1)输入数据。输入数据主要包括输入数据名称、使用目的、搜集方式、发生周期、发生的高峰时间、数据量、编码方式、保存期、相关业务、使用文字和其他。

(2)输出数据。输出数据主要包括输出数据名称、制作单位、使用单位、使用目的、发行份数、发送方法、使用文字、输出时间、输出方式和其他。

(3)数据处理过程。数据处理过程主要包括处理内容、处理周期、处理方法、处理时间、处理场所或其他。

(4)存储方式。存储方式主要包括文件名称、保管单位、保存时间、总信息量、保密要求、使用频率、删除周期、追加周期、增加及删除频率。

(5)代码信息。代码信息主要包括代码名称、分类方式、编码方式、使用目的、起始码、终止码、未使用码、追加或废弃频率和其他。

(6)数据需求。数据需求主要包括所需数据名称、需求目的、需求单位、需求者、时间和期限、所需数据的形式、数据表达的要求。

以上调查内容涉及各项数据的类型、长度、取值范围。

2. 数据汇总分析

数据汇总分析是指对调查收集来的数据资料进行汇总、整理和分析，理清它们之间的关系，以方便以后的使用。

1）数据汇总

数据汇总通常有以下几种处理方法。

（1）数据资料的排放。将通过系统调查所收集到的数据资料，按某种次序（通常是业务过程）进行分类编码，以方便以后的查找。

（2）数据检查。按业务处理顺序对数据项进行整理。检查每一处理过程的数据来源及算法，一直查到最初原始统计数据。

（3）分类整理。由于原始数据是以后确定数据库表的主要依据，而最终输出数据则是反映业务需求的主要数据指标。所以应将这两类数据分类整理，单独列出来。

2）数据分析

数据分析是要分析已收集数据的完备性、一致性和无冗余性。数据分析的工具是 U/C 矩阵。使用 U/C 矩阵进行数据分析可从以下 3 个方面进行。

（1）完备性检查。完备性检查是指对具体的数据项（或类）必须有一个产生者（即"C"）和至少一个使用者（即"U"），而过程则必须有产生或使用的发生；否则这个 U/C 矩阵的建立是不完备的。这个检查有助于及时发现表中的过程或数据项的划分是否合理，以及"U"、"C"元素有无错填或漏填的现象发生。

（2）一致性检查。一致性检查是指对具体的数据项（或类）必须有且仅有一个产生者（"C"）。如果有多个产生者的情况出现，则产生了不一致性的现象。其结果将会给后续开发工作带来混乱。

（3）无冗余性检查。无冗余性检查即表中不允许有空行空列。

3）数据特征分析

数据特征分析是下一步设计的准备工作。特征分析包括以下几方面的内容。

（1）数据类型及长度。

（2）合理的取值范围。

（3）数据所属业务。

（4）数据业务量。即分析每天、每周、每月的业务量（包括平均数量、最低的可能值、最高的可能值）以及要存储的量有多少，要输入、输出的频率有多大。

（5）数据重要程度和保密程度。重要程度即对于检验功能的要求有多高，对后备储存的必要性如何。保密程度即是否需要有加密措施，它的修改、删除、审查和使用权限如何等。

9.2.6 用户需求分析

用户需求是指新系统必须满足的所有性能和限制，通常包括功能要求、性能要求、可靠性要求、安全保密要求以及开发费用、开发周期和可使用资源的限制等方面。

用户需求分析主要从 4 个方面进行，即问题的识别、分析与综合、制定规格说明和评审。

1. 问题的识别

新系统的开发必须以当前系统为基础，并对其修改而成。用户需求分析的第一步就是应该识别当前系统中所缺少的和薄弱的环节。

2. 分析与综合

在对用户问题识别的基础上，系统分析员逐步细化所有的系统功能，找出系统各元素之间的联系、彼此之间的接口特性和设计上的限制，并分析它们是否满足功能要求、是否合理。依据功能需求、性能需求、运行环境需求等，剔除其不合理的部分，增加其需要部分。最终综合成系统的解决方案，给出新系统的逻辑模型。

3. 制定规格说明

对已经确定的需求应当进行清晰、准确的描述，即编制需求分析说明书。

4. 评审

为保证需求分析的准确性，在需求分析的最后一步，应该对功能的正确性、完整性和清晰性以及其他需求给予评价。评审的主要内容有：系统定义的目标是否与用户的要求一致；系统需求分析时提供的文档资料是否齐全；文档中的所有描述是否完整、清晰；与其他相关系统的重要接口是否已经描述；设计的约束条件或限制条件是否符合实际；开发的技术风险是什么等。

在实际分析过程中，上述 4 个方面是有反复的。例如，在需求分析评审中提出修改意见，就需要重新对问题进行分析和综合，修改需求分析文档。

9.3　系统逻辑模型的建立

通过需求分析弄清现行信息系统"如何工作"的问题，这对新系统需要"做什么"打下了坚实的基础。下一步需要从企业的业务流程中抽象出信息流程，对信息流的运动进行梳理，使信息流、业务流和人员操作等形成合力的关系。这部分工作也被称为系统逻辑模型设计，可以借助数据流程图（Data Flow Diagram，DFD）等开发工具来描述。

9.3.1　数据流程图

1. 数据流程图

数据流程图是一种能全面描述信息系统逻辑模型的主要工具，它可以用少数几种符号综合地反映出信息在系统中的流动、处理和存储情况。数据流程图具有两个显著特点。

1）抽象性

数据流程图舍去了组织机构、人员、设备等物质要素，只专注于数据的来源、流动、加工处理和存储活动。

2）概括性

概括性表现在它可以将企业业务流程的各个环节用数据流相互连接成一个整体，并准确地反映系统的全貌以及各个组成部分之间的联系机制。无论是手工操作部分还是计算机处理部分，都可以用它表达出来。

由于数据流程图简明、清晰，不涉及技术细节，容易让用户理解，因此数据流程图是系统分析人员与用户进行交流的有效工具，也是系统设计的主要依据。

2. 数据流程图的符号

数据流程图由 4 个基本成分组成。

1）外部实体（外部项）

外部实体在数据流图中表示所描述系统的数据来源和经过加工后信息的去向。外部实体不受所描述系统的控制，独立于该系统之外的对象，如填写订单的客户、接收工资的雇员、得到报表的部门、接受客户信息的另一个系统等，都可以是外部实体。

2）数据处理（数据加工）

数据处理是信息系统中从输入数据流到输出数据流的变换过程。这些变换包括对数据流的分解、合并、比较、确认、分类等，或者产生了新的数据。要用名称标明每个处理功能的含义，并用编号标识该处理在数据流程图中的层次。名称中应包含动词，如"编制计划"、"查询预订"、"打印报表"、"计算费用"、"审核"等。

3）数据存储

数据存储表示逻辑意义上的数据存储环节，即系统信息处理功能需要的、不考虑存储物理介质和技术手段的数据存储环节。流出数据存储的数据流表示从该存储中读取内容，流入数据存储的数据流表示向该存储写入或更新内容；又读又写时可用双向数据流表示；查询及显示数据一般只画单向数据流。

4）数据流

数据流表示数据或信息载体的传递路径。在数据流程图中数据流用箭线表示，箭头指向数据传递的方向，箭尾连接数据产生的地方。数据流可以由多个数据组成，如"发票"数据流可以由品名、规格、单位、单价、数量等多个数据项组成。数据流必须用名词命名，可以流入或取自一个数据存储，但是必须要以一个数据处理作为起始点或者结束点。

表 9-5 列出了常用的三类数据流程图基本成分的符号。本书主要采用第 I 类。其中第 II 类主要在作草图时使用。

表 9-5 数据流程图的基本符号

类型\成分	外部项（外部实体）	加工（数据处理逻辑）	数据存储	数据流
I	▭	▭	▭	→

成分 类型	外部项(外部实体)	加工(数据处理逻辑)	数据存储	数据流
Ⅱ	▭	◯	▤	→
Ⅲ	▱	▭	◗	→

为了避免在数据流程图上出现线条交叉,同一个外部实体或数据存储均可在图中不同位置多次出现。可以在外部实体符号的右下方加画小斜线,在数据存储符号的左边增加竖线,以示该元素为重复项,如图 9-5 所示。

3. 数据流程图的绘制

将业务流程转换为数据流程可有不同的思路和方法,数据流程图的制作是一项创造性的活动。绘制

重复的外部实体　　重复的数据存储

图 9-5　数据流程图中的重复项

数据流程图应该采取自上而下、逐步求精的方法,把整个系统当作一个处理功能来看待,首先确定系统的边界或范围,再逐层向下考虑较低层次的系统。先画出数据处理模块外部的输入和输出功能,再画处理模块内部的功能。图形布局一般遵从由上至下和由左至右的顺序,图的左上侧大多是数据的源点和输入,右下侧是数据的终点和输出。

1) 背景图

任何系统,无论多么复杂,背景图都可粗略地表达为图 9-6 所示的形式。信息系统的背景图,也叫内外关系图。它阐述了系统所处的基本环境,将要开发的系统作为一个独立整体,识别出与该系统相关的外部实体,并通过信息流把系统和各个外部实体间的联系描述出来。

图 9-6 是某酒店管理系统数据流程图的背景图示例。

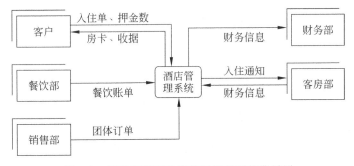

图 9-6　某酒店管理系统数据流程图的背景图

2) 顶层数据流程图

根据背景图可以分解细化设计出下面的顶层数据流程图。首先对处理系统整体处理功能进行初步的划分。假定将图 9-6 所示的系统分解为 4 个处理功能来实现:P1 为前台管

理;P2 为预订管理;P3 为客房管理;P4 为财务管理。于是,可以得到图 9-7 所示的顶层数据流程图。

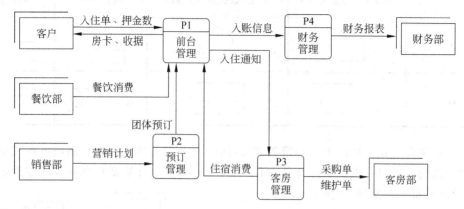

图 9-7　某酒店管理系统顶层数据流程图

客户、餐饮部、销售部、财务部和客房部等仍旧作为外部实体。顶层图中描述了数据流在各个处理功能和外部实体间的分布。从这个例子可以看出,顶层图可以概略地反映出信息系统的基本结构,并对信息系统的主要功能做出约定。

3) 低层次数据流程图

顶层图中对系统功能的描述还很简略,还需要利用更多的下层数据流程图来使系统的设计具体化,并逐步描述出各个数据处理功能的处理逻辑。

低层次数据流程图是将高层次数据流程图中的处理功能逐步分解后形成的。分解过程的一般表示形式如图 9-8 所示。例如,可以分别针对顶层图中的 4 个数据处理功能 P1、P2、P3、P4 设计下层流程图。由顶层图分解而成的下层图被称为第一层数据流程图。

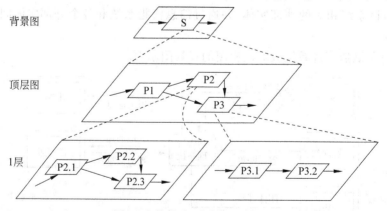

图 9-8　数据流程图分解形式图

图 9-9 是处理功能 P1 的第一层数据流程图,即"前台管理"功能的数据流程图。它包括入住接待、结算收银、门卡管理、消费付账 4 个数据处理功能和预订单、房源信息、客户在店、客户消费、价格表 5 个数据存储。其中数据存储 D 是在不同位置出现的重复元素,故增加了一条竖线标记。图 9-9 中对前台管理流程的表现更加具体和清晰。它与顶层图中的元素

P1 相对应。图 9-10 是预订管理 P2 的第一层数据流程图。

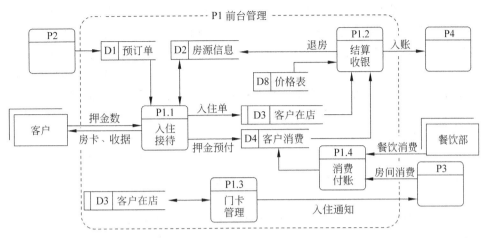

图 9-9　处理功能 P1 的第一层数据流程图

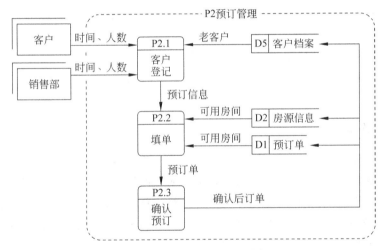

图 9-10　处理功能 P2 的第一层数据流程图

图 9-9 中的处理功能 P1.1"入住接待"的过程如果比较复杂,还可以再为其设计第二层数据流程图。在第二层图中,可以将"入住接待"处理功能进一步分解为"核对团体预订单"、"调阅老客户档案"、"消费建账"等更为具体的处理功能。

4. 绘制数据流图的几点注意事项

1）自顶向下、逐层分解

数据流程图的绘制过程,是系统分析过程的重要组成部分,这一过程自顶向下,逐层分解,就是由系统外部至系统内部、由总体到局部、由抽象到具体的系统逻辑模型建立过程。对于一个大型管理信息系统项目,DFD 分解的处理环节可以稍多一些,以减少图的层次,但每张图的数据处理以不超过 7～8 个为宜。

在数据流程图分解中,要保持各层次成分的完整性和一致性。数据流图的逐层分解是以处理功能的分解为中心的,把上层被分解的处理功能称为父加工环节,分解后的加工环节称为子加工环节。从逻辑上来讲,父加工环节的功能为对应的子加工环节功能之和。对数据流程图的分解、数据存储的分解,也一定要保持父项的内容为对应各子项的内容之和,防止任意增、删、改,保持各层数据流程图之间数据的平衡。下层数据流程图不应出现不属于上层图中的数据流子项的新数据流,但可以出现不属于上层图的数据存储环节子项的新的数据存储环节。当外部项的分解有助于更明确描述系统某些部分的功能与系统需求时,下层图要对分解后的外部项加以定义和命名。

2) 数据流必须经过处理

即送去处理或从处理环节发出;不经过处理环节的数据流(如外部项之间的数据交换)不在数据流图上表示。因这类数据流与所描述的系统无直接关系。

3) 编号

每个数据处理环节和每张数据流程图都要编号。按逐层分解的原则,父图与子图的编号要有一致性,一般子图的图号是父图上对应加工的编号。顶层图的图号为0,其中各加工环节按1、2、3、…顺序编号,1号加工环节分解后的子加工按1.1、1.2、1.3、…编号,2号加工环节按2.1、2.2、2.3、…编号,依此类推。加工环节1.1分解后的子环节为1.1.1、1.1.2、…,依此类推。

数据流与数据存储环节也要进行编号以便于编写、分析与维护。编号方法原则上与加工环节的编号方法相同。为避免混淆,可在数据流编号的第一位数字前冠以F,数据存储的编号冠以D。

5. 数据流程图举例

某公司为了保证一定库存水平,设置了以下补充订货系统:库房工作人员通过库房终端设备对库房的收发数据进行系统分析,如果某项零件的库存量低于临界水平,系统就必须提出补充订货要求,以使库存量达到额定水平。补充订货系统接收库房发送的收发原始凭证后进行处理,如需要订货则将补充订货报告发送到采购部门,此系统的数据来源是库房,系统输出数据的终点是采购部门。由此得到此系统的最高层数据流程图——背景图,如图9-11所示。

图9-11 补充订货系统背景图

背景图给出了系统的一个总概念,明确了系统的外部项,画清了整个系统的界面。实际上,这个系统必须具备两种最基本的功能。

(1)处理库房收发数据以确定补充订货的需要。收发数据包括每一种零件的代号和每一种零件的收发数量。

(2)产生补充订货报告。

因此,系统需要两种数据存储,即库存数据和补充订货数据。库存数据包括每一种零件的代号、在库数量及临界库存水平（即需要补充订货时的最大库存量）。这样，就得到顶层数据流程图，如图 9-12 所示。

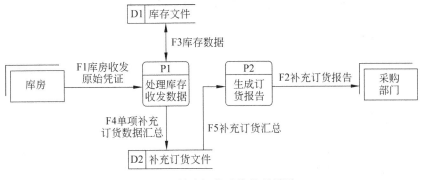

图 9-12　补充订货系统的顶层图

顶层数据流程图中处理库存收发数据还可进一步分解成为 3 个部分：接受收发数据、修改库存数据和处理补充订货数据。由于补充订货报告每天只需处理一次，而库房收发工作是随时可能出现的，因此可以增加一个收发数据存储部分，然后每天处理一次库房数据并生成补充订货报告，顶层数据流图可进一步扩展，即第一层数据流程图，如图 9-13 所示。

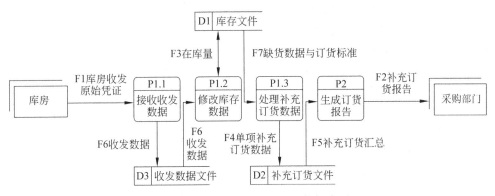

图 9-13　补充订货系统第一层数据流图

对于本例来说，第一层数据流图已提供了系统的所有具体功能，分层扩展到此结束。当然，绘制数据流图要经过系统开发人员认真分析、与用户多次讨论和反复修改才能完成。最后得到的数据流图就是系统的逻辑模型，也是系统设计的重要依据。

6. 数据流程图的设计

系统分析人员既可用数据流程图来对原有系统进行抽象和描述，也可以用来对新系统的需求进行综合分析，形成新系统的逻辑设计。设计新系统的数据流程图是一个发挥创造力的过程。它的基本要求是要能够实现系统的业务目标，且内在逻辑清晰合理。但是，数据流程图的设计可以是多种多样的，"条条大路通罗马"，并不存在唯一正确的设计。

在设计过程中，系统分析人员要注意与用户保持联系，征求不同层次用户对数据流程图的意见,反复讨论修改并取得共识。可以利用计算机辅助设计工具制作数据流程图。数据流程图可以清晰描述新系统的全貌,但它不能表述数据存储的项目与处理功能含义等相关的设计内容,因此还需要有专门的数据分析和功能分析活动。

9.3.2　数据分析

数据分析的任务是将数据流程图中所出现的各个成分的内容、特征用数据字典的形式做出定义和说明。

1. 数据字典概述

数据字典(Data Dictionary,DD)是以特定格式记录下来的、对数据流程图中各个基本要素(数据流、加工、存储和外部实体)的内容和特征所作的完整定义和说明。它是结构化系统分析的重要工具之一,是对数据流程图的重要补充和说明。

数据字典是非常重要的系统开发文档,为下一步信息系统设计实施和今后的维护提供了依据,进行系统分析时应该尽可能地把对系统开发、运行和维护有用的信息编入数据字典。

数据字典可以由人工方式编写,也可以由计算机辅助生成。由于人工编写数据字典效率低、编辑困难、容易出现疏漏和错误,而且其检验、维护、查询、统计、分析都不方便,因此,数据字典的编写主要采用计算机辅助生成方式。目前,许多计算机辅助软件工程工具都可支持数据流程图与数据字典的开发,以输入的方式接收数据字典的创建、提供编辑、索引、查询和统计功能,并可以进行完整性和一致性的检查。

数据字典是系统逻辑模型的详细、具体说明,是系统分析阶段的重要文件,也是内容丰富、篇幅很大的文件,编写数据词典是一项十分重要而繁重的任务。编写数据字典的基本要求如下。

(1) 对数据流程图上各种成分的定义必须明确、易理解、唯一。

(2) 命名、编号与数据流程图保持一致。

(3) 要符合一致性与完整性要求,将数据流程图上的成分编入数据字典应无遗漏项。数据字典中应无内容重复或内容相互矛盾的条目。同类成分的数据字典条目中,应无同名异义者或异名同义者。

(4) 格式规范,文字精练,数字与符号正确。

2. 数据字典的条目

数据字典的条目分为数据项、数据结构、数据流、处理功能、数据存储、外部实体 6 种,其中前两种条目是根据处理过程需要而增设的,后 4 种是数据流程图中已有的成分。

1) 数据项

数据项又称为数据元素,是数据处理中基本的不可分割的逻辑单位(对应于数据库设计时数据表中的字段),如学号、姓名、成绩等。在数据字典中定义的内容包括数据项的编号、名称、别名、简述、数据类型、长度及取值范围;一个数据项可能会在许多数据结构和其他数据条目中出现,单独定义有利于查阅,并保持数据定义的一致性。具体见表 9-6。

表 9-6　数据项示例

数据项编号：ID201
数据项名称：材料编号
数据项别名：材料编码、材料条码
数据项简述：某种材料的代码，通用 EAN-13 条形码
数据项类型：字符型
数据项长度：13 个字符
数据项取值范围：0000000000001～9999999999999

2）数据结构

数据结构描述某些数据项之间的逻辑关系。一个数据结构可以由若干个数据项组成；也可以由若干个数据结构组成，还可以由若干个数据项和数据结构组成。数据字典借助一些符号描述了数据结构中各个元素的复杂组合形式。

（1）＋：表示与，即加号两边项目同时出现或共同组成某项内容，如 $A+B$ 表示 A 与 B 直接叠加组合。

（2）[]：表示或者，即方括号内各项目中至少一项出现，如 $[A|B]$ 表示在 A 或 B 中任选一个。

（3）{}：表示重复，即花括号内项目重复出现多次或重复取值多次，如 $\{A\}$ 表示 A 可以在组合中多次出现。

（4）（）：表示选择项，表示圆括号内所列项目为可选项目，既可能出现也可能不出现，如（A）A 可能出现也可能不出现。

在数据字典中定义的内容包括数据结构的编号、名称、别名、简述及组成，具体如表 9-7 所示。

表 9-7　数据结构示例

数据结构编号：DS1
数据结构名称：团体用户预订单
别　　　　名：团体订单、旅行社订单、单位订单
简　　　　述：用户所填写/递交的用户情况及房间预订需求
数据结构组成：DS2＋DS3＋DS4

DS2：订单标识	DS3：用户信息	DS4：预订信息
I1：订单编号	I4：用户代码	{I13：房间规格}
I2：日期	I5：用户名称	{I14：预订数量}
I3：经手人	I6：用户地址	I15：入住日期
	(I7：用户电话)	I16：用餐方式
	I8：开户银行	I17：[支票|现金|信用卡|免费]
	I9：账号	(I18：预付款)
	I10：联系人姓名	(I19：接待方式)
	I11：联系人电话	I20：优惠方式
	I12：联系人身份证号	

3）数据流

数据流是对系统中数据流的组成、逻辑流向的描述。数据流的组成可以是数据项或数据结构。定义数据流时，不仅要说明数据流的名称、组成等，还应指明它的来源、去向和数据流量等。在数据字典中定义的内容包括数据流的编号、名称、说明、来源、去向、组成及流通量等，具体如表 9-8 所示。

表 9-8　数据流示例

数据流编号：F03-081
数据流名称：领料单
数据流简述：车间开出的领料单
数据流来源：车间
数据流去向：发料处理
数据流组成：材料编号＋材料名称＋领用数量＋日期＋领用单位
数据流量：8 份/时
高峰流量：20 份/时（上午 9:00—11:00）

4）处理功能

处理功能又称为加工过程，在数据字典中仅对数据流程图中最底层的处理逻辑加以说明。其定义包括处理功能名称、编号、简述、输入、处理内容、输出和处理频率等，具体如表9-9 所示。

表 9-9　处理功能示例

数据处理编号：P2.3
数据处理名称：确认预订
数据处理简述：向客户确认订单所填内容
输入数据流：预订单，来自 P2.2"填单"
处理内容：查验预订单内容是否完整、准确；预订单中各项内容是否能满足；要求客户签字确认
输出数据流：根据确认后的合格订单更新 D1、D2 和 D5 相关内容，不合格订单返回给 P2.2
处理频率：200 次/天

5）数据存储

数据存储在数据字典中只描述数据的逻辑存储结构，而不涉及物理组织。在数据字典中对其定义包括数据存储的编号、名称、简述、组成、关键字、相关的处理等，具体如表 9-10 所示。

6）外部实体

外部实体是数据流的来源或去向。在数据字典中对其定义包括外部实体编号、名称、简述、输入数据流、输出数据流，具体如表 9-11 所示。

表 9-10　数据存储示例

数据存储编号：D03-08	
数据存储名称：库存账	
数据存储简述：存放配件的库存量和单价等信息	
数据存储组成：配件编号＋配件名称＋单价＋库存量＋备注	
关键字：配件编号	
相关处理：P2、P3	

表 9-11　外部实体示例

外部实体编号：S01-02	
外部实体名称：供应商	
外部实体简述：向企业提供配件的商户	
输入数据流：F01-03（"补货需求"）	
输出数据流：F01-04（"商品信息"）、F01-05（"合同"）	

9.3.3　处理说明

处理说明是对数据流程图中的处理功能进行的详细描述。它与数据字典一样，是数据流程图的补充资料，但它仅对处理进行说明，而且比数据字典描述得更为详细。

数据流程图中比较简单的计算性的处理逻辑可以在数据字典中作出定义，但还有不少逻辑上比较复杂的处理，有必要运用一些描述处理逻辑的工具来加以说明。处理说明是从另一个侧面刻画了处理功能的细节，对数据流程图作了必要的补充。因而，数据流程图、数据字典和处理说明三者构成了系统的逻辑模型。

目前常用的描述处理说明的工具有 3 种：结构化语言、决策树和决策表。

1. 结构化语言

结构化语言（Structured language）是介于自然语言和程序设计语言之间的一种语言。人们常用自然语言描述各种问题。自然语言语义丰富、语法灵活，可描述十分广泛而复杂的问题，表达人们丰富的感情和智慧。但自然语言没有严格的规范，理解上容易产生歧义。程序设计语言是一种形式化语言，各种词汇均有严格定义，语法也很严谨、规范，但使用的词汇限制在很小范围内，叙述方式繁琐，难以清晰、简洁地描述复杂问题。结构化语言的特点介于两者之间，虽然没有严格的语法规定，使用的词汇也比程序设计语言广泛，但使用的语句类型很少，结构规范，表达的内容清晰、准确，易理解，不易产生歧义，适于表达数据加工的处理功能和处理过程。

结构化语言只使用以下四类语句：简单祈使语句、判断语句、循环语句以及上述 3 种语句的复合语句。

1）祈使语句

祈使语句明确地指出做什么事情。它至少包括一个动词来说明要执行的功能以及一个名词来表示动作的对象。

例如，人们到书店去买书，常会遵循下述过程。

（1）选择一本满意的书籍。

（2）携带该书到付款台。

（3）付款。

（4）盖付款标记。

（5）离开书店。

上例即是用结构化语言描述的买书过程，其中的每一条语句都是祈使语句，并按顺序显示出 5 个步骤。步骤中没有包括任何一个决策或条件，仅按次序列出。整个处理有特定的次序，乱了次序，买书过程就不成立了。所以，对处理过程的描述必须指出行动的正确次序。

2）判断语句

判断语句是为描述决策结构而设计的语句，为了在两个或多个行动中判断选择，可以根据具体条件的值产生决策结构。其一般形式如下。

```
如果    消费类型=住宿+娱乐
    如果    持卡类型=VIP
    则    P=0.7
    否则
        如果    持卡类型=normal
        则  P=0.76
        否则  =0.8
否则    如果……
```

3）循环语句

循环语句是在某一条件成立时，重复执行相同或相类似的行动，直到该条件不成立时为止。如计算每个学生的平均成绩，其循环语句如下。

```
对于每一位学生
计算各门功课的总分
计算平均分
直到所有学生的平均成绩计算完成
```

2．决策树

决策树又称判断树，是一种呈树状的图形工具，适合描述多种条件组合情况下的决策策略，清晰表达选项和决策结果的产生过程。决策树的一般形式如图 9-14 所示。左端圆圈为树根，表示决策结点；由决策结点引出的直线，形似树枝，称为条件枝，每条树枝代表一个条件；中间的圆圈称为条件结点；右

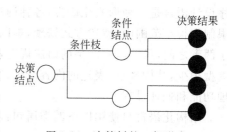

图 9-14　决策树的一般形式

272

端的实心圆表示决策结果。决策树中条件结点及每个结点所引出条件枝的数量依具体问题而定。

例如,假设某航空公司规定,乘客可以免费托运行李的重量不超过 30 公斤。当行李的重量超过 30 公斤时,对一般舱的国内乘客超重部分每公斤收费 4 元,对头等舱的国内乘客超重部分每公斤收费 6 元。对国外乘客超重部分每公斤收费比国内乘客多一倍(重量用 W 表示)。该收费方案可用图 9-15 表示。

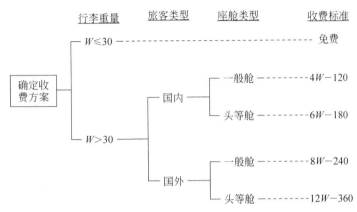

图 9-15　航空公司行李收费策略决策树示例

决策树的优点是非常直观,也容易理解。但是当可选的策略较多,或有较复杂的组合时,并不容易清楚地表达出判断的过程,也难以保证判断策略的完备性。

3. 决策表

决策表又称判断表,是一种表格状的分析工具,适用于描述和处理判断条件较多、各种条件相互组合、有多种决策方案的情况。决策表格式如表 9-12 所示。决策表由四部分组成,左上部分 C1、C2、C3 为判断条件,冒号后面是条件的具体描述。左下部分 A1、A2、A3 为决策方案,冒号后面是方案的具体说明。右上部分为不同条件组合,右下部分表示出不同条件组合下应采取的方案。

表 9-12　决策表格式

决 策 条 件	不同决策条件的组合状态
C1:	
C2:	
C3:	
决 策 方 案	决 策 规 则
A1:	
A2:	
A3:	

决策表的编制,首先要明确加工的功能与目标,然后要识别影响决策的各项因素(条件),列出这些因素可能出现的状态,并制定出决策的规则。表 9-13 列举了一个在 3 种条件不同组合下,采取不同行动的实例。表中的 Y 表示满足所列条件,N 表示不满足条件,X 对应于采取的行动。

表 9-13 某厂折扣决策表

条件和行动　　　条件组合	1	2	3	4	5	6	7	8
C1:年交易额大于 1 000 000 元	Y	Y	Y	Y	N	N	N	N
C2:能否按期付款	Y	Y	N	N	Y	Y	N	N
C3:距离本厂小于 800 千米	Y	N	Y	N	Y	N	Y	N
A1:折扣　　　　无								X
A2:　　　　　99%				X			X	
A3:　　　　　98%						X		
A4:　　　　　97%			X					
A5:　　　　　96%					X			
A6:　　　　　95%		X						
A7:　　　　　90%	X							

由表 9-12 可见,决策表将比较复杂的决策问题简洁、明确、一目了然地描述出来。如果要用文字叙述或用结构化语言、决策树描述将比较烦琐,结构也很复杂。所以决策表是描述条件比较多的决策问题的有效工具。

9.3.4 业务流程再造

对于企业而言,使用信息系统进行管理,需要对企业的传统业务流程进行部分或全部改造,即业务流程再造。

1. 业务流程再造概念

业务流程再造(Business Process Reengineering,BPR)是一种管理思想。它强调以业务流程为改造对象和中心、以关心用户的需求和满意度为目标,来对现行的业务流程进行根本的再思考和彻底的再设计,并且利用先进的制造技术、信息技术以及现代化的管理手段,最大限度地实现技术上的功能集成和管理上的智能集成,从而实现企业经营成本、质量、服务和速度等方面的巨大改善。

2. 企业业务流程再造种类

根据企业业务流程再造的范围和特征,可以分为以下三类。

1）仅涉及职能部门内部的业务流程再造

在信息系统开发中,需要对职能部门内部的业务流程进行再造,如各职能部门内部中间层过多。

2）涉及职能部门间的业务流程再造

在信息系统开发中,需要对跨越多个职能部门的业务流程再造。在传统劳动分工理论的影响下,企业业务流程被分割成多个简单的任务,并根据任务组成各个职能管理部门,各部门的负责人又往往注重于本部门个别任务效率的提高上,而忽略了企业业务流程整体效率的提高,在这种情况下,对企业进行业务流程再造,实际上是将系统思想应用于企业业务流程的再造。它强调全局最优而不是单个环节或业务部门的最优。

3）涉及企业间的业务流程再造

在信息系统的开发中,有时需要对两个以上企业之间的业务流程再造。在信息时代,现代竞争已不是单一企业与单一企业之间的竞争,而是一个企业供应链与另一个企业供应链之间的竞争。这就要求在进行业务流程再造时不仅要考虑企业内部的业务流程再造,还应对企业所处的整个供应链中的各个企业之间的业务流程进行再造。

3. 业务流程再造的基本原则

业务流程再造是一项自上而下发起的主动性的彻底变革。它以信息化为基础,以顾客和市场需求为导向,对企业的流程进行重新设计,从而建立起以团队工作方式为主的流程型组织。因此,业务流程再造的原则如下。

1）以顾客为导向

流程再造就是以顾客为导向重建企业,顾客需求是流程再造的出发点。这里的顾客不仅仅指企业外部的顾客,还包括企业内部的顾客。企业外部的顾客是指企业产品和服务的消费者,内部顾客是指企业流程各个环节上的员工。在传统的企业组织结构中,员工的绩效评定不是由顾客来决定,而是由职能部门的负责人来决定。这就使得在有些情况下,员工主要考虑的不是如何满足客户需求、怎样使客户更满意,而是如何讨好上司。

企业的各项流程应该强调顾客满意度,而不是部门领导满意;应该强调将企业内外部顾客的利益相统一;应该由顾客和员工对流程和企业进行评价,而不是由企业管理者指定评价指标。

2）以流程为中心

业务流程再造理论强调将组织构建在流程上,而不是在现有的组织上设计流程。再造的目的是重新整合在传统的严密的分工体系下被割裂的流程,并依据流程来设计各个部门,使企业管理者和员工的工作重心转移到企业的流程和整体利益上来,注重流程的整体效率。企业再造首先要理顺企业的各项流程,强调使流程的每个环节都能够增值,尽可能减少不增值的活动,提高流程的效率,消除时间和资源的浪费,提高顾客的满意度和企业竞争力。以流程为中心是业务流程再造的最根本原则。

3）团队式管理

再造以后的新型组织的基本构成单位是流程团队。团队工作方式是组织再造后的新型工作方式。伴随着企业组织的扁平化,员工得到了授权,能够拥有权力、承担责任和自我管理。团队成员应是复合型的人才,具备现代知识、技能和敬业精神,同时具备合作精神,共同为顾客创造价值。团队式的工作方式为员工的成长与发展提供了更多的机会。

4)以信息技术为手段

信息技术是企业实现业务流程再造的重要手段。企业再造必须重视、利用信息技术带来的巨大潜力。信息技术在很大程度上改变了人们做事的方式。企业要建立共享的信息系统,使企业能够及时、准确、完整地获取流程所需的各种信息,并促进原本分散在企业各个部门的信息和知识资源能够得到连接和整合。企业可以利用先进的信息和网络技术实现信息的分析和处理,将串行的工作流程转变为并行流程,并随时通过动态变化的信息库对流程各项活动实行监控。

4. 业务流程再造的实施步骤

如上所述,业务流程再造是一项非常复杂的工程。因此,必须有目的、有计划和有步骤地组织实施,才能保证业务流程再造的成功。业务流程再造的实施可以分为以下几个阶段。

1)战略决策阶段

这一阶段包括争取公司高层的支持,寻找发现流程再造的机会,评估信息技术的需要,以决定要再造的流程。

2)再造计划阶段

这个阶段的工作是业务流程再造的规划阶段,包括组织再造小组,确定再造目标,计划并通告相关人员。

3)流程诊断阶段

本阶段包括两部分:首先记录原有的流程,记录流程涉及的活动、资源、控制机制、信息流动的方向等;然后分析原有的流程,探讨流程存在的问题,以改进流程效率。

4)重新设计阶段

本阶段先要根据战略目标以及新的人员组织结构,选出最佳方案,从而完成组织结构再造设计。然后再进行信息技术再造设计。

5)再造实施阶段

根据重新设计阶段设计的结果,进行流程再造的实现。

6)评估成效阶段

在实施新流程后,评估得失与效率是十分重要的课题。因为流程再造是一个持续不断的过程。评估项目包括新流程的表现、信息系统的表现及生产效率等。

5. 业务流程再造的方法

业务流程再造的方法主要有清除、简化、整合和流程自动化等。

1)清除

清除指的是清除原有流程中的非增值活动。常见的非增值活动有:物流、信息流在传递过程中发生的时间等待;重复的活动;不必要的审核。

2)简化

简化是在不改变原有活动功能的基础上,将复杂的活动精简化。例如,复杂或重复表格的简化;员工与员工、企业与顾客之间沟通的简化;过分复杂技术的简化。

3) 业务整合

业务整合是重要的再造技术之一。它的目的是使整个业务流程顺畅、连贯,更好地满足顾客需求。例如,团队的一站式办公,能够改善在统一流程上工作的人之间的沟通交流,若出现问题,员工之间可迅速沟通解决。

4) 流程自动化

为了提高业务处理的效率,使用信息技术实现业务处理的自动化是必然的。而业务流程的清除、简化和整合是流程自动化的基础。通常将决策环节留给人来做,其他由计算机自动来完成。

6. 业务流程再造的案例——上海柯达(电子)重组流程

1) 柯达(电子)重组流程的过程

柯达电子(上海)有限公司是美国柯达公司(Kodak)在上海的全资子公司,1996 年 3 月建成投产,现有员工 400 多人。该公司主要负责柯达相机的生产,其销售则由柯达公司上海总部负责。该公司产品主要有 APS 相机、CBIO 相机与一次性相机等。公司成立之初,采用了传统的以职能为取向的组织结构模式,如图 9-16 所示。

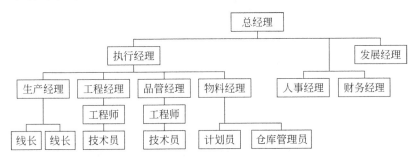

图 9-16　柯达电子(上海)有限公司流程重组前的组织结构

在这个组织结构中,整个公司生产运作由执行经理负责,其下属的生产部经理、工程部经理、品管部经理及物料部经理,分别负责相应的生产、工艺过程和成本控制、质量管理及物料管理的采购与库存。该公司产品的生产流程如图 9-17 所示。

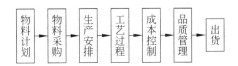

图 9-17　柯达电子(上海)有限公司流程重组前的产品生产流程图

在原有的组织结构中,该流程被严重割裂。物料计划、生产安排由生产部经理负责;物料的采购与出货由物料部经理负责;工艺过程与成本控制由工程部经理负责;品质管理则由品管部经理负责。各产品生产流程的各环节分别由不同的部门经理负责,而无人对整个产品的生产流程负责。结果,运作过程中,问题丛生,矛盾不断,生产效率有限。各部门负责人都以做好本职工作为己任,对其他部门的工作则漠不关心,他们都单个地对执行经理负责,执行经理再对总经理负责。各部门之间的矛盾由执行经理来协调,整个流程出现了问题同样由执行经理来处理解决,从而使顾客满意的工作反倒落到了执行经理人员的身上,也就是说,顾客对产品的满意度与顾客满意度的制造者——各部门经理无关,却成了执行经理的事务。

1997年3月,盛行于美国的流程重组(Reengineering)的热潮传到了柯达电子(上海)有限公司,公司决定对其生产流程进行重组。由于公司规模本身不大,业务单一,而拟重组的生产流程又很普通,国外多有成功的模式,因此,该公司并没有组织重组小组,也无需流程分析、创意设计等,基本上是借鉴他人现成的模式。其重组过程十分简单,就是将以职能部门为主体的组织架构,变为以产品为中心而组织起来的流程小组作为主体而构筑的组织架构。原有的职能部门经理,能够胜任者,则变为流程小组负责人或称产品经理,不能胜任者则另作安排。该公司经过重组后的组织结构如图9-18所示。

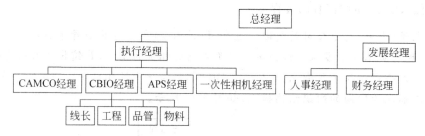

图9-18　柯达电子(上海)有限公司流程重组后的组织结构

经重组后,其生产流程并没有大的变化,只是以前由执行经理负责的顾客满意度的问题,交由各产品经理负责。新的流程图如图9-19所示。

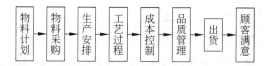

图9-19　柯达电子(上海)有限公司流程重组后的产品生产流程图

重组后,这些产品经理们不再是管理某一职能部门,而是承担起某一产品从投入到产出,直到顾客满意的整个管理工作。CBIO经理、CAMCO经理、一次性相机经理与APS经理均是对其产品的整个流程负责。流程不再是片段化的碎片连接,而是一个完全的整体。顾客这个在以往的生产流程图中被忽视的对象,在新的流程图中十分突出。

2) 重组流程给柯达(电子)带来的变化

经过重组流程后,柯达电子(上海)有限公司,无论是产品质量、生产效率,还是企业形象以及顾客满意度等都获得了较大的提高。不仅如此,重组流程后果的直接承担者——部门经理,从他们自身的变化上更能看出重组流程的本质所在。经过重组,原职能经理变为流程经理或称产品经理,他们对此有着深切的体会。主要表现在以下几个方面。

(1) 责任扩大,工作强度提高。重组流程前,各部门经理工作性质不同,工作内容单调、忙闲不一,人浮于事的现象比比皆是,重组流程后,各产品经理的责任范围扩大了几倍,各产品经理不仅要协调不同工种的工作人员,而且要对整个产品生产流程负责,对顾客的满意度负完全责任,工作内容也多样化,由此使其工作强度大大提高。在重组流程前,各部门经理加班加点的现象并不多见;重组后,各产品经理早出晚归则司空见惯。

(2)权力的扩大。重组流程前,各部门经理都只对执行经理负责,完成执行经理下达的工作任务和计划,决策权有限。而重组流程后,除了某些特殊情况外,各种有关问题的处理基本上由产品经理来决策。由此,他们的自主决策权迅速增加。

(3)避免了经理人员之间的矛盾,部门间的摩擦消除。重组前,各部门经理仅对整个生产流程的某一环节负责,由于眼睛只是向内,注重本部门的利益,彼此之间的摩擦和矛盾经常发生。尤其当产品出现问题时,各部门经理之间就相互"踢皮球",推卸责任,纷纷到执行经理那里打小报告。因此,执行经理也就整日忙于调和各部门经理之间的矛盾。重组后,原来需要外部配合的活动"内部化"了。各产品经理对完整的产品流程负责,中层经理之间的矛盾也就自然消失了。由此,执行经理也可从日常的协调工作中解放出来,集中精力于战略性和全局性的工作。

(4)工作效率提高。在原来职能部门经理各司其职的情况下,当生产的某一环节出现问题时,由于缺乏对整个流程的系统思考,各部门经理就让生产停下来共同开会研究,寻找原因和责任。在讨论过程中,由于各部门经理相互扯皮,推诿责任,往往使小问题也难以解决。重组后,各产品生产线上一旦出现问题,其产品经理立即解决,无需开会研究,也无推卸责任的现象,因此,生产效率大大提高。

(5)顾客成为第一服务对象。在重组流程前的组织架构里,各部门经理只关心自己的工作任务完成的情况,而对整个产品流程漠不关心;一心只想取悦于执行经理,而不关心、也无需关心顾客的满意程度。重组流程后,各产品经理的工作业绩不再由执行经理评价,而是由顾客满意度直接反映,顾客满意度成为其工作成效的衡量标准。因此,顾客在产品经理心目中占有很重要的地位,顾客不再是抽象的概念,而是看得见、摸得着的对象了。

(6)统筹、协调力度提高。重组流程前,各部门经理管理的对象是工作性质相同的各专业人员,其沟通简单,协调容易,整个产品的统筹与协调由执行经理承担。重组后,各产品经理统筹安排整个产品生产的各环节,促进各不同专业人员共同工作,因而其统筹协调的难度增加了。各产品经理也不能再满足于自己的专业知识,而要通晓相关的各方面知识。

总之,重组流程在柯达电子(上海)有限公司中,并不是体现在对生产流程的再设计,而是打破组织的藩篱,将生产流程中的人,由从属于不同的部门再造为同一个小组中,流程参与者们的工作也许并没有发生多大变化,但职能经理,或者说产品经理们的工作性质与工作内容却发生了巨大的变化。再造前,他们是流程运作各环节的监督者与协调者,他们的活动本身并不为顾客创造价值;再造后,他们是流程运作的直接参与者,他们工作的本身也成为了流程运作的一部分。再造流程给他们带来的影响及其个中滋味,原工程部经理、现为APS经理讲:"重组流程前,我们是传声筒,充其量是执行经理的'手'和'脚'的功能,执行其身体的局部职能;重组流程后,我们似乎成了以前的一个执行经理。重组流程使执行经理分身有术。"更值得一提的是,虽然这些经理们经过重组流程后,工作强度成倍增强,工作时间普遍延长,但在工作报酬未变的情况下,他们的工作热情非但没减少,反而高涨。究其原因,用他们自己的话来说,我们自己的工作满意度提高了,工作的成就感增强了,工作不再仅仅是挣薪水,工作成了我们生活的一部分。

3) 柯达电子(电子)流程局部重组的分析

通过柯达电子(上海)有限公司对其生产流程的重组可以看出,局部流程重组有以下几个特点。

(1) 重组的范围窄。若按组织结构分,柯达电子(上海)有限公司可分生产、财务、人事及研究与发展四大部分。重组实施的范围只是生产这一部分,范围相当狭窄。对整体组织的冲击力很小,公司的其他几个部分甚至感觉不到生产这一部分的变化。

(2) 牵涉面小,在该公司的局部流程重组中,所牵涉的人只是与生产有关的人员,并不涉及财务、人事等职能部门人员。事实上,该公司重组流程过程中,还不是重组所有流程参与者,如流水线上工作的员工,他们并没有感受到重组的变化,其工作性质、工作内容等与以前基本上是相同的。这里重组的重点,是流程各环节的协调者,如工程部的工程师、品管部的工程师等。在重组以前,他们服务于流程的运作,但受制于各职能部门的管理。重组流程,他们的"身"与"心"达到和谐的统一。

(3) 重组流程的方式简单。重组流程有很多种方式,并且大部分都借助信息技术的强大威力来对流程进行重新设计。但在柯达公司的重组流程过程中,看不到采用了什么复杂的方式,只是把强行分开的流程参与者们归并到一起,对流程的执行者充分授权。这种方式只是关键点突破方式中的一种,即活动承担者的突破。可以说,简单得不能再简单了。当然,局部流程重组的力度是有限的,其效率也不可能很大,其持久性也很难保证。据一些流程中人的反映,他们现在的工作干劲与重组开始实施时相比,有明显的减弱。可见,系统重组是必然的。

(4) 实施阻力小。由于重组流程的过程,往往是打破既得利益者们的既得利益而重新进行利益分配的过程,因此,重组流程所牵涉的面越广,涵盖的范围越宽,实施过程中的阻力就越大。从柯达公司的重组流程的过程来看,受重组直接影响的既得利益者是原职能部门的经理们。重组流程前,他们工作轻松,责任小,压力不大,工作是下属去做,遇事则由执行经理去解决,顾客满意与否并不关他们的事;重组流程后,他们要对整个流程负责,各工种的协调成了他们的分内之事,并且他们业绩的直接衡量标准就是顾客的满意度,因此,对其工作要求就提高了很多,他们的工作压力与以前相比也成倍增加。由于该公司的其他配套改革没有同时进行,如绩效的衡量标准变了,但奖励的标准与力度并没有相应调整,因此,个别经理人员对如此强度的工作,却依然领取原有的薪水,感到有点想不通,不免有些微词;但其他产品经理人员则把充分授权,工作内容丰富化,工作的成就感当作一种报酬,因而,感到这没有什么。整体说来,支持重组的经理多,而阻止重组的经理只是个别人,重组阻力很小。这也是为什么该公司的重组流程的过程不仅很简单,而且花费时间十分短暂。不需要构筑重组流程小组,仅执行经理一个人就可以领导并推行。

9.3.5 新系统逻辑方案

1. 确定新系统的业务流程

新系统的业务流程是业务流程分析和优化重组后的结果,包括以下内容:原系统的业务流程的不足及其优化过程;新系统的业务流程;新系统业务流程中哪些由计算机系统来完成及哪些由用户来完成。

2. 确定新系统的数据流程

新系统的数据流程是数据流程分析的结果,包括下列内容:原数据流程的不合理之处及优化过程;新系统的数据流程;新系统的数据流程中哪些由计算机系统来完成及哪些由用户来实现。

3. 确定新系统的逻辑结构

新系统的逻辑结构即新系统中的子系统划分。

4. 确定新系统中数据资源的分布

确定新系统中数据资源的分布即确定数据资源如何分布在服务器或主机中。

5. 确定新系统中的管理模型

管理模型是系统在每个具体管理环节上所采用的管理方法。在老的手工系统中,由于受信息获取、传递和处理手段的限制,只能采用一些简单的管理模型,而在计算机技术支持下,许多复杂的计算在瞬间即可完成。在管理信息系统的系统分析中,就要根据业务和数据流程的分析结果,对每个处理过程进行认真分析,研究每个管理过程的信息处理特点,找出合适的管理模型,这是使管理信息系统充分发挥作用的前提。

管理科学的发展在管理活动的各个层次、各个环节都形成了较为成熟的管理方法和定量化的管理模型,为管理信息系统的应用创造了条件,但在一个具体系统中应当采用的模型则必须由前一阶段的分析结果和有关管理科学的状况所决定,因而并无固定模式。但管理作为一门科学,仍是有规律可循的。常用的管理模型主要有:综合计划模型;生产计划管理模型;库存管理模型;财务成本管理模型;统计分析与预测模型。

由于管理模型是一个广义的概念,涉及管理的方方面面,同时不同单位由于环境条件各不相同,对管理模型也会有不同的要求,在系统分析阶段必须与用户协商,共同决定采用哪些模型。

9.4　系统分析报告

系统分析阶段最后一项任务是编写系统分析报告,也叫系统说明书。它是系统分析阶段正式提交的工作成果,也是下一步进行系统设计的依据。要经过用户和开发项目组的确认,并提交上级审批通过。它主要包括如表 9-14 所示内容。

表 9-14　系统分析报告

章	内　　容
1. 概述 主要是对企业和欲开发的系统的基本情况作概括性的描述	(1) 待建系统的背景材料 (2) 企业概况与组织结构

章	内　　容
2. 现行系统情况阐述 信息系统有可能是在现行系统的基础上建立起来的。因此,对现行系统进行充分调查,了解用户需求,是保证信息系统开发成功所必需的	(1) 现行系统目标、规模、界限 (2) 现行系统逻辑模型 (3) 用户需求分析 (4) 存在问题分析
3. 新系统的概述 这部分反映了对现行系统进行系统分析的结果和对今后待建信息系统的设想	(1) 信息系统的名称、目标和主要功能 (2) 信息系统的建设方案 (3) 系统应用环境,说明新系统运行支持的基本条件
4. 系统设计实施初步计划	(1) 工作任务的分解 (2) 时间进度计划 (3) 资源需求 (4) 经费预算

【阅读材料】

ERP 系统失败十大原因分析

何谓"ERP 失败"? 简单地理解,就是企业在投入了一定的资金、资源和一系列企业活动,启动并实施以 ERP 系统为主要内容的信息化项目之后,因为在实施过程中碰到了很多意外的情况和困难而导致项目停止,或者是因为 ERP 软件的功能和实施者的解决方案远远不能满足企业的真实管理需求,或者是 ERP 系统实施并上线运行之后企业没有得到应有的管理提升和价值回报,或者是尽管 ERP 系统的实施得到了企业的暂时认可,但因为软件供应商和实施者的维护服务原因使企业遭受了严重的经营效益损失等。下面按照严重性大小列举 ERP 实施失败的十大祸首。

第一:ERP 商业计划没有生命力

毫无疑问,ERP 项目通常需要 12~36 个月的时间才能付诸实施,而且通常耗资 500 万~5000 万美元不等,持续能力至关重要。所以,必须确认开展 ERP 项目的理由,即准备一个扎实的商业计划。

另外,如果没有一个实实在在的商业计划,你不可能得到整个业务小组的支持。很多时候,一个企业实施 ERP 项目并不仅仅是为了减少技术成本,因为 ERP 实施后总的技术成本往往会明显上升。ERP 项目的实施常常是出于更宽泛的业务目的,如果大家对项目实施的目的一知半解,而且没有事先获得对项目内容和投入资金的批准,就不可能得到高级管理层的全力支持。

5 年前,虽然有一些大公司为 ERP 项目做了商业计划,提交拨款申请,然而,一旦计划核准,项目开始启动,这些计划即被束之高阁。与 5 年前相比,现在的情况大有改进。

一个 ERP 商业计划是具有生命力的,并且随着项目的进行而不断地更新。它应该设定如何去跟踪 ERP 应用所带来的效益。它必须为 CEO 提供参考,把成本降低和收益增长分列到公司每年的运营预算中去,并以此作为每个副总的业绩指标。它必须明确中高层的管理人员对达成目标承担相应的责任,以保证实现预期的底线利益。这种做法现在还相当少,部分原因是许多管理人员都会有"在项目结束时,我可能早就不在这里工作了"这样的想法。

仅有技术是不可能帮助你达成商业目标的。ERP 项目的成功离不开一个设计周全、久经考验的商业计划。那么商业计划究竟有多重要？我们认为，它的重要程度足以让它列为十大之首。

第二：没有充分发挥全新的整合信息的威力

请不要误解，ERP 技术是切实可行的，但 ERP 项目 30% 的挑战来自技术层面，而剩余的 70% 则来自人员和流程。很少会有人由衷地喜欢变革，然而当公司转向实施 SAP 时，变革无法避免。小而言之，员工的计算机屏幕会发生变化；大而言之，员工的整个生活都会改变。

新兴技术统摄一切，并且，一般来说，能使信息随手可得。例如，当原材料到达公司仓库并被扫描进入系统时，任何人都能获得此项信息并加以利用。当产品生产完成，被自动或手工输入系统时，就立即成为可销售的产品，员工不用等到第二天才获得这条信息。

实时整合和精确数据改变了人们的工作。一个传统的订单操作员可以成为全能的客户服务代表。例如，有了进入整合 ERP 主系统的网上通路，客户服务代表可以马上检索客户的历史记录及其他重要识别内容，还能够查阅在所有仓库（而不仅是当地仓库）的实时库存以及未来生产计划，根据客户需求在生产计划中冻结部分产品向该客户供应。全新的 ERP 技术会影响许多人员，他们需要培训以掌握流程。

第三：试图创造与公司文化不相容的解决方案

20 世纪 90 年代，调研发现，许多进行 ERP 项目的公司都视之为排除万难的灵丹妙药——即使解决方案的"风格"与公司的文化传统并不相容。

管理人员也许希望在一个全球业务中央集权式的环境中工作。和沃尔玛颇为相似，全球总部拥有不可置疑的权力和纪律。然而，如果公司的文化崇尚分权式的创业精神，那么沃尔玛式的风格并不适合。你无法运用技术强行改变公司的文化，因此如果公司的结构十分松散，那最好选择安装分权式的 ERP 应用程序，或者直面将要来临的巨大变革。

假如你准备将 93 个仓库合并成 5 个或者 6 个，并"指望"ERP 程序帮你完成。从技术上来讲，ERP 能够做到。但这不是一个简单的技术流程，而是业务/人员流程。如果没有人改变态度，整个公司不理解也不支持这样的合并，你的项目将付诸东流。

但是，假如 CEO 授权某人彻底审视整个公司及其文化，那就另当别论了。需要重申的是，CEO 并不将 ERP 视为简单的技术解决方案，而同时也是业务和组织解决方案。CEO 应该从一级和二级经理中挑选合适的人选，在全新的制度下工作，并使 ERP 项目大获成功。

第四：忽视强有力的系统整合团队的建议

公司经常花费大量的时间和金钱选择一个强有力的系统整合团队（System Integrator，SI），却在项目进程中处处与之为敌，这实在让人匪夷所思。如果总是质疑 SI，或者认为它的建议只是为了简单地产生更多收入，那为什么还要为了咨询顾问的专才花费巨资呢？SI 应该成为你的左膀右臂，因为 ERP 对你而言有可能只是第一次或者第二次接触，而 SI 也许已经数十次或者上百次经历过类似案例。那么为什么还要对 SI 百般猜疑呢？

相互尊重和伙伴关系是项目成功的关键，包括对每一位伙伴以及软件供应商的尊重。同样，SI 也不能先入为主地认为客户百般习难而不愿提供有力的咨询意见。

在选择时，公司应该：首先，考虑兼容性。你是希望咨询公司从天而降替你完成所有工作，还是和你携手工作解决困难呢？有些 SI 公司偏好"携手合作"的态度，而其他公司则喜欢对你说："这是给你的指令,这是未来的景象,我们开始工作吧。"其次,你可以根据公司文化决定选用哪种工作方式。再次,仔细审查 SI 的工作记录。除去 SI 的包装,和软件供应商以及业内分析人士交流,听取他们的意见。最后,花时间考察将与你并肩工作的每一位团队成员,记住在合同中规定,在项目进行过程中,项目领导和伙伴应始终在你左右。

第五:项目起步了,却没有高级管理小组的支持

任何一个大型 ERP 项目都会牵扯庞杂的业务流程、角色、职责、标准及数据定义,而这些变革无法自下而上地开展。一个有效的管理小组就显得格外重要,而一位高级行政人员进行积极有效地领导也同样关键。ERP 项目会触发一些困难的、有时甚至是恶性的问题,而承担责任的这位高级管理人员就可以及时处置,并观察指挥部是否能够理解并接受这些决定。

管理小组可以每个月碰头一个小时,勉励项目经理,或者也可以花更多的时间了解和指导项目进程,做出重要的决定,规划公司的未来。两者之间有天壤之别。

从业务角度来看,这位高级管理人员通常会是首席财务官,也可以是首席行政官,尤其是那些涉及关键的业务转型,并且关乎公司未来的成功项目。如果 ERP 项目影响到销售及分销,那么牵头的就应该是销售及市场副总裁。ERP 项目的"守护神"必须是集团领导层的一员,并且最好不是首席信息官。除非 CIO 同时还是一个出色的业务经理,并能影响其他的高级业务管理人员;否则,其他的管理人员不会积极参与,而 ERP 项目则会变成 CIO 和他的技术人员的任务。

第六:"核心团队"缺乏顶尖业务人员和技术人员

这可能成为一个巨大的挑战。你的项目需要顶尖高手的参与——不仅仅是技术明星,更需要业务好手。即使你必须牺牲某方面的质量,也不能放弃业务尖子。相反,也许你可以牺牲技术专才,因为你保留的咨询顾问可以带来熟练的技术人员。

这些高手应该比任何团队中的其他成员更紧密地围绕在项目经理周围,千万不要因为张三或李四无所事事而将他们纳入团队中。这样做可能很困难,因为你最好的下属无疑正忙于其他事务,而有些大型的 ERP 项目需要 200～300 人的参与。可是,你必须将你最好的一些队员从日常事务中解放出来,加入 ERP 项目组。

第七:与数据有关的各项工作启动太晚

数据的一致性和准确性至关重要。ERP 项目的投资巨大,但要记住的是:系统的有效使用依赖于原始输入数据的准确性。问题往往就出在这里。调查显示,绝大部分公司在意识到数据的质量和准确度时都为时已晚。

在项目刚开始时就应该考虑数据的问题,而不要留到系统上线的前两个月才如梦初醒。要决定采用何种新的数据标准,清理和转移现有数据也需要大量的时间。这将保证有关客户、供应商和账目的重要信息与未来的业务发展保持一致。

举例来说,供应商对客户的采购情况比客户自己更清楚,这种情况毫不让人感到意外。假设你从一家主要的化工厂商那里购买产品和服务,而这家厂商在 32 个国家为你提供服务。如果这是一家运作良好的厂商,那么他们对你的全球购买情况很可能比你自己还要清楚。而 ERP 的实施可以从技术上让你占据上风,由此去争取更多的折扣。但是,只有当系统中的数据前后一致并及时更新,并且你能够即时获得这些数据时,才可能争取价格优势。

第八:难以平衡业务整合需要和对短期绩效的追求

如今,每个 CEO 都必须尽快做出成绩来,而不是在一年半载之后。由于一个完整的 ERP 项目实施所面临的巨大挑战,他们很难向董事会承诺,ERP 项目实施后的 2~3 年内可能节省的具体费用,他们要的是即时的回报。

由此而言,ERP 项目实施面临的挑战是:如何规划好项目的规模和实施顺序,从而迅速地获得最大程度的商业回报,同时不危及 ERP 整合的最佳效果。

第九:对系统启用后暂时的低潮表现缺乏心理准备

大部分 ERP 项目对企业构架的改变是革命性的,有时候企业一半以上的后台交易系统被替代,从而影响到 90% 的业务流量。这不仅仅是技术转型,它在很大程度上改变了一个企业的业务流程、企业文化、企业知识及工作环境。因此,项目上线后随之而来的适应期是不可避免的。研究表明,甚至那些在实施阶段非常顺利的项目,也无法避免新系统启动后的适应期。例如,交易处理效率可能从 98% 下降到 90%,处理销售订单或者货品入库的速度都有可能减慢。

企业必须通过详细计划、试点试用、内部教育和风险分析等一系列手段,来减少这种情况发生的可能性。但是,企业必须充分认识到项目上线最初的这段适应期的存在。如果执行得当,那么这种负效果可以降到最低,而且在最短的时间内消除。

第十:把"上线"作为项目的结束

ERP 的实施绝不仅仅是一个简单的项目,"上线"并不是终点,而是一个新旅程的开始。一般来说,ERP 项目的先期投资非常大,而期望的应用生命周期也在 10~20 年。企业组织起一个团队,用了 15~30 个月的时间终于完成了项目的"上线",怎么能在投入使用的一个月后就散伙呢?

想象一下,一个历时 3 年、花费数百万美元建成的大型化工厂,在开工不久就把他们的工程师们遣散回家。这是不可能的!在未来的岁月里,工厂还要仰仗这些工程师来不断发展。保留 ERP 项目实施小组的主要人员,包括业务和技术人员,可以保障 ERP 的应用,处理应用中的瓶颈问题,改进系统,并且继续寻找提高生产力的方式。

回想 1953 年举世瞩目的那一天,新西兰人埃德蒙·希拉里爵士和尼泊尔人登津·诺尔盖成功地登上了珠穆朗玛峰,成为世界最高峰的第一批造访者。他们的成功是否给了你灵感和启示?他们登上顶峰靠的不是新奇的技术,他们的装备其实相当简陋。他们之所以成功是因为他们从登山先驱们的失败中学到了如何成功避免致命的错误。

成功地实施 ERP 项目也许无法与登上世界第一高峰相提并论,但它的失败会给公司的业务带来可怕的打击。

以上十条未必是全部原因,可喜的是,很多企业已根据失败教训和对 ERP 项目再认识,调整思路,重新进行了 ERP 选型,不约而同从"能持续提供有效实施、服务和产品升级"角度,从选择长期战略合作伙伴高度,选择国内最大软件公司及其 ERP 解决方案,进行二次 ERP 选型和实施。

备注:SAP-企业管理系列软件

(资料来源:拓步 ERP 资讯网 http://www.toberp.com/(2013 年 1 月 6 日))

【项目实践】

请根据本章所学内容,继续完成在线选课系统的系统分析阶段的相关工作。

（1）进行本校在线选课系统的详细调查，画出相应的组织结构图、业务流程图。

（2）详细调查本校内各部门之间教学计划、文件、报表的处理情况并画出信息关联图。

（3）详细调查现行系统的输入信息（如输入信息的名称、内容、时间、输入量等）、输出信息（输出信息名称、使用者、目的等）及相应的编码问题（如课程代码、教师代码、专业代码等）。

（4）发现现行系统中存在的问题，如有必要请进行业务流程重组。

（5）画出新系统的数据流程图并编制数据字典。

（6）试整理出系统分析报告。

思 考 题

1. 系统分析的任务是什么？系统分析有什么要求？

2. 结构化分析方法的基本原理是什么？

3. 结构化分析的基本步骤和主要内容是什么？

4. 详细调查的内容有哪些？

5. 什么是业务流程图？结合本校实际，画出请假的业务流程图。

6. 简述数据流程图的概念及组成。

7. 简述绘制数据流程图的规则。

8. 如何绘制多层数据流程图？

9. 系统业务流程图和数据流程图有什么关系？

10. 什么是数据字典？组成数据字典的基本元素有哪些？

11. 数据字典中的数据处理是由什么组成的？

12. 简述描述数据处理的主要工具，请分别用结构化语言、决策树、决策表来描述一个数据处理。

13. 决策表是如何构成的？

14. 试述数据流程图绘制的主要原则、步骤和方法。

15. 简述系统分析师应当具备哪些能力。

16. 系统分析报告有哪些内容？

17. 什么是业务流程再造（BPR）？你对它有何认识？

18. 画出学生评奖的决策表。奖励的目的在于鼓励学生品学兼优，此评奖处理功能是要合理确定学生受奖等级。决定受奖的条件为：已修课程各类成绩比率为：成绩优秀占70％或50％以上，成绩为中或以下占15％或20％以下，团结纪律为优良或一般者。奖励方案为一等奖、二等奖、三等奖、鼓励奖4种。

19. 请调查一个储蓄所的存（取）款业务过程，然后用业务流程图描述该过程，并画出相应的数据流程图。

20. 对所在学校的图书借阅业务进行系统分析：

（1）画出业务流程图。

（2）画出数据流图。

（3）编写相应的数据词典。

第10章 信息系统设计

【学习目标】

系统设计是信息系统开发过程中的第三个阶段。通过本章学习,掌握结构化设计的要求和主要图形工具的应用;掌握代码设计的原则、种类和代码校验的方法;掌握数据库设计的方法和步骤;熟悉信息系统硬件、软件和网络结构的配置;熟悉系统输入和输出设计的原则,并且能够根据用户要求进行输入和输出介质的选择;熟悉系统设计报告的作用和内容;了解系统设计在整个信息系统开发过程中的地位、基本任务和系统设计的目标、原则。

【导入案例】

上海电力营销管理信息系统建设案例

"上海电力营销管理信息系统是一个特大型的信息管理系统,平均日处理资金近1亿元,日处理交易近80万笔,它对数据库的性能和功能都提出了很高的要求。OracleRAC很好地满足了我们的应用需求,为上海电力营销管理信息系统高效率处理业务数据提供了强大的动力。"——上海市电力公司

1. 综述

上海市电力公司面对快速发展的城市电力营销管理需求,及时引进先进的信息技术系统,成功实施基于3层架构的"上海电力营销管理信息系统",对全市范围内637万用户的用电进行统一管理,实现业务集中处理,达到服务标准统一、业务规范统一和数据结构统一,形成从上海市电力公司到各个供电公司、供电分公司、营业站的多层业务处理能力,成功建立起对电力市场真实、准确、及时的反应和预测机制,为电力营销提供科学、可靠的依据。OracleRAC作为"上海电力营销管理信息系统的中心数据库",不仅能够为该系统高效率地处理TB级业务数据提供强大的动力支撑,同时,为系统未来的数据增长提供了灵活的可扩展性和可管理性。

2. 应用背景分析

上海市电力公司是国家电力公司的全资子公司,是上海地区从事电力生产和经营的特大型企业,肩负着为国际经济、金融与贸易中心——上海市提供电力保障的重任。而上海市的用电情况非常复杂,电力客户的范围十分广泛,大到220千伏的厂矿企业,小到220伏的居民用户,他们的用电需求直接影响着电力系统的电能生产。另外,用电管理业务非常繁杂,不仅包括营销管理、安全用电检查等几部分,每一部分还包括若干专业分支,如营销管理中包括业扩报装、电费管理、电能计量管理等,每天都要产生大量的信息需要迅速加工处理,而且这些处理工作以周期性重复出现的方式进行,信息处理的工作量很大。同时,由于电力营销管理部分处理的客户用电信息是调度电力系统运行控制用户用电和收缴电费的依据,需要上海电力在一个地区内实行统一的政策规定和工作方式。

随着中国加入WTO,中国电力市场改革也将逐步到位。在新一轮电力改革完成之后,

上海电力的业务内容从输电、配电到最后的计费、收费。因此,如何在日益开放的市场环境中提高企业的经济效益与社会效益,为上海经济的快速发展提供动力,为全市电力用户提供规范化的、高效率的服务,已成为上海市电力公司面临的严峻挑战。

为了配合公司营销体制改革,提高电力营销业务工作质量和工作效率,上海市电力公司决定对全市三大供电公司:市东供电公司、市南供电公司和市区供电公司进行信息资源整合,并在2000年底决定建设全市统一的电力营销管理信息系统。

上海电力营销管理信息系统是以现代计算机网络技术和通信技术为基础,向客户提供迅速、快捷的服务,并形成从上海市电力公司到各供电公司、供电分公司、营业站的多层业务处理能力,建立起对电力市场真实、准确、及时的反应和预测机制,为电力营销提供科学、可靠的依据。

3. 系统需求特点

上海电力希望通过集中的电力营销管理信息系统,存储和管理全市所有的用户数据和电费账务数据,并通过广域网将公司下属各供电公司和供电分公司联网,实现数据集中存储和管理、业务集中处理,达到服务标准统一、业务规范统一、数据结构统一的目标。

这是一个特大型的信息管理系统,具有系统高度集中、数据量大、并发度高、数据结构复杂、负载重等特点。目前,上海电力用户已达637万户,每户每月都要产生抄表信息、电费应收、电费实收、账务结算等数据,平均一个月要新增2500万条记录。同时,上海电力营销管理信息系统将覆盖上海市电力公司下属3个供电公司、13个供电分公司及54个供电营业站,近1400多位工作人员每天都需要使用该系统开展日常工作,这还不包括通过Internet查询访问的用户。

另一方面,由于电力行业的业务特点,用户的电费计算过程比较复杂,涉及的信息量较大,除了当月的抄表结算电量外,还涉及业务变更和换表导致的拆回电量,同时受到国家电价政策和行业发展政策影响,不同行业用户的电量电费计算标准都有差异。另外,在用户端的计量装置上存在着上下级的总分关系、同级的并列关系、转供关系等,这些都导致了每一笔电费生成的计算模型异常复杂,从而对系统的性能要求非常苛刻。同时,由于该系统直接涉及用户的电费、账务等财务信息,因此,对于数据的安全性和可靠性提出了非常高的要求。

因此,上海电力营销管理信息系统对存储、管理所有数据的数据库系统提出了很高的要求。

(1)要求集中的数据库系统能够高效率地处理TB级的数据量和10亿条记录量级的超大表。

(2)因为并发度高,每个操作涉及的数据关系复杂,要求数据库系统能够有效地解决并发访问过程中的数据竞争和锁机制。

(3)在数据集中和应用集中的应用环境下,因为复杂度高,要求数据库能够采用并行处理技术,通过多台数据库主机并行处理来提高系统的处理性能。

(4)要求数据库系统具有高可靠性,能够满足系统24小时不间断联机处理的要求。即使在网络中断或者一台主机瘫痪的情况下也要求能够做到事务处理不间断进行。

(5)要求数据库能够根据时间将数据分区存储。由于电力营销业务处理中具有明显的时间特性,一方面随着时间的推移系统的数据量不断积累,另一方面,业务数据明显地分为历史数据和当前数据。根据时间将数据进行分区存储,不仅能够有效解决数据量不断增加后的性能问题,同时也能够解决对于历史数据的后备存储保护问题。

4. 解决之道

基于上海电力营销管理信息系统所处理数据的大规模和复杂性,上海电力在技术选型过程中,在选择主机系统之前,首先选定采用 OracleRAC(集群数据库)作为中心数据库系统。Oracle 合作伙伴朗新信息科技公司针对上海电力的应用需求特点,提出了建立在中间件基础上的 3 层架构解决方案,采用 OracleRAC 集群数据库作为后台数据存储管理系统,以中间件系统进行进程调度和管理,从而能够很好地解决上海电力数据高度集中、业务集中处理后,对系统处理性能和系统安全性的要求。也使上海电力营销管理信息系统成为电力行业首个采用 3 层架构体系的大型营销管理系统。

上海电力营销管理信息系统以两台 HP AlphaServer GS160 小型机作为数据库服务器,以 Tru64 UNIX V5.1A 作为操作系统,采用 TruCluster 集群管理软件并配合 Memory Channel 构成双机群集系统,其中 Oracle 9.2.0.1 数据库通过 OracleRAC 构成双机并行处理。

系统在 2001 年年初开始规划,2001 年 7 月开始实施,目前已经在上海电力所属的 3 个供电公司、13 个供电分公司投入运行。这一大型复杂系统得以顺利实施,上海电力公司领导层和各业务部门的大力支持是其中的关键因素。在系统的建设过程中,始终得到上海市电力公司领导层的大力支持,从最初的调研考察、确定建设规划,到招投标工作,以及试点开发和实施推广,都得到了上海市电力公司市场营销部和发展计划部领导的密切配合,确保了这一大型、复杂的电力营销管理信息系统得以顺利实施。

5. 应用效益

目前上海电力营销管理信息系统已经在上海电力所属的 3 个供电公司、13 个供电分公司投入运行,全面达到了预定的建设目标,成功实现了上海电力数据集中、工作标准统一、业务规范统一的目的。通过该系统,上海市电力公司建设起覆盖全公司范围的高度集中统一的电力营销管理信息系统,能够做到全市业务处理统一服务标准、统一业务规范、统一工作考核,为上海电力提高服务质量、提高企业管理水平提供了有力支持。同时,通过该系统的建设,成功地把上海市电力公司下属各个供电公司和供电分公司的市场营销工作都纳入到集中统一的一套计算机系统中,建立起了平面透明的监管和考核机制,实现了从上到下的规范、透明化管理,并且能够实时统计和分析市场营销工作的各种数据,为管理决策提供了强有力的支持。

以 OracleRAC 作为中心数据库的上海电力营销管理信息系统自投入使用以来,运行高效、稳定,为上海电力下属 3 个供电公司、13 个供电分公司的从营业受理、勘察设计、用电检查、计量装接、抄表计算、电费账务到财务结算的所有市场营销工作提供了强大的平台,目前,该系统承担着上海市 637 万用户的用电报装、抄表出账、电费结算的工作,平均日处理资金近 1 亿元,日处理交易近 80 万笔。OracleRAC 为该系统高效率处理如此庞大复杂的业务数据提供澎湃动力。

现在,在已经实现连接的供电分公司与上海电力公司之间,信息的传递更加及时、准确。随着电力营销管理信息系统实施的逐步深入,电力系统的信息得到越来越透明的管理。一方面,通过系统建立起来的面向管理层的综合信息查询系统,可以实现报表自动报送和汇总系统的建立,进一步提高工作效率和数据的真实性,让决策层随时查看全市权限控制到的任何地方的电力营销实时数据;另一方面,借助集中式的电力营销管理信息系统,上海电力将在全市范围内实现信息共享,使得上海电力600多万用户,无论是工业用户还是居民用户,都可以随时到上海电力相关部门来办理各种用电手续和在全市范围内查询用电情况,方便、快捷。

6. 选择 Oracle 的理由

OracleRAC 全面满足了上海电力营销管理系统对数据库的应用需求,从而能够在上海电力营销管理信息系统的数据库技术选型中脱颖而出。主要基于以下三方面原因。

(1) OracleRAC 提供了强大的双机并行处理功能,能够有效地提高上海电力营销管理信息系统的性能。

(2) OracleRAC 基于时间的分区技术能够有效解决上海电力大表访问的性能问题。

(3) OracleRAC 够较好地解决并发访问时的锁机制问题。由于系统数据集中后,用户数量增加,并发访问量增加,容易引起数据竞争,另一方面,电费计算的模型较为复杂,需要使用的原始数据较多,同时在计算过程中通常是几百户或者几千户的电费数据作为一个事务一起提交以加快速度,此时同时锁住的数据量较大,也容易引发死锁。OracleRAC 在这方面的领先优势,能够高效率地解决这些问题。

OracleRAC 在以上三方面的强大功能,能够为上海电力营销管理信息系统的软件设计和开发带来极大的好处和方便。如果不然,需要开发人员从应用层面来解决并行处理、数据分区和防止竞争的问题,从而大幅度增加软件设计的复杂度和可维护性。

7. 选择朗新的原因

朗新公司在行业信息化建设方面具有强大的实力,是一家面向电信和电力行业的关键业务支持系统解决方案和服务提供商,目前已成为在中国电信和电力行业领导型的 IT 解决方案和服务提供商之一。同时也是基于网络安全和性能管理的解决方案和服务提供商。在 2002 年中国电子信息产业发展研究院牵头、中国软件评测中心和中国计算机报社联合主办的系统集成专家评选中,成为两家荣获电力行业系统集成专家称号的厂商之一。

朗新公司是国内电力行业信息化建设最有实力的厂商之一,已经承担了浙江、湖北、甘肃、新疆、上海、山西 6 省市的电力营销信息化建设工作,无论是技术水平、研发力量、项目管理、客户服务还是产品成熟度都居于国内领先水平。

同时,朗新公司在业界享有良好的声誉,与电力系统保持着长期友好合作的传统。朗新公司始终参与和协助电力系统各项信息化建设的规范化工作,从国电《电力营销管理信息系统建设规范》到《电力客户服务中心系统建设规范》,朗新公司都做出了积极的贡献。促进电力系统的信息化建设水平的提高,朗新公司在参与中国电力信息化建设的过程中也为各个供电企业提高客户服务质量、业务管理水平做出了自己的贡献。

(资料来源:中国电子政务网)

系统分析报告经过专家和用户评审、通过批准后,开发工作进入了系统设计阶段。它的主要目的是根据已批准的系统分析报告,在用户提供的运行环境条件下,考虑实际的技术、经济等条件,设计出一个能在计算机网络环境中实施的具体方案,即建立新系统的物理模型,从而解决"如何做"的问题。

系统设计阶段的主要活动如下。

(1)系统总体设计。其中包括软件系统总体结构设计、数据库设计、通信网络平台设计。

(2)系统详细设计。其中包括代码设计、输入/输出界面设计、处理过程设计。

(3)编写系统设计报告。

10.1　系统总体设计

10.1.1　系统总体设计概述

信息系统是由应用软件、软件平台和基础设施组成的系统。

1. 系统总体设计的任务

信息系统总体设计的主要任务是从管理信息系统的总体目标出发,根据系统规划阶段和系统分析阶段产生的文档,并考虑到经济、技术和信息系统实现的内外环境以及主、客观等方面的条件,确定管理信息系统的总体结构和系统各组成部分的技术方案,合理选择软件和硬件设备,确保总体目标的实现,即根据新系统的逻辑模型设计应用软件系统的物理结构。

2. 系统总体设计的原则

一般来说,企业建立管理信息系统是为了提高信息处理效率,增强信息处理功能,从而更快、更好地为企业的发展服务。系统设计的优劣直接影响到信息系统的质量和效益,为了使所设计的信息系统成为一个能满足用户需要的、具有较强生命力的信息系统,通常可以采用以下设计目标来评价一个设计方案的优劣,也就是在系统设计时必须遵循的基本原则,具体如下。

1) 与企业的发展规划目标相一致

信息系统的总体设计方案应与企业的中长期发展规划相一致,应该为企业实现中长期发展战略提供技术支持。

2) 可变更性

系统的可变更性是指系统的可维护性或可修改性,也可称为系统的适应性。系统投入运行以后,系统的环境和条件会不断变化,系统在设计上的缺陷和功能上的不完善,以及在使用过程中出现的硬、软件故障等会影响系统的正常运行。应用软件的设计水平是影响系统可变更性的主要因素。结构化模块设计、数据存储结构的优化、系统功能设计的前瞻性都是提高系统可变更性的重要措施。

3) 实用性和经济性相结合

实用性就是用较少的资金、较快的速度建成一个用户界面友好、易于操作的实用系统,能够最大限度地满足实际工作要求。建设信息系统的价值在于应用,而应用就必须切合实际,满足实际工作的需要。在建设管理信息系统过程中要求将实用性和经济性相结合,就意味着建设信息系统要好、要快、要省。

4)一致性和完整性

一致性有利于子系统之间、多个系统之间的联系与合作。因此,在信息系统设计与开发过程中,要统一规划、统一标准、统一规范,以保证系统进程的协调一致。由于系统是作为一个统一的整体而存在的,所以系统的功能应尽量完整。

5)可靠性和安全性

可靠性和安全性是对信息系统的基本要求,只有可靠、安全的系统,才能保证系统的质量并得到用户的信任;否则就没有使用价值。

6)通用性

系统的通用性是指同一软件系统在不同使用单位的可应用程度。这一指标对商品化软件尤为重要。提高系统通用性的措施主要是业务处理的规范化、标准化、功能与系统结构设计的模块化等。

10.1.2　结构化设计

1. 结构化设计的起因

系统物理模型必须符合逻辑模型,能够完成逻辑模型所规定的信息处理功能,这是物理设计的基本要求。同时,必须考虑到一个计算机应用软件系统不是固定的、静止的,在其生命周期中,它总是处于动态变化过程中。在系统调试和运行初期,要进行大量改错工作,以消除在设计阶段未考虑或未预见到的问题和隐患。随着时间的推移,改错的工作逐渐减少,而由于系统环境的不断变化,如机构的调整、业务的扩大、体制和政策的变更、产品的更新以及计算机和外围设备的更新换代,都要反映到系统中来,都会对系统提出新的修改要求。同时,随着计算机应用的深入开展,开阔了管理人员的眼界,他们会对系统提出一些更新、更高的要求,系统也随之不断改进。

上述种种原因,都要求系统具有可修改性,即易读,易于查错、改错,可以根据环境的变化和用户的要求进行各种改变和改进。系统是否具有可修改性,对于系统开发和维护影响极大。如何使系统具有可修改性,成为系统总体结构设计要着重解决的问题,为此提出系统结构化设计的方法。

2. 结构化设计的基本思想

结构化设计的构想来自于结构化程序设计理论的启发,是由理查德·史蒂文斯(Richard Stevens)等人于 1974 年提出来的。经过后人的完善,逐渐成为信息系统开发过程的主导方法。该方法应用于软件系统的总体设计通常与前面所讲的结构化分析(SA)方法结合起来使用。它的基本思想是把大型的应用软件分解为多层的模块,使其易于实现、组织和管理。其要点如下。

1)模块化

模块化即把一个系统自上而下逐步分解为若干个彼此独立而又有一定联系的组成部

分,这些组成部分称为模块。对于任何一个系统都可以按功能逐步由上向下,由抽象到具体,逐层将其分解为一个多层次的、具有相对独立功能的模块所组成的系统。在这一基本思想的指导下,系统设计人员以逻辑模型为基础,并借助一套标准的设计准则和图表等工具,逐层地将系统分解成多个大小适当、功能单一、具有一定独立性的模块,把一个复杂的系统转换成易于实现、易于维护的模块化系统。

2）模块独立性

模块独立性是指每个模块只完成一个相对独立的特定子功能,即模块具有较强的独立性。模块之间的关系很简单,没有过多的相互作用。

模块的独立性之所以很重要,主要有两方面的原因。一方面,独立的模块由于模块间联系少,接口简单,当多人分工合作开发同一个软件时,可以比较容易地开发出来;另一方面,独立的模块比较容易测试和维护,模块之间的相互影响小,对一个模块进行修改和维护时,不必担心其他模块的内部会受到影响。

3）采用模块结构图的描述方式

结构化设计方法使用的描述方式是模块结构图。它表示出一个系统的层次分解关系、模块调用关系、模块之间数据流和控制信息流的传递关系,是设计系统物理结构的主要工具。模块结构图参照数据流程图的设计,用逐层分解展开的树形结构反映出系统模块的划分情况和模块之间的关系。图 10-1 表示了一个“计算”的模块结构。

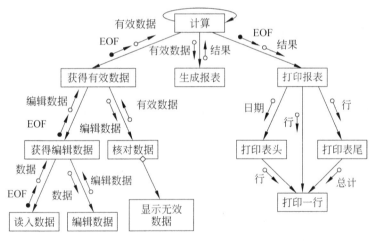

图 10-1　“计算”的模块结构示例

10.1.3　总体结构设计

按照结构化设计方法的要求,信息系统总体设计的首要任务就是要将系统分解为若干个子系统,然后再逐层深入,直至完成每一个模块的划分与设计。通过模块结构图把分解的子系统和一个个模块按层次结构联系起来。如何把一个系统划分成多个合理的子系统呢?一个合理的子系统,应该是内部联系强,子系统间尽可能独立,接口明确、简单,尽量适应用户的组织体系。

将一个复杂的系统划分成为若干子系统,应依据以下原则。

1. 子系统具有相对独立性

子系统的划分要使得子系统内部功能、信息等各方面的内聚性较好。

2. 子系统之间数据的依赖性要尽量小

子系统之间的联系要尽量减少，接口要简单、明确。一个内部联系强的系统与外部的联系必然很少，划分时应将联系较多的模块都划分在同一个子系统中。

3. 便于系统分阶段地实现

信息系统的开发是一项较大的工程，大中型系统的实现一般都要分期、分步进行，所以子系统的划分正是适应了这种分步的实施要求。另外，子系统的划分还必须兼顾考虑到组织结构今后变化所带来的要求。

4. 对各类资源的充分利用

子系统划分时还应考虑企业各类资源的合理利用。一个合理划分的子系统将有利于各种设备资源在开发过程中的搭配使用，也有益于各类信息资源的合理分布和充分利用。

10.1.4 模块结构设计

模块设计主要描述系统的模块组成及模块间的联系，它是系统总体设计的主要内容。模块设计的结果用模块结构图表示。

1. 模块结构图

模块结构图是一种系统结构化设计工具。模块结构图是由模块、调用、数据、控制信息和转接符号 5 种基本符号组成，如图 10-2 所示。

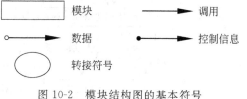

图 10-2　模块结构图的基本符号

1）模块

模块是组成系统的基本单位。模块的规模可大可小，它可以是一个程序、一段程序、一个函数、一个过程，也可以是它们的组合。系统中任何一个处理功能都可以看成一个模块。模块用矩形方框表示。矩形方框中要写有模块的名称，模块的名称应恰当地反映这个模块的功能。

一个模块应具备以下 4 个要素。

（1）输入和输出，模块的输入来源和输出去向都是同一个调用者，即一个模块从调用者那里取得输入，进行加工后再把输出返回调用者。

（2）处理功能，指模块把输入转换成输出所做的工作。

（3）内部数据，指仅供该模块本身引用的数据。

（4）程序代码，指用来实现模块功能的程序。

前两个要素是模块的外部特性,即反映了模块的外貌;后两个要素是模块的内部特性。在结构化设计中,主要考虑的是模块的外部特性,其内部特性只作必要了解即可,具体实现将在系统实施阶段完成。

2)调用

用连接两个模块的箭头表示调用,箭头总是由调用模块指向被调用模块。但是,应该理解成被调用模块执行完成后又返回调用模块。模块间的调用可分为三类,即顺序调用、选择调用和循环调用,如图 10-3 所示。

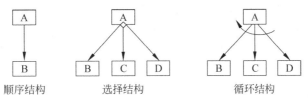

图 10-3　模块的调用

模块间调用规则如下。

(1)每个模块有自身的任务,只有接收到上级模块的调用命令才能执行。

(2)模块之间的通信只限于其直接上下级模块,任何模块不能直接与其他上下级模块或同级模块发生通信联系。

(3)如有模块要与非直接上下级的其他模块发生通信联系,必须通过其上级模块进行传递。

(4)模块调用顺序为自上而下。

3)数据

当一个模块调用另一个模块时,调用模块可以把数据传送到被调用模块供其处理,而被调用模块又可以将处理的结果数据送回到调用模块。在模块间传送的数据,使用尾部有空心圆标记的小箭头表示,并在箭头旁边标上数据名,如"学生号"、"成绩"、"姓名"等。具体如图 10-4(a)、(b)所示。

4)控制信息

为了指导程序的下一步执行,模块间有时还必须传送某些控制信息,如数据输入完成后给出的结束标志、文件读到末尾所产生的文件结束标志等。控制信息与数据的主要区别是前者只反映数据的某种状态,不必进行处理。在模块结构图中,用带实心圆点的箭头表示控制信息。具体如图 10-4(c)所示。

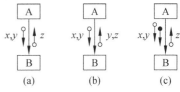

图 10-4　模块结构图的简单示例

图 10-4(a)所示的模块结构图说明了模块 A 调用模块 B 的情况。当模块 A 调用模块 B 时,同时传递数据 x 和 y,处理完后将数据 z 返回模块 A。如果模块 B 对数据 y 修改后,再送回给模块 A,那么数据 y 应该出现在调用箭头线的两边,如图 10-4(b)所示。图 10-4(c)表示模块 A 调用模块 B,且模块 A 把数据 x 和 y 及控制信息传送给模块 B,模块 B 把数据 z 返回到模块 A。

5）转接符号

当模块结构图在一张图面上画不下，需要转接到另一张纸上，或为了避免图上线条交叉时，都可以使用转接符号。

2. 模块分解的规则

结构化设计要解决的主要问题是把系统分解成一个个模块，并以模块结构图的形式表达出其内在的联系。因此，模块划分得是否合理，直接影响到系统设计的质量，影响系统开发的时间、开发成本以及系统实施和维护的方便程度等方面。为了能够合理地划分系统的各个模块，使其具有较强的独立性。在实践中，主要是通过模块与模块之间的耦合度和模块内部各个组成部分之间的聚合度两条标准来评价和衡量模块独立性的高低。

1）模块耦合

模块耦合，是用来表示一个模块与其他模块之间联系的紧密程度。它是衡量模块间结构性能的重要指标。模块之间的联系越少，模块的独立性就越强，就越容易独立地进行编程、调试和修改，一个模块中产生的错误对其他模块的影响也就越小。模块耦合有 3 种类型。

（1）数据耦合。模块之间通过调用关系传递被处理的数据称为数据耦合。这是一种比较理想的联系方式。但是，为了减少接口的复杂性，应尽量防止传输不必要的数据。

（2）控制耦合。两个模块通过调用关系，不仅传递数据，还传递对运行过程有影响的控制信号，称为控制耦合。由于控制信息直接影响程序的运行过程，所以过多地使用控制信息，必然会增加模块之间的联系，影响模块的独立性。因此，在模块之间尽可能不用或少用控制信息。

图 10-5(a)是控制耦合的实例。模块 A 将计算"平均工资/工资总额"的控制耦合传送给模块 B，模块 B 根据这个控制信息求出平均工资或者工资总额，然后再将数据传送给模块 A。由于控制信息的存在，增加了模块之间的关联度，从而影响了模块的独立性。图 10-5(b)是消除控制耦合的例子。把模块 B 分成 B1 和 B2 两个功能单一的模块，模块 A 根据要求，有条件调用 B1 或 B2。而模块 B1 和 B2 可以分别按照模块 A 的要求发送数据，两者之间互不影响。

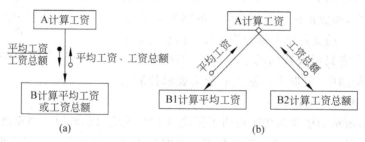

图 10-5　消除控制耦合的实例

（3）非法耦合。一个模块与另一个模块内部发生联系，即一个模块中的某些内容在另一模块中以某种方式被引用，称为非法耦合。例如，不经过调用关系，直接使用或修改另一个模块中的数据,将控制选择指向另一模块中的某一标号(节、过程)等。

模块间出现的非法耦合,就成为改动模块时发生错误的主要来源。如图 10-6 所示,模块 P2 不经调用将控制转至模块 P4 中的一段程序 PR1,如果要改动 PR1,就要修改所有用到该段的模块。因为模块中有非法耦合,就必须在所有模块中检查;否则就可能发生错误。所以要不惜任何代价,消除模块间的非法耦合。

模块耦合与模块独立性的关系如图 10-7 所示。

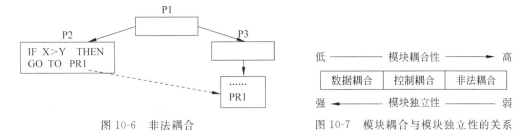

图 10-6　非法耦合　　　　　　　图 10-7　模块耦合与模块独立性的关系

综上所述,模块间的数据耦合是最正常的方式,为保持模块的独立性,模块之间互相传递的数据要尽量少;要努力避免控制耦合,特别是避免自下而上传递控制信号;应消除任何形式的非法耦合。

2) 模块凝聚

模块凝聚是用来描述和评价模块内部各个组成部分之间联系是否紧密的指标,也是衡量模块质量好坏的重要指标。一个模块内部的各个组成部分之间联系得越密切,其凝聚度越高,模块的独立性也就越强。模块的凝聚度是由模块的聚合方式决定的。根据模块内部的构成情况,其聚合方式可以分成以下 7 种形式。

(1) 偶然凝聚。一个模块内部各组成部分的处理彼此无关,偶然地组合在一起,这是一种组织最差的模块,凝聚程度最低。

(2) 逻辑凝聚。一个模块内部各组成部分的处理逻辑相似,但功能彼此不同。如将所有的输入操作放在一个模块中,而每个输入的内容各不相同就是一例。这种模块通常保护一个选择控制和若干彼此独立的处理功能。先执行选择功能,再根据选择的结果,控制执行不同的处理功能。由于它的逻辑途径比较复杂,修改困难,凝聚程度较差。

(3) 时间凝聚。将几个需要在同一时段进行处理的各项功能组合在一起所形成的模块称为时间凝聚模块。如系统的初始化模块,各处理内容必须在特定时间内执行,而各处理内容彼此无关,故凝聚程度较差。时间凝聚的模块通常要影响到其他许多模块的运行,因此与其他模块之间联系多,修改比较困难。

(4) 过程凝聚。如果一个模块内部各个组成部分的处理功能各不相同,彼此也没有什么关系,但它们都受同一个控制流支配,由控制流决定它们的执行次序,则此模块的聚合方式称为过程凝聚。如果使用业务流程图为工具确定模块的划分,得到的模块往往是过程凝聚模块。

(5) 通信凝聚。如果模块内部各部分都引用或产生相同的数据,则被称之为通信凝聚模块。通常这种模块是通过数据流程图来定义的。

(6) 顺序凝聚。模块内部包含若干处理,它们按一定的顺序执行,且前一个处理所产生的输出数据,是下一个处理的输入数据。如材料供应计划模块包括输入生产计划、材料定额、计算生产用料量等,这就是一个数据凝聚的模块。这种模块可较明确地表述其功能,内部结构较密切,与其他模块联系一般较少,凝聚性较好。

(7) 功能凝聚。为了完成一项具体任务,由简单处理功能所组成的模块,叫做功能凝聚模块。这种模块功能单一,内部联系紧密,易于编程、调试和修改,因此其独立性最强,聚合度也最高。模块凝聚与模块独立性的关系如图 10-8 所示。

图 10-8　模块凝聚与模块独立性的关系

在上述 7 种模块凝聚方式中,其聚合度是依次升高的。由于功能凝聚模块的聚合度最高,所以在划分模块的过程中,应尽量采用功能凝聚方式。其次根据需要可以适当考虑采用顺序凝聚或通信凝聚方式,但要避免采用偶然凝聚和逻辑凝聚方式,以提高系统的设计质量和增加系统的可变更性。

3. 模块设计原则

在进行模块设计时,应遵循的原则有以下几点。

1) 提高模块的独立性

在进行模块设计时,一个最主要的原则就是要提高模块的独立性,减少模块间的耦合性。提高模块独立性就是指在设计模块时,应尽可能地做到每个模块只完成一个独立的特定功能,并使模块间的联系尽可能简单。也就是应该将模块设计成高凝聚、低耦合的模块。

2) 模块大小要适中

在划分模块时,模块的粒度既不可太大,也不可太小。粒度太大的模块常常分解不充分,使模块凝聚程度降低;而模块粒度太小,则可能降低模块的独立性。

3) 模块的作用域应在控制域之内

模块的作用域是指受该模块的判断所影响的模块集合。模块的控制域是指模块本身及模块所能调用的下属模块的集合,如图 10-9 所示。下属模块包含直接下属模块及间接下属模块。

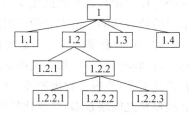

图 10-9　模块的作用域与控制域

对于一个"理想"的模块设计,所有受判断影响的模块应该都从属于作出判断的那个模块控制域。该原则主要是为了保证系统的可维护性。对于图 10-9 来说,如果模块 1.2 作出的判断只影响了模块 1.2.1 和模块 1.2.2,就说模块 1.2 的作用域是在控制域之内。但如果模块 1.2 作出的判断还影响了模块 1.3,则说模块 1.2 的作用域超出了它的控制域。

4) 系统深度与系统宽度要适当

系统深度是系统划分出的层次,系统宽度是系统中同层次上所包括的模块的总数。系统深度与系统宽度能够粗略反映系统的大小和复杂程度。

系统深度与系统宽度之间应保持一定的比例。将系统深度划分过大,说明系统可能分割得过于细化;将系统宽度划分过大,则有可能导致系统管理上的困难。

5）合理的扇入值与扇出值

模块的扇入(Fan in)表达了一个模块与其直属上级模块的关系。模块的扇入系数是指其直接上级模块的个数。模块的扇入系数越大,表明它要被多个上级模块所调用,其公用性很强,说明模块分解得较好,在系统维护时能够减少对同一功能的修改,因此要尽量提高模块的扇入系数。在系统设计增加模块功能时,应先检查系统中是否已经有了能完成该功能的模块,如果有则应利用已存在的模块。

模块的扇出(Fan out)表达了一个模块对它的直属下级模块的控制范围。模块的扇出系数是指其直属下级模块的个数。模块的直属下级模块越多,表明它要控制许多模块,所要做的事情也就越多,它的聚合度可能越低。所以要尽量把一个模块的直属下级模块控制在较小的范围内,即模块的扇出系数不要太大。

10.1.5 功能结构图设计

功能是一个信息系统的开发核心。在系统总体结构设计中,应当给出系统的主要功能,说明系统的功能构成,即系统由哪些子系统组成以及各个子系统的主要功能和相互之间的关系。如某个子系统很复杂,则还需要说明这个子系统的模块构成。

通常用功能结构图的形式来描述系统的层次结构和功能的从属关系,功能结构图的一般形式如图 10-10 所示。图中每一长方框代表一种功能。目标可看成是系统,第二层功能可看作是子系统,再下面表示被分解的各项更具体的功能。

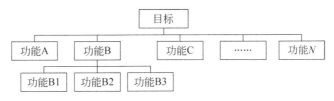

图 10-10　功能结构图的一般形式

将系统划分为若干子系统和功能模块,所依据的是系统分析阶段所形成的数据流程图。对于综合性的企、事业管理信息系统,进行子系统划分时,可以将管理职能作为主要因素。图 10-11 是按职能划分的企业管理信息系统功能结构。在此基础上,可以进一步划分功能模块,形成某一个子系统的功能结构。图 10-12 是工资管理信息子系统的功能结构示意图。图中建立主文件相当于数据输入,打印相当于信息输出,其余部分属于数据处理。

10.1.6 信息系统平台物理配置

管理信息系统的运行环境就是一个完整的计算机系统,它由系统软件和硬件两大部分组成。合理地选择和配置这一系统环境,可以以最小的成本,获得最大的收益,因此这也是系统总体设计阶段的主要工作之一。一般来说,信息系统平台配置有以下几个方面。

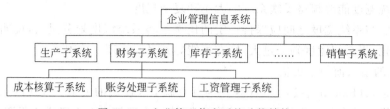

图 10-11　企业管理信息系统功能结构

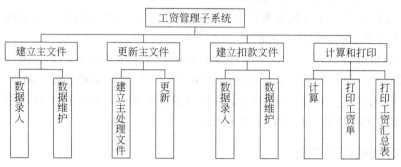

图 10-12　工资管理信息子系统功能结构

1. 服务器设备

服务器设备指信息系统运行所必需的一些硬件资源,如计算机设备、网络通信设备等。它们管理着应用程序、数据和网络资源。信息系统中的服务器是平台软件和应用软件运行的主要环境。在进行选择时主要从性能、可靠性、安全性、可扩展性、网络吞吐量及接口能力等方面进行考虑。

对于服务器设备的选择,应列出设备明细表并绘制硬件配置图。并且准备几种设备配置方案,召开各种方案论证会,请各方面有关人员和专家参加分析讨论,提出意见和建议。

2. 操作系统

事实上,所有的操作系统都在做同一件事,就是让计算机工作。目前主流的操作系统有Windows 系列、UNIX 系列和 Linux 系列。在选择操作系统时,可从可靠性、安全性、可伸缩性、互操作性 4 个方面综合考虑选择操作系统。

3. 数据库管理系统的选择

管理信息系统都是以数据库系统为基础,一个好的数据库管理系统对管理信息系统的应用有着举足轻重的影响,在数据库管理系统的选择上,主要考虑支持关系数据模型、支持结构化查询语言 SQL、所支持的数据类型、数据安全性、冗余性、程序与数据独立性、易扩充性、操作简单灵活性等方面。

目前主流的数据库产品有 Oracle、Sybase、SQL Server、Informix、DB2、MySQL、Visual FoxPro 等。大型数据库管理系统是开发大型 MIS 的首选,如 Oracle、Sybase,而 Informix、

Visual FoxPro、Access 在中小型数据库中最为流行,其性能价格比也最优。

4. 网络设计

信息系统的开发及应用同样也离不开网络的支持。对网络而言,由于存在着多个商家的多种产品,也面临着网络的选型问题。

(1)网络拓扑结构。网络拓扑结构一般有总线型、星型、环型、混合型等。在网络选择上应根据应用系统的地域分布、信息流量进行综合考虑。一般来说,应尽量使信息流量最大的应用放在同一网段上。

(2)网络的逻辑设计。通常首先按软件将系统从逻辑上分为各个分系统或子系统,然后按需要配备设备,如主服务器、主交换机、分系统交换机、子系统集线器(Hub)、通信服务器、路由器和调制解调器等,并考虑各设备之间的连接结构。

10.2   系统详细设计

10.2.1   代码设计

为了唯一、正确无误地标识系统中的每个实体,必须为管理信息系统建立相应的代码系统。代码是计算机和人都容易理解的符号,能够实现人和计算机的沟通。代码设计是一项重要的基础工作,也是实现计算机管理的一个前提条件。

代码设计的任务就是要设计出一套能为系统各部分公用的、优化的信息编码系统。代码是代表事物名称、属性、状态等的符号,为了便于计算机识别处理,一般用数字、字母或它们的组合来表示。

实际上,代码设计在系统分析阶段就应当开始。由于代码的编制需要进行详细调查和多方协调,是一项很费时费力的工作,需要经过一段时间,在系统设计阶段才能最后确定。

在手工处理系统中,许多数据如零件号、设备号、图号等早已使用代码。为了给尚无代码的数据项编码、统一并改进原有代码,使之适应计算机处理的要求,在建立新系统时,必须对整个系统进行代码设计。

现代化企业的编码系统已由简单的结构发展成为十分复杂的系统。为了有效地推动计算机应用,防止标准化工作走弯路,我国十分重视制订统一编码标准的问题,并已公布了《中华人民共和国行政区划代码》(GB 2260—1980)、《信息处理交换的七位编码字符集》(GB 1988—1980)、GB 11643—1999 等一系列国家标准编码,在系统设计时要认真查阅国家和部门已经颁布的各类标准。

1. 代码的作用

代码的作用主要有 4 个方面。

1)识别

这是代码最基本的功能,任何代码都必须具备这种基本功能。任何一个代码只能标识一个被编码对象,因此代码是识别对象的唯一标识。

2）分类

分类是代码作用的关键。有了一个科学的分类，系统才有可能建立编码。

3）提高处理的效率和精度

按代码可以十分迅速地对事物进行排序、累计或按某种规定算法进行统计分析。

4）人机交互工具

代码是人和计算机的共同语言，是两者交换信息的工具。

2. 代码设计原则

1）唯一性

每一个代码只能唯一地代表系统中的一个实体或实体属性。而一个实体或实体属性也只能唯一地由一个代码来表示。

2）标准性

代码设计时要尽量采用国际或国家的标准代码，以方便信息的交换和共享，并可为以后对系统的更新和维护创造有利条件，如全球贸易项目代码（Global Trade Item Number，GTIN）是编码系统中应用最广泛的标识代码。

3）合理性与适用性

代码设计必须与编码对象的分类体系相适应，以使代码对编码对象的分类具有标识作用。例如，系列货运包装箱代码（Serial Shipping Container Code，SSCC）是为物流单元（运输和/或储藏）提供唯一标识的代码结构，参与方位置代码（Global Location Number，GLN）是对参与供应链等活动的法律实体、功能实体和物理实体进行唯一标识的代码结构。

4）易扩充性

编码时要留有足够的备用代码，以适应今后扩充代码的需要。但备用代码也不能留得过多，以免增加处理的难度。

5）简单性

代码结构要简单，要尽量缩短代码的长度，以方便输入，提高处理效率，并且便于记忆、减少读、写的差错。

6）可识别性

有些代码需要面向最终用户，如身份证号、学号、邮政编码等都会直接由用户输入计算机。这类代码的设计需要有较好的可识别性，便于用户记忆和区分，减少输入错误的机会，如不使用易于混淆的字符、用 24 小时制表示时间等。

以上原则要灵活运用，设计代码时根据实际情况统筹兼顾，权衡利弊，仔细推敲，并逐步优化。切忌脱离实际、草率行事和随意改变。

3. 代码分类

1）顺序码

顺序码是一种用连续的数字或有先后顺序的拉丁字母来代表系统中的客观实体或实体属性，如各种票据的编号、展台编号等。顺序码的优点是简单、易处理。缺点是不能反映编码对象的特征，代码本身无任何含义。另外，由于代码按顺序排列，新增加的数据只能排在最后,删除数据则会产生空码,缺乏灵活性。所以通常作为其他编码的一个组成部分。

2)区间码

区间码是按编码对象的特点把代码分成若干个区段,每一个区段表示编码对象的一个类别,是最常用的编码之一。例如,全国行政区邮政编码即为典型的区间码。这种代码共由6位数字组成,分成3个区段:第1位和第2位表示省或直辖市级顺序码;第3位和第4位表示地区或市级顺序码;第5位和第6位表示县或区级顺序码。因此,通过一个代码就可以反映出一个地区所在的省、地区和县。

区间码的优点是从结构上反映了数据的类别,便于计算机分类处理,排序、分类、插入和删除也比较容易。它的缺点是代码的位数相对较长。在实际应用中,区间码往往要和顺序码混合使用。

例如,教育部规定的仪器设备分类编码是8位代码,其中1、2位是总类,如03表示仪器仪表,04表示机电设备,05表示电子设备等。而3、4位是分类,如总类05下面的01表示计算机类,02表示广播电视设备,03表示通信设备。接着是5、6位是子类,如在01分类下面的01表示电子计算机,02表示模拟计算机,03表示数字计算机,04表示计算器。最后7、8位是细目,如在01子类下面的04表示小型机,05表示微型机。所以微型电子计算机的代码为05010105。

3)助记码

助记码是指用可以帮助记忆的字母和数字来表示编码对象。例如,TV—电视,B(Black)—黑色,C(Colour)—彩色,表示电视机可以用代码:TV—B—30表示30cm黑白电视机、TV—C—51表示51cm彩色电视机;助记码的优点是直观、便于记忆和使用。缺点是不利于计算机处理,当编码对象较多时,也容易引起联想出错。

4)缩写码

缩写码是把人们习惯使用的缩写字直接用于代码,如kg—千克、cm—厘米。缩写码的优点是简单、直观,便于记忆和使用。但是,由于缩写码的数量有限,所以它的使用范围也有限。

5)重复码

采用与原来手工系统相同的编码,称为重复码。其优点是容易被原系统人员接受、易实现、便于推广;缺点是不能任意更改,可能不尽合理,如图书代码ISBN 978-7-5012-4524-6。

4. 代码设计步骤

代码设计可以按下列步骤进行。

(1)以系统分析报告为基础,从提高业务管理与提高计算机处理效率两个方面考虑,根据系统所处理的对象确定编码的对象。

(2)确定编码对象的特性。在已确定编码对象的基础上,还应进一步确定编码对象的数量、使用范围、使用期限、使用频率、变更周期、增删比例,以及编码对象上是否只限于计算机处理、删除代码是否设为空号码等内容。

(3)考查是否已有相应的标准代码。在系统设计时,应尽量采用已经颁布的各类标准。如果国家标准局或行业主管部门对编码对象已规定了标准代码,那么应遵循这些标准代码。

如果没有标准代码,那么在代码设计时要参考国际标准化组织、其他国家、其他单位的编码标准,设计出便于今后标准化的代码。

(4) 根据代码的特性及实际情况选择代码的种类。

(5) 决定代码的位数。根据编码对象的数量、代码种类、代码个数、使用期限,确定代码的合理位数。

(6) 考虑代码的检错功能。根据代码在使用中的出错情况增加代码的检错功能。

(7) 编写代码表。代码设计好后,要编制代码表,并附以详细说明。

5. 代码的校验

人们在录入代码的过程中,非常容易因人为原因或者计算机系统的故障,使进入系统的代码出现各种各样的错误,从而直接影响整个处理工作的质量。代码作为数据的一个组成部分,是系统的重要输入内容之一。为了保证输入代码的正确性,人们在设计代码时,可以在原有代码的基础上再加上一个校验位,使其成为代码的一个组成部分。校验位通过事先规定好的数学方法计算出来,当带有校验码的代码输入到计算机中时,计算机也利用同样的计算方法计算代码的校验位,并将它和输入的代码校验位进行比较,以检验输入是否正确。

如身份证号码的最后一位就是校验位。校验码采用 ISO 7064:1983、MOD 11-2 校验码系统。

10.2.2 数据库设计

管理信息系统中总是需要处理大量的数据资源,这正是信息系统的基础和核心。为了合理地组织和高效率地存取这些数据,就需要进行数据库设计。

1. 数据库设计的要求

数据库设计的目标是建立一个合适的数据模型。这个数据模型的要求如下。

(1) 满足用户要求。既能合理地组织用户需要的所有数据,又能支持用户对数据的所有处理功能。

(2) 满足数据库管理系统要求。应当能够在某个指定的 DBMS(如 Oracle、SQL Server、VFP 等)中实现。

(3) 具有较高的范式。要求数据完整性好、效益高,便于理解和维护,没有数据冲突。

2. 数据库设计步骤

数据库设计可以分为概念结构设计、逻辑结构设计和物理结构设计 3 个阶段。

1) 概念结构设计

这是数据库设计的第一个阶段。概念结构设计应该在系统分析阶段进行。任务是根据用户需求设计数据库的概念数据模型(简称概念模型)。概念数据模型是按人们的认识观点从现实世界中抽象出来的,属于信息世界的模型(相关知识在第 4 章已经介绍)。概念模型独立于具体的数据库管理系统,它描述的是从用户角度看到的数据,反映了用户的现实工作环境,而与数据库将来怎样实现无关。在系统分析阶段,已经得到了信息系统的数据流程图和数据字典,结合数据规范化的理论,就可以用概念数据模型将用户的数据需求明确地表示出来。

前面已经在介绍过,描述概念数据模型的主要工具是 E-R(实体-联系)图。利用 E-R 图实现概念结构设计的方法就称为 E-R 方法。

2)逻辑结构设计

这是数据库设计的第二个阶段,这个阶段就是要根据已经建立的概念数据模型,以及所采用的某个 DBMS(数据库管理系统)软件的数据模型特性,按照一定的转换规则,把概念模型转换为这个 DBMS 所能接受的逻辑数据模型的过程。

逻辑数据模型是用户通过 DBMS 看到的现实世界,它描述了数据库数据的整体结构。不同的 DBMS 支持不同的逻辑数据模型,SQL Server、VFP、Access、Oracle 数据库管理系统都支持关系模式。

3)物理结构设计

这是数据库设计的最后阶段。物理结构设计是指对于一个给定的数据模型,选定合适的存储结构和存取方法,以获得数据库的最佳存取效率。

物理数据模型用来描述数据的物理存储结构和存储方法。它不但受 DBMS 控制,而且与计算机存储器、操作系统密切相关。作为一般的用户,在数据库设计时不需要过多地考虑物理结构,所选定的 DBMS 总会自动地加以处理。用户只需要选择合适的 DBMS,以及用该 DBMS 提供的语句命令实现数据库即可。

3. 逻辑结构设计过程

概念结构可以用 E-R 模型清晰地表示出来,它是独立于任何一种数据库管理系统的信息结构。逻辑设计就是将概念模型转换为某个 DBMS(数据库管理系统)所支持的数据模型。即把 E-R 图转换成层次模型、网状模型、关系模型这三大经典数据模型中的一种。目前常用的是转换为关系模型。

E-R 图向关系模型的转换就是解决如何将实体和实体间的联系转换为关系,并确定这些关系的属性和码。转换规则如下:

(1)一个实体转换为一个关系,实体的属性就是关系的属性,实体的码就是关系的码。

例如,图 10-13 是 1∶1 的 E-R 图。

将图中的实体转换为关系模式为:

校长(姓名,性别,出生日期,职称,联系电话)

学校(学校代码,学校名称,学校地址,学校电话)

(2)一个联系也转换为一个关系,联系的名也就是关系的名,联系的属性及联系所连接的实体的码都转换为关系的属性,但是关系的码会根据联系的类型变化,具体关系如下。

① 1∶1 联系。两端实体的码都可以分别成为关系的码。

将图 10-13 中的 1∶1 的联系转换为关系模式如下。

任职(姓名,学校代码,聘任日期,任职年限)或者任职(学校代码,姓名,聘任日期,任职年限)。

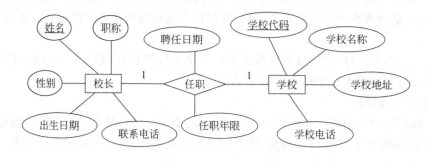

图 10-13 1：1 的实体—联系图

② 1：n 联系。n 端实体的码成为关系的码。图 10-14 所示为 1：n 的 E-R 图。

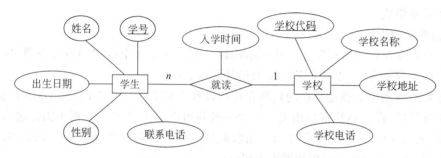

图 10-14 1：n 的实体—联系图

按照规则,图 10-14 转换为关系模式为:

学生(<u>学号</u>,姓名,性别,出生日期,联系电话)

就读(<u>学号</u>,学校代码,入学时间)

学校(<u>学校代码</u>,学校名称,学校地址,学校电话)

③ m：n 联系。两端实体码的组合成为关系的码。图 10-15 是 m：n 的 E-R 图。

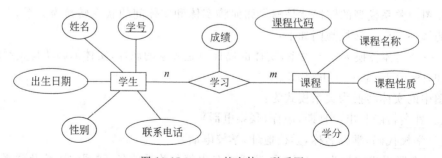

图 10-15 m：n 的实体—联系图

按照规则,图 10-15 转换为关系模式为:

学生(<u>学号</u>,姓名,性别,出生日期,联系电话)

学习(<u>学号</u>,课程代码,成绩)

课程(<u>课程代码</u>,课程名,课程性质,学分)

（3）具有相同码的关系可以优化合并。

根据第三条规则,码相同的关系可以合并,如任职关系模式中用姓名作为码,则校长关系模式和任职关系模式可以合并。校长(姓名,性别,出生日期,职称,联系电话)

任职(姓名,学校代码,聘任日期,任职年限)

如任职关系模式中使用学校代码作为主码,则学校关系模式和任职关系模式可以合并。

学校(学校代码,学校名称,学校地址,学校电话)

任职(学校代码,姓名,聘任日期,任职年限)

那么,图10-13中1∶1的E-R图可以转换成两个关系模式,即

校长(姓名,性别,出生日期,职称,联系电话,学校代码,聘任日期,任职年限)

学校(学校代码,学校名称,学校地址,学校电话)

或者

学校(学校代码,学校名称,学校地址,学校电话,姓名,聘任日期,任职年限)

校长(姓名,性别,出生日期,职称,联系电话)

图10-14中1∶n的E-R图可以转换成两个关系模式,即

学生(学号,姓名,性别,出生日期,联系电话,学校代码,入学时间)

学校(学校代码,学校名称,学校地址,学校电话)

最后,为了进一步提高数据库应用系统的性能,在逻辑设计阶段通常以规范化理论为依据,还要适当地修改、调整数据模型的结构,这就是数据模型的优化。其具体内容包括:确定数据依赖;消除冗余的联系;确定各关系分别属于第几范式;确定是否要对它们进行合并或分解。一般来说,按3NF的标准对关系模型进行规范化,即:关系模型内的每一个值都只能被表达一次;关系模型内的每一行都应该被唯一地标识;关系模型内不应该存储依赖于其他键的非主关键字信息。

4. 物理设计

物理结构设计的主要内容如下。

（1）库文件的组织形式。如选用顺序文件组织形式、索引文件组织形式等。

（2）存储介质的分配。例如,将易变的、存取频度大的数据存放在高速存储器上;稳定的、存取频度小的数据存放在低速存储器上。

（3）存取路径的选择。

（4）数据块大小的确定等。

需要说明的是,当前的数据库技术已经能使DBMS自行处理大多数物理细节,开发人员实际只需完成前面几个阶段的设计即可。

10.2.3 处理过程设计

处理过程设计的任务是用一种合适的表达方式描述模块内部的执行过程的蓝图,以供在系统实施阶段,程序员根据这个蓝图写出实际的程序代码。

1. 处理过程设计的原则

处理过程设计,也称模块详细设计,通常是在IPO(Input Process Output)图上进行的。

模块处理过程设计时除了要满足某个具体模块的功能、输入和输出方面的基本要求外,还应该考虑以下几个方面。

(1) 模块间的接口要符合通信的要求。

(2) 考虑将来实现时所用计算机语言的特点。

(3) 考虑数据处理的特点。

(4) 考虑程序运行时的时间效率和空间效率。

(5) 程序调试跟踪方便。

(6) 估计编程和上机调试的工作量。

2. 处理过程的设计工具

1) IPO 图

输入加工输出图是由美国 IBM 公司发起并完善起来的一种工具。在系统的模块结构图的形成过程中,产生了大量的模块,开发者应为每一个模块写一份说明。IPO 图就是用来表述每个模块的输入、输出数据和数据加工的重要工具。IPO 图将为编写程序提供指导,所以也叫程序设计任务书,其基本格式和内容如表 10-1 所示。

表 10-1　IPO 图结构

新系统名称：***		模块编号：***	IPO 图编号：***
数据库文件号：***		程序文件号：***	编制者：***
由哪些模块调用：***		调用哪些模块：***	
输入：***		输出：***	
算法说明： 可以是程序流程图、N-S 图、决策树、决策表、结构化语言等			
局部数据项：***			

IPO 图的主体是算法说明部分,该部分可采用结构化语言、判定表、判定树,也可用 N-S 图、问题分析图和过程设计语言等工具进行描述,要准确、简明地描述模块执行的细节。

在 IPO 图中,输入、输出数据来源于数据字典。局部数据项是指个别模块内部使用的数据,与系统的其他部分无关,仅由本模块定义、存储和使用。注释是对本模块有关问题作必要的说明。

开发人员不仅可以利用 IPO 图进行模块设计,而且还可以利用它评价总体设计。用户和管理人员可利用 IPO 图编写、修改和维护程序。因而,IPO 图是系统设计阶段的一种重要文档资料。

2) 程序流程图

程序流程图(Flow Chart,FC)是程序分析中最基本、最重要的分析技术,是经常使用的一种算法表达工具,是一种用图形描述处理过程的方法。程序流程图包括图 10-16 所示的 3 种基本成分。

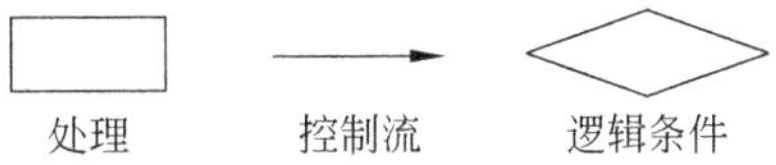

具体的程序流程图示例如图 10-17 所示。

程序流程图的优点是直观、形象、易于理解。

程序流程图的缺点主要有两个方面:一是控制箭头过于灵活,如果使用不当,则会导致程序流程图难以理解且无法维护;二是程序流程图只能描述执行过程,而不能描述有关数据。

图 10-16　程序流程图基本成分

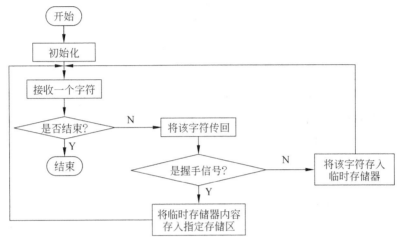

图 10-17　程序流程图示例

3)N-S 图

N-S 图也被称为盒图或 CHAPIN 图,是为支持结构化程序设计思想而产生的一种描述工具,具体如图 10-18 所示。

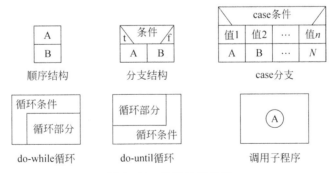

图 10-18　典型的 N-S 图

在 N-S 图中,每个"处理步骤"是用一个盒子来表示的。当需要时,盒子中还可以嵌套另一个盒子。嵌套深度一般没有限制,只要能在一页纸上容纳得下即可。图 10-19 所示为判断某个年份是否是闰年的盒图。

N-S 图的优点如下。

(1)N-S 图只能从上头进入,从下头走出,此外没有其他的入口和出口,所以,N-S 图限

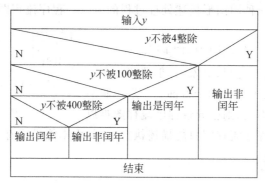

图 10-19   N-S 图示例

制了随意的控制转移,保证了程序的良好结构。

（2）N-S 图形象直观,具有良好的可见度。例如,条件语句、循环语句的范围都是一目了然的,所以容易理解其设计意图,为编程、复查、选择测试用例、维护都带来了方便。

（3）N-S 图简单、易学易用,可用于软件教育和其他方面。

（4）功能域(即某一个特定控制结构的作用域)有明确的规定,并且可以很直观地从 N-S 图上看出来。

（5）它的控制转移不能任意规定,必须遵守结构化程序设计的要求。

（6）很容易确定局部数据和全局数据的作用域。

（7）很容易表现嵌套关系,也可以表示模块的层次结构。

N-S 图的缺点:手工修改比较麻烦,这是有些人不用它的主要原因。

4）问题分析图(Problem Analysis Diagram,PAD)

PAD 是 1974 年由日本的二村良彦等人提出的又一种主要用于描述软件详细设计的图形表示工具,其基本结构如图 10-20 所示。例如,在数组 K 中找出最大和次最大的两个数,其 PAD 图如图 10-21 所示。

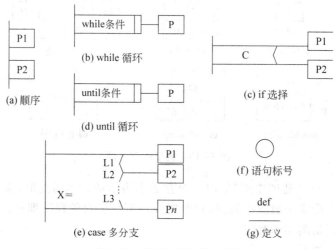

图 10-20   PAD 图的基本符号

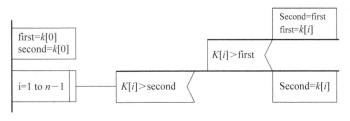

图 10-21 PAD 图示例

PAD 有逻辑结构清晰、图形标准化等优点,更重要的是,它引导设计人员使用结构化程序设计方法,从而提高了程序的质量。同时,通过比较确定的规则,可以由问题分析图直接产生程序,这就为程序设计的自动化开辟了光辉前景。

10.2.4 输出设计

任何信息系统都可以看成由输入、处理、输出三部分组成。而系统设计过程与实施过程相反,即先确定要得到哪些信息,再考虑为了得到这些信息,需要准备哪些原始资料作为输入,是从输出设计到输入设计的过程。因为,对于大多数用户来说,他们并不关心系统设计的细节,而是以输出信息在多大程度上能帮助他们完成自己的工作来评价系统的优劣。因此,输出设计的出发点是保证系统输出的信息能够方便地为用户所使用,能够为用户的管理活动提供有效的信息服务。输出设计的基本要求是准确、及时、适用。

1. 输出设计的内容

输出设计主要从输出内容、输出形式、输出介质和输出设备 4 个方面进行说明。

1)确定输出内容

(1)输出信息使用方面的内容,包括信息的使用者、使用目的、报告量、使用周期、有效期、保管方法和复写份数等。

(2)输出信息的内容,包括输出项目、位数、精度、数据形式(文字、数字)、数据来源与生成算法等。

2)确定输出形式

输出信息的形式设计,是为了给用户提供一种清晰、美观、易于阅读和理解的信息。因此,输出信息的形式必须考虑到用户的要求和习惯,要尽量与现行系统的形式相一致。如果必须做出更改,则要由系统设计人员、系统分析人员和使用人员共同协商后,经过各方面人员的同意才能进行。

信息的输出形式有 3 种,即报表形式、图形形式、文字形式。常用的是报表输出形式和图形输出形式。究竟采用哪种输出形式,应根据系统分析和管理业务的要求而定。一般来说,对于基层或职能部门的管理者,应采用报表方式给出详细的记录数据;而对于高层领导或宏观、综合管理部门,则应该采用图形方式给出数据统计分析结果或综合发展趋势的直观信息。

(1)报表输出。这是输出形式中最常见的一种方法。报表输出的关键在于如何根据信息使用者的具体要求和使用习惯来编排报表内容,常见的编排形式有两种,一类是二维报表形式,另一类是自由编排格式。好的输出设计应给予信息使用者一定的选择权,使其能在其权限范围内自由选择、组织、编排,显示他所需要的信息。

(2)图形输出。管理信息系统用到的图形信息主要有直方图、圆饼图、曲线图、地图等。图形信息在表示事物的趋势、多方面的比较等方面有较大的优势,可以充分利用大量历史数据的综合信息,表示方式直观,常为决策用户所喜爱。

(3)文字输出。

3)确定输出设备和输出介质

信息的用途决定了输出设备和输出介质。为了提高系统的规范化程度和编程效率,在输出设计上应尽量保持输出内容和格式的统一性,也就是说,同一内容的输出,对于显示器、打印机、文本文件和数据库文件应具有一致的形式。显示器输出用于查询或预览,打印机输出提供报表服务,文本文件格式用于为办公自动化系统提供剪辑素材,而数据库文件可满足数据交换的需要。

(1)显示输出方式。显示输出方式是指将计算机产生的数据和结果,按用户的要求,通过一定输出设备显示出来,供用户查看,这是一种既快速又直观的信息输出方式。显示器是最常用的计算机输出设备,因为用户经常在计算机前工作,无论他们是多用户的终端还是PC。屏幕输出的一个重要优势是直观和及时,因为显示器能够实时地反映信息的状态。因此在输出设计时,应设计这种输出方式的功能模块或程序。

(2)磁盘文件输出方式。磁盘输出方式是指将产生的有关结果信息输出到磁盘介质中的一种方式。磁盘文件输出方式是下级部门向上级部门报送资料的一种主要方式,磁盘输出方式也是数据备份保存的一种主要方式。

(3)网络传输和卫星通信。在计算机网络和通信技术高度发达的今天,采用网络通信技术可以有效地提供信息的传送效率,降低信息的传输成本,进而提高信息的利用率。通过网络传送可以使发送方所发出的信息直接转换为接收方的输入数据,减少了不必要的重复输入。网络输出同时支持多种媒体(如文本、图形、声音、视频等)的传输。由于网络传输的一系列优越性,这种输出方式将逐步成为今后管理信息系统的一种主要输出形式。网络输出要求信息的发送方和接收方都要在统一的网络协议和数据标准规范下来完成相应的输入和输出。

(4)打印输出方式。打印输出方式是指计算机自动地将用户所需管理信息从打印机上输出。技术的进步使打印机的打印速度比以前更快、性能更好、价格更便宜、对纸张的要求更低。虽然从社会可持续性发展的要求来看,将来的趋势是企业采用显示输出或网络输出方式以达到无纸化办公,但目前大部分企业在日常工作中仍然主要依靠打印输出方式。因为大多数人在处理信息时还是习惯于看纸上的内容,而不愿去读屏幕上的文档,而且有些场合必须要使用打印输出。

(5)其他信息传递方式。

① 音频输出。许多企业使用自动电话系统来处理电话业务并为客户提供信息,如通过使用声讯电话可以核实考试成绩、检查电话卡账户余额或查询股票价格。

② 自动传真和回传系统。一些企业使用自动传真和回传系统,通过该系统,传真会在几秒钟内传到用户的传真机上,用户能够以传真的方式打印输出,如计算机企业允许用户通

过传真索取产品数据、关于新驱动设备的信息或技术支持。

③ 专门输出形式。今天的零售终端(POS)就是能够处理银行卡交易、打印详细收据、改变存货记录的一种计算机终端。自动柜员机(ATM)处理银行转账、打印存款单据和提现收据。在企业内部或外部,一个系统的输出经常成为另一个系统的输入,如企业里应收账款系统的支付数据为总账系统的输入。

2. 输出报告

输出报告是系统设计的主要内容之一,它定义了系统的输出。

设计输出报告时应考虑以下几点。

(1) 方便使用者。能为使用者提供及时、准确、全面的信息,输出的图形或表格,便于用户阅读和理解。

(2) 尽量利用原系统的输出格式,如需修改,应与有关部门协商,征得用户同意。

(3) 输出的格式和大小要根据硬件能力认真设计,并试制输出样品,经用户同意后才能正式使用。

(4) 输出表格要考虑系统的发展。输出表格中是否为新增项目留有相应的位置。

设计输出报告之前,需要收集各项有关内容并填写到输出设计书上,如表 10-2 所示。

表 10-2　输出设计书

<table>
<tr><td colspan="6">输出设计书</td></tr>
<tr><td>资料代码</td><td>GZ-01</td><td colspan="2">输出名称</td><td colspan="2">工资主文件一览表</td></tr>
<tr><td>处理周期</td><td>每月一次</td><td>形式</td><td>打印表</td><td>种类</td><td>0—001</td></tr>
<tr><td>份　　数</td><td>1</td><td>报送</td><td colspan="3">财务科</td></tr>
<tr><td>项目号</td><td>项目名称</td><td colspan="2">位数及编辑</td><td colspan="2">备　　注</td></tr>
<tr><td>1</td><td>部门代码</td><td colspan="2">X(4)</td><td colspan="2"></td></tr>
<tr><td>2</td><td>工号</td><td colspan="2">X(5)</td><td colspan="2"></td></tr>
<tr><td>3</td><td>姓名</td><td colspan="2">X(12)</td><td colspan="2"></td></tr>
<tr><td>4</td><td>级别</td><td colspan="2">X(3)</td><td colspan="2"></td></tr>
<tr><td>5</td><td>基本工资</td><td colspan="2">9999.99</td><td colspan="2"></td></tr>
<tr><td>6</td><td>房费</td><td colspan="2">999.99</td><td colspan="2"></td></tr>
</table>

10.2.5　输入设计

输出设计完成以后,就可以进行输入设计。输入设计的重要性可用这样一句话来形容:"进去的是垃圾,出来的还是垃圾!"如果要求输出高质量的信息,首先就要输入高质量的数据。输入设计的目标是:在保证输入信息正确性和满足输出需要的前提下,应做到输入方法简便、迅速、经济。

1. 输入设计原则

信息的输入包括数据采集和数据录入两部分。采集就是确认和获取新产生数据的过程;录入是指将源数据转变成计算机可以识别处理的信息,并保存在存储器中的过程。在输入设计中,提高速度和减少错误是两个最根本的原则。以下是指导输入设计的几个原则。

(1) 最少输入原则。在输入设计中,应尽量控制输入数据的总量,输入的数据越多,可能产生的错误也越多。

(2) 简洁性原则。输入的数据应当是基本数据,不要输入可经计算得到的二次性数据及可以随时取得的数据,如通过 date() 函数得到当前日期。

(3) 减少输入延迟。输入数据的速度往往成为提高信息系统运行效率的瓶颈,为减少延迟,可采用周转文件、批量输入等方式。

(4) 源点输入原则。应当尽可能在数据发源地,由实际当事人输入数据。因为每增加一次数据的转抄、传递就会增加一个出错的环节。

(5) 统一输入原则。特别是数据能共享的信息系统、多个子系统一定要避免重复输入。

(6) 输入校验原则。在输入设计中,应采用多种输入校验方法和有效性验证技术,减少输入错误。

(7) 按需输入原则。输入数据应尽早地用其处理所需的形式记录下来,以避免数据由一种介质转换到另一种介质时需要转录及可能发生错误。

2. 输入设备

1) 键盘

键盘是计算机系统中最主要的输入设备,通过键盘可以将数据直接输入到计算机中或者记录在磁性介质上,因此使用起来非常方便,它是应用最为广泛的输入设备。

2) 读卡机

这是一种将光电卡、磁卡和 IC 卡所载信息转变为计算机可识别的电信号的设备。

3) 磁盘机

通过磁盘机可以非常方便地将记录在磁性介质上的数据输入到计算机中进行各种各样的处理,并且可以将计算机处理过的数据直接记录在磁性介质上,因此它们是重要的输入输出设备。目前其正向着大容量、小体积的方向发展,并且新的技术和材料也不断出现,如激光磁盘机也开始广泛投入使用。

4) 其他输入设备

如鼠标、磁性字体阅读机、光电阅读器、语音输入设备、光笔、触摸屏、图形数字化仪、扫描仪等。可以根据系统的需要选择相应的输入装置。

3. 输入格式设计

在输入格式设计中,遵循的准则是使用方便、操作简单、便于录入、数据准确。具体做法如下。

1）采用人机对话，自动引导的方式

为了使用户能清楚、完整地输入数据，一般都采用人机对话方式引导用户进行输入，并给予帮助信息、出错提示信息等。这样会使用户感到使用方便、操作简单。

2）减少数据输入量

无论输入部门信息、材料进出还是输入记账凭证，都要涉及汉字的输入问题。由于汉字输入速度较慢，大大降低了输入速度。因此在输入设计时，尽量使用单选按钮、复选框、列表框等控件来设计输入界面。

3）保证数据的正确性

在信息系统中，为了防止随意对生成数据的修改，保证数据的真实性，信息系统往往不允许对生成数据进行修改。也就是说，数据一经输入，便摆脱了管理者的干预，由信息系统自动进行处理，有误差、错误不容易被发现。因此，对输入的数据进行正确性检查是一个非常重要的步骤，也是十分关键的环节。

4. 输入检验

输入设计的目标是要尽可能减少数据输入中的错误。因此，对于输入数据的过程中可能出现的错误，要采取相应的检验措施，以保证输入数据的正确性。

1）输入错误的种类

在输入数据的过程中，由于各种原因可能会出现这样或那样的错误。因此在输入设计时，必须要充分考虑可能会出现的各种错误，并采取有效的防范和补救措施。在输入数据时，常见的错误可以分成以下几类。

（1）数据本身的错误。主要是指原始单据的填写错误或者在输入数据时产生的错误。

（2）数据不足或多余。在数据收集过程中产生的差错，如数据（单据、卡片等）的散失、遗漏或重复等引起的数据差错。

（3）数据的延误。这是指在数据收集过程中，由于提供数据的时间延误所产生的错误。虽然它在数据量和内容上都可能是正确的，但是由于数据在时间上延误，可能会使输出的信息变得毫无价值。

2）数据校验方法

数据的校验方法有人工静态校验、计算机动态校验以及人与计算机两者分别处理后再相互查对校验等多种方法。常用的方法是以下几种，可单独地使用，也可组合使用。

（1）校验位校验。这种方法是利用代码本身的校验位完成对代码的正确性检验。

（2）重复校验。对于同一组数据，由不同人员重复输入，然后由计算机比较检查一致性。因为两个人在同一个地方出错的机会很低，所以重复检验可以将出错率降到0.1％以下。

（3）界限校验。即检查某项输入数据的内容是否位于规定范围之内。例如年龄，若规定职工的年龄在16～70岁范围内，则检查是否有比16小及比70大的数目即可。凡在此范围之外的数据均属出错。

（4）记录计数校验。该种方法通过计算输入数据的记录个数来检验输入的数据是否有遗漏和重复。

（5）格式校验。即校验数据记录中各数据项的位数和位置是否符合预先规定的格式。

例如,姓名字段的宽度为 19 位,而姓名的最大位数是 18 位,则该栏的最后一位一定是空白。若该位不是空白,就认为该数据项错误。

(6) 逻辑校验。即根据业务上各种数据的逻辑性,检查有无矛盾。例如,月份最大不会超过 12,否则出错。

(7) 视觉校验。输入的同时,由打印机打印或屏幕显示出输入的数据,并由人工逐一核对,以检查输入的数据是否正确。

(8) 顺序校验。即检查记录的顺序。例如,要求输入数据无缺号时,通过顺序校验,可以发现被遗漏的记录。又如,要求记录的序号不得重复时,即可查出有无重复的记录。

(9) 平衡校验。平衡校验的目的在于检查相反项间是否平衡,如总计数应当等于各小计数之和。

(10) 对照校验。对照校验就是将输入的数据与基本文件的数据相核对,检查两者是否一致。例如,为了检查销售数据中的用户代码是否正确,可以将输入的用户代码与用户代码总表相核对。当两者的代码不一致时,就说明出错。

(11) 控制总数校验。先由人工计算出输入数据的某数据项总值,然后在输入过程中再由计算机统计出该数据项的总值,比较两次计算结果以验证输入是否正确。

3) 输入错误处理

输入错误处理应根据出错的类型和原因而异。

(1) 原始数据错。发现原始数据有错时,应由产生错误的单位进行改正,不应由操作员想当然地予以修改。

(2) 自动检错。当由机器自动检错时,出错的恢复方法如下。

① 将错误改正后再进行处理。

② 将错误数据剔除,只处理正确的数据。这种方法适用于作趋势调查分析的情况,这时不需要太精确的输出数据,如预测求百分比等。

③ 只处理正确的数据,出错数据待修正后再进行处理。

10.3　系统设计报告

系统设计阶段的最后一项工作是将系统设计的各项成果编辑成一套完善的文档资料,即系统设计报告。系统设计报告是整个系统设计的完整描述,是系统设计的阶段性成果的具体体现,也是系统实施的最重要依据。

编写系统设计报告的要求为全面、清楚、准确、详细地阐明系统实施过程中具体方法、技术、手段及环境要求。全面是指对于系统的总体结构、所有功能模块以及相应运行环境进行详细的说明。清楚是要求系统设计报告文字简洁、可读性好,便于系统实施和维护人员阅读、理解。准确则是要求模块内部规定、用户接口和相互间逻辑关系无二义性描述。它主要包括表 10-3 所示内容。

系统设计报告编写完成后,除用户、系统开发人员外,还需要邀请有关专家、管理人员审查系统设计报告。经过用户企业或相关领导审批通过的系统设计报告是具有约束力的开发指导性文件,是下一阶段系统实施工作的直接依据。

表 10-3　系统设计报告

章	内　　容
1. 引言	(1) 编写目的 (2) 背景 (3) 参考资料
2. 设计概述	(1) 系统功能 (2) 项目开发者 (3) 系统安全和保密限制
3. 信息系统结构	(1) 信息系统模块结构图 (2) 各个模块的 IPO 图
4. 计算机系统的配置	(1) 硬件配置 (2) 软件配置 (3) 网络配置
5. 代码设计	系统内各种代码的类型、名称、功能、数量、结构、使用范围及要求等
6. 数据库设计	(1) 概念模型设计 (2) 逻辑模型设计 (3) 物理模型设计
7. 输出/输入设计	(1) 输出设计 (2) 输入设计
8. 系统设计实施及说明	(1) 实施的计划安排及工作顺序和步骤 (2) 实施方案。实施方案应当提供两个以上,以便比较、讨论、修改,最后选定一个方案 (3) 经费预算

【实例阅读】

百货商店业务管理信息系统

在管理信息系统的整个开发过程中,系统分析和系统设计是基础性的和难度较大的工作阶段,因此,此处仅对系统分析和系统设计阶段的主要工作加以介绍。加强对系统分析、系统设计的举例,对巩固和深化所学的知识会有较大的收益。

1. 系统开发背景与调查结果

1) 开发背景

某百货商店是一个商业销售组织,该商店的主要业务是从批发或制造厂商处进货,然后再向顾客销售。按照有关规定,该百货商店在每月需向税务机关交纳一定的税款。该百货商店的全部数据处理都由人工操作。由于经营的商品品种丰富,每天营业额很大,因此业务人员的工作量十分大。

最近,因百货商店大楼翻建后,营业面积扩大,从而经营品种、范围和数据处理的工作量大大增加,需要建立一个计算机管理信息系统,以减轻工作人员的劳动强度,提高业务管理水平,适应新的发展。

2）系统调查结果

（1）现行系统的组织结构及工作任务。

现行系统在商店经理的领导下，设有销售科、采购科和财务科，如图 10-22 所示。销售科的任务是，接受顾客的订货单，并进行校验，将不符合要求的订货单退还给顾客。如果是合格的订货单且仓库有存货，那么就给顾客开发货票，通知顾客到财务科交货款，并修改因顾客购买而改变的库存数据。如果是合格的订货单但是缺货，那么先留底，然后向采购科发出缺货单。当采购科购买到货后，核对到货单和缺货单，再给顾客开出发货票。

图 10-22　现行系统组织机构

采购科的任务是，将销售科提供的缺货单进行汇总，根据汇总情况和各厂商供货情况，向有关厂商发出订购单。当供货厂商发来供货单时，对照留底的订购单进行核对。如果正确，则建立进货账和应付款账，向销售科发到货通知单并修改库存记录；如果供货单与留底订购单不符，则把供货单退还给供货厂商。

财务科的任务是，接到顾客的货款时，给顾客开出收据及发票，通知销售科付货；根据税务局发来的税单建立付款账，并付税款；根据供货厂商发来的付款通知单和采购科的应付款明细账，建立付款明细账，同时向供货厂商付购货款。无论是收款还是付款之后，都要修改商店的财务总账。财务科在完成以上日常账务工作的同时，还要定期编制各种报表向经理汇报，从而使经理了解有关情况并据此制定下一阶段的业务计划。

（2）现行系统概况。

各项业务数据的输入、处理、存储和输出概况见表 10-4。

表 10-4　百货商店现行系统概况表

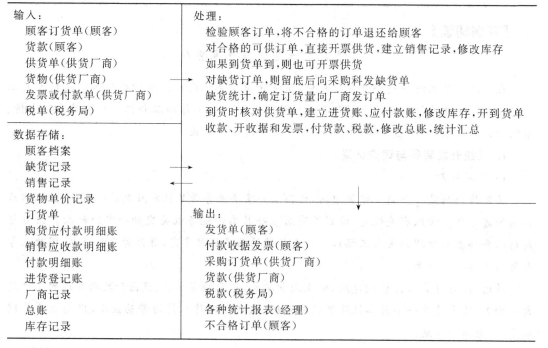

输入： 　顾客订货单（顾客） 　货款（顾客） 　供货单（供货厂商） 　货物（供货厂商） 　发票或付款单（供货厂商） 　税单（税务局）	处理： 　检验顾客订单，将不合格的订单退还给顾客 　对合格的可供订单，直接开票供货，建立销售记录，修改库存 　如果到货单到，则也可开票供货 　对缺货订单，则留底后向采购科发缺货单 　缺货统计，确定订货量向厂商发订单 　到货时核对供货单，建立进货账、应付款账，修改库存，开到货单 　收款、开收据和发票，付货款、税款，修改总账，统计汇总
数据存储： 　顾客档案 　缺货记录 　销售记录 　货物单价记录 　订货单 　购货应付款明细账 　销售应收款明细账 　付款明细账 　进货登记账 　厂商记录 　总账 　库存记录	输出： 　发货单（顾客） 　付款收据发票（顾客） 　采购订货单（供货厂商） 　货款（供货厂商） 　税款（税务局） 　各种统计报表（经理） 　不合格订单（顾客）

3）系统规划

（1）实现整个百货商店业务信息流程的计算机管理。

（2）销售子系统的订货单处理、缺货处理全部由计算机完成，增加自动登记新顾客数据的功能；货物售出后，自动建立售货历史记录和修改库存记录。

（3）采购子系统的缺货单汇总、缺货货物统计和编发订货单由计算机完成，核对订货单和修改库存也用计算机进行。

（4）会计子系统的全部数据汇总计算工作由计算机自动完成，报表的编制、打印也由计算机完成。

2. 系统分析

1）系统目标

（1）实现登记、整理数据，处理核对顾客订货单。

（2）向经理提供各种业务统计报表。

（3）提供各级查询。

（4）销售、采购、会计各部门的业务数据处理实现自动化。

2）数据流程图

百货商店业务管理信息系统的背景图如图10-23所示。该图表示了百货商店业务信息处理系统与外部实体之间的信息输入、输出关系，即标定了系统与外界的界面。背景图分解成顶层数据流程图，如图10-24所示，该图实际上是把图10-23中"百货商店业务处理系统"框进行细化，将现行系统业务流程图所列的处理功能，初步分解为销售处理、采购处理和会计处理3个子系统。在功能分解的同时，得到了相应的数据存储（如销售记录、应收款、货物库存、进货账、应付款账）和数据流（如订单、发货单、缺货单、付款单等）。销售处理的数据流程图如图10-25所示。

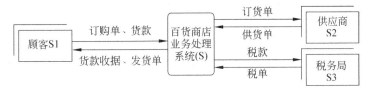

图 10-23　新系统背景图

图10-25是销售处理功能，实际上是把"销售处理"（图10-24中的P1框）进行细化。从图中可知，系统的外部环境是"顾客"。首先，由顾客提出订购单，然后商店从货名文件中得到货名信息，从顾客文件中得到顾客信息；如果顾客是老主顾，则商店对订单、货名信息、顾客信息进行编辑处理（P1.1），从而生成编辑后的订单；如果是新主顾，除了进行上述处理外，还要生成新顾客信息，并将新顾客信息进行登录（P1.2），然后录入顾客文件；图10-25中其他数据流和处理，读者均可以自行随着箭头走一遍，以加深理解。

针对采购处理功能和会计处理功能的分解，读者可以利用前面所学的知识，自行分解并画数据流程图，从而进一步掌握数据流程图的画法。

3）系统概况

百货商店业务管理信息系统的概况如表10-5所示。该表格反映了新系统的输入、处

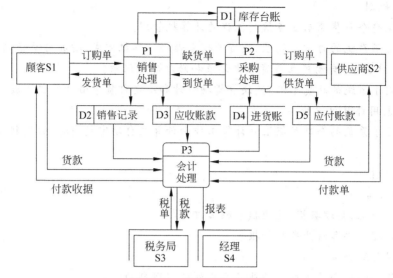

图 10-24　顶层数据流程图

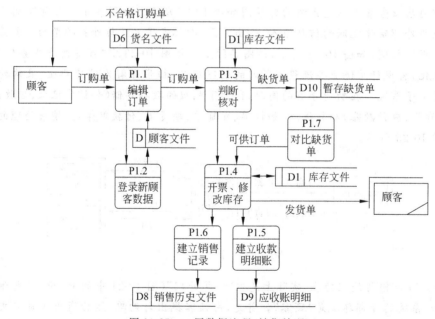

图 10-25　一层数据流程(销售处理)

理、数据存储和输出的概况。其中带"＊"号的表示由计算机自行处理的项目,其余处理由人工进行。

4) 数据字典

数据字典用于进一步定义和描述所有数据项,在此仅列举数据流字典(见表 10-6),数据处理、数据存储、外部实体等数据字典读者可以自己完成。

表 10-5 百货商店业务管理信息系统概况表

输入：
　　顾客订购单(顾客)
　　供货单(供货厂商)
　　付款单(供货厂商)
　　货物(供货厂商)
　　税单(税务局)

处理：
　* 编辑订单并处理顾客数据
　　　检验核对订单
　　　对合格的可供货订单开票供货，修改库存
　* 建立销售历史文件和应付款明细账
　* 自动统计缺货单
　　　编发订货单
　　　接收核对供货单，建进货账，发到货单
　* 编制应付款明细账
　　　接收顾客货款，开发票、收据
　* 自动统计计算各项账目
　* 自动编制各项统计报表

数据存储：
　　货物文件
　　顾客数据文件
　　库存记录文件
　　待订货物文件
　　厂商名录文件
　　订货单文件
　　应付款明细账
　　销售历史文件
　　应收款明细账
　　收款明细账
　　总账文件
　　付款明细账
　　暂存缺货单文件
　　进货账目文件
　　货物单价文件

输出：
　　发货单(顾客)
　　货物(顾客)
　　采购订单(供货厂商)
　　货款(供货厂商)
　　税款(税务局)
　　各种统计报表(经理)
　　不合格订单(顾客)

表 10-6 数据流字典清单（部分）

总编号	编号	名称	来源	去向	组成	数据流量	高峰时数据流量	简述
1-01	F1	订购单	顾客	P1.1	订单标识、顾客信息、货物信息	10 份/小时	25 份/小时(11:00～13:00)	用于记录顾客订货信息
1-02	F2	合格订单	P1.1	P1.3	订单标识、顾客信息、货物信息	10 份/小时	25 份/小时(11:00～13:00)	用于判断和对处理
1-03	F3	不合格订单	P1.3	顾客	订单标识、顾客信息、货物信息	1 份/小时	5 份/小时(11:00～13:00)	退还顾客
1-04	F4	顾客信息	P1.1	D7	顾客详细信息(如姓名、单位、联系方式)	10 人/天	3 人/小时(11:00～13:00)	用于建立顾客数据库
1-05	F5	货物信息	D6	P1.1	货物详细信息	10 份/小时	25 份/小时(11:00～13:00)	用于编辑订单
1-06	F6	可供订单	P1.3	P1.4	订单标识、顾客信息、货物信息	9 份/小时	20 份/小时(11:00～13:00)	用于供货

表 10-6 所示为数据流字典清单,此处仅对 F1 作以下解释,数据流 F1(见图 10-23)是顾客 S1 提出的订单,它的去向是编辑处理 P1.1,在 F1 中包含以下信息:订单标识、顾客细节(如顾客姓名、顾客地址、电话、电传等)、货物细节(如货物名称、货物产地、货物数量等)。F2、F3、…、F7 均代表数据流名,它的来源、去向以及该数据流所含内容。

表 10-7 列出的数据字典中的部分数据项条目,并给出数据描述的部分内容。例如,订单数据,它由订单号、顾客号、顾客名、顾客电话、货物编号、货物名、货物数量、订单标志、厂商编号等均给予定义(类型、长度、说明),这里列出的只是数据项的一部分。读者可以根据实际情况自行完成其他的数据项定义。

表 10-7　数据描述(部分)

数据编号	名称	类型	长度	说明	备　　注
5-01	订单号	整型	6	订单编号	
5-02	顾客号	整型	6		
5-03	顾客名	字符型	4	顾客姓名	
5-04	顾客电话	整型	8	用于缺货到货时通知	
5-05	货物编号	整型	4		
5-06	货名	字符型	8		
5-07	货物数量	整型	3	记录货物数量	
5-08	订单标志	字符型	1	标志是可供、不合格、缺货	
5-09	厂商名	整型	12	记录供货厂商姓名	
5-10	厂商编号	整型	6		

3. 系统设计

1) 系统硬、软件配置

百货商店业务管理信息系统采用分布式处理。采购、销售、会计 3 个部门各配置两台计算机并且联成网络,相互通信。采购、销售、会计 3 个部门各自独立地进行业务处理,各部门之间的数据通信由网络完成。

(1) 系统硬件配置。

① 计算机(包括主机、显示器及磁盘驱动器)。

② 打印机。

③ 适配器、电缆等其他网络配件。

(2) 软件配置。

① Windows XP 操作系统。

② 数据库管理系统及其办公软件。

（3）网络设计。

2）系统功能结构图与控制结构图

百货商店业务管理信息系统共分成销售、采购、会计3个子系统，其中功能模块结构如图 10-26 所示。

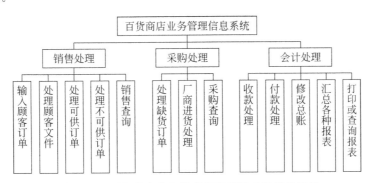

图 10-26　百货商店业务管理信息系统功能模块结构

销售子系统的控制结构如图 10-27 所示。即从逻辑功能设计走向物理功能设计。采购处理和会计处理的控制结构图由读者自行完成。

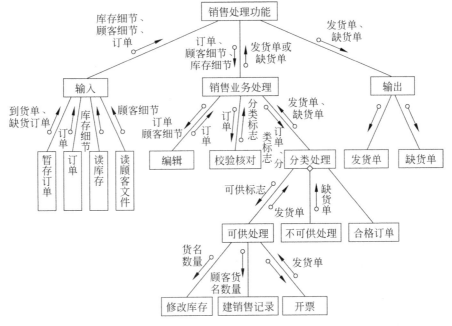

图 10-27　销售子系统控制结构

在图 10-27 中，通过输入功能模块得到订单、顾客细节、库存细节信息，然后进行销售处理。在销售业务处理中，首先对订单、顾客细节进行编辑，并反馈出编辑后的订单，然后对编辑过的订单再进行检验核对并且加载分类标志。订单、顾客细节、库存细节经过编辑、检验核对后进行分类处理。根据订单加载的分类标志，将订单划分为不可供处理（反馈出缺货单）和不合格订单，对于可供货的订单，要根据货名和数量修改库存，根据顾客细节、货名和数量建销售记录,并为顾客开发货票。

3) 系统的 IPO 图

图 10-28 和图 10-29 给出了系统的部分 IPO 图,其中图 10-28 是主控模块的 IPO 图。

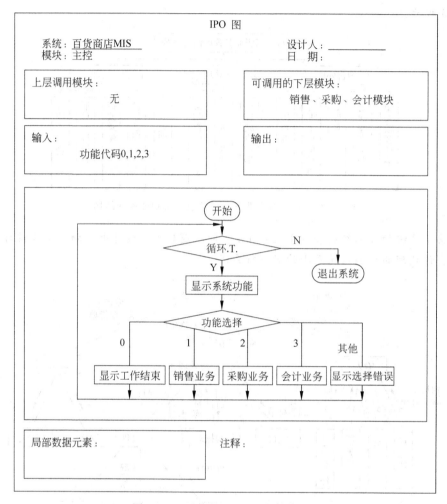

图 10-28　系统的 IPO 图(主控模块)

由读者根据销售子系统控制结构图分别画出系统各模块的 IPO 图。画法同图 10-29,此处不再一一画出。

4) 系统程序结构框图

为了更具体和直观,也可以再进一步画出程序流程图,其销售业务程序流程图如图 10-30 所示。

其余的程序流程图由读者自行画出,以加深对知识的理解及运用。

以上完成的是百货商店业务结构管理信息系统的系统分析和系统设计工作。接着还要进行系统实施,即根据程序结构图和设计阶段的其他图表,编写计算机程序,并进行程序调试、系统分调、总调和新旧系统的切换。最后需要进行系统评价,提交系统评价文档和系统操作手册等文档。

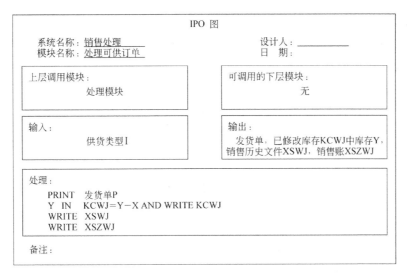

图 10-29　系统的 IPO(一)

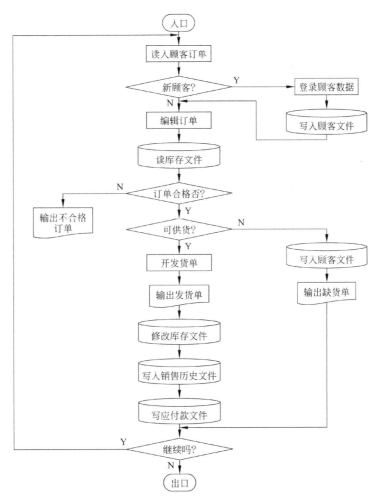

图 10-30　销售业务程序流程图

【项目实践】

通过本章的学习,继续完成在线选课信息系统的系统设计。

(1) 根据数据流程图画出模块控制结构图。

(2) 画出在线选课系统的功能结构图。

(3) 完成系统总体配置,包括计算机软硬件及网络设计。

(4) 完成在线选课系统的编码设计和数据库设计。

(5) 完成在线选课系统的IPO图和程序流程图。

思 考 题

1. 系统设计有哪些内容? 应遵循哪些原则?

2. 结构化设计的基本思想是什么?

3. 简述模块独立性的好处。

4. 简述数据凝聚与数据耦合的概念、分类,试举例说明。

5. 模块结构图由哪几部分组成?

6. 模块结构设计应遵循的原则有哪些?

7. 系统物理配置内容有哪些?

8. 代码有什么作用?

9. 在进行代码设计时应遵循哪些原则?

10. 代码的种类有哪几种?

11. 什么是数据库逻辑结构设计? 主要步骤如何?

12. 数据输入出错的校验方法有哪些?

13. 试举例说明输入、输出方式各有何特点,应当注意哪些问题。

14. 系统设计阶段的工作成果是什么? 具体内容包括哪些?

第11章　信息系统实施

【学习目标】

系统实施是信息系统在物理上实现,并从开发者手中转移到使用者手中的过程。这个过程任务多且环境复杂,往往需要用户的深度参与。通过本章的学习,掌握结构化程序设计和数据准备的方法及对程序的基本要求,掌握系统测试的目的、对象、原则、方法和过程;熟悉系统切换的几种方式以及各自的特点;了解管理信息系统实施的主要任务及需要用户参与活动,了解系统实施阶段在信息系统建设中的地位,了解硬件及网络结构的建设。

【导入案例】

烟台三环,利用 SIPM/PLM 实现知识积累与共享

1. 项目背景

2013 年 7 月,三环锁业集团旗下轿车锁公司选择思普软件全生命周期管理 SIPM/PLM 软件,以加强设计开发项目的计划管控,改进设计工艺质量的流程协同,提升产品质量和生产效率,加速实现长期发展的战略目标。

轿车锁公司成立于 1996 年,公司秉承"品质为上,诚信为重"的经营理念;遵循"坚持持续改进,实行全面质量管理,达到顾客满意,追求效益最大化"的质量方针。公司按照 ISO/TS 196949:2002 标准要求建立质量体系,并于 2005 年 8 月一次性通过 TuV SuD 管理公司质量体系认证。公司推行 5S 现场管理、精益生产、TPM 等先进的生产管理模式。

公司拥有冲压设备、精冲设备、冷镦设备、数控弯杆机、压力焊接设备、铆接设备等;拥有三坐标测量机、液压万能实验机、汽车门锁耐久试验台、高低温实验箱等先进的实验检查设备;拥有多种二维和三维设计开发软件。

2. 项目实施

经过体验式调研和业务蓝图规划详细需求分析,项目实施团队制定了烟台三环 PLM项目解决方案,企业实施效果主要体现在以下几个方面。

1) 依托 SIPM 管理平台的项目管理,进行跨部门活动及部门内部的管理,全面提升管理标准化程度

在实施过程中,三环 PLM 实施团队协助三环将产品研发管理、工艺部门的模具开发管理、商务部门的报价项目管理、技术部门内部的周计划管理等一系列活动融入项目管理模块中;项目管理者可以全面、直观地看到多个项目的进展情况,全程跟踪开发过程,系统提供多种分析手段,让项目管理者即时了解各个任务的时间进度、工作输出是否达标,出现异常情况时进行消息提醒,时刻保证任务的直观、透明。

2) 利用 SIPM/PLM 工艺管理平台,实现多部门协作进行工艺设计;同时实现了四大工艺文件的关联,极大提高了工艺文件的标准化程度和编制效率。

三环依靠 SIPM/PLM 工艺管理,将模具部的工装设计、技术部的过程流程设计、质量

部的控制计划设计、制造部的 PFMEA 设计实现了协同开发；SIPM/PLM 中的工艺数据映射各工艺文件，保证过程流程图、PFMEA、控制计划、作业指导书的数据源头一致。使工艺文件一致性错误率降低 75%、外部审核问题降低 30%、工艺文件的编制效率提升 40%。

3）建立企业级产品设计研发、集中管理平台，实现产品协同开发

实施信息系统后，三环的一切产品研发都基于 SIPM/PLM 平台展开，在平台中保存的资料成为唯一合法的产品技术资料，形成了一个集中的产品设计资料库；产品技术资料以产品结构模型组织管理，其中包含了组成产品和每一个零部件的图纸、工艺、产品零部件、BOM、研发过程文件等所有产品数据，实现统一管理和控制；不同的部门工程师在同一个产品 BOM 信息的支持下进行协同设计工作；制定细致、灵活和严谨的访问规则，实现有效的权限控制；工程师可方便、快速地查询所需要的信息；SIPM/PLM 平台可输出多样的产品数据报表，方便与 ERP 数据的集成。

4）本着"持续改进"的企业宗旨，利用知识库进行经验教训的总结、扩展、应用、考评

SIPM/PLM 管理平台结合企业实际，通过数据之间的关联，实现价值共享；三环根据 SIPM/PLM 的这一特性，在知识库中进行经验教训的搜集、归整；通过 SIPM/PLM 的任务输入、项目管理中的项目资料、消息发送功能、查询功能等方式进行经验教训的推送，达到知识共享、持续改进的目标。

5）实现工程变更有序控制

根据三环的变更业务流程特征定义了系统变更、一般变更、工程变更 3 种级别的变更管理方法，实现变更的严格管控；三环实现了变更全部平台化，变更申请单、变更通知单都通过 SIPM/PLM 平台的工作流签审并实现电子签名，极大提高了签审效率和规范化。变更过程透明管理，变更发起人可以通过变更明细，跟踪及检查变更执行人的变更情况。

备注：SIPM/PLM（Product Lifecycle Management，产品生命周期管理）是一种战略性的业务模式，它应用对产品数据管理、项目管理、协同管理、标准化管理、安全管理等一系列相互一致的业务解决方案，支持产品信息在产品全生命周期和全企业内（从概念到生命周期结束）的创建、管理、分发和使用。

PFMEA（Process Failure Mode and Effects Analysis，过程失效模式及后果分析）是由负责制造/装配的工程师/小组主要采用的一种分析技术，以最大限度地保证各种潜在的失效模式及其相关的起因/机理，已得到充分的考虑和论述。

（资料来源：http://www.sipm.com.cn/）

像某建筑工程项目一样，在系统规划阶段提出规划蓝图，系统分析、系统设计是按照规划蓝图的要求画好图纸，做好整体设计方案，系统实施是调集各类人员、设备、材料，在现场根据图纸按整体设计方案的要求把某建筑项目完成，从而呈现在客户眼前一栋栋高楼大厦。实际上，管理信息系统的实施也是如此，即在完成了系统分析、系统设计之后，如何将原来纸面上的、类似于设计图的新系统方案转换成可执行的实际系统，因此这是真正生产应用软件，并将之投入运行的阶段。在此期间，将投入大量的人力、物力，占用较长的时间，使用部门要发生组织机构、人员、设备、工作方法和工作流程的重大变革，因此，系统实施是信息系统开发的重要阶段。

11.1 系统实施的概述

系统实施阶段既是成功地实现新系统,又是取得用户对系统信任的关键阶段。因此,在系统正式开始实施之前,要制定周密、具体的实施计划,即确定出系统实施的方法、步骤、所需的时间和费用,并且要监督计划的执行,做到既有计划又有检查,以保证系统实施工作的顺利进行。

11.1.1 影响系统实施的因素

影响系统实施的因素很多,下面先以一个具体的案例来看一下系统的实施。

2003年,某医院完成了医生工作站系统的分析与设计工作。该医生工作站系统是以病人信息为中心,围绕病人的诊断治疗活动,实现病人信息的采集、处理、存储、传输和服务。它以加快信息传送和减轻病历书写为目的,围绕临床医生每天的日常工作,切实提高医生的医疗服务质量和临床工作效率,支持医生的临床研究。该系统历经一年多时间,完成了基于C/S结构的软件开发和对网络、服务器的升级及扩容。然后在医院内科科室开始了用户上线的应用过程。此时遇到了来自医生的巨大阻力。第一,医生习惯于手写医嘱,然后交给护士去执行。上了系统之后,就要彻底改变这种习惯,又加上对这个系统不熟悉从而需要花费大量的时间在医嘱的录入上。因此,部分医生就产生了很强的抵触情绪。第二,在系统运行之前,医生开了医嘱后一旦发现医嘱错误,责任主要在护士身上。该系统上线后,如医嘱错误的发生源在医生那里,医生就成了全权责任的承担者。有的医生就不愿承担这种责任,也对系统的应用有了抵触。第三,在系统运行之前,医生写医嘱时,只需要明确医疗属性,即医嘱中明确使用什么药、如何使用等,而它的财务属性则由药房和护士负责。但刚上系统时,医生不仅要明确医疗属性,还要掌握医嘱的财务属性,在录入医嘱时也要录入和记账有关的问题。这也引起了部分医生的反对,他们认为他们不应该关心这些问题。医生的埋怨声越来越大,他们质疑这个系统运行的必要性了。如果医生不用这个系统,这个系统就是个"死系统",前面所做努力将付诸东流。此时医院的领导表明了态度,说明该系统是医院信息化建设中的重要工程。然后开发人员、实施团队、医生、护士以及相关部门一起来协商,确定一个各方能接受的平衡点,通过协商、沟通,使软件能适应各方面的需要。通过协商,大家达成了共识。同时安排了相关的培训,在培训中,还进一步说明该系统的必要性,它以后还将提供更多智能化的服务。同时,还优化系统,改进调整了系统中的缺陷,最大程度地简化了医生的操作,使界面信息更符合他们的需求。正是这一套良好的协商沟通机制,解决了问题,内科医生的抱怨声也没有了,系统的上线实施工作最终顺利完成。

从这个案例可以看出,信息系统最终获得成功,除了硬件设施完善、系统设计质量好,符合用户的要求之外,还要重视人员、业务流程、文化等方面的影响,了解这些因素的作用和特点,并能做出妥善处理。

1. 系统实施的目标

从表面上看,系统实施不过是把设计阶段的物理模型转换成可以实际运行的信息系统。

其实,系统实施的目标是让信息系统能够在现实中有效使用,顺利地为用户企业所接受,提供用户所需的服务。所以应该从用户的期望出发,站在用户的角度制定成功目标。具体来说,系统实施要给用户提供一个完整、有用、易用的信息系统。

2. 技术性因素的影响

系统实施阶段会有大量的硬件安装、网络建设、软件编程等技术性工程,如某高速公路收费系统的硬件安装、高铁系统的硬件安装等。信息系统开发的技术性因素会从 3 个方面影响系统实施效果。

1）平台建设任务能否如期完成

项目按期完成是系统实施管理的重要目标之一。大型系统软硬件工程建设的任务量大,建设环节多,在软硬件配套、网络施工和调试、基础工程建设等方面容易出现故障,使建设工期拉长。这会直接导致系统实施项目的延误。有些软件需要在许多地点一次性安装,某些点安装不到位会使整个系统无法按期切换。

2）平台建设质量是否符合要求

高质量的系统需要有高质量的基础平台。在现实中,信息系统建设工程会由多个合作伙伴共同完成,大型工程甚至会有几十份或上百份分包合同,很容易出现质量不统一的问题。工程建设质量低会带来系统通信中断、网络不稳定、设备故障、停机甚至更为严重的安全隐患。对于节点多而分散的网络系统来说,每个节点的质量都可能影响到网络总体。

3）技术平台如何服务

系统实施不仅要保证平台安装的高质量,还要保证平台运行和服务的高质量,要设法保证技术平台服务质量的稳定性和可持续性。因此,相关的技术培训、维护管理部署、资产管理等,也是系统实施阶段需要考虑的问题。

3. 非技术因素的影响

非技术性因素含义广泛,这里主要指人员(用户、领导、实施顾问等)、组织(业务流程、组织结构、组织规模等)、文化(制度、管理环境等)等方面的因素。这些因素对系统实施的影响方式不像技术性因素那样直截了当,但其影响力绝对不可小视,影响的持续性也比较长。

以用户因素为例。失去了用户的配合,任何信息系统都无法顺利实施。医院系统的案例直接展示了医生用户对系统实施的影响过程。开发者不能给出这样的假设,即用户一定会欢迎新系统。即使新系统质量较好,对用户也有很大的帮助,他们也不一定很快接纳。用户的年龄、习惯、职业、岗位、能力和工作压力等,都可能影响对待新系统的态度。企业的制度、工作环境、绩效管理方式也会影响用户的态度和行为。

11.1.2 系统实施的任务

具体地讲,这一阶段的任务包括以下几个方面。

1. 物理系统的实施

物理系统的实施即系统的软硬件准备及网络系统的实施。硬件设备包括主机、外围设备、稳压电源、空调装置、机房的配套设施及通信设备等,软件系统包括操作系统、数据库管理系统、各种应用软件和工具软件等。计算机硬件和软件环境的配置,应当与计算机技术发展的趋势相一致,硬件选型要兼顾升级和维护的要求;软件选择特别是数据库管理系统,应选择 C/S 或 B/S 模式下的主流软件产品,为提高系统的可扩展性奠定基础。

计算机网络是现代信息系统建设的基础,是创建和测试数据库、编写和测试程序的平台。在许多情况下,所开发的信息系统是基于已有的网络架构。如果是这样,就可以跳过这一个活动的工作。但是,如果新开发的信息系统要求创建新网络或修改已有的旧网络。那么就必须建立和测试新网络。网络环境的建立应根据所开发的系统对计算机网络环境的要求,选择合适的网络操作系统产品,并按照目标系统将采用的 C/S 或 B/S 工作模式,进行有关的网络通信设备与通信线路的架构与连接、网络操作系统软件的安装和调试以及整个网络系统的运行性能与安全性测试及网络用户权限管理体系的实施等。

2. 数据准备

业界流传很广的一句话是"三分技术,七分管理,十二分数据",如果企业输入的信息是垃圾,输出的也必然是垃圾。由此可见,数据对信息系统的重要性。数据如人体的血液,是系统运行的支撑和前提,基础数据则是系统信息的根源,由此构筑统一的信息共享平台。然而,基础数据整理是实施过程中头绪最多、工作量最大、耗时最长、涉及面最广、最容易出错的部分。实践证明,这方面的工作往往容易被人忽视。甚至系统完成后只能作为摆设放在那里而不能真正运行。这就好像工厂已经建好,但缺乏原料而不能正常投产。要特别强调,不能把系统的实现仅仅归结为编写程序或购买机器,这几方面的任务是相互联系、彼此制约的。

3. 人员培训

人员培训主要是对用户的培训,用户包括企业中的决策者、各级管理人员和操作人员等各类人员,因此用户的培训也要有明确的目的,并根据不同的对象分层次实施。例如,企业的最高层,要让他们理解管理信息系统将会为企业带来什么;各级管理人员,要让他们理解管理信息系统是怎么工作的,信息系统能给他们提供别人的什么信息,可提供给别人什么信息,他们的部门因为使用信息系统将会发生什么变化;具体的操作人员,如果只让他们知道如何使用信息系统的应用窗口是远远不够的,要让他们知道他们的工作在整个信息系统中具体起到什么作用,还要让他们知道正是由于他们的工作才保证了整个企业信息系统的运行。

4. 程序设计

在系统设计阶段,各个功能模块的设计方案已经基本成型。程序设计就是根据系统设计说明书,选择合适的程序设计语言书写源程序以实现系统的功能。

5. 系统测试

系统测试是保证系统顺利运行必不可少的步骤,是运用一定的测试方法对初步实现的系统进行由模块到子系统,再到整个系统逐级测试和全面测试,以排除错误、完善功能。

6. 系统切换

系统切换是指以新开发的系统替换旧的系统,并使之投入使用的过程。新系统投入运行时必须做好与现行系统的转换工作,以保证组织业务不受影响。

由于前几项工作相对简单,下面主要讨论后 3 项工作。

11.2 程 序 设 计

在系统实施阶段,最重要的任务就是程序设计。程序设计的任务就是将系统设计阶段得到的系统物理模型,用某种程序设计语言进行编码,以完成每个模块乃至整个系统的代码开发。其主要依据是系统总体结构图、数据库结构设计、代码设计方案、IPO 图等。在进行程序设计工作中,应尽量采用各种开发工具进行编码,以加快开发进程。

11.2.1 程序设计原则

随着计算机应用水平的提高,软件越来越复杂,同时硬件价格不断下降,软件费用在整个应用系统中所占的比例急剧上升,从而使人们对程序设计的要求发生了变化。在过去的小程序设计中,主要强调程序的正确和效率,但对于大型程序,特别是采用了先进的软件开发技术和工具后,人们则倾向于首先强调程序的可维护性、可靠性和可读性,而后才是效率。

因此,要设计出性能优良的程序,除了要正确实现程序说明书所规定的各项功能外,还要求程序设计时应特别遵循以下 5 项原则。这些原则随着系统技术和计算机技术的发展而不断变化,不是一成不变的。

1. 可维护性

系统在其运行期间,逐步暴露出的隐含错误需要及时排除;同时,用户新增的要求也需要对程序进行修改或扩充;此外,计算机软、硬件的更新换代也要求应用程序做相应的调整或移植。所以说,由于排错、改正、改进的需要,系统的可维护性是必要的。考虑管理信息系统一般要运行 3~10 年的时间,因而系统维护的工作量是相当大的。

2. 可靠性

系统的可靠性在任何时候都是系统质量的重要指标。可靠性可分解为两个方面的内容:一方面是程序或系统的安全可靠性,如数据存取的安全可靠性,通信的安全可靠性,操作权限的安全可靠性,这些工作一般都要在系统分析和设计时严格定义;另一方面是程序运行的可靠性,这一点只能在调试时严格把关(特别是委托他人编程时)来保证编程工作的质量。

3. 可读性

可读性要求程序清晰,没有太多繁杂的技巧,能够让他人比较容易读懂。可读性对于大规模工程化地开发软件非常重要,这是因为程序的维护工作量很大,程序维护人员经常要维护他人编写的程序。如果程序不便于阅读,那么对程序检查与维护工作将会带来极大的困难,而无法修改的程序是没有生命力的程序。

4. 效率

程序效率是指程序能否有效地利用计算机资源(如时间和空间),也就是指系统运行时应尽量占用较少的空间,却能用较快的速度完成规定的功能。近年来,硬件价格大幅度下降,而其性能却不断完善和提高,所以效率已经不像以前那样举足轻重了。相反,程序设计人员的工作效率则日益重要。提高程序设计人员工作效率,不仅能降低软件开发成本,而且可明显降低程序的出错率,进而减轻维护人员的工作负担。

5. 健壮性

健壮性是指系统对错误操作、错误数据输入能予以识别与禁止的能力,不会因错误操作、错误数据输入及硬件故障而造成系统崩溃。这是系统长期平稳运行的基本前提。

11.2.2 程序设计语言的选择

信息系统的开发离不开程序设计语言的支持。目前,市场上提供系统编程语言非常多,这些语言不仅在数量和功能上突飞猛进,而且在其内涵和拓展能力上也日新月异。这既为开发系统提供了越来越多、越来越方便的手段,同时也要求开发人员了解和选用恰当的编程语言,以保证实现这一环节的质量和效率。

1. 程序设计语言

迄今为止,据不完全统计,程序设计语言已有数百种之多,其中绝大多数用于特定项目的开发,只有相当少的程序设计语言被广泛使用。程序设计语言的发展大致经历了以下4代。

第一代语言:机器语言。它是随着计算机的发明而产生的第一代计算机语言,它是用二进制代码表示的计算机能直接识别和执行的一种机器指令的集合。它是计算机的设计者通过计算机的硬件结构赋予计算机的操作功能。机器语言具有灵活、直接执行和速度快等特点。用机器语言编写程序,编程人员要首先熟记所用计算机的全部指令代码和代码的含义。手编程序时,程序员得自己处理每条指令和每一数据的存储分配和输入输出,还得记住编程过程中每步所使用的工作单元处在何种状态。这是一件十分烦琐的工作,编写程序花费的时间往往是实际运行时间的几十倍或几百倍。而且,编出的程序全是些 0 和 1 的指令代码,直观性差,还容易出错。现在,除了计算机生产厂家的专业人员外,绝大多数的程序员已经不再去学习机器语言了。

第二代语言:汇编语言。它是一种用于电子计算机、微处理器、单片机或其他可编程器件的低级语言。它是为了改善机器语言的不直观性而发展起来的基于助记符的语言,每个操作指令通过特定的易于理解的助记符来表达。使用汇编语言编写的源代码,需要通过使用相应的汇编程序将它们转换成可执行的机器语言才能运行。由于汇编语言要涉及机器的硬件细节,比较难学、容易出错、无法移植也不易维护,因此在现行系统的开发中已经很少使用,只在有某些特殊的需要时才直接使用。

第三代语言:高级语言。当计算机语言发展到第三代时,就进入了"面向人类"的语言阶段。第三代语言也被人们称为"高级语言"。高级语言是一种接近于人们使用习惯的程序设计语言。它允许程序使用运算符号和运算式子,这与人们日常用的数学式子差不多。高级语言容易学习,通用性强,书写出的程序比较短,便于推广和交流,是很理想的一种程序设计语言。

第四代语言:4GL。4GL 是按计算机科学理论指导设计出来的结构化语言,一般认为4GL 具有简单易学,用户界面良好,非过程化程度高,面向问题,只需告知计算机"做什么",而不必告知计算机"怎么做"。4GL 以数据库管理系统所提供的功能为核心,进一步构造了开发高层软件系统的开发环境,如报表生成、多窗口表格设计、菜单生成系统、图形图像处理系统和决策支持系统,为用户提供了一个良好的应用开发环境。

管理信息系统的开发以数据处理为主,前端开发工具是数据库开发,目前已有许多优秀的面向对象的集成开发环境。现在比较流行的开发工具有 Visual Studio 系列、Dephi 及PowerBuilder 等。它们各有所长,都受到信息系统开发商的欢迎。后台主要是数据库服务器,由于数据管理基本上采用大型的数据库管理系统(DBMS),如 Oracle、SQL Server、Sybase 等。选择合适的程序设计语言,一般应考虑以下基本原则。

(1)最少工作量原则。选用的程序设计语言应使用最小代价让系统工作。

(2)最小技巧性原则。最好无须培训或很少培训就能使开发人员编制程序。

(3)最少错误原则。对常用的高级语言来说,开发工具要提供结构化控制结构、类型检查、数据结构描述、易于检验测试等机制。

(4)最少维护原则。对一般的高级语言来说,开发工具应提供独立编译能力和系统软件包。独立编译意味着可分别编译各个程序单元,无须因修改了一个程序单元而重新编译所有的程序。软件包意味着系统工具能够提供较多功能,以减轻开发强度、提高开发效率。如用于实时检查语法错误的功能、调试排错功能、随机提示功能、提供程序框架功能等。

(5)减少记忆原则。

2. 选择开发工具影响因素

在选择系统开发工具时还应具体考虑下面几个因素。

1)信息系统所处理问题的性质

管理信息系统是以数据处理为主,故应选择数据处理能力强的语言。

2)计算机的软、硬件和所选语言在相应机器上所能实现的功能

有的程序设计语言尽管在文本的规定上具有较强的语言功能,但限于具体的计算机条件(大型机、小型机、微型机、计算机的内存容量等条件),其功能不能全部实现。即使有的语句功能实现了,但其实际处理能力和效率可能有所下降,如最大文件个数、文件的类型及数字的精度等。

3)用户的要求

有时用户要求使用他们熟悉的语言。

4）程序员的经验和知识

如果条件允许,应尽量选择程序员熟悉的开发工具。

5）软件可移植性的要求

如果目标系统需要运行于不同的环境,应选择可移植性好的程序设计语言,如 Java 语言。

3. 程序设计步骤

1）充分理解系统设计要求

首先要仔细阅读系统设计说明书,充分理解系统设计所提出的任务、功能和目标,明确所编程序在系统中所处的位置及与之相关的环境条件。

2）熟悉计算机性能

在程序设计之前,首先要熟悉系统运行环境,如计算机性能、操作系统、程序设计语言和数据库管理系统等。

3）细化程序处理过程

程序员在编程之前,还需要对程序模块的处理逻辑作进一步的详细描述,通常采用图形、表格、语言等工具进行描述。

4）编程

在完成前 3 项工作的基础上,完成程序编码,并在计算机上实现。

5）测试

程序编制完成后,要对程序进行测试,以发现其中的错误,并做出相应的修改。有关程序测试的内容,将在后面的“系统测试”中介绍。

11.2.3 结构化程序设计方法

1. 结构化程序设计方法概述

结构化程序设计(Structured Programming,SP)方法是 E. W. Dijikstra 等人提出的,用于在详细设计和程序设计阶段,指导人们用优化的设计方法,开发出易于理解、扩充、完善的一种程序设计方法。

结构化程序设计曾被称为软件发展中的第三个里程碑,其影响比前两个里程碑(子程序、高级语言)更为深远,这是存储式程序计算机问世以来,对计算机界影响最大的一个软件革命。该方法的特点如下。

(1) 主张使用顺序、选择、循环 3 种基本结构来嵌套连接成具有复杂层次的“结构化程序”,严格控制 GOTO 语句的使用,用来解决程序结构规范化问题。

(2) “自顶而下,逐步求精”的设计思想。在一个程序模块内,先从该模块功能描述出发,然后再一层一层地分解和细化,直到最后分解、细化成语句为止。

(3) “独立功能,单出、入口”的模块结构,减少模块的相互联系,使模块可作为插件使用,降低程序的复杂性,提高可靠性。程序编写时,所有模块的功能通过相应的子程序(函数或过程)的代码来实现,从而解决了将大划小、将难化简的求解方法问题。

（4）主程序员制的组织形式，它用于解决程序开发的人员组织结构问题。一个程序组的固定成员是主程序员一人，辅助程序员一人，程序资料员（或秘书）一人，其他技术人员按需要随时加入组内。主程序员负责整体项目的开发，并负责关键部分的设计、编码和调试。辅助程序员在细节上给主程序员以充分的支持。主程序员、辅助程序员必须在程序技术方面和项目管理方面具有经验和才能，必须完全熟悉该项目的开发工作。这种组织方式的好处在于显著减少了各子系统之间、各程序模块之间通信和接口方面的问题。把设计的责任集中在少数人身上，有利于提高质量。

2. 结构化程序设计的3种基本结构

1）顺序结构

顺序结构是一种线性有序的结构，按语句或命令的自然顺序从上到下一条一条地执行。几乎所有的高级语言都具有这种特征，如赋值语句、输入/输出语句等。

2）选择结构

选择结构是一种双向或多向语句，它根据表达式条件成立与否或根据不同情况选择程序执行路径的结构。当执行完被选择的语句后，程序将控制转向后续语句。

3）循环结构

循环结构是由一个或几个模块构成的，程序运行时重复执行，重复执行的次数根据问题的要求，由相应的条件式来控制，其中被重复执行的部分叫做"循环体"。

11.3　系　统　测　试

系统测试是信息系统开发过程中十分重要的环节。尽管在系统开发周期的各个阶段均进行了严格的技术审查，但依然难免留下差错，这些差错如果没有在投入运行前的系统测试阶段被发现并纠正，问题迟早会在运行中暴露出来，到那时要纠正错误将会付出更大的代价。例如，1963年美国用于控制火箭飞行的FORTRAN程序中，把一个循环语句"DO 5I＝1,3"误写成"DO 5I＝1.3"，在系统测试中这一致命错误又未被检出，致使火箭爆炸，损失高达1000万美元。为了保证新系统运行的正确性和有效性，将一切可能发生的问题和错误尽量排除在正式运行之前，则需要进行系统测试工作。

11.3.1　系统测试的对象和目的

1. 系统测试的对象

系统测试的对象不仅仅是源程序，而且是整个应用软件系统。它是将需测试的软件（包括程序和文档），作为整个计算机应用系统的一个元素，与硬件、外设、支持软件、网络、数据和人员等环境因素结合在一起，所进行的组装和确认测试。

2. 系统测试的目的

应用软件系统测试的目的是努力发现软件中的错误，并改正错误。测试中要精心选取那些易于发生错误的测试数据,以十分挑剔的态度找出软件中的错误,而不是证明系统无错误。系统测试中可能发现的错误按其性质可分为以下几类。

(1)功能错误。由于处理功能说明不够完整或不够确切,致使编程时对功能有误解而产生的错误。

(2)系统错误。指与外部接口错误、子程序调用错误、参数使用错误等。

(3)过程错误。主要指算术运算错误、逻辑错误等。

(4)数据错误。指数据结构、实体、属性错误,参数与控制数据混淆等。

(5)编程错误。指语法错误、程序逻辑错误、程序书写错误等。

11.3.2　系统测试的策略与原则

1.系统测试的策略

首先来看一个例子。图 11-1 所示为一个小程序的控制流程图,该程序由一个循环语句组成,循环次数可达 20 次,循环体中是一组嵌套的 IF 语句,其可能的路径有 5 条,所以从程序入口 A 到出口 B 的路径数高达 $5^{20} \approx 10^{14}$。如果编写一个测试例子,并用它来测试这个程序的一条路径,要花 1 分钟,那么如果需要测试该程序中的每一条路径就需要 2 亿年。

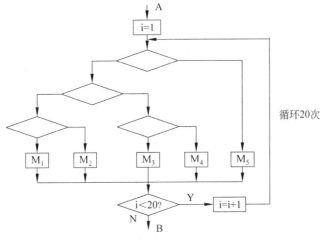

图 11-1　控制流程图示例

这个例子说明,要想通过"彻底"地测试找出系统的全部错误是不可能的,因此,测试阶段要考虑的基本问题就是"经济性"。测试的经济性策略是:在一定的开发时间和经费的限制下,通过进行有限步操作或执行测试用例,尽可能多地发现错误。

2.系统测试的原则

既然进行系统测试的目的是发现程序和系统的错误并加以纠正。在系统测试中,应遵循以下基本原则。

1)测试机构要独立

测试小组要与开发团队分立,除单元测试外,要避免出现由开发者自我承担测试任务的现象。因为开发者对自己的成果有偏爱,难以摆脱"验证成功"的心理期待;同时,每个人的思维都有一定的局限性,承担开发任务的程序员不容易找出自己的错误理解,或者发现原先被遗漏的地方。系统测试往往以验证和排错水平作为鼓励目标,需要支持测试者的挑剔眼光。测试项目的负责人不应默许或接受任何"软件无错假定",并借此压缩测试时间,要尽力避免测试"走过场"。

为避免信息行业的"豆腐渣"工程,大型信息系统工程项目在验收之前还需要经过第三方机构的测试。有资质的第三方测试机构拥有专业知识和必要工具,遵循标准化的测试流程,能够提供独立、公正的软件测试服务。因此,使用第三方测试有助于提高软件测试质量。

2) 设计测试用例不仅要包括合法的或有效的输入数据,还要包括无效的或不合法的各种输入数据

例如,在程序中输入表示三角形边长的 3 个数,判断是否构成等腰三角形或等边三角形及不等边三角形。测试这个程序时,不仅要选用"6,6,8"、"8,8,8"和"3,4,5"这样一些"合理"的数据作为测试用例,而且还要选用"1,1,3"和"1,2,3"这样一些"不合理"的输入数据,以便证实程序不会把这些不可能构成三角形的边长错误地认为这是"不等边三角形"。

3) 不仅要检验程序是否执行了规定的操作,还要检查它是否同时做了不该做的事

例如,对于工资管理程序,要检查它是否为每个职工产生了一个正确的工资单,还要检查它是否产生了多余的工资单。

4) 进行回归测试

对于测试中发现错误的软件,经修正后,要用原来的测试用例再进行测试,称为回归测试。利用回归测试,一方面验证原有错误是否确实修正了;另一方面能够发现因修改而可能引入的新错误。软件投入运行后,若根据客观需要作了改进或扩充也需要回归测试。因此,测试用例应该作为软件文档的组成部分,长期保留。

5) 集中测试出错多的模块

一个模块已发现的错误越多,则其中存在错误的概率也就越大。在进行深入测试时,要集中测试那些出错多的模块。

11.3.3 系统测试的方法

对系统进行测试的常用方法有 3 种,分别为静态测试、动态测试、程序正确性证明。

1. 静态测试

静态测试又称人工测试,是指通过人工方式评审系统文档和程序,目的在于检查程序的静态结构,找出编译不能发现的错误。这种方法手续简单,是一种行之有效的检验手段。经验表明,组织良好的静态测试可以发现程序中 30%～70% 的编码和逻辑设计错误,从而可以减少动态测试的负担,提高整个测试工作的效率。系统开发的每一个阶段都要进行静态测试。这样,错误发现早、纠正早,使开发成本大为降低。

静态测试的主要任务就是进行程序代码复审,一般采用 3 种具体形式。

1) 个人复查

个人复查是指程序源代码编写结束后,由程序员自行进行检查。由于是自查,出于程序

员对自身所编写程序的偏爱,习惯性错误不易发现。自身对程序功能算法的理解错误也很难纠正。一般这种形式效率不高,仅限于小型程序模块的检查。

2) 小组复查

由未参与系统程序设计的有经验的 3～5 个程序员组成测试小组,对系统程序进行复查。通过对系统软件资料和源程序的检查、分析和手工模拟,从中发现并纠正存在的各种错误。由于是人工方式,运行速度较慢,一般采用少量的简单的测试用例进行。

3) 会审

会审测试小组的组成和小组复查的测试小组相同。测试小组成员在进行会审时应仔细阅读有关资料,根据错误类型清单(包括常见的各种编程错误)实施会审,通过测试小组成员与程序员的提问、讲解、回答及讨论的各种交互过程,发现并纠正错误。同时,审定有关系统程序的功能、结构及风格等。

2. 动态测试

动态测试又称为机器测试,是运用事先设计好的测试用例,有控制地运行程序,从多种角度观察程序运行时的行为,对比运行结果与预期结果的差别以发现错误。也就是说,动态测试是为了发现错误而执行程序。因此,动态测试的关键问题是如何设计测试用例,即设计一批测试数据,通过有限的测试用例,在有限的时间、经费的约束下,尽可能多地发现程序中的错误。

动态测试就是直接在计算机上运行所要测试的程序模块,从实际运行的结果中发现并纠正错误。其采用的形式主要有两种。

1) 黑盒法

黑盒法又称为功能测试,它是将软件看作黑盒子,在完全不考虑程序的内部结构和特性的情况下,测试软件的外部特征。从程序的输入和输出特性上,测试程序模块是否满足其功能。

2) 白盒法

白盒法又称为结构测试,即将软件看作透明的白盒,按照程序的内部结构和处理逻辑来设计测试用例,对软件的逻辑路径及过程进行测试,检查是否符合设计的要求。

一般源程序通过编译后,要先经过静态测试,然后再进行动态测试。

对某些类型的错误,动态测试比静态测试更有效,但对有些类型的错误,人工寻找的效率往往比机器测试更高;动态测试只能发现错误的症状,不能进行问题定位,而静态测试一旦发现错误,同时就确定了错误位置、类型和性质。因此静态测试不可忽视,它是动态测试的准备,是测试中必不可少的环节。

3. 程序正确性证明

程序正确性证明技术目前还处于初始阶段。它是用数学方法证明程序是否满足其功能。证明可以是形式的,也可以是非形式的。通常,程序正确性证明总是与逐步细化结合进行。随着逐步细化,同时加以验证或程序推导,以得到正确的程序。因此,程序正确性证明是结构程序设计中的重要辅助手段。

11.3.4　系统测试的过程

系统测试过程可分为 4 个步骤。

1.单元测试(模块分调)

单元测试是针对具体程序模块的测试,一般在模块编程后及时进行,可以由程序员承担测试。其主要是对所设计的程序进行语法检查和逻辑检查,测试程序运行的时间和存储空间的可行性。单元测试一般从代码测试、程序功能测试两方面进行。程序的逻辑检查的方式是代码测试。通常需要编写各种测试数据,通过考查程序对正常数据、异常数据和错误数据输入的反映,检验程序执行的逻辑正确性,以及程序对各种错误的监测和处理能力。程序经过代码测试后,验证了它的逻辑正确性,但是否实现了规定的功能,尚未可知。因此,还应该测试其应用功能的需求,即面向程序的应用环境,考查是否达到了设计的功能和性能指标。表 11-1 是单元测试中的常见错误。

表 11-1　单元测试中的常见错误

错 误 类 型	常见表现或原因
数据引用错误	引用的变量未赋值或未初始化,数组引用下标值超界
数据声明错误	数据定义或属性不匹配,默认属性错误,数据长度或类型不当
运算错误	变量值超限,无效值参与了运算,中间值溢出,运算的优先顺序不正确
控制流程错误	循环越界,有额外的分支路径,程序被不当绕过,判断无法穷尽,文字或语法错误
输入输出错误	文件未及时打开或关闭,处理记录的缓冲区不足
接口错误	参数间的数量、属性或量纲不匹配,全局变量的定义不一致,参数被漏传

通常情况下单元测试是采用白盒法进行。

由于模块之间存在联系,即存在调用与被调用的关系。为了辅助模块测试,还需要开发以下两种模块。

(1)驱动模块。相当于一个主程序,用于接收测试用例的数据,将这些数据送到被测试模块,输出测试结果。

(2)桩模块。用来代替被测模块中所调用的子模块,目的是检验入口、输出调用和返回的信息。

2.组装测试

通常系统总是由多个功能模块组成的,而每个功能模块又是由一个或多个程序构成的,因此,在完成单元测试后,应当将组成一个功能模块的所有程序按照其逻辑结构加以组合,以功能模块为单位,检查该功能模块内各程序之间的接口是否匹配,控制关系和数据传递是否正确,联合操作的正确性及模块运行的效率。组装测试主要有自顶向下测试和自底向上测试两种测试方法。

1）自顶向下测试

自顶向下测试是构造程序结构的一种增量式方式。它从主控模块开始,按照软件的控制层次结构,逐步把各个模块集成在一起。

自顶向下测试的具体步骤如下。

（1）以主控模块作为测试驱动模块,把对主控模块进行单元测试时引入的所有桩模块用实际模块替代。

（2）依据所选的集成策略,每次只替代一个桩模块。

（3）每集成一个模块立即测试一遍。

（4）只有每组测试完成后,才着手替换下一个桩模块。

（5）为避免引入新错误,须不断地进行回归测试（即全部或部分地重复已做过的测试）。从第二步开始,循环执行上述步骤,直到整个程序测试完毕。

自顶向下测试的优点在于能尽早地对程序的主要控制和决策机制进行检验,因此能较早地发现错误。其缺点是在测试较高层模块时,低层处理采用桩模块替代方式,不能反映真实情况,因此测试并不充分。

2）自底向上测试

自底向上测试是从软件结构最低一层模块开始进行组装和测试。因测试到较高层模块时,所需的下层模块功能均已具备,所以不再需要桩模块。

自底向上测试的具体步骤如下。

（1）把低层模块组织成能实现某个子功能的模块群。

（2）开发一个测试驱动模块,控制测试数据的输入和测试结果的输出。

（3）对每个模块群进行测试。

（4）删除测试使用的驱动模块,用较高层模块把模块群组织成为能完成更大功能的新模块群。

从第一步开始循环执行上述各步骤,直到整个程序测试完毕。

自底向上测试方法不用桩模块,测试用例的设计亦相对简单,但缺点是程序最后一个模块加入时才能具有整体形象。它与自顶向下测试方法的优、缺点正好相反。因此,在进行组装测试时,通常是将这两种方法结合起来进行,即对子系统的较高层次使用自顶向下的组装方法,对子系统的较低层次使用自底向上的组装方法。

3. 确认测试

确认测试是对装配好的整个软件系统的整体效果进行测试,好比大型演出前的彩排。测试内容与组装测试差不多,主要采用黑盒法。确认测试应在终端用户参与下完成测试,全面检测并确认软件系统的质量,看信息系统是否满足了用户当初的需求。确认测试常见的要点有 3 个:一是检验系统是否达到了相应业务或流程的需要;二是检测软件的易用性;三是让熟练的用户来检查系统是否有漏洞。

4. 验收测试

验收测试是系统发布或交付前的试运行及最终检测,在系统软件、硬件、网络等基本设施安装到位后进行,由用户或系统建设方负责组织。它主要对软、硬件的协调性,新系统平台上业务的顺畅性和准确性,用户的操作水平等进行全面的检查。验收测试应当尽可能模拟或贴近真实的业务场景,采用真实的数据,由真实的终端用户参与进行。在现实环境中,往往会出现极端的高负荷或超大容量的并发用户数,如果相关场景测试不足,可能系统刚刚切换就会遭遇失败。

11.4　系　统　切　换

系统切换是系统测试工作的延续,对系统最终使用的安全、可靠、准确性来说,是一项十分重要的工作。系统切换是指由原来的系统运行模式过渡为新开发的信息系统的过程。新系统通过系统测试后,必须通过系统转换才能正式交付使用。

新旧系统的切换既是一个水到渠成的过程,也是最后充满风险的阶段。切换管理得当可以减轻新系统引入对组织产生的影响,使项目组和用户企业的形象明显提升;切换管理失误则可能导致各种不良后果,如工作混乱、用户抱怨或抵制、业务延误或中断、客户感受不良甚至流失等。切换阶段的管理目标就是要保证新旧系统平稳、可靠地交接,使新系统能够顺利使用。它需要系统开发人员、系统操作员、用户单位领导和所有用户的通力合作才能完成。

11.4.1　系统切换的主要工作

数据整理就是按照新系统对数据要求的格式和内容统一进行收集、分类和编码。录入就是将整理好的数据送入计算机内,并存入相应的文件中,作为新系统的操作文件。另外,还要完成运行环境的初始化工作(如权限设置等)。数据的整理与初始化是关系到新系统成功与否的重要工作,绝不能低估它的作用。

基础数据的准备要注意以下几个问题。

(1)基础数据统计工作要严格科学化,具体方法要程序化、规范化。

(2)计量工具、计量方法、数据采集渠道和程序都应该固定,以确保新系统运行有稳定可靠的数据来源。

(3)各类统计和数据采集报表要标准化、规范化。

(4)变动数据在系统切换时一定要使它们保持最新状态,否则是无意义的。

新系统的数据整理与录入工作量特别庞大,而给定的完成时间又很短,所以要集中一定的人力和设备,争取在尽可能短的时间内完成这项任务。为了保证录入数据正确,首先数据整理要正确,其次尽量利用各种输入检验措施保证录入数据的质量。

11.4.2　系统切换方式

系统切换是指系统开发完成后新老系统之间的切换。系统切换的方式有 4 种,分别为直接切换方式、并行切换方式、逐步切换方式、试点过渡切换方式。

1. 直接切换

在确认新系统运行准确无误后,确定一个时刻,停止原系统的运行,由新系统接替其全部业务并开始独立运行,中间没有过渡阶段,如图 11-2 所示。这种方式的主要优点是新旧系统的交接很清楚,切换周期短,容易获得用户的配合,费用低。其缺点是风险大。一旦因新系统发生严重错误而不能正常运行,将导致业务工作的混乱,造成巨大的损失。因此,必须采取一定的预防性措施,充分做好各种准备工作,制订严密的转换计划。这种转换方式仅适用于小型管理信息系统的转换。

2. 并行切换

并行切换指完成系统测试后,一方面原系统继续运行;另一方面新系统同时投入运行,通过新老系统并行运行一段时间后,再停止原系统的工作。让新系统单独运行,如图 11-3 所示。采用这种方式的优点如下。

图 11-2　直接切换　　　　　图 11-3　并行切换

（1）切换风险相对较小,旧系统为新系统提供了备份,新系统一旦出现问题也有旧系统可用,数据不会丢失,也不会影响业务运作。

（2）可以通过两个系统数据的差异比较,及时发现并改正新系统的错误,提高新系统的可靠性。

（3）用户也有更多的时间熟悉新系统,有利于系统平稳过渡。因此这种方式在实践中很常用。

并行切换的主要缺点如下。

（1）并行期需要双倍的工作量,产生两套输入输出,占用较大的人力、物力、财力。

（2）切换速度较慢,成本较高。

（3）如果新旧业务流程有较大改变,并行运转往往非常麻烦,甚至失去意义。

（4）如果用户偏爱旧系统,对旧系统的心理依赖会不利于他们积极调整自己,尽快转向新系统。

3. 逐步切换

逐步切换是指在新系统投入正常运行前,将新系统分阶段分批逐步代替原系统的各部分,最后完全取代原系统(见图 11-4)。这种方式针对的是较大型的、技术上可做拆分的复合型系统,或独立性较高的模块。

逐步切换方式的优点如下。

（1）分散风险,可以避免系统切换期各种矛盾集中爆发,给技术人员以处理问题和调整的时间。

（2）用户也用了逐步适应的过程,便于掌握不同的新流程。

（3）若管理上可行,较易部分先行成功还可以为后续的阶段提供经验,增强用户的信心,有利于复杂系统的整个切换进程平稳、有序地完成。

逐步切换方式的缺点如下。

(1) 由于系统不同模块间存在相互依存,逐步切换往往会出现技术安排上的困难。

(2) 在系统切换期间,业务运作可能会因新旧系统交叉接口的变动而要进行多次调整,容易出现混乱。

(3) 用户需要同时关注多套新旧系统混搭的流程,很容易出错。

(4) 整个切换周期会拉长。在新旧系统差别过大时,还有可能无法采用逐步切换方式。

4. 试点过渡切换

试点过渡方式需与其他方式一起使用。如果同样的业务系统将要在很多的组织或地点安装运行,如某套系统需要配备在多家店铺、多个工厂、不同下级公司、不同省市或国家的分支机构中,就可以采用试点过渡的方式,如图 11-5 所示。先选一个或多个试点安装切换,试点成功后再推广应用到其余的地方。一些在较大范围应用的系统都可以考虑试点先行。试点过渡不仅可以及早获得新系统实施的完整经验,提高对各类问题的应对处理能力,而且可以将试点作为培训基地或示范工程,促进系统实施的完成。一般情况下,应尽量选择一些基础条件好、用户配合程度高、实施内容较完备的地点作为试点。

图 11-4　逐步切换　　　　　　　　图 11-5　试点过渡

系统经切换交付使用后,系统分析和设计工作全部结束。这时应将所有资料汇总归档,从最初的用户要求、总体规划、可行性分析报告到系统运行技术文件、交付使用验收报告,都要仔细整理、妥善保存。这些资料记载和描述了系统分析与设计的来龙去脉,是诊断系统故障,修改、维护、扩展系统功能所必需的技术档案。

【阅读材料】
成功实施 ERP 需要解决的几大问题

当今世界,是一个开放、融合的世界,电视电话、Internet、Intranet 的发展使整个世界融为一体,我们的企业如同生存在一个弱肉强食的丛林中,由于科技的飞速发展,这丛林的生存规则在不断发展着,而当今,我们大多数企业遵循的正是昨天的,已经过时的生存规律,它们还没有发展就因为已经不适应现代的生存规律而注定消亡。在数字化、信息化的时代中,在制造业中实施以信息处理消除资源浪费的 ERP 技术已经刻不容缓,我们应该怎样解决这些问题,让 ERP 系统的实施产生应有的效益呢?

1. 对现代企业管理技术的学习和普及

中国旧有的计划经济体制在很大程度上阻碍了现代企业管理技术的发展,因为现代企业管理的基础是建立在市场这一理念的基础之上的,当改革大潮将众多的企业推向市场时,它们茫然不知所措,我们最重要的事情是告诉企业,只有面对市场,遵从市场规律,去生产出更多、更好、更廉价的符合市场需要的产品,才可以获得利润才可以发展、壮大。只有企业明白了这一点,才会有热情自发地去寻找更好的管理方式,以降低成本,获得更大的利润;才会从根本的、内在的方面寻找更优的生产方式。ERP才能被企业主动地、真正地实施。在这方面,国家和各媒体应起到应有的作用。

2. 对企业内部架构的改革

机构冗余,责任不明是中国企业的通病。ERP是以大量的信息处理消除生产冗余部分的科学系统,它的构架应十分明晰,它致力于消除一切冗余的物流,资金流以最有效的方式进行生产;而机构的冗余,责权的不清是和ERP的特点发生大矛盾和冲突的,这种情况使得ERP的数据采集无法准确,流程分析无法精确,而数据采集、流程分析正是ERP实施的基础。企业的架构不变更,不可能实施ERP,即使实施也不可能真正贯彻,不可能产生效益。这正是ERP在中国推行的关键点和难点。

3. 企业领导的重视

正如前面论及,ERP的实施不只是一个部门的事,而是涉及多部门、全生产流程的系统。所以必须由领导亲自挂帅,下决心,并设定专门的小组以全权领导,保证人员和资源可以及时到位。不如此,系统实施的阻力必然极大,实施十有八九无疾而终。

4. 要有具体的目标规划

ERP实施将达到什么具体的、明确的目标,这是ERP成败的关键,如果没有目标的话,实施进程无法进行界定,如果偏离方向将无从纠正,达到的目标无法确认。所以必须设定具体的、明确的目标,集中火力对目标进行攻关才可以保证ERP的实施。

5. 要有良好的组织关系,各部门通力协作

ERP涉及如此多的部门,如果没有良好的组织关系、协同工作,是无法完成系统实施的。开发人员要对各个系统的业务进行了解,大量的涉及各个部门的原始数据采集,生产程序的划分都需要进行了解。国外实施ERP的经验告诉我们,建立由企业一把手领导的,各部门都有代表参与的实施小组,进行良好的组织、协调工作是ERP系统实施的前提。ERP是对供给链中整个生产流程进行控制,它的实施涉及供给链的输入、产出的全过程,涵盖了采购、生产、存储、运输、会计等各部门,它的数据采集任务复杂而艰巨,需要各个部门通力协作,而系统的实施,资金、人员、软硬件的及时到位都需要企业领导的大力支持;而许多企业领导认为这只是计算机部门或管理部门一个部门的事,将实施的责任交于一个部门,导致了ERP实施过程各部门难以良好配合,诸多要素难以到位,实施过程不顺或者夭折,更谈不上产生效益了。

6. 业务评价要严格

实施ERP需要严格的考核以保证系统实施,许多企业在实施ERP之后并没有严格的考核,一些数据采集准确度低,生产要素规则不清,在使用ERP进行计划时,错误百出,不但不能产生效益,甚至导致管理混乱,造成亏损,也导致了人们对ERP失去信心,甚至导致了ERP不适用于中国的论调。MRPⅡ创立人怀特亲自制定了MRPⅡ的评价标准,他的后继者W. E. Godard更把考核内容分为总体效果、计划与控制过程、数据管理、进取不懈过程、计划与控制评价、企业工作评价6个主题进行考核。业绩评价是检验ERP才可以说是真正实现了 ERP 标准,才有可能产生应有的效益。

7. 后继培训要到位

许多 ERP 系统实施后,只有领导人员和技术人员了解整个系统,但是现代企业的分工越来越细,产品的产出经过了众多的员工,企业是人的企业,只有全体员工都了解了 ERP 的含义,才可以保证 ERP 系统每一个细节的贯彻,整个 ERP 系统才能真正实施,国外企业的经验表明,只有 80% 以上的员工得到 ERP 的培训,才能真正地保证 ERP 实施。许多国内企业实施 ERP 只不过为了企业上一个台阶,为了评先进。他们并没有认识到 ERP 的实施可以给企业带来巨大的效益,认为上了系统之后就一切 OK。而 ERP 贯穿于整个生产过程中,要求全员共同参与实施,这就要求对全员进行培训,并且在生产过程中彻底地执行,才能真正实施 ERP 系统,而许多企业要么认为培训费用过高,是不必要的,要么对系统的贯彻缺乏管理,从而使系统功效无法真正发挥,难以产生相应的效益。

8. 对企业管理信息系统进行整体规划

ERP 系统对企业并不是包治一切的万用良药,为了企业今后管理的发展,如和其他信息系统进行集成,建立 CIM 系统,进而集成更多的信息系统。建立 ERP 系统,我们要有整体规划,分阶段实行,预留数据接口等,以备企业进一步发展所需,保证企业整体目标的实施。

综上所述,信息时代的洪流已经汹涌而来,我们不能再做回避,我们只有改变自身,改变我们的思维模式,改变我们的运作模式,去适应潮流,才能够生存和发展。新时代的企业家们,面对着时代变革的大潮,让我们迎头而上,去做信息时代的弄潮儿吧!

(资料来源:拓步 ERP 资讯网 http://www.toberp.com/)

【项目实践】

根据本章所学的内容和所画在线选课系统的程序流程图:

(1) 选择自己所熟悉的一门程序设计语言进行程序编制,并进行调试。

(2) 完成软件测试,并验证是否满足最初的设计需要。

(3) 试运行系统。

思 考 题

1. 系统实施与系统设计之间的关系如何?

2. 系统实施主要的任务有哪些?

3. 非技术性因素对系统实施有何种影响?请分别举例说明。

4. 企业的高层领导对系统实施有什么作用?

5. 结构化程序的特点有哪些?

6. 系统测试的方法有哪些?请举例说明。

7. 简述系统测试的原则。

8. 简述系统切换的方式及各自的特点。

9. 你认为系统实施阶段的人员培训主要目的是什么?

10. 探讨你所知道的系统测试方面的最新内容。

第12章 信息系统的管理与维护

【学习目标】

系统管理与维护是系统开发环节的自然延续,是系统正确、可靠服务的重要保证。通过本章的学习,要求掌握系统维护的内容和分类,掌握系统维护的实施过程,熟悉系统评价的内容,了解信息系统日常运行管理内容、管理组织和管理制度。

【导入案例】

青钢管理信息系统的运行维护与评价

青岛钢铁集团公司(以下简称青钢)杨总经理上任后发现,青钢在信息管理手段上较为落后,所有信息管理方面的工作几大部分都靠手工进行。杨总指派有很高协调能力的宣传部部长傅希岭组织协调这项工作的开展。傅部长及马副主任接手这项工作后,找到了北京科技大学管理学院的李教授,经过与李教授咨询决定:为了使企业中上层领导对企业管理自动化有一个知识性的了解,并配合企业管理信息系统的开发工作,傅部长请示杨总经理后邀请李教授和其他北科大相关专家在青钢举办了针对处级以上领导的企业管理及信息化培训班。这之后,北科大李教授组织北科大管理学院及信息工程学院管理信息系统方面的专家到青钢搜集相关资料,了解目前的业务情况,并分别与各部门的主要管理人员面谈,以了解青钢管理信息系统的需求范围与内容。几周后,李教授及各位专家根据收集来的资料及对其他企业的管理信息系统的了解,明确了青钢管理信息系统的主要功能需求及信息需求,并应用一些方法对各项功能进行了整理分析,得到了青钢管理信息系统的总体功能结构,据此与计算机及网络公司初步进行了经费估算,规划了人力分配、进度计划。此后便进入了青钢管理信息系统的系统分析、开发和实施阶段,最后交付使用。

青钢管理信息系统在交付使用后,遵照相应的管理规范,责成相关部门和个人负责具体的日常业务处理,记录系统的运行情况。青钢信息中心负责系统的维护,保证系统的正常运行,包括硬件设备的更新与升级、计算机病毒的检测与清除、软件系统的修改与完善、系统故障的排除等。

系统运行至今,维护工作一直没有间断,部分硬件设备已经被更新,部分软件功能也已经被修改、完善。例如,在系统应用之初,开具销售发票时必须针对一个客户的一个合同,而不能针对一个客户的多个合同开具销售发票。系统运行后,销售部门提出,希望在开具发票时能够进行更加灵活的处理,不受单一合同的限制,为此,制定了相应的软件修改计划,进行了软件功能的修改和完善。

在系统正常运行半年后,青岛钢铁集团还组织相关部门人员及相关领域的专家对已实施的管理信息系统的工作情况、技术性能、经济效益进行了分析和评价,并依据评价结果对系统进行了完善和修改。

(资料来源:高学东,武森同,喻斌,宫雨编著.管理信息系统基础教程.第一版.北京:经济科学出版社)

管理信息系统不同于其他产品,它不是"一劳永逸"的最终产品。它被开发完成并交付用户使用后,在运行过程中,还有大量运行管理和维护工作要做。如果运行管理不完善,新系统仍然不能充分发挥其效益。保证信息系统长期、高效地工作,必须大力加强对系统运行工作的管理。

12.1 信息系统的运行管理

信息系统与其他任何系统一样,需要进行科学的组织与管理。没有科学的管理,系统不会自动为管理工作提供高质量的信息服务,而且信息系统本身也会瓦解。

作为一个复杂的、面向社会的人机系统,作为一个软件,信息系统的运行和维护具有特别重要的意义。由于软件本身存在可靠性问题,信息系统在使用中必然要边用边改。正如一些专家指出的,软件产品的特点是"样品即产品",因此不可能像有些商品那样事先生产出一个样品,再进行批量生产。因此,在发现错误时及时加以修改,就成为系统投入运行以后的一项经常性的任务。作为人机系统,由于使用人员的变更,使用方式的变化,系统的状态处于经常的变动之中,不像某些完全由机械组成的系统那么稳定,所以更需要科学的管理。由于系统面向复杂多变的社会环境,系统必然会遇到各种各样的意外情况及变化情况,需要妥善、及时地加以处理。所有这些都使信息系统面临着繁重的维护任务。信息系统运行管理与维护阶段作为整个信息系统生命周期中最长的阶段,其目标就是使信息系统能够根据企业的需要,提供持续、可靠的业务支持和管理决策服务。这个阶段的管理任务主要有以下4个方面。

1. 建立运行管理机构

企业中信息系统的运行维护需要有专门的管理机构,负责对企业的信息系统和信息资源进行规划协调、服务支持和管理控制,它可以是企业内部的机构,如信息中心、计算中心、网络中心、信息处理等职能部门;可以是接受企业委托的外部机构,如应用服务提供商。企业的信息管理机构主要经历了以下3种组织形式。

1)分散组织形式

为了加快各部门的信息处理速度,减缓组织功能运作的瓶颈,各部门拥有自己独立的信息系统。部门内部下设信息部门来完成相关的信息管理工作,各系统内部资源不能为企业的其他部门所共享,如图12-1所示。

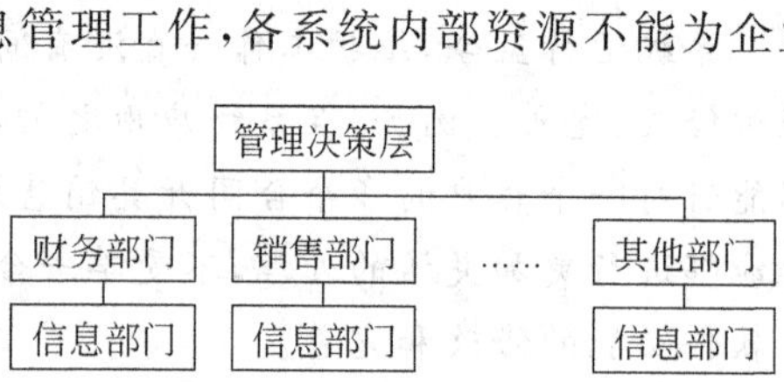

分散式的主要优点是:便于满足业务部门内部的独特信息需求;部门一级对信息资源的控制、使用和维护比较方便;在业务处理以本地或局部性业务为主的条件下,业务处理成本较低。

图12-1 分散组织形式

2)并行组织形式

随着信息技术的进一步发展,信息系统的管理机构开始独立出来,与企业其他职能部门平行,享有同等的权利,如图12-2所示。

并行组织形式的优点是：信息资源可以为整个企业共享,但信息处理的决策能力较弱,系统运行中有关的协调和决策工作将受到影响。

3）核心组织形式

信息系统在企业组织中的核心地位是将上述两种方式结合在一起,各尽其责。一方面信息部门独立于各业务部门之外,另一方面各业务部门也设有自己的信息处理室(IS室),一般配有专人负责该业务部门的信息系统业务,这个专人或 IS 室又由信息部门领导。目前,随着计算机、网络、通信等各项技术的发展和深入应用,信息部门逐渐处于组织运行的中枢地位,如图 12-3 所示。

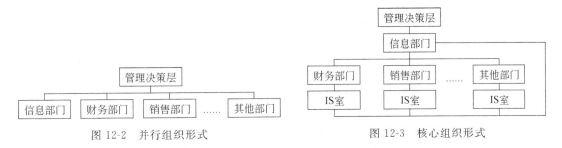

图 12-2　并行组织形式　　　　　　　　图 12-3　核心组织形式

核心组织方式的主要优点是：有利于加强信息资源管理和信息资源共享,并且能深入了解和满足各业务部门的需要,在系统运营过程中便于协调和决策。

2. 制定运行管理制度

管理规范是系统稳定运行的基本保障,也是信息中心开展各项运行管理工作的依据。为保证信息系统正常运行,保证系统的工作环境和系统安全,要建立必要的运行管理制度,并落实管理责任,明确运行管理任务的工作内容。

信息系统运行管理制度主要包括机房管理制度、日常运行管理制度、维护制度、运行维护记录制度、技术档案管理制度等。

1）信息系统运行的机房管理制度

机房管理制度规定信息系统操作人员、值班人员及维护人员的义务、权限、任务和责任;强制对信息系统的日常运行进行记录,包括值班记录、系统故障及排除故障记录;统一机房设备安全管理和维护制度标准以及紧急情况的应急措施。

机房管理制度的主要内容如下。

（1）机房人员与出入管理。

（2）机房设备与环境管理。

（3）数据保密管理。

（4）计算机病毒防范与安全管理。

（5）机房设备运行维护管理。

2）信息系统日常运行管理制度

信息系统在其生命周期内长期而连续地运行,信息管理人员需要养成遵守管理制度的习惯。日常运行管理制度主要包括以下内容。

（1）系统中的数据是企业极其宝贵的资源，禁止以非正常方式修改系统中的任何数据。

（2）及时进行数据备份。

（3）系统运行过程中异常情况的记录、报告。

3）信息系统维护制度

信息系统维护制度的主要内容如下。

（1）系统维护组织机构设置。

（2）系统维护人员管理制度。

（3）日常维护工作流程。

（4）信息系统维护费用保障机制。

（5）重大事项维护工作流程。

（6）突发事件应急措施。

4）信息系统运行记录制度

信息系统运行记录制度的主要内容如下。

（1）计算机移动、应用系统运行、关机的时间。

（2）系统硬件、软件及数据的运行情况。

（3）异常情况发生时间、具体现象、处理人、处理过程、在场人员等。

（4）登录系统的操作人员。

（5）值班人员签字。

（6）负责人审核签字。

5）信息系统技术档案管理制度

信息系统技术档案管理制度的主要内容如下。

（1）系统开发阶段的可行性分析报告。

（2）系统分析说明书。

（3）系统设计说明书。

（4）程序代码清单和数据字典。

（5）测试报告。

（6）软硬件的用户手册。

（7）操作说明。

（8）评价报告。

（9）运行日记。

（10）维护日志等。

上述文档是信息系统的重要组成部分，需要做好分类、归档工作，要妥善、长期保存。同时，对这些档案的借阅也必须建立严格的管理制度和必要的控制手段。

3. 系统日常运行服务及管理

信息系统投入使用后，日常的运行服务与管理工作量巨大。其中不仅对机器设备的管理，更重要的是对人员、数据及软件的管理。具体包括数据收集、信息处理和服务、系统运行与维护、系统运行情况的记录等。

1）数据收集

例如,在库存管理工作中,进货出货的业务处理,每天的业务都应该及时、准确地收集起来并录入计算机。及时完成数据收集任务,迅速、准确地录入数据,并设置数据校验,避免错误数据进入系统。因为高质量的数据是信息系统有效工作的坚实基础。

2）信息处理和服务

信息处理是信息系统的主要功能,它是按照企业或者信息系统规定的业务逻辑对收集的数据进行运算处理的过程。处理的结果将直接或间接用于信息服务。操作人员应按照规定,定期或不定期地运行确定的、理性的信息处理和信息服务。

按规程进行数据更新、统计分析、报表生成、数据的恢复与保存、定期的数据交流等任务都是常见的信息服务。

3）系统运行与维护

安排专职人员负责计算机本身的运行与维护,包括设备的使用管理、定期检修、备品配件的准备及使用、各种耗材的使用及管理、电源及工作环境的管理等。

4）系统运行情况的记录

为保证运行管理任务的完成,检验运行管理工作的质量,为运行管理的改善提供切实依据,一项必不可少的常规工作,就是从信息系统投入运行开始,就要对系统运行情况进行规范、详细、完备的记录。记录系统的运行情况对系统管理、评价是十分重要的。这些记录的内容主要包括以下5个方面。

（1）信息系统工作的数量信息。例如,开机时间、每日(周、月)提供的报表数量;每日(周、月)录入的数据数量、系统中积累的数据量、修改程序的数量、数据使用的频率、满足用户临时要求的数量等能够反映系统工作负担、所提供的信息服务的规模等最基本数据。

（2）系统工作的效率信息。系统工作效率即系统完成某项工作时,占用的人力、物力及时间情况。如消耗性材料的使用、例行操作所花费的人力、临时性查询时系统给出正确数据的响应时间等。

（3）信息系统服务的质量信息。其主要包括信息提供得是否及时,临时提出的信息需求能否得到满足,信息的精确程度是否符合要求,信息用户对于服务提供的方式是否满意等。

（4）系统的维护修改情况。系统中的数据、软硬件都有一定的更新、维护和检修的工作规程。这些工作都要有详细、及时的记录,包括维护工作的内容、情况、时间、执行人员等。

（5）系统的故障情况。故障发生时间、故障现象、故障发生时的工作环境、处理方法、处理结果、处理人员、善后处理措施、原因分析等都需要进行详尽、完整的记录。值得注意的是,这里所说的故障不只是对计算机本身的故障而言的,而是对整个信息系统来说的。例如,由于数据收集不及时,使年度报表的生成未能按期完成;收集来的原始数据有误等。

要全面掌握信息系统的情况,必须十分重视日常工作记录。如果没有日常工作记录,就表示可靠性程度的时间指标没有可靠的计算依据。为了使信息记载得完整、准确,一方面,要强调在事情发生的当时当地,由当事人记录,避免时过境迁,信息记载失真;另一方面,尽量采用固定格式的表格或手册进行记录。这些表格或登记簿的编制应该使填写者容易填写,节省反映时间;同时,要求填写内容含义明确,并且尽量给予定量的描述。对于不易定量化的内容,则可以采取分类分级的方法,要努力通过各种手段,尽可能详细、准确地记录系统运行情况。

4. 系统评价及维护

系统评价及维护是系统可靠持续服务的保证。系统运行环境的不断变化,投入运行后的系统需要及时更新,软硬件都不可能百分之百地排错,经过一定的运行时间后可能会暴露出缺陷和错误。系统维护也成为系统投入运行后一项经常性的任务。

这些工作做好了,信息系统就能够如预期的目标那样,为管理工作提供所需的信息;反之,这些工作做不好,系统就不能如预期的那样发挥作用,而且系统本身也会崩溃而无法使用。

12.2 系统安全性与可靠性

12.2.1 系统安全性

1. 安全性的概念

信息系统的安全性(Security)是指应保护信息系统不受来自系统外部的自然灾害和人为的破坏,防止非法使用者对系统资源,特别是信息的非法使用而采取的安全和保密手段。

信息系统的安全性与可靠性(及可用性)密切相关,但又与之有所区别。安全性以可靠性为基础,但它所关注的范围更宽。例如,要保证飞机在服役期内所有的功能完好,能在各种复杂的气象条件下顺利完成飞行任务,就需要飞机本身具有可靠性;但可靠性再好的飞机都有可能遭遇劫持、极恶劣天气或者受到破坏,对于这类风险的防范和处理就属于安全性的范畴。信息系统是人机系统,系统安全的威胁更多来自于各种人为的因素。

2. 影响系统安全性的因素

现实中的信息系统都具有脆弱性,影响系统安全性的风险因素非常多,既有故意性安全风险,也有非故意性安全风险。任意一个安全因素都可能出现问题,而且问题不仅会影响局部,还会以此为突破口出现破坏性后果蔓延,最终殃及整个系统并给组织带来损失。这里分别讨论与信息系统安全性相关的 7 种因素。

1) 自然及不可抗拒因素

地震、水灾、火灾、风暴以及社会暴力或战争等,这些因素将直接危害信息系统实体的安全。

2) 软件因素

软件的非法删改、复制和窃取将使系统的软件受到损失,并可能造成泄密。

3) 硬件及物理因素

这是指硬件系统及环境的安全可靠,包括机房设施、计算机主体、存储系统、辅助设备、数据通信设施以及信息存储介质的安全性。

4）数据库因素

数据库是企业的命脉,很容易成为被攻击和窃取的目标。企业数据集中存放在数据库中,海量资源有可能瞬间损失;数据库管理员权限集中,管理员失职或身份被窃取可直接引发灾难性的后果;数据库用户的密码或身份验证机制比较容易被盗窃、破译或冒充;电子化数据被访问、修改、复制或盗用的过程不易被察觉。它是计算机犯罪的主攻核心,是必须加以安全和保密的重点。

5）电磁波因素

计算机系统及其控制的信息和数据传输通道,在工作过程中都会产生电磁波辐射,在一定地理范围内用无线电接收机很容易检测并接收到,这就有可能造成信息通过电磁辐射而泄露。另外,空间电磁波也可能对系统产生电磁干扰,影响系统正常运行。

6）人为及管理因素

涉及工作人员的素质、责任心,以及严密的行政管理制度和法律法规,以防范人为的主动因素直接对系统安全造成的威胁。

7）其他因素

这是指系统安全一旦出现问题,能将损失降到最小,把产生的影响限制在许可的范围内,保证迅速、有效地恢复系统运行的一切因素。

3. 信息系统的安全策略

安全策略是指在一个特定的环境里,为保证提供一定级别的安全保护所必须遵守的规则。安全策略包括以下 3 个重要组成部分。

1）法律

安全的基石是社会法律、法规与手段,这部分用于建立一套安全管理标准和方法,即通过建立与信息安全相关的法律、法规,使非法分子慑于法律,不敢轻举妄动。

2）技术

先进的安全技术是信息安全的根本保障,用户对自身面临的威胁进行风险评估,决定其需要的安全服务种类。选择相应的安全机制,然后集成先进的安全技术。

3）管理

建立相宜的信息安全管理办法,加强内部管理,建立审计和跟踪体系,提高整体信息安全意识。

4. 信息系统安全管理

1）信息安全等级保护制度

信息系统的安全要求取决于系统的性质、企业对系统的依赖性、系统信息的重要程度以及系统受损后造成的影响等多种因素。信息系统安全管理有不同的级别,表 12-1 是我国目前实行的"信息安全等级保护制度"。

这个制度划分了 5 级标准。该标准贯彻了"低保护级别自主、高保护级别强制"的管理策略,企业组织可以根据自身需要设立适宜的安全管理目标,如金融、电力、交通等重要部门的企业需要执行较高等级的信息系统安全监管措施。

表 12-1 信息系统的安全保护等级划分

保 护 等 级	系统受损的后果
第 1 级,自主保护	系统受破坏后会对公民、法人和其他组织的合法权益产生损害,但不损害国家安全、社会秩序和公共利益
第 2 级,系统审计	系统受破坏后会对公民、法人和其他组织的合法权益产生严重损害,或者对社会秩序和公共利益造成损害,但不损害国家安全
第 3 级,安全标记	系统受破坏后会对社会秩序和公共利益造成严重损害,或者对国家安全造成损害
第 4 级,结构化	系统受破坏后会对社会秩序和公共利益造成特别严重损害,或者对国家安全造成严重损害
第 5 级,访问验证	系统受破坏后会对国家安全造成特别严重损害

2）系统安全管理的原则

（1）任期有限原则。一般来说,任何人最好不要长期担任与安全有关的职务,以免使他认为这个职务是专有的或永久性的。为遵循任期有限原则,工作人员应不定期地循环任职,强制实行休假制度,并规定对工作人员进行轮流培训,以使任期有限制度切实可行。

（2）职责分离原则。在信息系统工作的人员不要打听、了解或参与职责以外的任何与安全有关的事情,除非系统主管领导批准。出于安全考虑,如计算机操作与计算机编程、机密资料的接收与传送、安全管理与系统管理、访问证件的管理与其他工作等每组内的两项信息处理工作应当分开。

（3）多人负责原则。每一项与安全有关的活动,都必须有两人或多人在场。这些人应是系统主管领导指派的,他们忠诚可靠,能胜任此项工作;他们应该签署工作情况记录以证明安全工作已得到保障。如访问控制使用证件的发放与回收、信息处理系统使用介质发放与回收、重要程序和数据的删除和销毁等工作都是与安全有关的活动。

3）系统安全管理的措施

系统安全保护措施可以分为技术性和非技术性两大类。技术性安全措施是指通过与计算机系统和通信网络直接相关的技术手段,来防范各种安全风险、约束不良后果扩散。非技术性安全措施主要是指通过环境、组织和人员等因素的改善来实现系统安全管理的目标。这两个方面的安全措施是相辅相成的。

（1）物理系统安全。物理系统安全是指对计算机系统及相应的硬件设备、通信与网络设备、存储媒体设备和人员所采取的保护措施,防止这些设备被损坏、失窃和被非法使用,同时支持必要的灾后恢复机制。

（2）数据加密和信息隐蔽。数据加密和信息隐蔽都是针对数据内容采取的安全技术,可防止信息泄露给非授权的个人或实体。数据加密的目的是保护数据在存储状态下和在传输过程中,不被窃取、解读和利用。加密过的数据以密文的形式存在,即使被窃取,没有密钥也无法解读成原文;合法用户收到密文后,可以用密钥解密后获得信息。信息隐蔽是一种伪装技术,即将某种隐秘的信息隐藏在公开的普通信息中,并通过公开信息的传输来传递隐秘信息。那些专门截获密文的非法拦截者无法判断公开信息中是否有隐秘信息,因而无法有针对性地进行拦截破译,隐秘信息的传递也得到了有效的保护。数字水印是最常用的信息隐藏技术，在网络多媒体产品的版权保护和办公自动化领域都很常用。数字水印可以是一段文字、标识、序列号等，通常是不可见的或不可察觉的。在原始数据（如图像、音频、视频）中嵌入水印后，可证实数据的真伪，或者保护该数据的所有权。

（3）操作系统安全。操作系统提供的安全机制主要体现在用户身份认证、访问控制、信息流控制、日志管理、文件保护等方面，要注意及时升级操作系统软件，修补可能的漏洞，并经常注意检查操作系统的安全性水平，及时扫描漏洞，防止黑客入侵。

（4）网络安全。网络安全的基本思想是要分等级进行保护的。

① 根据信息的机密程度对需要保护的信息资产进行分级，将大的网络分为多个子网络（安全域）。

② 针对各个子网确定防护策略，控制用户的访问。

③ 对子网的边界进行隔离，防止外部入侵。

④ 对通信信道和信息流进行保护，如配置加密机或选用 VPN 网。

⑤ 对子网内部进行深度保护，如数据保护、漏洞扫描等。

访问控制负责确定用户能在何种条件下、对何种资源进行何种操作。

入侵检测是一种主动防御型的网络安全措施。它通过收集和分析网络中若干关键点的信息，检查网络中是否存在违反安全规则的模式和未授权的访问尝试，当发现异常行为或出现系统被攻击的迹象时快速做出反应。

（5）数据库安全。数据库的安全往往要和操作系统、网络系统的安全结合起来考虑。数据库的安全目标主要包括以下内容。

① 数据库的完整性保证，具体见表 12-2。

表 12-2　数据库的完整性保证

完整性保证	完整性保证的内容
数据语义完整性	保证数据逻辑上完整一致，防止数据被偶然或蓄意地删除、修改、伪造、乱序、重放、插入等
数据操作完整性	具备并发控制机制，保证数据存取效率
数据库的完整性	有良好的备份机制和修复能力，能够从中断异常状态中恢复，在发生灾难事故后保护数据的安全

② 数据库可信性保证，能够拒绝非法访问，保证合法用户在授权范围内操作。

③ 数据机密性管理，多用户共享条件下机密数据不能泄露，防止经过推导而得到机密数据，必要时对数据加密存储。

④ 具备可审计性，数据库操作的历史记录可追踪，提供审计信息的机密性和完整性保证。

（6）非技术性安全措施。非技术性安全措施主要包括以下内容。

① 安全观念。如果用户自己缺乏防范意识，企业对潜在的风险不重视，安全技术措施很难被认可。

② 组织的管理战略。安全管理体系从上到下包含多个层面，需要来自高层的重视和支持。

③ 制度与规范。安全机制需要与组织的管理制度相容才能有效实施。

④ 部门与人员。严厉的安全策略在松散化的组织中实施会有障碍,某合法用户不愿意控制自己的行为,会成为安全隐患。

⑤ 组织文化。良好的文化沟通和道德风尚会减少很多人为攻击或不当操作行为。

12.2.2 系统可靠性

1. 可靠性概念

可靠性(Reliability)是指信息系统在运行中能抵御各种外界干扰、保持正常工作的能力。例如,系统在发生故障时,应该有应急措施,将故障影响降低到最小程度,并有将系统恢复到故障发生前状态的能力;错误的数据输入,系统应能检查出来,并做出相应的处理等。系统可靠性可以通过系统平均无故障运行时间(MTBF)、系统故障率(FR)等指标来衡量。

如果系统在使用过程中发生了 N 次故障,每次故障修复后又重新投入使用,每次工作持续时间为 $T_1, T_2, \cdots, T_n$,则 MTBF 为

$$MTBF = (T_1 + T_2 + \cdots + T_n)/N$$

FR 和 MTBF 是倒数关系。提供通信服务的网络信息系统的可靠性往往包括对系统抗毁性、生存性和有效性的测度。其中,抗毁性反映了系统应对人为破坏的能力。如部分线路或节点失效后,系统是否仍然能够提供一定程度的服务;生存性反映了系统应对随机破坏的能力。如系统部件因自然老化会造成失效;有效性测度系统提供业务服务的性能。如在某些部件失效的情况下,满足业务性能的程度,是否有质量指标下降、平均延时增加、网络阻塞等现象出现。

2. 可靠性技术

如果信息系统非常重要,即使发生短暂中断或故障也会损失巨大,需要借助专门的可靠性技术设计,为系统提供更强的保障,或建立系统自我修复机制,使系统的可靠性更高。常用的技术主要有 3 种。

1)设备冗余技术

冗余是以额外资源配备及消耗换取系统正常运行的技术。如使用两套软硬件设备和数据资源,以双工或双机方式运行,保证信息服务不中断。冗余配备可以是服务器、存储设备、电源、网络接口等重要设备,也可以是整个系统。图 12-4 是双工冗余配置的示例。

在双工方式中,一套设备联机运行而另一套设备脱机后备,后备机定时接收更新数据。当联机设备发生故障时,立即切换为后备机运行。在双机方式中,两套设备并联完成相同任务流程,处理相同信息并自动比较纠错。因为两套设备同时出故障的概率极低,因此双机方式的可靠性水平更高。例如,金融行业重要的计算机系统会采用"一用二备"甚至"一用三备"的服务器配置,一旦遇到停电或机器故障,可自动跳转到正常设备上继续运行,确保系统不停机、数据不丢失。

冗余技术会明显增加信息系统的资金投入和总的运行成本。为了避免一个出现概率不超过 0.001% 的故障,用户或许要花费两倍以上的投资。因此,企业往往会寻找更为经济的方式。例如,一些数据中心可以提供专业的、多种形式的设备冗余服务,可在一定程度上降

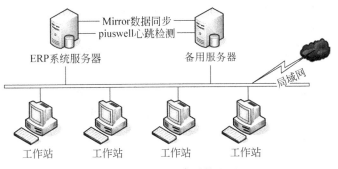

图 12-4　双工冗余系统配置

低企业自行解决冗余配置的成本。

2）容错技术

容错（Fault-tolerance）即容忍故障，故障一旦发生时能够自动检测出来并使系统能够自动恢复正常运行。当出现某些指定的硬件故障或软件错误时，系统仍能执行规定的任务，或者说任务不会因系统中的故障而中止或被修改，并且执行结果也不包含系统中故障所引起的差错。例如，有容错功能的计算机在出现一个或几个硬件或软件故障或错误的情况下，能够自行检测出故障并采取容忍措施，继续完成规定的任务。

目前，容错技术的应用已经开始从过去的证券、电信等领域进入基础行业，如制造、能源、物流、交通及有着"7×24"不间断运营需求的中小商业团体。容错的未来将会向更高的可用性、更卓越的可维护性发展。调查显示，越来越多的用户开始注重 TCO（总拥有成本）而不是初期购买价格，更多的企业决定逐步放弃采用设备冗余的方式来维护复杂的集群服务器，转而将目光瞄向具有容错技术的平台或容错服务器平台。

3）负荷分布技术

负荷均衡分布是一种普遍采用的可靠性技术。它是将信息系统的信息处理、数据存储及其他信息管理功能均衡分布在多个设备单元上或不同的时间段上，防止单一设备负荷过大，或某个时段容量超限致使系统瘫痪。负荷分布技术可以将设备故障的影响限制在很小范围内，同时使系统整体受力均匀，减少不必要的偏差。例如，每个工作站都具有独立数据处理和存储能力的局部网络系统，具有分级、分布处理的客户—服务器系统，都可以有效地分散系统负荷，达到提高系统整体可靠性的目的。

12.3　系　统　评　价

一个花费大量资金、人力和物力建立起来的新系统，其性能效果如何，是否达到了预期的目的，开发人员和用户都很关心。因此有必要对系统进行评价，一方面能对该系统的当前状态有明确的认识，另一方面也能为今后系统的发展和提高做准备。

系统评价就是对所建立系统的性能进行考察、分析和评判，判断其是否达到系统设计时所预期的效果，包括用实际指标与计划指标进行比较，评价系统目标实现的程度。一般在系统投入运行一个业务周期后（为 3～6 个月）进行，这也是对新系统进行的首次评价，即"安装后评价"。此后的评价可以按周期进行，也可以在系统出现了问题、管理机构发生了变动或用户对服务有明显意见时随时开展。

信息系统的评价需要企业管理者和业务部门的用户共同参与，并由系统分析人员、审计人员、外部咨询师等共同完成。

信息系统评价时需要对系统分析设计阶段和实际运行阶段的指标做出对比，对系统的功能、性能、效益等进行全面的分析，对信息系统的质量做出客观的认定和评价。

12.3.1 目标功能评价

目标功能评价的主要依据是系统开发前期所确定的需求目标和功能要求。针对系统开发所确定的目标，逐项检查系统是否达到了预期的目标，是否满足了用户的功能要求，评价用户对系统功能的满意程度。评价时要同时考虑组织中的领导、管理人员和直接用户对信息系统的接受程度。可用类似表 12-3 的问卷形式收集数据，具体了解用户的认识。

表 12-3　系统功能评价问卷示例

请用户考虑的问题	请选出答案
1. 对系统功能设置是否满意？	□是　□否　□一般
2. 系统是否帮你提高了工作效率？	□是　□否　□一般
3. 系统所设计的输出是否有用？	□是　□否　□一般
4. 面向决策的信息是否精炼、适用？	□是　□否　□一般
5. 信息输出是否符合要求？	□是　□否　□一般
6. 系统的验证环节是否必要？	□是　□否　□一般
7. 是否实现了数据共享？	□是　□否　□一般
8. 是否实现了输入数据的控制和校验？	□是　□否　□一般
9. 输出信息的精度是否与用户要求的一致？	□是　□否　□一般
10. 数据处理是否及时？	□是　□否　□一般
11. 是否有无用的数据存储在计算机中？	□是　□否　□一般
12. 系统的保密规定是否合适？	□是　□否　□一般
13. 系统操作是否方便？	□是　□否　□一般
14. 系统界面是否友好？	□是　□否　□一般
15. 是否发现了系统有漏洞？	□是　□否　□不清楚
16. 是否发现了需要改进之处？	□是　□否　□不清楚

12.3.2 性能评价

性能评价着重评价系统的技术性能，包括系统的稳定性、可靠性、安全性、环境适应性、可扩展性等。评价指标如下。

1. 提供信息的及时性、准确性

它包括：输出报表的及时性、完整性及适用性；出现错误和差异的频率；用户要求的应答时间满足的程度、文档的适用性等。

2. 系统的可靠性、安全性

这是指系统的可靠性、软件性能的稳定性和信息的安全性、保密性等。

3. 系统的环境适应性

系统能够适应工作环境的要求，在一些高强度、低保障的环境中能够持续、有效地运行；系统对硬件和操作系统的兼容性较好，容易与其他系统衔接。

4. 可扩展性

软、硬件能力都容易扩充，系统的开放程度及标准化水平较高，当企业业务量增加或开辟新的业务应用项目时，系统能够适应。

上述指标往往是不均衡的，不同类型的信息系统的性能侧重点并不一致。有的系统对可用性及安全性要求很高，而可扩展性并不太重要；还有的系统要求环境适应性很强。

12.3.3 效益评价

系统的效益评价是评价信息系统的重要方面，一般从系统的经济效益（直接效益）和社会效益（间接效益）两个方面来考查。

1. 经济效益评价

经济效益是可计量的，是信息系统的运行给本企业和部门以及其他企业和部门带来的可以用货币形式直接表示的效益。它主要取决于以下各要素：应用计算机管理后，由于合理地利用现有设备能力、原材料，使产品产量（或提供的服务）增长；由于劳动生产率提高，节省人力，物资储备减少，产品（服务）质量提高，非生产费用降低，使生产（服务）成本降低等。其可用下面的 4 项指标来衡量。

（1）系统投资额。其主要包括系统硬件及软件的购置、安装，应用系统的开发或购置所投入的资金。另外，企业内部投入的人力、物力等也应计入。在精确计算时还应考虑资金的时间价值。

（2）系统运行费用。其包括计算机和外部设备费用、电费、材料损耗费、人员工资、设备折旧费等。

（3）系统收益。其主要反映在成本降低、库存减少、流动资金周转加快与用额减少、销售利润增加和人力减少等方面。由于引起企业效益增减的因素众多，且相互关系错综复杂，因此系统收益一般很难精确计算，可采用年收益增长额表示。

（4）投资回收期。投资回收期是信息系统的投资总额除以年收益增长额计算得到的。它也是反映信息系统经济效益好坏的重要标志之一。

2. 社会效益评价

社会效益反映在企业管理思想、管理方法、管理基础、业务流程、组织结构、员工素质等变化上，是不能用货币直接计量的效益。信息系统使用的时间越长，应用面越广，其社会效益也就越显著。社会效益主要体现在以下 3 个方面。

（1）提高管理水平，促进管理科学化。信息系统的使用，提高了企业自动化、电子化、现代化、科学化的管理水平。

（2）变被动式经验管理为主动性科学管理。由于信息系统效率提高了，使生产、经营及管理工作逐步走向实时和定量化。

（3）提高了企业对市场的适应能力和竞争能力。由于可以用信息系统提供最优辅助决策方案，因此当市场情况发生变化时，企业可以及时修改计划，做出相应的决策，以适应市场变化的需求，使企业在市场竞争中处于有利地位。

12.3.4 系统评价报告

系统评价工作的成果是系统评价报告。系统评价报告主要是根据系统可行性分析报告、系统分析报告、系统设计报告所确定的新系统目标、功能、性能，以及计划执行情况、对新系统投入运行后的经济效益和社会效益等系统价值给予评价。它既是对新系统开发工作的总结，也是进一步进行系统维护工作的依据。

系统评价报告主要包括以下内容。

（1）列出系统分析时所提出的新系统目标、结构与功能，并将它们与实现的新系统逐一比较，说明其满足的程度。

（2）有关的文件、任务书、参考资料等。

（3）经济指标评价。其包括系统开发与试运行费用与预算的比较及不符的原因；新系统带来的直接效益和间接效益；系统后备需求的规模与费用。

（4）性能指标评价。其包括稳定性、可维护性、适应性、可扩展性、安全及可靠性等的评价。

（5）管理指标的评价。用户、领导者与管理人员的反映及评价。

（6）综合性评价。其包括文档的完整性和质量评价；开发周期与程序规模；对各类指标的综合考虑与分析；系统的不足亟待改进之处。

12.4 系 统 维 护

信息系统的维护处于信息系统生命周期的最后一个阶段，也是时间相对较长、代价相对较大的一个阶段，通常它伴随着信息系统的整个运行过程。系统投入运行以后，由于系统外部环境的变化，内部人为的、机器的因素影响，要求系统能够适应这些变化，消除各种干扰，为此就要进行系统维护。它包括系统功能的改进和解决在系统运行期间发生的一切问题和错误。无论在新系统交付使用前还是交付使用后，系统维护工作始终需要进行，这是管理信息系统运行管理的重要内容。

12.4.1　系统维护概述

一般信息系统的使用寿命短则为 1～2 年,长则为 3～5 年,有时(大型软件)甚至长达 10 年以上。在系统的整个使用周期中,都将伴随着系统维护工作。系统维护的目的是使信息系统的程序、数据和配置等始终处于正常可用的状态,保证信息系统能适应用户工作和环境的变化,有效地提供服务。

进行系统维护的原因是多方面的,主要有以下几点。

(1) 运行中发现在测试阶段未能发现的软件错误和设计缺陷。

(2) 需要改进设计,以增强软件的功能,提高软件的性能。

(3) 要求已运行的软件能适应特定的硬件、软件、外部设备和通信设备等工作环境,或是要求适应已变动的数据或文件。

(4) 为使投入运行的软件与其他相关的程序有良好的接口,以利于协同工作。

(5) 为使运行软件的应用范围得到必要的扩充。

(6) 信息系统业务处理过程的变化。

(7) 组织管理方法、方式的改变。

(8) 国家有关政策和法规的改变——国家政策和法规是企业运行的重要外部环境,环境的变化必然导致运行逻辑的改变。

系统开发的工作量占整个系统生命周期工作总量的 20%～30%,而系统维护工作量占到总工作量的 70%～80%。但在实际应用中,系统维护工作却常常被忽视,人们往往热衷于系统开发,开发工作完成后,开发队伍被解散或撤走,在系统运行阶段没有配备适当的系统维护人员。这样,一旦系统发生问题或环境发生了变化,最终用户还是无从下手,这就是为什么有些管理信息系统在运行环境中长期与旧系统一起运行而不能转换,甚至最终被遗弃的原因。随着管理信息系统应用的深入以及使用周期的延长,系统维护的工作量将越来越大。从 20 世纪 70 年代以来,系统维护的费用一直呈上升趋势。系统维护的费用往往占整个系统生命周期费用的 60% 以上。因此,有人曾以浮在海面上的冰山比喻系统开发与维护的关系,系统开发工作如同冰山露出水面的部分,因为容易被人看到,所以容易受到重视,而系统维护工作如同冰山浸在水下的部分,其体积远比露出水面的部分大得多,但由于不容易被人看到而常被忽视。从另一方面看,和具有“开创性”的系统开发工作相比,系统维护工作属于“继承性”工作,挑战性不强,成绩不显著,使很多技术人员不安心从事系统维护工作,这也是造成人们重视开发而轻视维护的原因。系统维护是管理信息系统可靠运行的重要技术保障,必须给予足够的重视。

12.4.2　系统维护内容

系统维护是系统生存的重要条件,按照维护对象的不同,系统维护的内容可以分为以下几类。

1. 应用软件维护(程序维护)

应用软件维护是系统维护中最主要的内容。应用软件维护是指因业务处理的变化使系统业务出现故障时,需要修改部分程序,之后还要进行检验。管理信息系统的业务处理是以计算机为主的。如果处理的业务、数据或业务量稍有变化,都会引起程序的变化,尤其是一些新的业务规定,对程序的影响最大,有时会需要重新编制程序,从而使系统能够应对变化后的环境,继续提供正确的服务。一些常规性的应用软件维护还包括软件安装、升级、故障诊断、性能优化、状态检查等。

2. 数据维护

数据库是支撑业务运作的基础平台,需要定期检查运行状态。并适应业务的需要和变动,不断优化性能,增加新的内容,清理过时数据,调整数据结构,进行数据的备份、恢复和迁移等。

3. 代码维护

随着系统业务的拓展,旧的代码可能不再适合新的要求,需要进行改革。以实现对原有代码的扩充、添加或删除。在特殊情况下可能要升级代码库或设置新代码。一般代码维护更重要的工作在于如何使新代码系统的使用得到贯彻。除了代码管理部门外,其他部门的管理人员都要负责贯彻使用新代码。

4. 设备维护

设备维护主要是对主机及外部设备的日常维护和管理,故障检修、易损件更换安装、设备迁移、设备扩容、功能扩展、升级;还包括设备本身的保修和维护问题,如定期对硬件系统做全面测试,对主机、硬盘等部件进行清洁处理,对打印机、绘图仪等设备做常规保养等。如果企业有数百甚至上千的终端设备,硬件维护的工作量会非常大。

12.4.3 应用软件维护

应用软件是信息系统开发的核心成果。维护工作是否到位,对应用软件的寿命有直接影响。进行应用软件维护一方面是要纠正残存的错误和缺陷,另一方面还要多次更新系统,以适应运行环境、用户对系统性能提高的要求。越是优秀的软件系统,往往越要通过及时性维护,延长系统的服务期。根据系统需要维护的原因不同,维护工作可分为纠错性维护、适应性维护、完善性维护和预防性维护。

1. 纠错性维护

软件测试不可能找出一个软件系统中所有潜在的错误,所以当软件在特定情况下运行时,这些潜在的错误可能会暴露出来,如输入检测不完善或键盘屏蔽不全面、以前未遇到过的数据输入组合或数据量增大,都有可能使系统的运行出错。对在测试阶段未能发现的,在软件投入使用后才逐渐暴露出来的错误的测试、诊断、定位、纠错以及验证、修改的回归测试过程,称为纠错性维护(Corrective maintenance)。这类维护约占整个维护工作的20%。

2. 适应性维护

计算机的软、硬件环境、数据环境在不断的变化,使运行的软件能适应运行环境的变化而进行的维护活动称为适应性维护(Adaptive maintenance)。环境的变化源于以下几个方面：用户需求变化，如国家税率调整、电话号码升级、千年虫问题等；软件环境变化，硬件和操作系统更新，系统运行环境变化，如主机方式变为 C/S 方式、C/S 方式变为 Web 方式等；开发环境的升级，这类维护约占整个维护工作的 25%。

3. 完善性维护

扩充原有系统的功能，提高系统的性能，提高软件运行的效率，满足用户的实际需要而进行的维护活动称为完善性维护(Perfective maintenance)。当一个软件系统投入使用和成功地运行时，用户会根据业务发展的实际需要，提出增加新功能、修改已有功能及性能的改进要求等。例如，人事管理程序，在使用过程中要不断修改人事管理程序，使其增加或删除新的项目，满足新的需求；原来软件中的查询响应速度较慢，要提高软件的响应速度；改变原来软件的用户界面或增加联机帮助信息；为软件的运行增加监控设施；增加数据输出的图形方式、增加数据类型等。尽管这些要求在原来系统开发的需求分析说明书中并没有，但用户要求在原有系统基础上进一步改善和提高；并且随着用户对系统的使用和熟悉，这种要求可能不断提出。如果不能水涨船高地进行改善，用户对系统服务的满意程度会逐渐下降，这类维护约占维护工作的 50%。

4. 预防性维护

预防性维护(Preventive maintenance)是由米勒首先倡导的，其主要思想是维护人员不应被动地等待用户提出要求才做维护工作，而应该主动出击，即对使用寿命较长、目前尚能正常运行但可能要发生变化或调整的系统进行维护，以适应将来的修改，为进一步改善软件的可靠性和易维护性，或者为预见的将来软件运行和维护打下更好的基础。例如，将目前能应用的报表功能改成通用报表生成功能，以应付今后报表内容和格式可能的变化。由于对该类维护工作必须采用先进的软件工程方法，对需要修改的软件或部分进行设计、编码和测试。对该类维护工作的必要性有争议，它所占的比例较小，约占 5%。

应用软件维护的难易程度与系统开发工作的质量直接相关。如果信息系统的可修改性很差，系统维护的难度和花费都会成倍提高，甚至陷入无法修改的被动境地。

12.4.4　系统维护策略

系统的运行维护阶段要保证新系统正常、可靠、安全地运行，并不断完善系统，以增强系统的生命力，延长系统的生命周期，不断提高管理水平，为企业创造经济效益。系统维护工作并不仅仅是技术性工作，为了保证系统维护工作的质量，还需要付出大量的管理工作。

1. 系统的可维护性

对一个信息系统进行维护的难易程度称为系统的可维护性，也可以定义为维护人员理解、改正、改动和改进这个系统的难易程度。设计、编码和测试时的粗心，软件配置不齐全等因素都会影响系统的可维护性。决定系统可维护性的因素主要有两大类 7 项指标，即与纠错性维护有关的可理解性、可测试性和可修改性；与适应性维护有关的可靠性、可移植性、可用性和效率。

为提高系统的可维护性，可以从以下几个方面考虑。

（1）建立、健全各类系统开发的文档资料。如果没有一套完整的开发文档资料，则系统维护特别是数据维护和应用软件维护是很难规范进行的。

（2）文档资料要标准化、规范化。为了提高各类文档的可读性及可理解性，在系统开发初期就要根据所使用的开发方法制定出文档的标准规范，所有的开发人员都必须遵守这个规范，并且要形成制度加以约束，并以此作为评价工作人员工作质量的一个指标。

（3）开发过程中要严格按照各阶段规定的开发原理和规划来进行。在系统设计阶段要按照一定的设计原则和设计策略来从事系统设计工作，这样才能使系统维护工作相对容易进行。

（4）维护文档的可追踪性。要保留在系统开发阶段、运行阶段对文档资料进行修改前、后的痕迹，这样才能保证系统的每次维护都有据可查。

（5）建立、健全从系统开发到系统运行各阶段的管理制度。

（6）避免发生改旧错出新错的现象。

2．系统维护的考虑因素

在进行某项维护修改工作之前，要考虑的因素主要有以下几个。

（1）维护背景，包括系统当前的情况、维护的对象、维护工作的复杂性与规模。

（2）维护工作的影响，包括对新系统目标的影响、对当前工作进度的影响。对本系统其他部分的影响、对其他系统的影响。

（3）资源的要求，包括对维护提出的时间要求、维护所需费用、维护所需工作人员。

3．制定系统维护策略

1）建立相应的制度、标准和规范

系统维护要慎行，也要规范化管理。系统投入运行后，企业必须建立相应的组织，确定进行系统维护工作所应遵循的原则和规范化过程，并建立一套适用于具体系统维护过程的文档及管理措施，以及进行复审的标准。建立一套完整的维护工作管理条例，维护过程及对维护过程的评价都要有规范或标准可依；每一项维护活动都要遵循维护制度。

2）系统维护必须正式提出并送有关部门审批

由于软件产品的特殊性，软件维护工作十分困难，再者维护人员不一定是原系统开发人员，可能对软件不熟悉，这就更增加了维护的难度。为了使系统维护工作顺利进行，就要设立一套严密的工作程序，建立必要的审批制度，防止维护产生副作用。

3）系统维护人员分工明确、各尽其职

信息系统投入运行后，企业应设系统维护人员，专门负责整个信息系统维护的管理工作；针对每个子系统或功能模块，应配备系统管理人员，他们的任务是熟悉并仔细研究所负责部分系统的功能实现过程，甚至对程序细节都要有清楚的了解，以便完成具体的维护工作。

信息维护人员可分为三类：负责硬件系统维护的硬件系统维护人员，如系统配置、网络安全等工作；负责与用户沟通，接受用户提出新要求的应用软件开发与维护人员，如信息需求、增加功能等;数据库管理与维护人员主要负责系统中数据的安全性、完整性、一致性,并负责数据库中数据字典的建立与维护工作。

一般情况下,系统试运行阶段的维护人员是一个临时组织,可以采用"大而全"的模式,由信息系统开发人员和系统管理人员共同组成,力图在最短时间内发现最多的问题,并解决问题,为后续工作创造良好的环境。而系统日常维护是一个长期工作,人员要做到"少而精"。日常维护活动中,软件系统比硬件系统工作量大,维护更频繁,所以日常维护人员应以软件系统维护人员为主,由程序员、数据库管理员和硬件及网络管理人员等组成。

维护阶段要求对管理、制定计划和系统的评审给予高度的重视,要采取一整套的管理程序,把其当成一项大工程来对待,要有准备、有计划地进行。

12.4.5　系统维护的工作程序

在系统的维护中,系统修改是一项非常严肃的工作,往往会"牵一发而动全身"。不论程序、文件还是代码的局部修改,都可能影响系统的其他部分。因此,系统的维护应当执行以下的步骤。

1. 组建维护组织

要进行系统维护首先必须建立一个维护组织,形成维护小组,以保证系统维护工作的顺利进行,明确维护人员的职责和工作规范,减少维护过程中可能出现的混乱,对维护工作进行有效的管理。

2. 提出修改要求

系统操作的各类人员或业务领导应该用标准化的格式提出对某项工作的修改要求,申请形式可以是报告或填写专门维护申请表。系统维护人员通常给用户提供空白的维护申请表——有时称为系统问题报表,这个表格由要求维护活动的用户填写。如果遇到了错误,必须完整描述出现错误的环境(包括输入数据、全部输出数据以及其他有关信息)。对于适应性或完善性的维护要求,应该提出一个简短的需求说明书,由维护管理员和系统管理员评价用户递交的维护审请表。

3. 领导批复

由系统维护小组的领导负责对修改申请审查批复。审批工作也要进行一定的调查研究,在取得比较充分的第一手资料后进行批示。

4. 维护任务

一项维护要求会产生一系列维护事件,首先应该确定要求进行的维护类型,根据维护的内容向系统维护人员分配任务,并确定完成的期限和其他有关要求。

5. 维护验收

在完成维护性任务后,由维护小组和用户人员验收成果,进行复审。验收时要了解维护工作是否达到了要求、利用了哪些维护资源、本次维护工作的主要障碍是什么等，并将新的维护成果正式投入使用；同时也要验收有关的资料，如将程序的第二版本改为第三版本的说明及源程序等。

另外，系统的维护工作需要使用很多资源，某些重要的修改，甚至可以看成是一个小系统的开发项目。因此，也要求按照系统开发的步骤进行。

6. 保存维护记录

为了估计维护技术的有效性，评价系统使用的完好度，在信息系统维护的实施过程中，应保存维护记录，对各种维护形成文档，并妥善保管。

7. 建立评价机制

通过保存的维护记录，找出相应数据，对系统维护的结果进行分析和评价，主要从以下几个方面衡量系统维护工作。

（1）各类维护申请的百分比。

（2）处理一张维护申请表平均所需时间。

（3）用在各类维护上的总人时数。

（4）每种程序、每种语言、每种类型的维护所做的程序变动数。

（5）每次程序运行的平均出错次数。

系统维护工作既要及时，又不能过于频繁。因为系统维护对软件的修补并不是无痕的，信息系统维护也像人治病吃药一样会有一些副作用。例如，修改源代码可能会引入新的错误；程序修改后可能与原先的文档不一致；补丁积累会影响系统效率。

最后，应注意系统维护的限度问题。系统维护是在原有系统的基础上进行修改、调整和完善，使系统能够不断适应新环境、新需要。但一个系统终会有生命周期结束的时候，当对系统的修改不再奏效，或修改的困难很多且工作量很大、花费过大，以及改进、完善的内容远远超出原系统的设计要求时，就应提出研制新系统的要求，从而开始一个新的系统生命周期。

【资料阅读】

青岛市地方税务系统网站管理暂行办法

第1章 总 则

第1条 为进一步规范青岛地税网站的管理和维护，充分发挥网站的功能和作用，提升全市地税系统网站应用水平，促进信息交流与沟通，深化纳税服务工作，加强网站信息发布与管理，保障网站健康有序地发展，根据《国务院办公厅关于进一步加强政府网站管理工作的通知》（国办函〔2011〕40号）和《国家税务总局互联网站管理办法（试行）》、山东省地税局等有关规定，结合工作实际，对原《青岛市地方税务系统网站管理暂行办法》（青地税发〔2008〕210号）进行了修订。

第2条 青岛地税网站是市局在统一技术方案，统一开发应用，统一后台数据库，统一运行环境基础上建立的网站群。网站群包括外部网站和内部网站（以下简称内外网），内外网分别包含市局主网站和各基层局子网站群。

第3条　外部网站是青岛地税在互联网上建立的门户网站,主要功能是对外介绍全系统工作动态,宣传税收法律法规,发布最新通知通告,开设网上办税业务,解答纳税人咨询以及受理纳税人举报投诉等,注册域名为 http://www.qdds.gov.cn。

第4条　内部网站是青岛地税在局域网上建立的网站,其主要功能是提供内部信息交流与互动学习的网络平台,访问地址是 http://140.24.18.10。

第5条　青岛地税网站实行"统一建设、分级管理、各自维护、同时发布"的管理模式,网站栏目的调整与改版工作由市局根据上级要求及实际工作需要统一组织实施,各基层局和市局机关各处室可结合实际工作情况对网站栏目调整与改版工作提出意见与需求。

第6条　网站技术保障经费(包括网络带宽租用,网络、服务器等硬件设备和操作系统、数据库系统、中间件等软件的购置以及应用软件的研究开发等经费)纳入信息化建设专项经费。网站技术保障经费由市局统筹安排,并按照信息化建设的立项、采购等有关规定加强管理。

第7条　网站业务保障经费列入税收宣传或纳税服务专项经费,包括网站改版、技术支持、栏目维护、信息发布、网站评估等相关费用。

第2章　组织管理及职责分工

第8条　市局网站实行栏目责任制,市局纳税服务中心要根据总局、省局统一要求,在每次改版栏目调整后,及时明确栏目设置、内容要求、发布流程、更新时间及职责分工等。市局机关各处室按照职能分工,负责内外网相关栏目的内容保障工作(具体参见附件一、二)。

第9条　市局网站工作中的主要职责分工如下:

(1)市局纳税服务中心负责市局内外网工作的主管部门,负责组织、协调市局内外网建设和管理,具体负责以下工作:

① 负责青岛地税网站的管理、检查工作。

② 负责青岛地税网站工作制度的制定、完善工作。

③ 负责主网站的栏目设置、内容审查、信息更新发布等工作。

④ 负责对内外网子网站风格设计、栏目设置、更新维护的指导、检查工作。

⑤ 负责外网主网站网上纳税咨询的受理、分办、回复工作。

⑥ 负责外网主网站网上违规违纪投诉、涉税违法举报的受理、分办工作。

⑦ 负责外网主网站网上直播、在线访谈节目策划与运行和管理工作。

⑧ 负责组织全系统网站管理人员的培训工作。

⑨ 负责对网站建设改版需求进行征集、汇总、组织实施等工作。

⑩ 负责与网站建设及管理相关的其他工作。

(2)市局办公室承担省局内网《网站群内容管理》系统信息采集、审核、报送等工作,具体负责以下工作:

① 负责省局内网《网站群内容管理》系统信息采集、审核、报送等工作,做好省局内网的内容保障支持工作。

② 协助市局纳税服务中心做好市局内网总体规划和指导工作。

③ 负责市局内外网主站"地税动态"、"大事记"、"荣誉展室"等栏目的内容保障工作。

（3）市局征管和科技发展处承担市局网站总体技术规划的指导工作，具体负责以下工作：

① 负责牵头组织外网网上办税（与征管业务相关的）的软件需求编写工作。

② 协助市局纳税服务中心做好市局外网的总体规划和指导工作。

③ 负责市局内外网主站"涉税公告"、"在线查询"、"发票管理"等栏目的内容保障工作。

（4）市局信息中心负责内外网技术设计、技术运维和安全管理，具体负责以下工作：

① 负责网上办税平台（etax. qdds. gov. cn）的技术设计和开发。

② 负责网络基础保障相关工作，如网络带宽申请、线路连通保障、网络设备的管理、维护工作。

③ 协助纳税服务中心做好网站安全管理工作，提供相关技术支持。

④ 协助纳税服务中心做好网站服务器数据备份、安全防护及应急处置预案制定等工作。

（5）市局财务管理处承担市局网站相关设备及软件开发维护的采购工作，具体负责以下工作：

① 市局网站的硬件和软件的采购工作。

② 市局网站技术和业务运行维护服务的采购工作。

③ 市局内外网"政府采购"栏目的内容保障工作。

（6）市局其他各业务处室负责提供本单位主管业务的相关栏目的内容保障工作，办理市局外网分办的涉及本单位主管业务的纳税咨询，提出相关栏目设置和修改需求。重点栏目责任分工如下：

① 政策法规处负责协助市局纳税服务中心做好内外网"政策法规"及"优惠政策"栏目的内容采集、审核工作。

② 基层工作处负责市局内外网"图片新闻"、"税收宣传月"、"税收动漫"、"地税文化"、"视频新闻"及内网"基层建设专栏"、"地税风采"、"文体活动"、"文苑荟萃"等栏目的内容采集、审核工作。

③ 收入规划核算处负责内外网"税收数据"及"减免税调查专题"栏目的内容采集、审核工作。

④ 人事处负责市局内外网"领导信息"、"机构设置"、"人事任免"、"公务员考录"及内网"教育频道"、"网上培训"等栏目的内容采集、审核工作。

⑤ 监察室负责市局外网"税务干部违法违纪举报信箱"和"廉政文化建设专题栏目"的内容采集、审核工作。

⑥ 税收管理一处、税收管理二处、税收管理三处、税源管理处、国际税务处负责外网"办税指南"、"下载专区"等相关栏目的内容采集、审核工作。

⑦ 机关党委负责内网"党建工作专栏"、"图片新闻"的内容采集、审核工作。

第10条 各基层局负责本单位子网站的内容保障及管理工作。各基层局要建立网站专人管理和值班读网制度，安排专门人员负责网站的日常管理和维护，负责处理网站运行中出现的问题，确保网站安全平稳运行。各基层局网站管理员要每日登录网站读网，检查网站运行和页面显示是否正常，页面能否正常访问，各单位栏目内容是否及时更新，网站提供的各项服务和互动功能是否正常,及时发现和纠正错情。

第3章 栏目设置及维护模式

第 11 条 网站栏目的设置分为内外网主站栏目设置和子网站栏目设置,内外网主站栏目设置由市局统一组织实施,主要依据国家税务总局印发《税务网站内容与界面基本规范(试行)》。

各基层局、市局机关各处室可以根据本部门的工作需要提出内外网主站栏目设置的建议和意见,市局纳税服务中心每年根据当年工作安排和各单位汇总意见进行统一规划设计;子网站栏目设置由市局纳税服务中心制定子网站栏目设置规范,各基层局根据规范要求自行设计,市局纳税服务中心每年根据各单位意见统一安排实施。

第 12 条 网站信息的维护分为内外网主站栏目维护以及子网站栏目维护,内外网主站栏目的信息维护由市局纳税服务中心和市局机关各处室共同负责。内外子网站栏目维护由各基层局自行更新维护,维护模式由各单位根据本地实际情况自行确定,栏目更新必须按照市局要求定期更新。

网站进行改版升级,新增加的栏目内容更新按上款规定的原则,由新增栏目内容相关的处室负责。

第 13 条 市局纳税服务中心定期对网站栏目更新情况进行检查,发现未按照规定期限进行更新的,应立即通知相关责任单位,各单位接到通知后应及时更新。

第4章 信息发布内容及审核要求

第 14 条 网站内容要严格遵循"先审批,后发布"、"谁主管、谁负责"的原则,未经审批的内容一律不准上网发布。各基层局分管网站工作的主管科室负责人为网站信息发布的首要责任人,负责信息发布的审核工作,重点对信息的内容、时效、是否适宜上网以及是否符合保密要求进行审核。各单位网站管理人员为网站信息发布的直接责任人,有取得信息的采编权、初审权,并有设置、更改栏目的建议权。网站管理人员应重点审核信息内容表述是否准确,字词、语法、标点符号是否正确,排版是否规范,内容是否完整,附件下载是否正常,信息排序是否符合要求,信息来源是否标注清楚以及是否符合保密要求等。

首要责任人和直接责任人要切实担负起网站信息发布及审核的职责。如信息发布出现安全问题,除追究当事人责任外,还要追究提供信息的单位和主管科室负责人的责任。

第 15 条 市局外网主站发布的政务信息除法定保密事项外,应按照《国家税务总局关于深入开展政务公开的意见》(国税发〔2006〕69 号)、《国家税务总局关于进一步推行办税公开工作的意见》(国税发〔2006〕172 号)等有关文件的要求,以公开为原则,不公开为例外,坚持便民、利民、无偿的原则,公开下列政务信息:

(1)领导成员介绍、机构设置及人事任免。

(2)重点工作、重大决策、重要活动及会议。

(3)市局制发的与纳税人相关的各类规范性文件。

(4)各类办税事项的办理程序和依据。

(5)法律、法规和规章规定应当主动公开的其他政务信息。

第 16 条 各基层局外网子网站应主动公开以下信息:

(1)各单位的领导信息、机构设置及职能介绍、联系方式。

（2）办税指南、涉税审批事项及程序、办税时限及方便纳税人使用的网上办税服务方式。

（3）按规定需要向社会发布的涉税公告、办税须知、通知通告等内容。

第17条 对拟发布到外网的信息，主要从以下方面进行审核：

（1）是否属于密级（秘密、机密、绝密）文件内容，保密期限是否期满。

（2）是否属于市局尚未决定的事项。

（3）信息公开后是否可能直接造成国家的税收流失。

（4）信息公开后是否可能严重干扰政府和税务部门正常的工作秩序。

（5）信息公开后是否可能造成社会和经济秩序混乱。

（6）是否涉及个人、法人或有关组织的隐私和商业秘密。

（7）是否存在不宜公开的其他情形。

第18条 内外网引用、摘录、转载信息必须遵守国家有关法律、法规和相关政策，防止发生版权纠纷，引用、摘录、转载的信息必须注明信息的出处和作者，自编信息在发表时一般应注明发表单位名称或个人真名或笔名。

第19条 保证网站顺利运转，提高工作效率，明确内外网信息发布的更新时限如下：

（1）内外网机构设置、主要职能、领导信息、联系方式为内容发生变化之日起 5 个工作日更新。

（2）内外网日常税收动态类中文字动态栏目应每月至少更新两次，图片新闻栏目应每月至少更新一次。

（3）内外网廉政建设栏目每月文字动态或者图片新闻至少每月更新一次。

（4）外网办税指南、办税须知、纳税提醒、办税专题等栏目应每月至少更新一次。

（5）内外网计划总结、税收数据应每季更新一次（此条仅限市局）。

（6）其他栏目内容由栏目维护责任单位根据栏目设置特点定期进行更新，但网站栏目不得出现空栏。

第5章　互动栏目建设与管理

第20条 网站税收互动栏目主要包含纳税咨询、网上直播、在线访谈、征纳互动平台、短信平台、网上调查、意见征集、局长信箱、投诉举报信箱等子栏目。市局机关各处室和各基层局应充分利用税务网站税收互动栏目，加强与社会公众和纳税人的交流沟通。

第21条 市局机关各处室应针对税收工作中热点、焦点及纳税人关心的问题，充分利用在线访谈和网上直播栏目，加强征纳沟通。各单位在拟举办节目前两周填写《网上直播（在线访谈）节目备案表》，通过行政办公系统报市局纳税服务中心，以便进行节目安排、预告、设备调试、带宽调整等前期准备工作。各基层局每年应至少举办一期在线访谈节目，市局网站主管部门在每年年初下发全系统《在线访谈活动安排时间表》。

第22条 市局机关各处室和各基层局应充分利用网上调查功能，了解、分析社会各界关注的涉税事项，促进决策的科学化、民主化。各单位在进行网上调查前一周填写《网上调查节目备案表》通过金宏网报市局纳税服务中心，市局纳税服务中心负责栏目的具体实施。

第23条 通过外网征纳互动平台受理的纳税咨询问题，负责解答的责任部门应在《青岛市地税系统纳税服务承诺》规定的时限内答复。

第 24 条　各基层局应指定专人负责局长信箱、举报投诉信箱的信件回复,并在《青岛市地税系统纳税服务承诺》规定的时限内答复。

第 25 条　市局纳税服务中心负责通过网送税法、短信平台栏目向全市纳税人发送有关最新通知公告,税收法规等信息,各基层局负责向本辖区范围的纳税人发送有关最新通知公告,税收法规等信息。

第 26 条　网上涉税事项审批业务应在两个工作日内受理。各基层局负责涉税事项审批业务的工作人员应在工作日内每日查看纳税人从网上提交申请情况,根据业务要求及时进行处理。

第 6 章　网站管理员设置及职责

第 27 条　各基层局应确定本单位网站管理部门及网站管理人员,确保专人专职负责网站工作;市局机关各处室应指定一名兼职网站栏目管理员,负责管理、协调本单位分管栏目的内容保障工作。

第 28 条　各单位网站管理人员应具有较高的政治素质和一定的专业技术素质,熟练掌握网站管理系统的应用,遵守网站的各项规章制度。

第 29 条　网站管理人员按照工作权限划分为系统管理员、网站管理员,具体职责如下:

(1)系统管理员由市局纳税服务中心工作人员担任,负责向各单位子网站管理员和网络维护人员分配维护权限,负责监督、检查网站管理员日常维护工作及内外网软、硬件管理和维护工作。

(2)网站管理员由市局纳税服务中心和各基层局工作人员担任,负责更新维护主网站相关栏目和本单位子网站相关内容。

第 30 条　各单位网站管理员发生人员变更,应于变更之日起 5 个工作日内将变更后的网站管理员姓名、联系方式所在单位等信息报市局纳税服务中心备案。

第 7 章　网站安全管理

第 31 条　各单位要严格按照《青岛市地方税务局信息系统安全管理规定》及《青岛市地方税务局网络建设管理规范》等规定,建立健全本单位网站安全制度,加强各单位自身与网站相关网络、计算机及附属设备和信息数据的安全管理。

第 32 条　市局纳税服务中心与信息中心共同研究制定网站内容和技术安全应急预案,做好网站被恶意攻击和篡改的防范工作,并运用科学手段做好网站系统的实时监控工作,切实保证网站的安全、稳定运行。

第 33 条　各级网站管理员不得将进入后台管理系统的用户名、密码、操作手册透露给他人,密码要定期修改。若密码丢失,应在发现丢失当日通知市局网站系统管理员,进行密码修改。密码的位数不应少于 8 位,且不应与管理员个人信息、单位信息、设备(系统)信息等相关联。因上述原因造成重大不良后果的,按有关规定追究当事人的责任。

第 34 条　各级网站管理人员所用计算机必须加强病毒、黑客安全防范措施,必须有相应的安全软件实施保护,确保计算机内的资料和账号、密码的安全、可靠。

第 35 条　网站邮箱不得传输任何涉及秘密信息的文件和资料。各单位要加强网站邮箱账号、密码、网站管理后台操作手册的管理,由于邮箱账号和密码、操作手册丢失泄露所造成的损失由本单位网站管理员负全部责任。

第36条　青岛地税全体干部对网站建设有权监督,发现问题应及时通知市局纳税服务中心,各单位子网站在运行过程中,发现问题应及时报告市局纳税服务中心,由市局纳税服务中心进行整改。

(资料来源:青岛市地税局)

【项目实践】

结合本校或本单位信息系统(教务系统、学籍管理信息系统或者网站),了解相关工作人员的工作职责、维护工作的内容、流程以及维护日志的记录情况,从而对系统管理与维护工作有一个全面的了解。

思　考　题

1. 通过调查弄清楚本校信息管理机构的组织形式,并说明其优、缺点。
2. 简述系统运行管理的主要任务。
3. 系统日常运行管理的基本内容。
4. 简述信息主管的主要职责。
5. 简述系统的可靠性和安全性。
6. 简述安全性与可靠性的区别。
7. 简述中国目前的"信息安全等级保护制度"是如何分级的。
8. 可靠性技术有哪些? 请举例说明。
9. 请结合本校实际,设计一份教务系统评价的调查问卷。
10. 为什么要进行系统维护?
11. 简述软件维护的主要类型。
12. 简述系统维护的基本程序。
13. 为什么系统维护不能过于频繁?

参 考 文 献

[1] 刘远生,张明辉.计算机网络教程[M].北京:清华大学出版社,2007.

[2] 陈平,褚华.软件设计师教程[M].北京:清华大学出版社,2005.

[3] 孙水华,赵钊林,刘建华.数据仓库与数据挖掘技术[M].北京:清华大学出版社,2012.

[4] 谭浩强.数据库原理与 Visual FoxPro 应用[M].北京:中国铁道出版社,2005.

[5] Hossein Bidgoli.管理信息系统[M].张利强译.北京:机械工业出版社,2011.

[6] 黄卫东.管理信息系统[M].北京:人民邮电出版社,2009.

[7] 李贤毅.智慧城市开启未来生活——科学规划与建设[M].北京:人民邮电出版社,2012.

[8] Stuart Russell.人工智能:一种现代方法.2 版[M].北京:人民邮电出版社,2010.

[9] 秦成德,王汝林.移动电子商务研究[M].北京:人民邮电出版社,2009.

[10] 覃征,曹玉辉,等.移动电子商务[M].北京:清华大学出版社,2012.

[11] 卢湘鸿.电子商务技术基础[M].北京:清华大学出版社,2007.

[12] 戴伟辉,等.信息系统分析与设计[M].北京:高等教育出版社,2004.

[13] 陈朝晖,等.管理信息系统[M].北京:机械工业出版社,2007.

[14] 葛世伦,尹隽.信息系统运行与维护[M].北京:电子工业出版社,2012.

[15] 周山芙,赵萍.管理系统中的计算机应用[M].北京:外语教学与研究出版社,2012.

[16] 徐天宇.电子商务信息系统分析与设计[M].北京:高等教育出版社,2008.

[17] 徐天宇.电子商务系统规划与设计[M].北京:清华大学出版社,2010.

[18] 秦秋莉.管理信息系统[M].北京:科学出版社,2010.

[19] 黄梯云.管理信息系统.四版[M].北京:高等教育出版社,2009.

[20] 慕静.管理信息系统开发方法、工具与应用[M].北京:清华大学出版社,2010.

[21] 柳纯录.信息系统项目管理师教程.2 版[M].北京:清华大学出版社,2011.

[22] 龙虹.管理信息系统[M].北京:北京理工大学出版社,2007.

[23] 郭宁,郑小玲.管理信息系统[M].北京:人民邮电出版社,2010.

[24] 郑晓霞,刘任重.管理信息系统[M].北京:中国水利水电出版社,2012.

[25] 甘仞初.管理信息系统.2 版[M].北京:机械工业出版社,2007.

[26] 赵苹.管理信息系统案例教程[M].北京:北京大学出版社,2002.

[27] 高学东,武森同,等.管理信息系统基础教程[M].北京:经济科学出版社,2007.

[28] 周明红,李敏.管理信息系统[M].北京:人民邮电出版社,2012.

[29] 史益芳,王志平.管理信息系统[M].北京:人民邮电出版社,2013.

[30] 汪星明,周山芙.管理系统中计算机应用[M].武汉:武汉大学出版社,2004.

[31] 张爱民.关键成功因素法在决策者信息需求识别中的应用[J].晋图学刊,2009(06).

[32] 左美云.信息系统项目管理[M].北京:清华大学出版社,2008.

[33] 田艳.管理信息系统.2 版[M].广州:暨南大学出版社,2011.

[34] 张润彤.电子商务概论[M].北京:中国人民大学出版社,2010.

[35] 薛华成.管理信息系统.五版[M].北京:清华大学出版社,2007.

[36] 高学东.管理信息系统教程[M].北京:经济管理出版社,2009.

[37] 姜灵敏,王金矿.管理信息系统[M].北京:人民邮电出版社,2009.

[38] 闪四清.ERP 系统原理与实施.四版[M].北京:清华大学出版社,2013.

[39] 郑荆陵,陈盛千,杨慧娟.ERP 供应链管理实训教程(用友 U8.72 版)[M].北京:清华大学出版社,2013.

[40] 赵林度,等.供应链与物流管理教学案例集[M].北京:科学出版社,2007.

[41] 李文龙,徐湘江.客户关系管理实务.2 版[M].北京:清华大学出版社,2013.

[42] 罗超理,高云辉.管理信息系统原理与应用.三版[M].北京:清华大学出版社,2012.

[43] 姜红波,韩洁平.电子商务概论.2 版[M].北京:清华大学出版社,2013.

[44] 刘伟.管理信息系统[M].北京:清华大学出版社,2013.

[45] 丁世飞.人工智能[M].北京:清华大学出版社,2011.

[46] 陈京明.管理信息系统[M].北京:清华大学出版社,2006.

[47] Kenneth C. Laudon,Jane P. Laudon.管理信息系统[M].劳帼龄译.北京:中国人民大学出版社,2009.

[48] 仲秋雁.管理信息系统[M].北京:清华大学出版社,2010.